50KI

W9-BES-246

DE LA GRAMMATOLOGIE

V. M. Douillet
1976

DU MÊME AUTEUR

Marges (Collection « Critique », 1972).

Positions (Collection « Critique », 1972).

chez d'autres éditeurs

L'origine de la géométrie, de Husserl. Traduction et Introduction (P.U.F. Collection « Epiméthée », 1962).

La voix et le phénomène (P.U.F. Collection « Épiméthée », 1967).

L'écriture et la différence (Éd. du Seuil, Collection « Tel Quel », 1967).

La dissémination (Éd. du Seuil, Collection « Tel Quel », 1972).

COLLECTION « CRITIQUE »

JACQUES DERRIDA

DE LA GRAMMATOLOGIE

LES ÉDITIONS DE MINUIT

© 1967 by LES ÉDITIONS DE MINUIT
7, rue Bernard-Palissy 75006 Paris
Tous droits réservés pour tous pays

ISBN 2-7073-0012-8

avertissement

La première partie de cet essai, L'écriture avant la lettre [1], *dessine à grands traits une matrice théorique. Elle indique certains repères historiques et propose quelques concepts critiques.*

Ceux-ci sont mis à l'épreuve dans la deuxième partie, Nature, culture, écriture. *Moment, si l'on veut, de l'exemple, encore que cette notion soit ici, en toute rigueur, irrecevable. De ce que par commodité nous nommons encore exemple il fallait alors, procédant avec plus de patience et de lenteur, justifier le choix et démontrer la nécessité. Il s'agit d'une lecture de ce que nous pourrions peut-être appeler l'époque de Rousseau. Lecture seulement esquissée : considérant en effet la nécessité de l'analyse, la difficulté des problèmes, la nature de notre dessein, nous nous sommes cru fondé à privilégier un texte court et peu connu,* l'Essai sur l'origine des langues. *Nous aurons à expliquer la place que nous accordons à cette œuvre. Si notre lecture reste inachevée, c'est aussi pour une autre raison : bien que nous n'ayons pas l'ambition d'illustrer une nouvelle méthode, nous tentons de produire, souvent en nous y embarrassant, des problèmes de lecture critique. Ils sont toujours liés à l'intention directrice de cet essai. Notre interprétation du texte de Rousseau dépend étroitement des propositions risquées dans la première partie. Celles-ci exigent que la lecture échappe, au moins par son axe, aux catégories classiques de l'histoire : de l'histoire des idées, certes, et de l'histoire de la littérature, mais peut-être avant tout de l'histoire de la philosophie.*

---

1. On peut la considérer comme le développement d'un essai publié dans la revue *Critique* (décembre 1965-janvier 1966). L'occasion nous en avait été donnée par trois importantes publications : M. V.-David, *Le débat sur les écritures et l'hiéroglyphe aux XVIIᵉ et XVIIIᵉ siècles* (1965) (DE) ; A. Leroi-Gourhan, *Le geste et la parole* (1965) (GP) ; *L'écriture et la psychologie des peuples* (Actes d'un colloque (1963) (EP).

*Autour de cet axe, comme il va de soi, nous avons dû res-
pecter des normes classiques, ou du moins tenté de le faire.
Bien que le mot époque ne s'épuise pas en ces déterminations,
nous avions à traiter d'une figure structurale autant que d'une
totalité historique. Nous nous sommes donc efforcé d'associer
les deux formes d'attention qui semblaient requises, répétant
ainsi la question du texte, de son statut historique, de son temps
et de son espace propres. Cette époque passée est en effet constituée de part en part comme un texte, en un sens de ces mots
que nous aurons à déterminer. Qu'elle conserve, en tant que
telle, des valeurs de lisibilité et une efficacité de modèle, qu'elle
dérange ainsi le temps de la ligne ou la ligne du temps, c'est
ce que nous avons voulu suggérer en interrogeant au passage,
pour y prendre appel, le rousseauisme déclaré d'un ethnologue
moderne.*

PREMIÈRE PARTIE
L'ÉCRITURE AVANT LA LETTRE

exergue

1. Celui qui brillera dans la science de l'écriture brillera comme le soleil.
   Un scribe (EP, p. 87).
   O Samas (dieu du soleil), tu scrutes de ta lumière la totalité des pays comme si c'était des signes cunéiformes (*ibid*.).
2. Ces trois manières d'écrire répondent assez exactement aux trois divers états sous lesquels on peut considérer les hommes rassemblés en nation. La peinture des objets convient aux peuples sauvages ; les signes des mots et des propositions aux peuples barbares ; et l'alphabet aux peuples policés.
   J.-J. Rousseau, *Essai sur l'origine des langues*.
3. L'écriture alphabétique est en soi et pour soi la plus intelligente.
   Hegel, *Encyclopédie*.

Ce triple exergue n'est pas seulement destiné à rassembler l'attention sur l'*ethnocentrisme* qui, partout et toujours, a dû commander le concept de l'écriture. Ni seulement sur ce que nous appellerons le *logocentrisme* : métaphysique de l'écriture phonétique (par exemple de l'alphabet) qui n'a été en son fond — pour des raisons énigmatiques mais essentielles et inaccessibles à un simple relativisme historique — que l'ethnocentrisme le plus original et le plus puissant, en passe de s'imposer aujourd'hui à la planète, et commandant en un seul et même *ordre* :

1. le *concept de l'écriture* dans un monde où la phonétisation de l'écriture doit dissimuler sa propre histoire en se produisant ;

2. l'*histoire de la métaphysique* qui, malgré toutes les différences et non seulement de Platon à Hegel (en passant même par Leibniz) mais aussi, hors de ses limites apparentes, des présocratiques à Heidegger, a toujours assigné au logos l'origine

11

de la vérité en général : l'histoire de la vérité, de la vérité de la vérité, a toujours été, à la différence près d'une diversion métaphorique dont il nous faudra rendre compte, l'abaissement de l'écriture et son refoulement hors de la parole « pleine » ;

3. le *concept de la science* ou de la scientificité de la science — ce que l'on a toujours déterminé comme *logique* — concept qui a toujours été un concept philosophique, même si la pratique de la science n'a en fait jamais cessé de contester l'impérialisme du logos, par exemple en faisant appel, depuis toujours et de plus en plus, à l'écriture non-phonétique. Sans doute cette subversion a-t-elle toujours été contenue à l'intérieur d'un système allocutoire qui a donné naissance au projet de la science et aux conventions de toute caractéristique non-phonétique [1]. Il n'a pu en être autrement. Il appartient néanmoins à notre époque qu'au moment où la phonétisation de l'écriture — origine historique et possibilité structurelle de la philosophie comme de la science, condition de l'*epistémè* — tend à s'emparer de la culture mondiale [2], la science ne puisse plus s'en satisfaire

---

1. Cf. par exemple, les notions d' « élaboration secondaire » ou de « symbolisme de seconde intention » in E. Ortigues, *Le discours et le symbole*, pp. 62 et 171. « Le symbolisme mathématique est une convention d'écriture, un symbolisme scriptural. C'est seulement par un abus de vocabulaire ou par analogie que l'on parle d'un « langage mathématique ». L'algorithme est en réalité une « caractéristique », il consiste en caractères écrits. Il ne parle pas, sinon par l'intermédiaire d'une langue qui fournit non seulement l'expression phonétique des caractères, mais aussi la formulation des axiomes permettant de déterminer la valeur de ces caractères. Il est vrai qu'à la rigueur on pourrait déchiffrer des caractères inconnus, mais cela suppose toujours un savoir acquis, une pensée déjà formée par l'usage de la parole. Donc, en toutes hypothèses, le symbolisme mathématique est le fruit d'une élaboration secondaire, supposant au préalable l'usage du discours et la possibilité de concevoir des conventions explicites. Il n'en reste pas moins que l'algorithme mathématique exprimera des lois formelles de symbolisation, des structures syntaxiques, indépendantes de tel ou tel moyen d'expression particulier. » Sur ces problèmes, cf. aussi G-G. Granger, *Pensée formelle et sciences de l'homme*, p. 38 sq. et notamment pp. 43 et 50 sq. (sur le *Renversement des rapports de la langue orale et de l'écriture*).

2. Tous les ouvrages consacrés à l'histoire de l'écriture font une place au problème de l'introduction de l'écriture phonétique dans des cultures qui jusqu'ici ne la pratiquaient pas. Cf. par ex. EP, p. 44 sq. ou *La réforme de l'écriture chinoise*, in *Linguistique*,

en aucune de ses avancées. Cette inadéquation avait toujours déjà commencé à donner le mouvement. Mais quelque chose aujourd'hui la laisse apparaître comme telle, en permet une sorte de prise en charge, sans qu'on puisse traduire cette nouveauté dans les notions sommaires de mutation, d'explicitation, d'accumulation, de révolution ou de tradition. Ces valeurs appartiennent sans doute au système dont la dislocation se présente aujourd'hui comme telle, elles décrivent des styles de mouvement historique qui n'avaient de sens — comme le concept d'histoire lui-même — qu'à l'intérieur de l'époque logocentrique.

Par l'allusion à une science de l'écriture bridée par la métaphore, la métaphysique et la théologie [3], l'exergue ne doit pas seulement annoncer que la science de l'écriture — la *grammatologie* [4] — donne les signes de sa libération à travers le monde grâce à des efforts décisifs. Ces efforts sont nécessairement discrets et dispersés, presque imperceptibles : cela appartient à leur sens et à la nature du milieu dans lequel ils produisent leur opération. Nous voudrions surtout suggérer que, si nécessaire et si féconde qu'en soit l'entreprise, et même si, dans la meilleure hypothèse, elle surmontait tous les obstacles techniques et épistémologiques, toutes les entraves théologiques et métaphysiques qui l'ont limitée jusqu'ici, une telle science de l'écriture risque de ne jamais voir le jour comme telle et sous ce nom. De ne pouvoir jamais définir l'unité de son projet et de

---

Recherches internationales à la lumière du marxisme, N° 7, mai-juin 1958.

3. Nous ne visons pas ici seulement les « préjugés théologiques » déterminés qui, à un moment et en un lieu repérables, ont infléchi ou réprimé la théorie du signe écrit au XVIIe et au XVIIIe siècles. Nous en parlerons plus loin à propos du livre de M.-V. David. Ces préjugés ne sont que la manifestation la plus voyante et la mieux circonscrite, historiquement déterminée, d'une présupposition constitutive, permanente, essentielle à l'histoire de l'Occident, donc au tout de la métaphysique, même lorsqu'elle se donne pour athée.

4. *Grammatologie* : « Traité des lettres, de l'alphabet, de la syllabation, de la lecture et de l'écriture », Littré. A notre connaissance, ce mot n'a été utilisé, de nos jours, pour désigner le projet d'une science moderne, que par I. J. Gelb. Cf. *A study of writing the foundations of grammatology,* 1952 (le sous-titre disparaît dans la réédition de 1963). Malgré un souci de classification systématique ou simplifiée et malgré des hypothèses controversées sur la monogénèse ou la polygénèse des écritures, ce livre répond au modèle des histoires classiques de l'écriture.

son objet. De ne pouvoir écrire le discours de sa méthode ni décrire les limites de son champ. Pour des raisons essentielles : l'unité de tout ce qui se laisse viser aujourd'hui à travers les concepts les plus divers de la science et de l'écriture est au principe, plus ou moins secrètement mais toujours, déterminée par une époque historico-métaphysique dont nous ne faisons qu'entrevoir la *clôture.* Nous ne disons pas la *fin.* L'idée de science et l'idée d'écriture — donc aussi de science de l'écriture — n'ont de sens pour nous que depuis une origine et à l'intérieur d'un monde auxquels ont *déjà* été assignés un certain concept du signe (nous dirons plus loin *le* concept de signe) et un certain concept des rapports entre parole et écriture. Rapport très déterminé malgré son privilège, malgré sa nécessité et l'ouverture de champ qu'il a réglée pendant quelques millénaires, surtout en Occident, au point d'y pouvoir aujourd'hui produire sa dislocation et dénoncer lui-même ses limites.

Peut-être la méditation patiente et l'enquête rigoureuse autour de ce qui s'appelle encore provisoirement l'écriture, loin de rester en deçà d'une science de l'écriture ou de la congédier hâtivement par quelque réaction obscurantiste, la laissant au contraire développer sa positivité aussi loin qu'il est possible, sont-elles l'errance d'une pensée fidèle et attentive au monde irréductiblement à venir qui s'annonce au présent, par-delà la clôture du savoir. L'avenir ne peut s'anticiper que dans la forme du danger absolu. Il est ce qui rompt absolument avec la normalité constituée et ne peut donc s'annoncer, se *présenter,* que sous l'espèce de la monstruosité. Pour ce monde à venir et pour ce qui en lui aura fait trembler les valeurs de signe, de parole et d'écriture, pour ce qui conduit ici notre futur antérieur, il n'est pas encore d'exergue.

chapitre 1
la fin du livre et le commencement de l'écriture

Socrate, celui qui n'écrit pas.
Nietzsche.

Quoi qu'on pense sous ce titre, le *problème du langage* n'a sans doute jamais été un problème parmi d'autres. Mais jamais autant qu'aujourd'hui il n'avait envahi *comme tel* l'horizon mondial des recherches les plus diverses et des discours les plus hétérogènes dans leur intention, leur méthode, leur idéologie. La dévaluation même du mot « langage », tout ce qui, dans le crédit qu'on lui fait, dénonce la lâcheté du vocabulaire, la tentation de séduire à peu de frais, l'abandon passif à la mode, la conscience d'avant-garde, c'est-à-dire l'ignorance, tout cela témoigne. Cette inflation du signe « langage » est l'inflation du signe lui-même, l'inflation absolue, l'inflation elle-même. Pourtant, par une face ou une ombre d'elle-même, elle fait encore signe : cette crise est aussi un symptôme. Elle indique comme malgré elle qu'une époque historico-métaphysique *doit* déterminer enfin comme langage la totalité de son horizon problématique. Elle le doit non seulement parce que tout ce que le désir avait voulu arracher au jeu du langage s'y trouve repris mais aussi parce que du même coup, le langage lui-même s'en trouve menacé dans sa vie, désemparé, désamarré de n'avoir plus de limites, renvoyé à sa propre finitude au moment même où ses limites semblent s'effacer, au moment même où il cesse d'être rassuré sur soi, contenu et *bordé* par le signifié infini qui semblait l'excéder.

Le programme

Or par un mouvement lent dont la nécessité se laisse à peine

15

percevoir, tout ce qui, depuis au moins quelque vingt siècles, tendait et parvenait enfin à se rassembler sous le nom de langage commence à se laisser déporter ou du moins résumer sous le nom d'écriture. Par une nécessité qui se laisse à peine percevoir, tout se passe comme si, cessant de désigner une forme particulière, dérivée, auxiliaire du langage en général (qu'on l'entende comme communication, relation, expression, signification, constitution du sens ou pensée, etc.), cessant de désigner la pellicule extérieure, le double inconsistant d'un signifiant majeur, le *signifiant du signifiant*, le concept d'écriture commençait à déborder l'extension du langage. A tous les sens de ce mot, l'écriture *comprendrait* le langage. Non que le mot « écriture » cesse de désigner le signifiant du signifiant, mais il apparaît dans une étrange lumière que « signifiant du signifiant » cesse de définir le redoublement accidentel et la secondarité déchue. « Signifiant du signifiant » décrit au contraire le mouvement du langage : dans son origine, certes, mais on pressent déjà qu'une origine dont la structure s'épelle ainsi — signifiant de signifiant — s'emporte et s'efface elle-même dans sa propre production. Le signifié y fonctionne toujours déjà comme un signifiant. La secondarité qu'on croyait pouvoir réserver à l'écriture affecte tout signifié en général, l'affecte toujours déjà, c'est-à-dire d'*entrée de jeu*. Il n'est pas de signifié qui échappe, éventuellement pour y tomber, au jeu des renvois signifiants qui constitue le langage. L'avènement de l'écriture est l'avènement du jeu ; le jeu aujourd'hui se rend à lui-même, effaçant la limite depuis laquelle on a cru pouvoir régler la circulation des signes, entraînant avec soi tous les signifiés rassurants, réduisant toutes les places-fortes, tous les abris du hors-jeu qui surveillaient le champ du langage. Cela revient, en toute rigueur, à détruire le concept de « signe » et toute sa logique. Ce n'est sans doute pas un hasard si ce *débordement* survient au moment où l'extension du concept de langage efface toutes ses limites. Nous le verrons : ce débordement et cet effacement ont le même sens, sont un seul et même phénomène. Tout se passe comme si le concept occidental de langage (en ce qui, par-delà sa plurivocité et par-delà l'opposition étroite et problématique de la parole et de la langue, le lie *en général* à la production phonématique ou glossématique, à la langue, à la voix, à l'ouïe, au son et au souffle, à la parole) se révélait aujourd'hui comme la guise ou le déguisement d'une

écriture première [1] : plus fondamentale que celle qui, avant
cette conversion, passait pour le simple « supplément à la
parole » (Rousseau). Ou bien l'écriture n'a jamais été un simple
« supplément », ou bien il est urgent de construire une nouvelle
logique du « supplément ». C'est cette urgence qui nous gui-
dera plus loin dans la lecture de Rousseau.

Ces déguisements ne sont pas des contingences historiques
qu'on pourrait admirer ou regretter. Le mouvement en fut absolument nécessaire, d'une nécessité qui ne peut comparaître, pour
être jugée, devant aucune autre instance. Le privilège de la
phonè ne dépend pas d'un choix qu'on aurait pu éviter. Il
répond à un moment de l'*économie* (disons de la « vie » de
l' « histoire » ou de l' « être comme rapport à soi »). Le système
du « s'entendre-parler » à travers la substance phonique — qui
se donne comme signifiant non-extérieur, non-mondain, donc
non empirique ou non-contingent — a dû dominer pendant
toute une époque l'histoire du monde, a même produit l'idée
de monde, l'idée d'origine du monde à partir de la différence
entre le mondain et le non-mondain, le dehors et le dedans,
l'idéalité et la non-idéalité, l'universel et le non-universel, le
transcendantal et l'empirique, etc. [2].

Avec un succès inégal et essentiellement précaire, ce mouvement aurait en apparence tendu, comme vers son *telos*, à
confiner l'écriture dans une fonction seconde et instrumentale :
traductrice d'une parole pleine et pleinement *présente* (présente
à soi, à son signifié, à l'autre, condition même du thème de
la présence en général), technique au service du langage, *porte-*

---

1. Parler ici d'une écriture première ne revient pas à affirmer
une priorité chronologique de fait. On connaît ce débat : l'écriture
est-elle, comme l'affirmaient par exemple Metchnaninov et Marr,
puis Loukotka, « antérieure au langage phonétique » ? (Conclusion assumée par la première édition de la Grande Encyclopédie Soviétique, puis contredite par Staline. Sur ce débat, cf.
V. Istrine, *Langue et écriture*, in Linguistique, *op. cit.*, pp. 35, 60.
Ce débat s'est aussi fixé autour des thèses du P. van Ginneken. Sur
la discussion de ces thèses, cf. J. Février, *Histoire de l'écriture.*
Payot, 1948-1959, p. 5 sq.). Nous essaierons de montrer plus
loin pourquoi les termes et les prémisses d'un tel débat appellent
la suspicion.
2. C'est un problème que nous abordons plus directement dans
La voix et le phénomène. (P.U.F. 1967.)

parole, interprète d'une parole originaire elle-même soustraite à l'interprétation.

Technique au service du langage : nous ne faisons pas ici appel à une essence générale de la technique qui nous serait déjà familière et nous aiderait à *comprendre,* comme un exemple, le concept étroit et historiquement déterminé de l'écriture. Nous croyons au contraire qu'un certain type de question sur le sens et l'origine de l'écriture précède ou au moins se confond avec un certain type de question sur le sens et l'origine de la technique. C'est pourquoi jamais la notion de technique n'éclairera simplement la notion d'écriture.

Tout se passe donc comme si ce qu'on appelle langage n'avait pu être en son origine et en sa fin qu'un moment, un mode essentiel mais déterminé, un phénomène, un aspect, une espèce de l'écriture. Et n'avait réussi à le faire oublier, à *donner le change,* qu'au cours d'une aventure : comme cette aventure elle-même. Aventure en somme assez courte. Elle se confondrait avec l'histoire qui associe la technique et la métaphysique logocentrique depuis près de trois millénaires. Et elle s'approcherait maintenant de ce qui est proprement son *essoufflement.* En l'occurrence, et ce n'est qu'un exemple parmi d'autres, de cette mort de la civilisation du livre, dont on parle tant et qui se manifeste d'abord par la prolifération convulsive des bibliothèques. Malgré les apparences, cette mort du livre n'annonce sans doute (et d'une certaine manière depuis toujours) qu'une mort de la parole (d'une parole *soi-disant* pleine) et une nouvelle mutation dans l'histoire de l'écriture, dans l'histoire comme écriture. L'annonce à quelques siècles de distance, c'est à cette échelle qu'il faut ici calculer, tout en se gardant de négliger la qualité d'une durée historique fort hétérogène : l'accélération est telle, et tel son sens qualitatif, qu'on se tromperait aussi bien à évaluer prudemment selon des rythmes passés. « Mort de la parole » est sans doute ici une métaphore : avant de parler de disparition, il faut penser à une nouvelle situation de la parole, à sa subordination dans une structure dont elle ne sera plus l'archonte.

Affirmer ainsi que le concept d'écriture excède et comprend celui de langage, cela suppose, bien entendu, une certaine définition du langage et de l'écriture. Si nous ne tentions pas de la justifier, nous céderions au mouvement d'inflation que nous venons de signaler, qui s'est aussi emparé du mot « écriture » et ne l'a pas fait fortuitement. Depuis quelque temps, en effet, ici et là, par un geste et selon des motifs profondément nécessaires, dont il serait plus facile de dénoncer la dégradation que de déceler l'origine, on disait « langage » pour action, mouvement, pensée, réflexion, conscience, inconscient, expérience, affectivité, etc. On tend maintenant à dire « écriture » pour tout cela et pour autre chose : pour désigner non seulement les gestes physiques de l'inscription littérale, pictographique ou idéographique, mais aussi la totalité de ce qui la rend possible ; puis aussi, au-delà de la face signifiante, la face signifiée elle-même ; par là, tout ce qui peut donner lieu à une inscription en général, qu'elle soit ou non littérale et même si ce qu'elle distribue dans l'espace est étranger à l'ordre de la voix : cinématographie, chorégraphie, certes, mais aussi « écriture » picturale, musicale, sculpturale, etc. On pourrait aussi parler d'écriture athlétique et plus sûrement encore, si l'on songe aux techniques qui gouvernent aujourd'hui ces domaines, d'écriture militaire ou politique. Tout cela pour décrire non seulement le système de notation s'attachant secondairement à ces activités mais l'essence et le contenu de ces activités elles-mêmes. C'est aussi en ce sens que le biologiste parle aujourd'hui d'écriture et de *pro-gramme* à propos des processus les plus élémentaires de l'information dans la cellule vivante. Enfin, qu'il ait ou non des limites essentielles, tout le champ couvert par le *programme* cybernétique sera champ d'écriture. A supposer que la théorie de la cybernétique puisse déloger en elle tous les concepts métaphysiques — et jusqu'à ceux d'âme, de vie, de valeur, de choix, de mémoire — qui servaient naguère à opposer la machine à l'homme [3], elle devra conserver, jusqu'à ce que son appartenance historico-métaphysique se dénonce aussi, la notion d'écriture, de trace, de gramme ou de graphème. Avant même d'être déterminé comme humain (avec tous les caractères distinctifs qu'on a toujours attribués à l'homme et tout le système de significations qu'ils impliquent) ou comme an-humain, le *gramme* — ou le *graphème* — nommerait ainsi l'élément. Elé-

---

3. On sait que Wiener, par exemple, tout en abandonnant à la « sémantique », l'opposition jugée par lui trop grossière et trop générale entre le vivant et le non-vivant, etc., continue néanmoins à se servir d'expressions comme « organes des sens », « organes moteurs », etc., pour qualifier des parties de la machine.

ment sans simplicité. Elément, qu'on l'entende comme le milieu ou l'atome irréductible, de l'archi-synthèse en général, de ce qu'on devrait s'interdire de définir à l'intérieur du système d'oppositions de la métaphysique, de ce que par conséquent on ne devrait même pas appeler l'*expérience* en général, voire l'origine du *sens* en général.

Cette situation s'est toujours déjà annoncée. Pourquoi est-elle en voie de se faire reconnaître *comme telle* et *après coup* ? Cette question appellerait une analyse interminable. Prenons simplement quelques points de repère pour introduire au propos limité qui est ici le nôtre. Nous avons déjà fait allusion aux mathématiques *théoriques* : leur écriture, qu'on l'entende comme graphie sensible (et celle-ci suppose déjà une identité, donc une idéalité de sa forme, ce qui rend au principe absurde la notion si couramment admise de « signifiant sensible »), qu'on l'entende comme synthèse idéale des signifiés ou trace opératoire à un autre niveau, ou qu'on l'entende encore, plus profondément, comme le *passage* des unes aux autres, n'a jamais été absolument liée à une production phonétique. A l'intérieur des cultures pratiquant l'écriture dite phonétique, les mathématiques ne sont pas seulement une enclave. Celle-ci est d'ailleurs signalée par tous les historiens de l'écriture : ils rappellent en même temps les imperfections de l'écriture alphabétique qui passa si longtemps pour l'écriture la plus commode et « la plus intelligente [4] ». Cette enclave est aussi le lieu où la pratique du langage scientifique conteste de l'intérieur et de façon de plus en plus profonde l'idéal de l'écriture phonétique et toute sa métaphysique implicite (*la* métaphysique), c'est-à-dire en particulier l'idée philosophique de l'*épistémè* ; celle aussi d'*istoria* qui en est profondément solidaire malgré la dissociation ou l'opposition qui les a rapportées l'une à l'autre lors d'une phase de leur cheminement commun. L'histoire et le savoir, *istoria* et *épistémè* ont toujours été déterminés (et non seulement à partir de l'étymologie ou de la philosophie) comme détours *en vue* de la réappropriation de la présence.

Mais au-delà des mathématiques théoriques, le développement des *pratiques* de l'information étend largement les possibilités du « message », jusqu'au point où celui-ci n'est plus la tra-

---

4. Cf. par ex. EP. pp. 126, 148, 355, etc. D'un autre point de vue, cf. Jakobson, *Essais de linguistique générale* (tr. fr. p. 116).

duction « écrite » d'un langage, le transport d'un signifié qui pourrait rester parlé dans son intégrité. Cela va aussi de pair avec une extension de la phonographie et de tous les moyens de conserver le langage parlé, de le faire fonctionner hors de la présence du sujet parlant. Ce développement, joint à celui de l'ethnologie et de l'histoire de l'écriture, nous enseigne que l'écriture phonétique, milieu de la grande aventure métaphysique, scientifique, technique, économique de l'Occident, est limitée dans le temps et l'espace, se limite elle-même au moment précis où elle est en train d'imposer sa loi aux seules aires culturelles qui lui échappaient encore. Mais cette conjonction non fortuite de la cybernétique et des « sciences humaines » de l'écriture renvoie à un bouleversement plus profond.

Le signifiant et la vérité.

La « rationalité » — mais il faudrait peut-être abandonner ce mot pour la raison qui apparaîtra à la fin de cette phrase — qui commande l'écriture ainsi élargie et radicalisée, n'est plus issue d'un logos et elle inaugure la destruction, non pas la démolition mais la dé-sédimentation, la dé-construction de toutes les significations qui ont leur source dans celle de logos. En particulier la signification de *vérité*. Toutes les déterminations métaphysiques de la vérité et même celle à laquelle nous rappelle Heidegger, par-delà l'onto-théologie métaphysique, sont plus ou moins immédiatement inséparables de l'instance du logos ou d'une raison pensée dans la descendance du logos, en quelque sens qu'on l'entende : au sens présocratique ou au sens philosophique, au sens de l'entendement infini de Dieu ou au sens anthropologique, au sens pré-hegelien ou au sens post-hegelien. Or dans ce logos, le lien originaire et essentiel à la *phonè* n'a jamais été rompu. Il serait facile de le montrer et nous essaierons de le préciser plus loin. Telle qu'on l'a plus ou moins implicitement déterminée, l'essence de la *phonè* serait immédiatement proche de ce qui dans la « pensée » comme logos a rapport au « sens », le produit, le reçoit, le dit, le « rassemble ». Si, pour Aristote, par exemple, « les sons émis par la voix (τὰ ἐν τῇ φωνῇ) sont les symboles des états de l'âme (παθήματα τῆς ψυχῆς) et les mots écrits les symboles des mots émis par la voix » (*De l'interprétation* 1, 16 a 3), c'est que la voix, productrice

21

des *premiers symboles*, a un rapport de proximité essentielle et immédiate avec l'âme. Productrice du premier signifiant, elle n'est pas un simple signifiant parmi d'autres. Elle signifie l' « état d'âme » qui lui-même reflète ou réfléchit les choses par ressemblance naturelle. Entre l'être et l'âme, les choses et les affections, il y aurait un rapport de traduction ou de signification naturelle ; entre l'âme et le logos, un rapport de symbolisation conventionnelle. Et la *première* convention, celle qui se rapporterait immédiatement à l'ordre de la signification naturelle et universelle, se produirait comme langage parlé. Le langage écrit fixerait des conventions liant entre elles d'autres conventions.

> « De même que l'écriture n'est pas la même pour tous les hommes, les mots parlés ne sont pas non plus les mêmes, alors que les états de l'âme dont ces expressions sont *immédiatement les signes* (σημεῖα πρώτως) sont identiques chez tous, comme sont identiques aussi les choses dont ces états sont les images » (16a. Nous soulignons).

Les affections de l'âme exprimant naturellement les choses, elles constituent une sorte de langage universel qui dès lors peut s'effacer de lui-même. C'est l'étape de la transparence. Aristote peut parfois l'omettre sans risque [5]. Dans tous les cas, la voix est au plus proche du signifié, qu'on le détermine rigoureusement comme sens (pensé ou vécu) ou plus lâchement comme chose. Au regard de ce qui unirait indissolublement la voix à l'âme ou à la pensée du sens signifié, voire à la chose même (qu'on le fasse selon le geste aristotélicien que nous venons de signaler ou selon le geste de la théologie médiévale déterminant la *res* comme chose créée à partir de son *eidos*,

---

5. C'est ce que montre Pierre Aubenque *(Le problème de l'être chez Aristote,* p. 106 sq.). Au cours d'une remarquable analyse, dont nous nous inspirons ici, P. Aubenque note en effet : « Dans d'autres textes, il est vrai, Aristote qualifie de symbole le rapport du langage aux choses : « Il n'est pas possible d'apporter dans la discussion les choses elles-mêmes, mais, au lieu des choses, nous devons nous servir de leurs noms comme de symboles. » L'intermédiaire que constituait l'état d'âme est ici supprimé ou du moins négligé, mais cette suppression est légitime, puisque, les états d'âme se comportant comme les choses, celles-ci peuvent leur être immédiatement substituées. En revanche, on ne peut pas substituer, sans plus, le nom à la chose... » (pp. 107-108).

de son sens pensé dans le logos ou l'entendement infini de Dieu), tout signifiant, et d'abord le signifiant écrit, serait dérivé. Il serait toujours technique et représentatif. Il n'aurait aucun sens constituant. Cette dérivation est l'origine même de la notion de « signifiant ». La notion de signe implique toujours en elle-même la distinction du signifié et du signifiant, fût-ce à la limite, selon Saussure, comme les deux faces d'une seule et même feuille. Elle reste donc dans la descendance de ce logocentrisme qui est aussi un phonocentrisme : proximité absolue de la voix et de l'être, de la voix et du sens de l'être, de la voix et de l'idéalité du sens. Hegel montre très bien l'étrange privilège du son dans l'idéalisation, la production du concept et la présence à soi du sujet.

> « Ce mouvement idéal, par lequel, dirait-on, se manifeste la simple subjectivité, l'âme du corps résonnant, l'oreille le perçoit de la même manière théorique que celle dont l'œil perçoit la couleur ou la forme, l'intériorité de l'objet devenant ainsi celle du sujet lui-même » (*Esthétique,* III, I. tr. fr. p. 16). « ... L'oreille au contraire, sans se tourner pratiquement vers les objets, perçoit le résultat de ce tremblement intérieur du corps par lequel se manifeste et se révèle, non la figure matérielle, mais une première idéalité venant de l'âme » (p. 296).

Ce qui est dit du son en général vaut a fortiori de la phonie par laquelle, en vertu du s'entendre-parler — système indissociable — le sujet s'affecte lui-même et se rapporte à soi dans l'élément de l'idéalité.

On pressent donc déjà que le phonocentrisme se confond avec la détermination historiale du sens de l'être en général comme *présence,* avec toutes les sous-déterminations qui dépendent de cette forme générale et qui organisent en elle leur système et leur enchaînement historial (présence de la chose au regard comme *eidos,* présence comme substance/essence/existence (*ousia*), présence temporelle comme pointe (*stigmè*) du maintenant ou de l'instant (*nun*), présence à soi du cogito, conscience, subjectivité, co-présence de l'autre et de soi, intersubjectivité comme phénomène intentionnel de l'ego, etc.). Le logocentrisme serait donc solidaire de la détermination de l'être de l'étant comme présence. Dans la mesure où un tel logocentrisme n'est pas tout à fait absent de la pensée heideggerienne, il la retient peut-être encore dans cette époque de l'onto-théologie, dans

(Heidegger)

cette philosophie de la présence, c'est-à-dire dans *la* philosophie. Cela signifierait peut-être qu'on ne sort pas de l'époque dont on peut dessiner la clôture. Les mouvements de l'appartenance ou de la non-appartenance à l'époque sont trop subtils, les illusions à cet égard sont trop faciles pour qu'on puisse trancher ici.

chute

L'époque du logos abaisse donc l'écriture pensée comme médiation de médiation et chute dans l'extériorité du sens. A cette époque appartiendrait la différence entre signifié et signifiant, ou au moins l'étrange écart de leur « parallélisme », et l'extériorité, si exténuée soit-elle, de l'un à l'autre. Cette appartenance est organisée et hiérarchisée dans une histoire. La différence entre signifié et signifiant appartient de manière profonde et implicite à la totalité de la grande époque couverte par l'histoire de la métaphysique, de manière plus explicite et plus systématiquement articulée à l'époque plus étroite du créationnisme et de l'infinitisme chrétiens lorsqu'ils s'approprient les ressources de la conceptualité grecque. Cette appartenance est essentielle et irréductible : on ne peut pas retenir la commodité ou la « vérité scientifique » de l'opposition stoïcienne, puis médiévale entre *signans* et *signatum* sans amener aussi à soi toutes ses racines métaphysico-théologiques. A ces racines n'adhère pas seulement — c'est déjà beaucoup — la distinction entre le sensible et l'intelligible, avec tout ce qu'elle commande, à savoir *la* métaphysique dans sa totalité. Et cette distinction est en général acceptée comme allant de soi par les linguistes et les sémiologues les plus vigilants, par ceux-là mêmes qui pensent que la scientificité de leur travail commence où finit la métaphysique. Ainsi, par exemple :

« La pensée structuraliste moderne l'a clairement établi : le langage est un système de signes, la linguistique est partie intégrante de la science des signes, la *sémiotique* (ou, dans les termes de Saussure, la *sémiologie).* La définition médiévale — aliquid stat pro aliquo — que notre époque a ressuscitée, s'est montrée toujours valable et féconde. C'est ainsi que la marque constitutive de tout signe en général, du signe linguistique en particulier, réside dans son caractère double : chaque unité linguistique est bipartite et comporte deux aspects ; l'un sensible et l'autre intelligible — d'une part le *signans* (le *signifiant* de Saussure), d'autre part le *signatum* (le signifié). Ces deux éléments constitutifs du signe linguistique (et du signe en général) se supposent et s'appellent nécessairement l'un l'autre [6]. »

Mais à ces racines métaphysico-théologiques tiennent beaucoup d'autres sédiments cachés. La « science » sémiologique ou, plus étroitement, linguistique, ne peut donc retenir la différence entre signifiant et signifié — l'idée même de signe — sans la différence entre le sensible et l'intelligible, certes, mais sans retenir aussi du même coup, plus profondément et plus implicitement, la référence à un signifié pouvant « avoir lieu », dans son intelligibilité, avant sa « chute », avant toute expulsion dans l'extériorité de l'ici-bas sensible. En tant que face d'intelligibilité pure, il renvoie à un logos absolu auquel il est immédiatement uni. Ce logos absolu était dans la théologie médiévale une subjectivité créatrice infinie : la face intelligible du signe reste tournée du côté du verbe et de la face de Dieu.

Bien entendu, il ne s'agit pas de « rejeter » ces notions : elles sont nécessaires et, aujourd'hui du moins, pour nous, plus rien n'est pensable sans elles. Il s'agit d'abord de mettre en évidence la solidarité systématique et historique de concepts et de gestes de pensée qu'on croit souvent pouvoir séparer innocemment. Le signe et la divinité ont le même lieu et le même temps de naissance. L'époque du signe est essentiellement théologique. Elle ne *finira* peut-être jamais. Sa *clôture* historique est pourtant dessinée.

Nous devons d'autant moins renoncer à ces concepts qu'ils nous sont indispensables pour ébranler aujourd'hui l'héritage dont ils font partie. A l'intérieur de la clôture, par un mouvement oblique et toujours périlleux, risquant sans cesse de retomber en-deçà de ce qu'il déconstruit, il faut entourer les concepts critiques d'un discours prudent et minutieux, marquer les conditions, le milieu et les limites de leur efficacité, désigner rigoureusement leur appartenance à la machine qu'ils permettent de déconstituer ; et du même coup la faille par laquelle se laisse entrevoir, encore innommable, la lueur de l'outre-clôture. Le concept de signe est ici exemplaire. Nous venons de marquer

---

6. R. Jakobson, *Essais de linguistique générale*, tr. fr. p. 162. Sur ce problème, sur la tradition du concept de signe et sur l'originalité de l'apport saussurien à l'intérieur de cette continuité, cf. Ortigues, *op. cit.*, p. 54 sq.

son appartenance métaphysique. Nous savons pourtant que la thématique du signe est depuis près d'un siècle le travail d'agonie d'une tradition qui prétendait soustraire le sens, la vérité, la présence, l'être, etc., au mouvement de la signification. En suspectant, comme nous venons de le faire, la différence entre signifié et signifiant ou l'idée de signe en général, nous devons préciser aussitôt qu'il ne s'agit pas de le faire depuis une instance de la vérité présente, antérieure, extérieure ou supérieure au signe, depuis le lieu de la différence effacée. Bien au contraire. Nous nous inquiétons de ce qui, dans le concept de signe — qui n'a jamais existé ni fonctionné hors de l'histoire de la philosophie (de la présence) — reste systématiquement et généalogiquement déterminé par cette histoire. C'est par là que le concept et surtout le travail de la déconstruction, son « style », restent par nature exposés aux malentendus et à la méconnaissance.

L'extériorité du signifiant est l'extériorité de l'écriture en général et nous tenterons de montrer plus loin qu'il n'y a pas de signe linguistique avant l'écriture. Sans cette extériorité, l'idée même de signe tombe en ruine. Comme tout notre monde et tout notre langage s'écrouleraient avec elle, comme son évidence et sa valeur gardent, à un certain point de dérivation, une indestructible solidité, il y aurait quelque niaiserie à conclure de son appartenance à une époque qu'il faille « passer à autre chose » et se débarrasser du signe, de ce terme et de cette notion. Pour percevoir convenablement le geste que nous esquissons ici, il faudra entendre d'une façon nouvelle les expressions « époque », « clôture d'une époque », « généalogie historique » ; et d'abord les soustraire à tout relativisme.

Ainsi, à l'intérieur de cette époque, la lecture et l'écriture, la production ou l'interprétation des signes, le texte en général, comme tissu de signes, se laissent confiner dans la secondarité. Les précèdent une vérité ou un sens déjà constitués par et dans l'élément du logos. Même quand la chose, le « référent », n'est pas immédiatement en rapport avec le logos d'un dieu créateur où elle a commencé par être sens parlé-pensé, le signifié a en tout cas un rapport immédiat avec le logos en général (fini ou infini), médiat avec le signifiant, c'est-à-dire avec l'extériorité de l'écriture. Quand il semble en aller autrement, c'est qu'une médiation métaphorique s'est insinuée dans le rapport et a simulé l'immédiateté : l'écriture de la vérité dans l'âme, opposée

26

par le *Phèdre* (278 a) à la mauvaise écriture (à l'écriture au sens
« propre » et courant, à l'écriture « sensible », « dans l'espace »),
le livre de la nature et l'écriture de Dieu, au Moyen Age en
particulier ; tout ce qui fonctionne comme *métaphore* dans ces
discours confirme le privilège du logos et fonde le sens « propre »
donné alors à l'écriture : signe signifiant un signifiant signifiant
lui-même une vérité éternelle, éternellement pensée et dite dans
la proximité d'un logos présent. Le paradoxe auquel il faut se
rendre attentif est alors le suivant : l'écriture naturelle et universelle, l'écriture intelligible et intemporelle est ainsi nommée
par métaphore. L'écriture sensible, finie, etc., est désignée
comme écriture au sens propre ; elle est alors pensée du côté
de la culture, de la technique et de l'artifice : procédé humain,
ruse d'un être incarné par accident ou d'une créature finie.
Bien entendu, cette métaphore reste énigmatique et renvoie à
un sens « propre » de l'écriture comme première métaphore. Ce
sens « propre » est encore impensé par les tenants de ce discours.
Il ne s'agirait donc pas d'inverser le sens propre et le sens
figuré mais de déterminer le sens « propre » de l'écriture comme
la métaphoricité elle-même.

Dans *Le symbolisme du livre*, ce beau chapitre de *La littérature européenne et le Moyen Age latin*, E. R. Curtius décrit
avec une grande richesse d'exemples l'évolution qui conduit
du *Phèdre* à Calderon, jusqu'à paraître « inverser la situation »
(tr. fr. p. 372) par la « nouvelle considération dont jouissait
le livre » (p. 374). Il semble pourtant que cette modification,
si importante soit-elle en effet, abrite une continuité fondamentale. Comme c'était le cas pour l'écriture de la vérité dans l'âme,
chez Platon, c'est encore au Moyen Age une écriture entendue
au sens métaphorique, c'est-à-dire une écriture *naturelle,* éternelle et universelle, le système de la vérité signifiée, qui est
reconnue dans sa dignité. Comme dans le *Phèdre,* une certaine
écriture déchue continue de lui être opposée. Il faudrait écrire
une histoire de cette métaphore opposant toujours l'écriture
divine ou naturelle à l'inscription humaine et laborieuse, finie
et artificieuse. Il faudrait en articuler rigoureusement les étapes
marquées par les repères que nous accumulons ici, suivre le
thème du livre de Dieu (nature ou loi, en vérité loi naturelle)
à travers toutes ses modifications.

Rabbi Eliezer a dit : « Si toutes les mers étaient d'encre,
tous les étangs plantés de calames, si le ciel et la terre étaient

des parchemins et si tous les humains exerçaient l'art d'écrire
— ils n'épuiseraient pas la Thora apprise par moi, alors que la
Thora elle-même ne s'en trouve diminuée que d'autant qu'en
emporte la pointe de pinceau trempé dans la mer [7]. »

Galilée :

« La nature est écrite en langage mathématique. »

Descartes :

« ... à lire le grand livre du monde... »

Cléanthe, au nom de la religion naturelle, dans les *Dialogues*...
de Hume :

« Et ce livre qu'est la nature contient une grande et inexplicable énigme, plutôt qu'aucun discours ou raisonnement
intelligible. »

Bonnet :

« Il me paraît plus philosophique de présumer que notre
terre est un livre que le grand Etre a donné à lire à des
intelligences qui nous sont fort supérieures, et où elles étudient
à fond les traits infiniment multipliés et variés de son ado-
rable sagesse. »

G. H. Von Schubert :

« Cette langue faite d'images et d'hiéroglyphes, dont se
sert la Sagesse suprême dans toutes ses révélations à l'humanité — qui se retrouve dans le langage tout voisin de la
Poésie — et qui, dans notre condition actuelle, ressemble
davantage à l'expression métaphorique du rêve qu'à la prose
de la veille, — on peut se demander si cette langue n'est
pas la véritable langue de la région supérieure. Si, tandis
que nous nous croyons éveillés, nous ne sommes pas plongés
dans un sommeil millénaire, ou au moins dans l'écho de ses
rêves, où nous ne percevons de la langue de Dieu que quelques
paroles isolées et obscures, comme un dormeur perçoit les
discours de son entourage. »

Jaspers :

« Le monde est le manuscrit d'un autre, inaccessible à
une lecture universelle et que seule l'existence déchiffre. »

Il faut surtout éviter de négliger les différences profondes

---

7. Cité par E. Levinas, in *Difficile liberté*, p. 44.

qui marquent tous ces traitements de la même métaphore. Dans l'histoire de ce traitement, la coupure la plus décisive apparaît au moment où se constitue, en même temps que la science de la nature, la détermination de la présence absolue comme présence à soi, comme subjectivité. C'est le moment des grands rationalismes du XVIIᵉ siècle. Dès lors, la condamnation de l'écriture déchue et finie prendra une autre forme, celle dont nous vivons encore : c'est la non-présence à soi qui sera dénoncée. Ainsi commencerait à s'expliquer l'exemplarité du moment « rousseauiste » dont nous nous approcherons plus tard. Rousseau répète le geste platonicien en se référant maintenant à un autre modèle de la présence : présence à soi dans le sentiment, dans le cogito sensible qui porte simultanément en soi l'inscription de la loi divine. D'un côté, l'écriture *représentative*, déchue, seconde, instituée, l'écriture au sens propre et étroit, est condamnée dans l'*Essai sur l'origine des langues* (elle « énerve » la parole ; « juger du génie » par les livres, c'est « vouloir peindre un homme sur son cadavre », etc.). L'écriture au sens courant est lettre morte, elle est porteuse de mort. Elle essouffle la vie. D'un autre côté, sur l'autre face du même propos, l'écriture au sens métaphorique, l'écriture naturelle, divine et vivante, est vénérée ; elle est égale, en dignité, à l'origine de la valeur, à la voix de la conscience comme loi divine, au cœur, au sentiment, etc.

> « La Bible est le plus sublime de tous les livres.... mais enfin c'est un livre... ce n'est point sur quelques feuilles éparses qu'il faut aller chercher la loi de Dieu, mais dans le cœur de l'homme où sa main daigna l'écrire » (*Lettre à Vernes*).
>
> « Si la loi naturelle n'était écrite que dans la raison humaine, elle serait peu capable de diriger la plupart de nos actions. Mais elle est encore gravée dans le cœur de l'homme en caractères ineffaçables... C'est là qu'elle lui crie... » (*L'état de guerre*).

L'écriture naturelle est immédiatement unie à la voix et au souffle. Sa nature n'est pas grammatologique mais pneumatologique. Elle est hiératique, toute proche de la sainte voix intérieure de la *Profession de foi,* de la voix qu'on entend en rentrant en soi : présence pleine et vérace de la parole divine à notre sentiment intérieur :

> « Plus je rentre en moi, plus je me consulte, et plus je
> lis ces mots écrits dans mon âme : sois juste et tu seras
> heureux... Je ne tire point ces règles des principes d'une
> haute philosophie, mais je les trouve au fond de mon cœur
> écrites par la nature en caractères ineffaçables. »

Il y aurait beaucoup à dire sur le fait que l'unité native de la
voix et de l'écriture soit *prescriptive*. L'archi-parole est écriture
parce qu'elle est une loi. Une loi naturelle. La parole commen-
çante est entendue, dans l'intimité de la présence à soi, comme
voix de l'autre et comme commandement.

Il y a donc une bonne et une mauvaise écriture : la bonne
et naturelle, l'inscription divine dans le cœur et l'âme ; la perverse et l'artificieuse, la technique, exilée dans l'extériorité du
corps. Modification tout intérieure du schéma platonicien : écriture de l'âme et écriture du corps, écriture du dedans et écriture du dehors, écriture de la conscience et écriture des passions, comme il y a une voix de l'âme et une voix du corps :
« La conscience est la voix de l'âme, les passions sont la voix
du corps » (*Profession de foi*). La « voix de la nature », la
« sainte voix de la nature » se confondant avec l'inscription
et la prescription divines, il faut sans cesse retourner vers elle,
s'entretenir en elle, dialoguer entre ses signes, se parler et se
répondre entre ses pages.

> « On eût dit que la nature étalait à nos yeux toute sa
> magnificence pour en offrir le texte à nos entretiens... »
> « J'ai donc refermé tous les livres. Il en est un seul ouvert
> à tous les yeux, c'est celui de la nature. C'est dans ce grand
> et sublime livre que j'apprends à servir et adorer son
> auteur. »

La bonne écriture a donc toujours été *comprise*. Comprise
comme cela même qui devait être compris : à l'intérieur d'une
nature ou d'une loi naturelle, créée ou non, mais d'abord pensée
dans une présence éternelle. Comprise, donc, à l'intérieur d'une
totalité et enveloppée dans un volume ou un livre. L'idée du
livre, c'est l'idée d'une totalité, finie ou infinie, du signifiant ;
cette totalité du signifiant ne peut être ce qu'elle est, une totalité, que si une totalité constituée du signifié lui préexiste, surveille son inscription et ses signes, en est indépendante dans
son idéalité. L'idée du livre, qui renvoie toujours à une totalité
naturelle, est profondément étrangère au sens de l'écriture. Elle

est la protection encyclopédique de la théologie et du logocentrisme contre la disruption de l'écriture, contre son énergie aphoristique et, nous le préciserons plus loin, contre la différence en général. Si nous distinguons le texte du livre, nous dirons que la destruction du livre, telle qu'elle s'annonce aujourd'hui dans tous les domaines, dénude la surface du texte. Cette violence nécessaire répond à une violence qui ne fut pas moins nécessaire.

L'être écrit.

L'évidence rassurante dans laquelle a dû s'organiser et doit vivre encore la tradition occidentale serait donc celle-ci : l'ordre du signifié n'est jamais contemporain, est au mieux l'envers ou le parallèle subtilement décalé — le temps d'un souffle — de l'ordre du signifiant. Et le signe doit être l'unité d'une hétérogénéité, puisque le signifié (sens ou chose, noème ou réalité) n'est pas en soi un signifiant, une *trace* : en tout cas n'est pas constitué dans son sens par son rapport à la trace possible. L'essence formelle du signifié est la *présence*, et le privilège de sa proximité au logos comme *phonè* est le privilège de la présence. Réponse inéluctable dès lors qu'on se demande « qu'est-ce que le signe ? », c'est-à-dire lorsqu'on soumet le signe à la question de l'essence, au « ti esti ». L' « essence formelle » du signe ne peut être déterminée qu'à partir de la présence. On ne peut contourner cette réponse, sauf à récuser la forme même de la question et commencer à penser que le signe ~~est~~ cette ~~chose~~ mal nommée, la seule, qui échappe à la question institutrice de la philosophie : « Qu'est-ce que... [8] ? »

Ici, en radicalisant les concepts d'*interprétation*, de *perspective*, d'*évaluation*, de *différence* et tous les motifs « empiristes » ou non-philosophiques qui, tout au long de l'histoire de l'Occident, n'ont cessé de tourmenter la philosophie et n'avaient eu que la faiblesse, d'ailleurs inéluctable, de se produire dans le champ philosophique, Nietzsche, loin de rester *simplement* (avec Hegel et comme le voudrait Heidegger) *dans* la métaphysique, aurait puissamment contribué à libérer le signifiant de sa dépendance ou de sa dérivation par rapport au logos et au concept connexe

---

8. C'est un thème que nous essayons de développer ailleurs (*La voix et le phénomène*).

de vérité ou de signifié premier, en quelque sens qu'on l'entende. La lecture et donc l'écriture, le texte, seraient pour Nietzsche des opérations « originaires [9] » (nous mettons ce mot entre guillemets pour des raisons qui apparaîtront plus loin) au regard d'un sens qu'elles n'auraient pas d'abord à transcrire ou à découvrir, qui ne serait donc pas une vérité signifiée dans l'élément originel et la présence du logos, comme *topos noetos,* entendement divin ou structure de nécessité apriorique. Pour sauver Nietzsche d'une lecture de type heideggerien, il ne faut donc surtout pas tenter, semble-t-il, de restaurer ou d'expliciter une « ontologie » moins naïve, des intuitions ontologiques profondes accédant à quelque vérité originaire, toute une fondamentalité cachée sous l'apparence d'un texte empiriste ou métaphysique. On ne saurait mieux méconnaître la virulence de la pensée nietzschéenne. Il faut au contraire *accuser* la « naïveté » d'une percée qui ne peut esquisser une sortie hors de la métaphysique, qui ne peut *critiquer* radicalement la métaphysique qu'en utilisant d'une certaine manière, dans un certain type ou un certain style de *texte,* des propositions, qui, lues dans le corpus philosophique, c'est-à-dire, selon Nietzsche, mal lues ou non lues, ont toujours été et seront toujours des « naïvetés », des signes incohérents d'appartenance absolue. Peut-être ne faut-il donc pas soustraire Nietzsche à la lecture heideggerienne mais au contraire l'y offrir totalement, souscrire sans réserve à cette interprétation ; d'une *certaine manière* et jusqu'au point où le contenu du discours nietzschéen étant à peu près perdu pour la question de l'être, sa forme retrouve son étrangeté absolue, où son texte enfin appelle un autre type de lecture, plus fidèle à son type d'écriture : Nietzsche a *écrit*

---

9. Ce qui ne veut pas dire, par simple inversion, que le signifiant soit fondamental ou premier. La « primauté » ou la « priorité » du signifiant serait une expression intenable et absurde à se formuler illogiquement dans la logique même qu'elle veut, légitimement sans doute, détruire. Jamais le signifiant ne précédera en droit le signifié, sans quoi il ne serait plus signifiant et le signifiant « signifiant » n'aurait plus aucun signifié possible. La pensée qui s'annonce dans cette impossible formule sans réussir à s'y loger doit donc s'énoncer autrement : elle ne pourra sans doute le faire qu'à suspecter l'idée même de signe, de « signe-de » qui restera toujours attachée à cela même qui se trouve ici mis en question. Donc à la limite en détruisant toute la conceptualité ordonnée autour du concept de signe (signifiant et signifié, expression et contenu, etc.).

ce qu'il a écrit. Il a écrit que l'écriture — et d'abord la sienne — n'est pas originairement assujettie au logos et à la vérité. Et que cet assujettissement est *devenu* au cours d'une époque dont il nous faudra déconstruire le sens. Or dans cette direction (mais seulement dans cette direction, car autrement lue, la démolition nietzschéenne reste dogmatique et, comme tous les renversements, captive de l'édifice métaphysique qu'elle prétend abattre. A ce point et dans cet *ordre de lecture*, les démonstrations de Heidegger et de Fink sont irréfutables), la pensée heideggerienne n'ébranlerait pas, réinstallerait au contraire l'instance du logos et de la vérité de l'être comme « primum signatum » : signifié en un certain sens « transcendantal » (comme on disait au Moyen Age que le transcendantal — *ens, unum, verum, bonum* — était le « primum cognitum ») impliqué par toutes les catégories ou toutes les significations déterminées, par tout lexique et par toute syntaxe, donc par tout signifiant linguistique, ne se confondant simplement avec aucun d'eux, se laissant pré-comprendre à travers chacun d'eux, restant irréductible à toutes les déterminations épiquales qu'il rend pourtant possibles, ouvrant ainsi l'histoire du logos et n'étant lui-même que par le logos : c'est-à-dire *n'étant rien* avant le logos et hors de lui. Le logos *de* l'être, « la Pensée obéissante à la Voix de l'Etre [10] » est la première et la dernière ressource du signe, de la différence entre le *signans* et le *signatum*. Il faut qu'il y ait un signifié transcendantal pour que la différence entre signifié et signifiant soit quelque part absolue et irréductible. Ce n'est pas un hasard si la pensée de l'être, comme pensée de ce signifié transcendantal, se manifeste par excellence dans la voix : c'est-à-dire dans une langue de mots. La voix *s'entend* — c'est sans doute ce qu'on appelle la conscience — au plus proche de soi comme l'effacement absolu du signifiant : auto-affection pure qui a nécessairement la forme du temps et qui n'emprunte hors de soi, dans le monde ou dans la « réalité », aucun signifiant accessoire, aucune substance d'expression étrangère à sa propre spontanéité. C'est l'expérience unique du signifié se produisant spontanément, du dedans de soi, et néanmoins, en tant que .concept signifié, dans l'élément de l'idéalité ou de l'universalité. Le caractère non-mondain de cette substance d'ex-

---

10. Postface à *Was ist Metaphysik*, p. 46. L'instance de la voix domine aussi l'analyse du *Gewissen* dans *Sein und Zeit* (p. 267 sq.).

pression est constitutif de cette idéalité. Cette expérience de l'effacement du signifiant dans la voix n'est pas une illusion parmi d'autres — puisqu'elle est la condition de l'idée même de vérité — mais nous montrerons ailleurs en quoi elle se leurre. Ce leurre est l'histoire de la vérité et on ne le dissipe pas si vite. Dans la clôture de cette expérience, le mot est vécu comme l'unité élémentaire et indécomposable du signifié et de la voix, du concept et d'une substance d'expression transparente. Cette expérience serait considérée dans sa plus grande pureté — et en même temps dans sa condition de possibilité — comme expérience de l' « être ». Le mot « être », ou en tout cas les mots désignant dans des langues différentes le sens de l'être, serait avec quelques autres, un « mot originaire » (Urwort [11]), le mot transcendantal assurant la possibilité de l'être-mot à tous les autres mots. Il serait pré-compris dans tout langage en tant que tel et — c'est l'ouverture de *Sein und Zeit* — seule cette pré-compréhension permettrait d'ouvrir la question du sens de l'être en général, par-delà toutes les ontologies régionales et toute la métaphysique : question qui entame la philosophie (par exemple dans le *Sophiste*) et se laisse recouvrir par elle, question que répète Heidegger en y soumettant l'histoire de la métaphysique. Sans doute le sens de l'être n'est-il pas le mot « être » ni le concept d'être, Heidegger le rappelle sans cesse. Mais comme ce sens n'est rien hors du langage et du langage de mots, il est lié, sinon à tel ou tel mot, à tel ou tel système de langues (concesso non dato) du moins à la possibilité du mot en général. Et de son irréductible simplicité. On pourrait donc penser qu'il ne reste plus qu'à décider entre deux possibilités. 1° Est-ce qu'une linguistique moderne, c'est-à-dire une science de la signification brisant l'unité du mot et rompant avec sa prétendue irréductibilité, a encore affaire au « langage » ? Heidegger en douterait probablement. 2° Inversement, est-ce que tout ce qui se médite si profondément sous le nom de pensée ou de question de l'être n'est pas enfermé dans une vieille linguistique du mot qu'on pratiquerait ici sans le savoir ? Sans le savoir parce qu'une telle linguistique, qu'elle soit spontanée ou systématique, a toujours dû partager les présuppositions de la métaphysique. Elles se meuvent toutes deux sur le même sol.

---

11. Cf. *Das Wesen der Sprache,* et *Das Wort,* in *Unterwegs zur Sprache* (1959).

Il va de soi que l'alternative ne saurait être aussi simple.

D'une part, en effet, si la linguistique moderne reste tout entière enfermée dans une conceptualité classique, si en particulier elle se sert naïvement du mot *être* et de tout ce qu'il suppose, ce qui dans cette linguistique déconstruit l'unité du mot en général ne peut plus être circonscrit, selon le modèle des questions heideggeriennes, tel qu'il fonctionne puissamment dès le début de *Sein und Zeit*, comme science ontique ou ontologie régionale. Dans la mesure où la question de l'être s'unit indissolublement, sans s'y réduire, à la précompréhension du *mot être*, la linguistique qui travaille à la déconstruction de l'unité constituée de ce mot n'a plus à attendre, en fait ou en droit, que la question de l'être soit posée pour définir son champ et l'ordre de sa dépendance.

Non seulement son champ n'est plus simplement ontique, mais les limites de l'ontologie qui lui correspondrait n'ont plus rien de régional. Et ce que nous disons ici de la linguistique ou du moins d'un certain travail qui peut se faire en elle et grâce à elle, ne pouvons-nous le dire de toute recherche *en tant que et dans la mesure rigoureuse où* elle en viendrait à déconstituer les concepts-mots fondateurs de l'ontologie, de l'être par privilège ? En dehors de la linguistique, c'est dans la recherche psychanalytique que cette percée semble avoir aujourd'hui les plus grandes chances de s'élargir.

Dans l'espace rigoureusement délimité de cette percée, ces « sciences » ne sont plus *dominées* par les questions d'une phénoménologie transcendantale ou d'une ontologie fondamentale. On dira peut-être alors, suivant l'ordre des questions inaugurées par *Sein und Zeit* et radicalisant les questions de la phénoménologie husserlienne, que cette percée n'appartient pas à la science elle-même, que ce qui semble ainsi se produire dans un champ ontique ou dans une ontologie régionale ne leur appartient pas en droit et rejoint déjà la question de l'être elle-même.

Car d'autre part, c'est la *question* de l'être que Heidegger pose à la métaphysique. Et avec elle la question de la vérité, du sens, du logos. La méditation incessante de cette question ne restaure pas des assurances. Elle les déloge au contraire à leur propre profondeur, ce qui est plus difficile, s'agissant du sens de l'être, qu'on ne le croit souvent. En interrogeant la veille de toute détermination de l'être, en ébranlant les sécurités de l'onto-théologie, une telle méditation contribue, tout autant que la linguistique la plus actuelle, à disloquer l'unité de sens de l'être, c'est-à-dire, en dernière instance, l'unité du mot.

C'est ainsi qu'après avoir évoqué la « voix de l'être », Heidegger rappelle qu'elle est silencieuse, muette, insonore, sans mot, originairement *a-phone* (*die Gewähr der lautlosen Stimme verborgener Quellen...*). La voix des sources ne s'entend pas. Rupture entre le sens originaire de l'être et le mot, entre le sens et la voix, entre la « voix de l'être » et la « *phonè* », entre l' « appel de l'être » et le son articulé ; une telle rupture, qui confirme à la fois une métaphore fondamentale et la suspecte en accusant le décalage métaphorique, traduit bien l'ambiguïté de la situation heideggerienne au regard de la métaphysique de la présence et du logocentrisme. Elle y est comprise et la transgresse à la fois. Mais il est impossible de la partager. Le mouvement même de la transgression la retient parfois endeçà de la limite. A l'encontre de ce que nous suggérions plus haut, il faudrait rappeler que le sens de l'être n'est jamais simplement et rigoureusement un « signifié » pour Heidegger. Ce n'est pas un hasard si ce terme n'est pas utilisé : cela veut dire que l'être échappe au mouvement du signe, proposition qu'on peut entendre aussi bien comme une répétition de la tradition classique que comme une méfiance à l'égard d'une théorie métaphysique ou technique de la signification. D'autre part, le sens de l'être n'est littéralement ni « premier », ni « fondamental », ni « transcendantal », qu'on l'entende au sens scolastique, kantien ou husserlien. Le dégagement de l'être comme « transcendant » les catégories de l'étant, l'ouverture de l'ontologie fondamentale ne sont que des moments nécessaires mais provisoires. Dès l'*Introduction à la métaphysique*, Heidegger renonce au projet et au mot d'ontologie [12]. La dissimulation nécessaire, originaire et irréductible du sens de l'être, son occultation dans l'éclosion même de la présence, ce retrait sans lequel il n'y aurait même pas d'histoire de l'être qui fût de part en part *histoire* et histoire de *l'être*, l'insistance de Heidegger à marquer que l'être ne se produit comme histoire que par le logos et n'est rien hors de lui, la différence entre l'être et l'étant, tout cela indique bien que, fondamentalement, rien n'échappe au mouvement du signifiant et que, en dernière instance, la différence entre le signifié et le signifiant *n'est rien*. Cette pro-

---

12. Tr. G. Kahn, p. 50.

position de transgression, faute d'être prise dans un discours prévenant, risque de formuler la régression elle-même. Il faut donc *passer par* la question de l'être, telle qu'elle est posée par Heidegger et par lui seul, à et au-delà de l'onto-théologie, pour accéder à la pensée rigoureuse de cette étrange non-différence et la déterminer correctement. Que l' « être », tel qu'il est fixé sous ses formes syntaxiques et lexicologiques générales à l'intérieur de l'aire linguistique et de la philosophie occidentales, ne soit pas un signifié premier et absolument irréductible, qu'il soit encore enraciné dans un système de langues et une « signifiance » historique déterminée, quoique étrangement privilégiée comme vertu de dévoilement et de dissimulation, Heidegger le rappelle parfois : en particulier quand il invite à méditer le « privilège » de la « troisième personne du singulier de l'indicatif présent » et de l' « infinitif ». La métaphysique occidentale, comme limitation du sens de l'être dans le champ de la présence, se produit comme la domination d'une forme linguistique [13]. Interroger l'origine de cette domination ne revient pas à

---

13. *Introduction à la métaphysique* (1935), tr. fr., p. 103 : « Tout ceci oriente dans la direction de ce à quoi nous nous sommes heurtés dans notre première tentative pour caractériser l'expérience et l'interprétation grecques de l'être. Un examen attentif de l'interprétation usuelle de l'infinitif nous montre que le mot « être » tire son sens du caractère unitaire et déterminé de l'horizon qui en commande la compréhension. Résumons-nous en effet : nous comprenons le substantif verbal « être » à partir de l'infinitif, qui de son côté renvoie au « est », et à sa multiplicité que nous avons exposée. La forme verbale déterminée et particulière « est », *la troisième personne du singulier de l'indicatif présent*, a ici un privilège. Nous ne comprenons pas l'être en ayant égard à « tu es », « vous êtes », « je suis », ou « ils seraient », qui tous pourtant constituent aussi, et au même titre que le « est », des formes du verbe « être ». Nous sommes amenés involontairement, comme si pour un peu il n'y avait pas d'autre possibilité, à nous rendre clair l'infinitif « être » à partir du « est ». Il en résulte que l' « être » a cette signification que nous avons indiquée, qui rappelle la façon dont les Grecs comprenaient l'estance de l'être, et qu'il possède ainsi un caractère déterminé qui ne nous est pas tombé de n'importe où, mais qui gouverne depuis bien longtemps notre être-Là proventuel. Du coup, notre recherche de ce en quoi est déterminée la signification du mot « être » devient expressément ce qu'elle est, une méditation sur l'origine de notre pro-venance latente. » Il faudrait, bien sûr, citer toute l'analyse qui se conclut ainsi.

hypostasier un signifié transcendantal mais à questionner sur ce qui constitue notre histoire et sur ce qui a produit la transcendantalité elle-même. Heidegger le rappelle aussi lorsque dans *Zur Seinsfrage*, pour la même raison, il ne laisse lire le mot « être » que sous une croix (*kreuzweise Durchstreichung*). Cette croix n'est pourtant pas un « signe simplement négatif » (p. 31). Cette rature est la dernière écriture d'une époque. Sous ses traits s'efface en restant lisible la présence d'un signifié transcendantal. S'efface en restant lisible, se détruit en se donnant à voir l'idée même de signe. En tant qu'elle dé-limite l'onto-théologie, la métaphysique de la présence et le logocentrisme, cette dernière écriture est aussi la première écriture.

En venir à reconnaître, non pas en-deçà mais à l'horizon des chemins heideggeriens, et encore en eux, que le sens de l'être n'est pas un signifié transcendantal ou trans-époqual (fût-il même toujours dissimulé dans l'époque) mais déjà, en un sens proprement *inouï*, une trace signifiante déterminée, c'est affirmer que dans le concept décisif de différence ontico-ontologique, *tout n'est pas à penser d'un seul trait* : étant et être, ontique et ontologique, « ontico-ontologique » seraient, en un style original, *dérivés* au regard de la différence ; et par rapport à ce que nous appellerons plus loin la *différance*, concept économique désignant la production du différer, au double sens de ce mot. La différence-ontico-ontologique et son fondement (Grund) dans la « transcendance du Dasein » (*Vom Wesen des Grundes*, p. 16) ne seraient pas absolument originaires. La différance tout court serait plus « originaire », mais on ne pourrait plus l'appeler « origine » ni « fondement », ces notions appartenant essentiellement à l'histoire de l'onto-théologie, c'est-à-dire au système fonctionnant comme effacement de la différence. Celle-ci ne peut toutefois être pensée au plus proche d'elle-même qu'à une condition : qu'on commence par la déterminer comme différence ontico-ontologique avant de biffer cette détermination. La nécessité du passage par la détermination biffée, la nécessité de ce *tour d'écriture* est irréductible. Pensée discrète et difficile qui, à travers tant de médiations inaperçues, devrait porter tout le poids de notre question, d'une question que nous appelons encore provisoirement *historiale*. C'est grâce à elle que nous pourrons plus tard tenter de faire communiquer la différance et l'écriture.

L'hésitation de ces pensées (ici celles de Nietzsche et de Hei-

degger) n'est pas une « incòhérence » : tremblement propre
à toutes les tentatives post-hegeliennes et à ce passage entre
deux époques. Les mouvements de déconstruction ne sollicitent
pas les structures du dehors. Ils ne sont possibles et efficaces,
ils n'ajustent leurs coups qu'en habitant ces structures. En les
habitant *d'une certaine manière*, car on habite toujours et plus
encore quand on ne s'en doute pas. Opérant nécessairement de
l'intérieur, empruntant à la structure ancienne toutes les ressources stratégiques et économiques de la subversion, les lui
empruntant structurellement, c'est-à-dire sans pouvoir en isoler
des éléments et des atomes, l'entreprise de déconstruction est
toujours d'une certaine manière emportée par son propre travail. C'est ce que ne manque pas de signaler avec empressement
celui qui a commencé le même travail en un autre lieu de la
même habitation. Aucun exercice n'est plus répandu aujour-
d'hui et l'on devrait pouvoir en formaliser les règles.

Hegel, déjà, était pris à ce jeu. *D'une part,* il a sans doute
résumé la totalité de la philosophie du logos. Il a déterminé
l'ontologie comme logique absolue ; il a rassemblé toutes les
délimitations de l'être comme présence ; il a assigné à la présence l'eschatologie de la parousie, de la proximité à soi de la
subjectivité infinie. Et c'est pour les mêmes raisons qu'il a dû
abaisser ou subordonner l'écriture. Lorsqu'il critique la caractéristique leibnizienne, le formalisme de l'entendement et le symbolisme mathématique, il fait le même geste : dénoncer l'être-
hors-de-soi du logos dans l'abstraction sensible ou intellectuelle.
L'écriture est cet oubli de soi, cette extériorisation, le contraire
de la mémoire intériorisante, de l'*Erinnerung* qui ouvre l'histoire
de l'esprit. C'est ce que disait le *Phèdre* : l'écriture est à la fois
mnémotechnique et puissance d'oubli. Naturellement, la critique
hegelienne de l'écriture s'arrête devant l'alphabet. En tant
qu'écriture phonétique, l'alphabet est à la fois plus servile, plus
méprisable, plus secondaire (« L'écriture alphabétique exprime
des *sons* qui sont eux-mêmes déjà des signes. Elle consiste donc
en signes de signes (« aus Zeichen der Zeichen », *Encyclopédie*
§ 459), mais c'est aussi la meilleure écriture, l'écriture de l'esprit :
son effacement devant la voix, ce qui en elle respecte l'intériorité idéale des signifiants phoniques, tout ce par quoi elle
sublime l'espace et la vue, tout cela en fait l'écriture de l'histoire, c'est-à-dire celle de l'esprit infini se rapportant à lui-même
dans son discours et dans sa culture :

39

« Il s'ensuit qu'apprendre à lire et à écrire une écriture alphabétique doit être regardé comme un moyen de culture infini (unendliches Bildungsmittel) que l'on n'apprécie pas assez ; parce qu'ainsi l'esprit s'éloignant du concret sensible, dirige son attention sur le moment plus formel, le mot sonore et ses éléments abstraits, et contribue de manière essentielle à fonder et à purifier dans le sujet le sol de l'intériorité. »

En ce sens elle est l'*Aufhebung* des autres écritures, en particulier de l'écriture hiéroglyphique et de la caractéristique leibnizienne qu'on avait critiquées auparavant d'un seul et même geste. (L'*Aufhebung* est, plus ou moins implicitement, le concept dominant de presque toutes les histoires de l'écriture, aujourd'hui encore. Elle est *le* concept de l'histoire et de la téléologie). Hegel poursuit en effet :

« L'habitude acquise supprime aussi plus tard la spécificité de l'écriture alphabétique, à savoir de paraître, dans l'intérêt de la vue, un détour (Umweg) par l'ouïe pour parvenir aux représentations, et en fait pour nous une écriture hiéroglyphique, en sorte qu'en en usant, nous n'avons pas besoin d'avoir présente à la conscience la médiation des sons. »

C'est à cette condition que Hegel reprend alors à son compte l'éloge leibnizien de l'écriture non-phonétique. Elle peut être pratiquée par les sourds et les muets, disait Leibniz. Hegel :

« Outre que par la pratique qui transforme en hiéroglyphes cette écriture alphabétique, *se conserve* [nous soulignons] l'aptitude à l'abstraction acquise au cours d'un tel exercice, la lecture des hiéroglyphes est pour soi-même une lecture sourde et une écriture muette (ein taubes Lesen und ein stummes Schreiben). Ce qui est audible ou temporel, ce qui est visible ou spatial ont chacun leur propre fondement et ils sont en premier lieu d'égale valeur ; mais dans l'écriture alphabétique il n'y a qu'un fondement et cela suivant une relation réglée, à savoir que la langue visible se rapporte seulement comme un signe à la langue sonore ; l'intelligence s'exprime de manière immédiate et inconditionnée par la parole »*(ibid.)*.

Ce que trahit l'écriture elle-même, dans son moment non phonétique, c'est la vie. Elle menace du même coup le souffle, l'esprit, l'histoire comme rapport à soi de l'esprit. Elle en est la fin, la finitude, la paralysie. Coupant le souffle, stérilisant ou immobilisant la création spirituelle dans la répétition de la lettre, dans le commentaire ou l'*exégèse*, confinée dans un milieu étroit, réservée à une minorité, elle est le principe de mort et de différence dans le devenir de l'être. Elle est à la parole ce que la Chine est à l'Europe :

> « C'est seulement à l'exégétisme [14] de la culture spirituelle chinoise que convient l'écriture hiéroglyphique de ce peuple. Ce type d'écriture est d'ailleurs la part réservée à la fraction la plus étroite d'un peuple, celle qui détient le domaine exclusif de la culture spirituelle »... « Une écriture hiéroglyphyque exigerait une philosophie aussi exégétique que l'est en général la culture des Chinois » (*ibid*).

Si le moment non-phonétique menace l'histoire et la vie de l'esprit comme présence à soi dans le souffle, c'est qu'il menace la substantialité, cet autre nom métaphysique de la présence, de l'*ousia*. D'abord sous la forme du substantif. L'écriture non-phonétique brise le nom. Elle décrit des relations et non des appellations. Le nom et le mot, ces unités du souffle et du concept, s'effacent dans l'écriture pure. A cet égard, Leibniz est inquiétant comme le Chinois en Europe :

> « Cette situation, la notation analytique des représentations dans l'écriture hiéroglyphique, qui a séduit Leibniz jusqu'à lui faire préférer à tort cette écriture à l'écriture alphabétique, contredit plutôt l'exigence fondamentale du langage en général, à savoir le nom... » « ... toute différence (Abweichung) dans l'analyse produirait une autre formation du substantif écrit. »

L'horizon du savoir absolu, c'est l'effacement de l'écriture dans le logos, la résumption de la trace dans la parousie, la réappropriation de la différence, l'accomplissement de ce que nous avons appelé ailleurs [15] la *métaphysique du propre*.

Et pourtant, tout ce que Hegel a pensé dans cet horizon, c'est-à-dire tout sauf l'eschatologie, peut être relu comme méditation de l'écriture. Hegel est *aussi* le penseur de la différence irréductible. Il a réhabilité la pensée comme *mémoire productrice* de signes. Et il a réintroduit, comme nous essaierons de le montrer ailleurs, la nécessité essentielle de la trace écrite dans un discours philosophique — c'est-à-dire socratique — qui avait toujours cru pouvoir s'en passer : dernier philosophe du livre et premier penseur de l'écriture.

---

14. *dem Statarischen*, mot de vieil allemand qu'on avait été tenté de traduire jusqu'ici par « immobile », « statique » (cf. Gibelin, pp. 255-257).

15. *La parole soufflée*, in *L'écriture et la différence* (Ed. du Seuil, 1967.)

linguistique et grammatologie

> L'écriture n'est que la représentation de la parole ; il est bizarre qu'on donne plus de soin à déterminer l'image que l'objet.
>
> J.-J. Rousseau, *Fragment inédit d'un essai sur les langues.*

Le concept d'écriture devrait définir le champ d'une science. Mais peut-il être fixé par les savants hors de toutes les pré-déterminations historico-métaphysiques que nous venons de situer fort sèchement ? Que peut signifier d'abord une science de l'écriture, s'il est acquis :

1° que l'idée même de science est née à une certaine époque de l'écriture ;

2° qu'elle a été pensée et formulée, en tant que tâche, idée, projet, dans un langage impliquant un certain type de rapports déterminés — structurellement et axiologiquement — entre parole et écriture ;

3° que, dans cette mesure, elle a d'abord été liée au concept et à l'aventure de l'écriture phonétique, valorisée comme le telos de toute écriture, alors même que ce qui fut constamment le modèle exemplaire de la scientificité — la mathématique — n'a jamais cessé de s'en éloigner ;

4° que l'idée plus étroite d'une *science générale de l'écriture* est née, pour des raisons qui ne sont pas fortuites, à une certaine époque de l'histoire du monde (qui s'indique autour du XVIII⁰ siècle) et dans un certain système déterminé des rapports entre la parole « vive » et l'inscription ;

5° que l'écriture n'est pas seulement un moyen auxiliaire au service de la science — et éventuellement son objet — mais d'abord, comme l'a en particulier rappelé Husserl, dans *L'origine de la géométrie*, la condition de possibilité des objets idéaux et donc de l'objectivité scientifique. Avant d'être son objet, l'écriture est la condition de l'*epistémè*.

6° que l'historicité elle-même est liée à la possibilité de l'écriture : à la possibilité de l'écriture en général, au-delà de ces formes particulières d'écriture au nom desquelles on a longtemps parlé de peuples sans écriture et sans histoire. Avant d'être l'objet d'une histoire — d'une science historique — l'écriture ouvre le champ de l'histoire — du devenir historique. Et celle-là (*Historie*, dirait-on en allemand) suppose celle-ci (*Geschichte*).

La science de l'écriture devrait donc aller chercher son objet à la racine de la scientificité. L'histoire de l'écriture devrait se retourner vers l'origine de l'historicité. Science de la possibilité de la science ? Science de la science qui n'aurait plus la forme de la *logique* mais de la *grammatique* ? Histoire de la possibilité de l'histoire qui ne serait plus une archéologie, une philosophie de l'histoire ou une histoire de la philosophie ?

Les sciences *positives* et classiques de l'écriture ne peuvent que réprimer ce type de question. Jusqu'à un certain point, cette répression est même nécessaire au progrès de l'enquête positive. Outre qu'elle serait encore prise dans la logique philosophante, la question onto-phénoménologique sur l'essence, c'est-à-dire sur l'origine de l'écriture, ne pourrait, à elle seule, que paralyser ou stériliser la recherche historique et typologique des *faits*.

Aussi notre intention n'est-elle pas de mettre cette question préjudicielle, cette sèche, nécessaire et, d'une certaine facilité, facile question de droit, en balance avec la puissance et l'efficacité des recherches positives auxquelles il nous est donné d'assister aujourd'hui. Jamais la genèse et le système des écritures n'avaient donné lieu à des explorations aussi profondes, étendues et assurées. Il s'agit d'autant moins de mettre la question en balance avec le poids des découvertes que les questions sont impondérables. Si celle-ci ne l'est pas tout à fait, c'est peut-être parce que son refoulement a des conséquences effectives dans le contenu même de recherches qui, dans le cas présent et par privilège, s'ordonnent toujours autour de problèmes de définition et de commencement.

Moins qu'un autre, le grammatologue peut éviter de s'interroger sur l'essence de son objet sous la forme d'une question d'origine : « Qu'est-ce que l'écriture ? » veut dire « où et quand commence l'écriture ? » Les réponses viennent en général très vite. Elles circulent dans des concepts fort peu critiqués et se meuvent dans des évidences qui semblent depuis toujours aller de soi. Autour de ces réponses s'ordonnent chaque fois une typologie et une mise en perspective du devenir des écritures. Tous les ouvrages traitant de l'histoire de l'écriture sont composés selon la même forme : une classification de type philosophique et téléologique épuise les problèmes critiques en quelques pages et l'on passe ensuite à l'exposition des faits. Contraste entre la fragilité théorique des reconstructions et la richesse historique, archéologique, ethnologique, philologique de l'information.

Origine de l'écriture, origine du langage, les deux questions se séparent difficilement. Or les grammatologues, qui sont en général, par formation, des historiens, des épigraphistes, des archéologues, lient rarement leurs recherches à la science moderne du langage. On en est d'autant plus surpris que la linguistique est, parmi les « sciences de l'homme », celle dont on donne la scientificité en exemple avec une unanimité empressée et insistante.

La grammatologie peut-elle donc attendre en droit de la linguistique un secours essentiel qu'elle n'a presque jamais cherché en fait ? Ne décèle-t-on pas au contraire, efficacement à l'œuvre dans le mouvement même par lequel la linguistique s'est instituée comme science, une présupposition métaphysique quant aux rapports entre parole et écriture ? Est-ce que cette présupposition ne ferait pas obstacle à la constitution d'une science générale de l'écriture ? Est-ce qu'à lever cette présupposition on ne bouleverse pas le paysage dans lequel s'est paisiblement installée la science du langage ? Pour le meilleur et pour le pire ? Pour l'aveuglement et pour la productivité ? Tel est le deuxième type de question que nous voudrions esquisser maintenant. Pour la préciser, nous préférons nous approcher, comme d'un exemple privilégié, du projet et des textes de Ferdinand de Saussure. Que la particularité de l'exemple n'entame pas la généralité de notre propos, nous essaierons ici ou là de faire un peu plus que le présumer.

La linguistique veut donc être la science du langage. Laissons ici de côté toutes les décisions implicites qui ont établi un tel projet et toutes les questions que la fécondité de cette science laisse endormies quant à son origine même. Considérons d'abord simplement, du point de vue qui nous intéresse, que la scientificité de cette science lui est souvent reconnue en raison de son fondement *phonologique*. La phonologie, dit-on si souvent aujourd'hui, communique sa scientificité à la linguistique qui sert elle-même de modèle épistémologique à toutes les sciences humaines. L'orientation délibérément et systématiquement phonologique de la linguistique (Troubetzkoy, Jakobson, Martinet) accomplissant une intention qui fut d'abord celle de Saussure, nous nous en tiendrons, pour l'essentiel et au moins provisoirement, à cette dernière. Ce que nous en dirons vaudra-t-il a fortiori pour les formes plus accusées du phonologisme ? Le problème sera au moins posé.

La science linguistique détermine le langage — son champ d'objectivité — en dernière instance et dans la simplicité irréductible de son essence, comme l'unité de *phonè, glossa et logos*. Cette détermination est antérieure en droit à toutes les différenciations éventuelles qui ont pu surgir dans les systèmes terminologiques des différentes écoles (langue/parole ; code/ message ; schéma/usage ; linguistique/logique ; phonologie/phonématique/phonétique/glossématique). Et même si l'on voulait confiner la sonorité du côté du signifiant sensible et contingent (ce qui serait à la lettre impossible, car des identités formelles découpées dans une masse sensible sont déjà des idéalités non purement sensibles), il faudrait admettre que l'unité immédiate et privilégiée qui fonde la signifiance et l'acte de langage est l'unité articulée du son et du sens dans la phonie. Au regard de cette unité, l'écriture serait toujours dérivée, survenue, particulière, extérieure, redoublant le signifiant : phonétique. « Signe de signe » disaient Aristote, Rousseau et Hegel.

Pourtant, l'intention qui institue la linguistique générale en science reste à cet égard dans la contradiction. Un propos déclaré confirme bien, disant ce qui va sans dire, la subordination de la grammatologie, la réduction historico-métaphysique de l'écriture au rang d'instrument asservi à un langage plein et originairement parlé. Mais un autre geste (ne disons pas un autre propos, car ici, ce qui ne va pas sans dire est fait sans être dit, écrit sans être proféré) libère l'avenir d'une grammatologie générale dont la linguistique-phonologique ne serait qu'une région dépendante et circonscrite. Suivons chez Saussure cette tension du geste et du propos.

Le dehors et le dedans

D'une part, selon la tradition occidentale qui règle non seulement en théorie mais en pratique (*au principe de sa pratique*) les rapports entre la parole et l'écriture, Saussure ne reconnaît à celle-ci qu'une fonction *étroite* et *dérivée*. Etroite parce qu'elle n'est, parmi d'autres, qu'une modalité des événements qui peuvent survenir à un langage dont l'essence, comme semblent l'enseigner les faits, peut toujours rester pure de tout rapport à l'écriture. « La langue a une tradition orale indépendante de l'écriture » (*Cours de linguistique générale,* Clg., p. 46). Dérivée parce que *représentative* : signifiant du signifiant premier, représentation de la voix présente à soi, de la signification immédiate, naturelle et directe du sens (du signifié, du concept, de l'objet idéal ou comme on voudra). Saussure reprend la définition traditionnelle de l'écriture qui déjà chez Platon et chez Aristote se rétrécissait autour du modèle de l'écriture phonétique et du langage de mots. Rappelons la définition aristotélicienne : « Les sons émis par la voix sont les symboles des états de l'âme, et les mots écrits les symboles des mots émis par la voix. » Saussure : « Langage et écriture sont deux systèmes de signes distincts ; *l'unique raison d'être* du second est de *représenter* le premier » (Clg., p. 45. Nous soulignons). Cette détermination représentative, outre qu'elle communique sans doute essentiellement avec l'idée de signe, ne traduit pas un choix ou une évaluation, ne trahit pas une présupposition psychologique ou métaphysique propre à Saussure, elle décrit ou plutôt reflète la structure d'un certain type d'écriture : l'écriture phonétique, celle dont nous nous servons et dans l'élément de laquelle l'*epistémè* en général (science et philosophie), la linguistique en particulier, ont pu s'instaurer. Il faudrait d'ailleurs dire *modèle* plutôt que *structure* : il ne s'agit pas d'un système construit et fonctionnant parfaitement mais d'un idéal dirigeant explicitement un fonctionnement qui *en fait* n'est jamais de part en part phonétique. En fait mais aussi pour des raisons d'essence sur lesquelles nous reviendrons souvent.

Ce factum de l'écriture phonétique est massif, il est vrai, il commande toute notre culture et toute notre science, et il n'est certes pas un fait parmi d'autres. Il ne répond néanmoins à aucune nécessité d'essence absolue et universelle. Or c'est à partir de lui que Saussure définit le projet et l'objet de la tion nature/culture, à une opposition survenue entre *physis* et *nomos, physis* et *technè* dont l'ultime fonction est peut-être de *dériver* l'historicité ; et, paradoxalement, de ne reconnaître ses droits à l'histoire, à la production, à l'institution, etc., que sous la forme de l'arbitraire et sur un fond de naturalisme. Mais laissons provisoirement cette question ouverte : peut-être ce geste qui préside en vérité à l'institution de la métaphysique, est-il inscrit aussi dans le concept d'histoire et même dans le concept de temps.

Saussure introduit de surcroît une autre limitation massive :

> « Nous bornerons notre étude au système phonétique, et tout spécialement à celui qui est en usage aujourd'hui et dont le prototype est l'alphabet grec » (p. 48).

Ces deux limitations sont d'autant plus rassurantes qu'elles viennent à point nommé pour répondre à la plus légitime des exigences : la scientificité de la linguistique a en effet pour condition que le champ linguistique ait des frontières rigoureuses, qu'il soit un système réglé par une nécessité *interne* et que d'une certaine façon sa structure soit close. Le concept représentativiste de l'écriture facilite les choses. Si l'écriture n'est que la « figuration » (p. 44) de la langue, on a le droit de l'exclure de l'intériorité du système (car il faudrait croire qu'il y a ici un *dedans* de la langue), comme l'image doit pouvoir s'exclure sans dommage du système de la réalité. Se proposant pour thème « la représentation de la langue par l'écriture », Saussure commence ainsi par poser que l'écriture est « en elle-même étrangère au système interne » de la langue (p. 44). Externe/interne, image/réalité, représentation/présence, telle est la vieille grille à laquelle est confié le soin de dessiner le champ d'une science. Et de quelle science. D'une science qui ne peut plus répondre au concept classique de l'*epistémè* parce que son champ a pour originalité — une originalité qu'il inaugure — que l'ouverture en lui de l'« image » y apparaît comme la condition de la « réalité » : rapport qui ne se laisse donc plus penser dans la différence simple et l'extériorité sans compromis de l'« image » et de la « réalité », du « dehors » et du « dedans », de l'« apparence » et de l'« essence », avec tout le système des oppositions qui s'y enchaînent nécessairement. Platon, qui disait au fond la même chose des rapports entre l'écriture, la parole et l'être (ou l'idée),

---

linguistique générale : « L'objet linguistique n'est pas défini par la combinaison du mot écrit et du mot parlé ; *ce dernier constitue à lui seul cet objet* » (p. 45. Nous soulignons).

La forme de la question à laquelle il est ainsi répondu prédestinait la réponse. Il s'agissait de savoir quelle sorte de *mot* fait l'objet de la linguistique et quels sont les rapports entre ces unités atomiques que sont le mot écrit et le mot parlé. Or le mot (*vox*) est déjà une unité du sens et du son, du concept et de la voix, ou pour parler plus rigoureusement le langage saussurien, du signifié et du signifiant. Cette dernière terminologie a d'ailleurs été d'abord proposée dans le seul domaine de la langue parlée, de la linguistique au sens étroit et non de la sémiologie (« Nous proposons de conserver le mot *signe* pour désigner le total, et de remplacer *concept* et *image acoustique* respectivement par *signifié* et *signifiant.* » p. 99). Le *mot* est donc déjà une unité constituée, un effet de « ce fait en quelque sorte mystérieux, que la « pensée-son » implique des divisions » (p. 156). Même si le mot est à son tour articulé, même s'il implique d'autres divisions, tant qu'on posera la question des rapports entre parole et écriture en considérant des unités indivisibles de la « pensée-son », la réponse sera toute prête. L'écriture sera « phonétique », elle sera le dehors, la représentation extérieure du langage et de cette « pensée-son ». Elle devra nécessairement opérer à partir d'unités de signification déjà constituées et à la formation desquelles elle n'a eu aucune part.

On nous objectera peut-être que, loin de la contredire, l'écriture n'a jamais fait que confirmer la linguistique du mot. Nous avons semblé considérer en effet jusqu'ici que seule la fascination par cette unité qu'on appelle *mot* avait empêché d'accorder à l'écriture la considération qu'elle méritait. Par là nous avions paru supposer qu'en cessant d'accorder un privilège absolu au mot, la linguistique moderne se rendrait d'autant plus attentive à l'écriture et cesserait enfin de la suspecter. André Martinet aboutit à la conclusion inverse. Dans son étude sur *Le mot*[1], il décrit la nécessité à laquelle obéit la linguistique

---

1. in *Diogène*, 51, 1965. A. Martinet fait allusion à l'« audace » qu'il « aurait fallu » naguère pour « envisager d'écarter le terme « mot » au cas où la recherche aurait montré qu'il n'y a pas possibilité de donner de ce terme une définition universellement appli-

actuelle lorsqu'elle est conduite, sinon à se passer partout du concept de mot, du moins à en assouplir l'usage, à l'associer à des concepts d'unités plus petites ou plus grandes (monèmes ou syntagmes). Or en accréditant et en consolidant, à l'intérieur de certaines aires linguistiques, la division du langage en mots, l'écriture aurait ainsi encouragé la linguistique classique dans ses préjugés. L'écriture aurait construit ou du moins condensé l' « écran du mot ».

« Ce qu'un linguiste contemporain peut dire du mot illustre bien à quelle révision générale des concepts traditionnels la recherche fonctionnaliste et structuraliste des trente-cinq dernières années a dû procéder afin de donner une base scientifique à l'observation et à la description des langues. Certaines applications de la linguistique, comme les recherches relatives à la traduction mécanique, par l'accent qu'elles mettent sur la forme écrite du langage, pourraient faire croire à l'importance foncière des divisions du texte écrit et faire oublier que c'est de l'énoncé oral qu'il faut toujours partir pour comprendre la nature réelle du langage humain. Aussi est-il, plus que jamais, indispensable d'insister sur la nécessité de pousser l'examen au-delà des apparences immédiates et des structures les plus familières au chercheur. C'est derrière l'écran du mot qu'apparaissent bien souvent les traits réellement fondamentaux du langage humain. »

On ne peut que souscrire à ces mises en garde. On doit toutefois reconnaître qu'elles n'appellent la suspicion que sur un certain type d'écriture : l'écriture phonétique se conformant aux divisions empiriquement déterminées et pratiquées de la

_____

cable ». (p. 39) ... « La sémiologie, telle que de récentes études le laissent entrevoir, n'a aucun besoin du mot. » (p. 40) ... « Il y a longtemps que grammairiens et linguistes se sont avisés que l'analyse de l'énoncé pouvait se poursuivre au-delà du mot sans verser pour cela dans la phonétique, c'est-à-dire aboutir à des segments du discours, comme la syllabe ou le phonème, qui n'ont plus rien à faire avec le sens. » (41). « Nous touchons là à ce qui rend la notion de mot si suspecte à tout véritable linguiste : il ne saurait être question pour lui d'accepter les graphies traditionnelles sans vérifier, au préalable, si elles reproduisent fidèlement la structure véritable de la langue qu'elles sont censées noter. » (p. 48). A. Martinet propose pour conclure de remplacer, « dans la pratique linguistique » la notion de mot par celle de « syntagme », « groupe de plusieurs signes minima » qu'on appellera « monèmes ».

langue orale ordinaire. Les procédés de traduction mécanique auxquels il est fait allusion se règlent de la même manière sur cette pratique spontanée. Au-delà de ce modèle et de ce concept de l'écriture, toute cette démonstration doit, semble-t-il, être reconsidérée. Car elle reste prise dans la limitation saussurienne que nous essayons de reconnaître.

Saussure limite en effet à deux le nombre des systèmes d'écriture, tous deux définis comme systèmes de représentation du langage oral, soit qu'ils représentent des *mots*, de manière synthétique et globale, soit qu'ils représentent, *phonétiquement,* des éléments sonores constituant les mots :

« Il n'y a que deux systèmes d'écriture : 1. le système idéographique, dans lequel le mot est représenté par un signe unique et étranger aux sons dont il se compose. Ce signe se rapporte à l'ensemble du mot, et par-là, indirectement à l'idée qu'il exprime. L'exemple classique de ce système est l'écriture chinoise. 2. le système dit communément « phonétique », qui vise à reproduire la suite des sons se succédant dans le mot. Les écritures phonétiques sont tantôt syllabiques, tantôt alphabétiques, c'est-à-dire basées sur les éléments irréductibles de la parole. D'ailleurs les écritures idéographiques deviennent volontiers mixtes : certains idéogrammes, détournés de leur valeur première, finissent par représenter des sons isolés » (p. 47).

Cette limitation est au fond justifiée, aux yeux de Saussure, par la notion d'arbitraire du signe. L'écriture étant définie « un système de signes », il n'y a pas d'écriture « symbolique » (au sens saussurien), pas d'écriture figurative : il n'y a pas d'*écriture* tant que le graphisme garde un rapport de figuration naturelle et de ressemblance quelconque à ce qui est alors non pas *signifié* mais représenté, dessiné, etc. Le concept d'écriture pictographique ou d'écriture naturelle serait donc contradictoire pour Saussure. Si l'on songe à la fragilité maintenant reconnue des notions de pictogramme, d'idéogramme, etc., à l'incertitude des frontières entre les écritures dites pictographiques, idéographiques, phonétiques, on mesure non seulement l'imprudence de la limitation saussurienne mais la nécessité pour la linguistique générale d'abandonner toute une famille de concepts hérités de la métaphysique — souvent par l'intermédiaire d'une psychologie — et qui se groupent autour du concept d'arbitraire. Tout cela renvoie, par-delà l'opposi-

avait au moins de l'image, de la peinture et de l'imitation une théorie plus subtile, plus critique et plus inquiète que celle qui préside à la naissance de la linguistique saussurienne.

Ce n'est pas un hasard si la considération exclusive de l'écriture phonétique permet de répondre à l'exigence du « système interne ». *L'écriture phonétique a justement pour principe fonctionnel de respecter et de protéger l'intégrité du « système interne » de la langue, même si elle n'y réussit pas en fait. La limitation saussurienne ne répond pas, par une heureuse commodité, à l'exigence scientifique du « système interne ». Cette exigence elle-même est constituée, comme exigence épistémologique en général, par la possibilité même de l'écriture phonétique et par l'extériorité de la « notation » à la logique interne.*

Mais ne simplifions pas : il y a aussi, sur ce point, une inquiétude de Saussure. Sans cela, pourquoi accorderait-il tant d'attention à ce phénomène externe, à cette figuration exilée, à ce dehors, à ce double ? Pourquoi juge-t-il « impossible de faire abstraction » de ce qui est pourtant désigné comme l'abstrait même par rapport au dedans de la langue ?

> « Bien que l'écriture soit en elle-même étrangère au système interne, il est impossible de faire abstraction d'un procédé par lequel la langue est sans cesse figurée ; il est nécessaire d'en connaître l'utilité, les défauts et les dangers » (p. 44).

L'écriture aurait donc l'extériorité qu'on prête aux ustensiles ; outil imparfait de surcroît et technique dangereuse, on dirait presque maléfique. On comprend mieux pourquoi, au lieu de traiter de cette figuration extérieure en appendice ou en marge, Saussure lui consacre un chapitre si laborieux presque à l'ouverture du *Cours*. C'est qu'il s'agit, plutôt que de dessiner, de protéger et même de restaurer le système interne de la langue dans la pureté de son concept contre la contamination la plus grave, la plus perfide, la plus permanente, qui n'a cessé de le menacer, de l'altérer même, au cours de ce que Saussure veut à toute force considérer comme une histoire externe, comme une série d'accidents affectant la langue et lui survenant *du dehors*, au moment de la « notation » (p. 45), comme si l'écriture commençait et finissait avec la notation. Le mal d'écriture vient du dehors (ἔξωθεν) disait déjà le *Phèdre* (275 a). La contamination par l'écriture, son fait ou sa menace, sont dénoncés avec des accents de moraliste et de prédicateur par le linguiste genevois. L'accent compte : tout se passe comme si, au moment où la science moderne du logos veut accéder à son autonomie et à sa scientificité, il fallait encore faire le procès d'une hérésie. Cet accent commençait à se laisser entendre lorsque, au moment de nouer déjà dans la même possibilité l'*epistémè* et le *logos,* le *Phèdre* dénonçait l'écriture comme intrusion de la technique artificieuse, effraction d'une espèce tout à fait originale, violence archétypique : irruption du *dehors* dans le *dedans,* entamant l'intériorité de l'âme, la présence vivante de l'âme à soi dans le logos vrai, l'assistance que se porte à elle-même la parole. En s'emportant ainsi, la véhémente argumentation de Saussure vise plus qu'une erreur théorique, plus qu'une faute morale : une sorte de souillure et d'abord un péché. Le péché a souvent été défini — entre autres par Malebranche et par Kant — l'inversion des rapports naturels entre l'âme et le corps dans la passion. Saussure accuse ici l'inversion des rapports naturels entre la parole et l'écriture. Ce n'est pas une simple analogie : l'écriture, la lettre, l'inscription sensible ont toujours été considérées par la tradition occidentale comme le corps et la matière extérieurs à l'esprit, au souffle, au verbe et au logos. Et le problème de l'âme et du corps est sans doute dérivé du problème de l'écriture auquel il semble — inversement — prêter ses métaphores.

L'écriture, matière sensible et extériorité artificielle : un « vêtement ». On a parfois contesté que la parole fût un vêtement pour la pensée. Husserl, Saussure, Lavelle n'y ont pas manqué. Mais a-t-on jamais douté que l'écriture fût un vêtement de la parole ? C'est même pour Saussure un vêtement de perversion, de dévoiement, habit de corruption et de déguisement, un masque de fête qu'il faut exorciser, c'est-à-dire conjurer par la bonne parole : « L'écriture voile la vue de la langue : elle n'est pas un vêtement mais un travestissement » (p. 51). Etrange « image ». On soupçonne déjà que si l'écriture est « image » et « figuration » extérieure, cette « représentation » n'est pas innocente. Le dehors entretient avec le dedans un rapport qui, comme toujours, n'est rien moins que de simple extériorité. Le sens du dehors a toujours été dans le dedans, prisonnier hors du dehors, et réciproquement.

Donc une science du langage devrait retrouver des rapports *naturels*, ce qui veut dire simples et originels, entre la parole et l'écriture, ce qui veut dire entre un dedans et un dehors. Elle devrait restaurer sa jeunesse absolue et sa pureté d'origine en-deçà d'une histoire et d'une chute qui auraient perverti les rapports entre le dehors et le dedans. Donc il y aurait une *nature* des rapports entre signes linguistiques et signes graphiques, et c'est le théoricien de l'arbitraire du signe qui nous le rappelle. Selon les présuppositions historico-métaphysiques que nous évoquions plus haut, il y aurait d'abord un lien *naturel* du sens aux sens et c'est celui qui passe du sens au son : « Le lien naturel, dit Saussure, le seul véritable, celui du son » (p. 46). Ce lien naturel du signifié (concept ou sens) au signifiant phonique conditionnerait le rapport naturel subordonnant l'écriture (image visible, dit-on) à la parole. C'est ce rapport naturel qui aurait été inversé par le péché originel de l'écriture : « L'image graphique finit par s'imposer aux dépens du son... et le rapport naturel est renversé » (p. 47). Malebranche expliquait le péché originel par l'inattention, par la tentation de facilité et de paresse, par ce *rien* qu'a été la « distraction » d'Adam, seul coupable devant l'innocence du verbe divin : celui-ci n'a exercé aucune force, aucune efficace, puisqu'il *ne* s'est *rien* passé. Ici aussi, on a cédé à la *facilité*, qui est curieusement, mais comme toujours, du côté de l'artifice technique et non dans l'inclination du mouvement naturel ainsi contrarié ou dévié :

> « D'abord l'image graphique des mots nous frappe comme un objet permanent et solide, plus propre que le son à constituer l'unité de la langue à travers le temps. Ce lien a beau être *superficiel* et créer une unité purement *factice ;* il est beaucoup plus *facile* à saisir que le lien *naturel*, le seul véritable, celui du son » (p. 46. Nous soulignons).

Que « l'image graphique des mots nous frappe comme un objet permanent et solide, plus propre que le son à constituer l'unité de la langue à travers le temps », n'est-ce pourtant pas là aussi un phénomène naturel ? C'est qu'en vérité une mauvaise nature, « superficielle » et « factice » et « facile », par imposture efface la bonne nature : celle qui lie le sens au son, la « pensée-son ». Fidélité à la tradition qui toujours a fait communiquer l'écriture avec la violence fatale de l'institution

53

politique. Il s'agirait bien, comme pour Rousseau par exemple, d'une rupture avec la nature, d'une usurpation allant de pair avec l'aveuglement théorique sur l'essence naturelle du langage, en tout cas sur le lien naturel entre les « signes institués » de la voix et « le premier langage de l'homme », le « cri de la nature » (*Second Discours*). Saussure : « Mais le mot écrit se mêle si intimement au mot parlé dont il est *l'image* qu'il finit par usurper le rôle principal » (p. 45. Nous soulignons). Rousseau : « L'écriture n'est que la représentation de la parole ; il est bizarre qu'on donne plus de soin à déterminer *l'image* que *l'objet* ». Saussure : « Quand on dit qu'il faut prononcer une lettre de telle ou telle façon, on prend *l'image* pour le modèle... Pour expliquer cette *bizarrerie,* on ajoute que dans ce cas il s'agit d'une prononciation exceptionnelle. » (p. 52 [2]). Ce qui est insupportable et fascinant, c'est bien cette intimité enchevêtrant l'image à la chose, la graphie à la phonie, au point que par un effet de miroir, d'inversion et de perversion, la parole semble à son tour le speculum de l'écriture qui « usurpe ainsi le rôle principal ». La représentation s'enlace à ce qu'elle représente, au point que l'on parle comme on écrit, on pense comme si le représenté n'était que l'ombre ou le reflet du représentant. Promiscuité dangereuse, néfaste complicité entre le reflet et le reflété qui se laisse narcissiquement séduire. Dans

---

2. Etendons notre citation pour y rendre sensibles le ton et l'affect de ces propositions théoriques. Saussure *s'en prend* à l'écriture : « Un autre résultat, c'est que moins l'écriture représente ce qu'elle doit représenter, plus se renforce la tendance à la prendre pour base ; les grammairiens s'acharnent à attirer l'attention sur la forme écrite. Psychologiquement, la chose s'explique très bien, mais elle a des conséquences fâcheuses. L'emploi qu'on fait des mots « prononcer » et « prononciation » est une consécration de cet abus et renverse le rapport légitime et réel existant entre l'écriture et la langue. Quand on dit qu'il faut prononcer une lettre de telle ou de telle façon, on prend l'image pour le modèle. Pour que *oi* puisse se prononcer *wa*, il faudrait qu'il existât pour lui-même. En réalité, c'est *wa* qui s'écrit *oi*. » Au lieu de méditer cette étrange proposition, la *possibilité* d'un tel *texte* (« c'est *wa* qui s'écrit *oi* »), Saussure enchaîne : « Pour expliquer cette bizarrerie, on ajoute que dans ce cas il s'agit d'une prononciation exceptionnelle de *o* et de *i* ; encore une expression fausse, puisqu'elle implique une dépendance de la langue à l'égard de la forme écrite. On dirait qu'on se permet quelque chose contre l'écriture, comme si le signe graphique était la norme. » (p. 52).

ce jeu de la représentation, le point d'origine devient insaisissable. Il y a des choses, des eaux et des images, un renvoi infini des unes aux autres mais plus de source. Il n'y a plus d'origine simple. Car ce qui est reflété se dédouble *en soi-même* et non seulement comme addition à soi de son image. Le reflet, l'image, le double dédouble ce qu'il redouble. L'origine de la spéculation devient une différence. Ce qui peut se regarder n'est pas un et la loi de l'addition de l'origine à sa représentation, de la chose à son image, c'est que un plus un font au moins trois. Or l'usurpation historique et la bizarrerie théorique qui installent l'image dans les droits de la réalité sont déterminés comme *oubli* d'une origine simple. Par Rousseau mais aussi pour Saussure. Le déplacement est à peine anagrammatique : « On finit par oublier qu'on apprend à parler avant d'apprendre à écrire, et le rapport naturel est inversé » (p. 47). Violence de l'oubli. L'écriture, moyen mnémotechnique, suppléant la bonne mémoire, la mémoire spontanée, signifie l'oubli. C'est très précisément ce que disait Platon dans le *Phèdre*, comparant l'écriture à la parole comme l'*hypomnesis* à la *mnémè*, l'auxiliaire aide-mémoire à la mémoire vivante. Oubli parce que médiation et sortie hors de soi du logos. Sans l'écriture, celui-ci resterait en soi. L'écriture est la dissimulation de la présence naturelle et première et immédiate du sens à l'âme dans le logos. Sa violence survient à l'âme comme inconscience. Aussi, déconstruire cette tradition ne consistera pas à la renverser, à innocenter l'écriture. Plutôt à montrer pourquoi la violence de l'écriture ne *survient* pas à un langage innocent. Il y a une violence originaire de l'écriture parce que le langage est d'abord, en un sens qui se dévoilera progressivement, écriture. L' « usurpation » a toujours déjà commencé. Le sens du bon droit apparaît dans un effet mythologique de retour.

« Les sciences et les arts » ont élu domicile dans cette violence, leur « progrès » a consacré l'oubli et « corrompu les mœurs ». Saussure anagrammatise encore Rousseau : « La langue littéraire accroît encore l'importance imméritée de l'écriture. L'écriture s'arroge de ce fait une importance à laquelle elle n'a pas droit » (p. 47). Quand les linguistes s'embarrassent dans une faute théorique à ce sujet, quand ils se laissent prendre, ils sont *coupables*, leur faute est d'abord *morale* : ils ont cédé à l'imagination, à la sensibilité, à la passion, ils sont tombés

55

dans le « piège » (p. 46) de l'écriture, se sont laissés fasciner par le « prestige de l'écriture » (*ibid*), de cette coutume, de cette seconde nature. « La langue a donc une tradition orale indépendante de l'écriture, et bien autrement fixe ; mais le prestige de la forme écrite nous empêche de le voir ». Nous ne serions donc pas aveugles au visible mais aveuglés par le visible, éblouis par l'écriture. « Les premiers linguistes s'y sont trompés, comme avant eux les humanistes. Bopp lui-même... Ses successeurs immédiats sont tombés dans le même piège ». Rousseau adressait déjà le même reproche aux Grammairiens : « Pour les Grammairiens, l'art de la parole n'est presque que l'art de l'écriture » [3]. Comme toujours, le « piège » est l'artifice dissimulé dans la nature. Cela explique que le *Cours de linguistique générale* traite *d'abord* de cet étrange système externe qu'est l'écriture. Préalable nécessaire. Pour restituer le naturel à lui-même, il faut *d'abord* démonter le piège. On lira un peu plus loin :

> « Il faudrait substituer tout de suite le naturel à l'artificiel ; mais cela est impossible tant qu'on n'a pas étudié les sons de la langue ; car détachés de leurs signes graphiques, ils ne représentent plus que des notions vagues, et l'on préfère encore l'appui, même trompeur, de l'écriture. Aussi les premiers linguistes, qui ignoraient tout de la physiologie des sons articulés, sont-ils tombés à tout instant dans ces pièges : lâcher la lettre, c'était pour eux perdre pied ; pour nous, c'est un premier pas vers la vérité » (p. 55. Ouverture du chapitre sur *La phonologie*).

Pour Saussure, céder au « prestige de l'écriture », c'est, disions-nous à l'instant, céder à la *passion.* C'est la passion — et nous pesons ce mot — que Saussure analyse et critique ici, en moraliste et en psychologue de très vieille tradition. Comme on sait, la passion est tyrannique et asservissante : « La critique philologique est en défaut sur un point : elle s'attache trop

---

3. Manuscrit recueilli dans la *Pléiade* sous le titre *Prononciation* (T. II, p. 1248). On en situe la rédaction aux environs de 1761 (voir la note des éditeurs de la *Pléiade*). La phrase que nous venons de citer est la dernière du fragment tel qu'il est publié dans la *Pléiade*. Elle n'apparaît pas dans l'édition partielle du même groupe de notes par Streckeisen-Moultou, sous le titre de *Fragment d'un Essai sur les langues* et *Notes détachées sur le même sujet*, in *Œuvres inédites de J. J. Rousseau*, 1861, p. 295.

servilement à la langue écrite et oublie la langue vivante »
(p. 14). « Tyrannie de la lettre », dit ailleurs Saussure (p. 53).
Cette tyrannie est en son fond la maîtrise du corps sur l'âme,
la passion est une passivité et une maladie de l'âme, la perversion morale est *pathologique*. L'action en retour de l'écriture
sur la parole est « vicieuse », dit Saussure, « c'est là proprement un fait pathologique » (p. 53). L'inversion des rapports
naturels aurait ainsi engendré le culte pervers de la lettre-
image : péché d'idolâtrie, « superstition pour la lettre » dit
Saussure dans les *Anagrammes* [4] où il a d'ailleurs du mal à
prouver l'existence d'un « phonème antérieur à toute écriture ».
La perversion de l'artifice engendre des monstres. L'écriture
comme toutes les langues artificielles qu'on voudrait fixer et
soustraire à l'histoire vivante de la langue naturelle, participe
de la monstruosité. C'est un écart de la nature. La caractéristique de type leibnizien et l'espéranto seraient ici dans le même
cas. L'irritation de Saussure devant de telles possibilités lui dicte
des comparaisons triviales : « L'homme qui prétendrait composer une langue immuable, que la postérité devrait accepter
telle quelle, ressemblerait à la poule qui a couvé un œuf de
canard » (p. 111). Et Saussure veut sauver non seulement la
vie naturelle de la langue mais les habitudes naturelles de l'écriture. Il faut protéger la vie spontanée. Ainsi, à l'intérieur de
l'écriture phonétique commune, il faut se garder d'introduire
l'exigence scientifique et le goût de l'exactitude. La rationalité
serait ici porteuse de mort, de désolation et de monstruosité.
C'est pourquoi il faut tenir l'orthographe commune à l'abri
des procédés de notation du linguiste et *éviter de multiplier
les signes diacritiques* :

> « Y a-t-il lieu de substituer un alphabet phonologique
> à l'orthographe usuelle ? Cette question intéressante ne peut
> être qu'effleurée ici ; selon nous l'écriture phonologique doit
> rester au service des seuls linguistes. D'abord, comment
> faire adopter un système uniforme aux Anglais, aux Alle-
> mands, aux Français, etc. ? En outre un alphabet applicable
> à toutes les langues risquerait d'être encombré de signes
> diacritiques ; et sans parler de l'aspect désolant que présen-
> terait une page d'un texte pareil, il est évident qu'à force de

---

4. Texte présenté par J. Starobinski dans le *Mercure de France*
(fév. 1964).

préciser, cette écriture obscurcirait ce qu'elle veut éclaircir, et embrouillerait le lecteur. Ces inconvénients ne seraient pas compensés par des avantages suffisants. En dehors de la science, l'exactitude phonologique n'est pas très désirable » (p. 57).

Qu'on ne se méprenne point sur notre intention. Nous pensons que les raisons de Saussure sont bonnes et il ne s'agit pas de mettre en cause, *au niveau où il le dit*, la vérité de ce que dit Saussure avec de tels accents. Et tant qu'une problématique explicite, une *critique* des rapports entre parole et écriture n'est pas élaborée, ce qu'il dénonce comme préjugé aveugle des linguistes classiques ou de l'expérience commune reste bien un préjugé aveugle, sur le fond d'une présupposition générale qui est sans doute commune aux accusés et au procureur.

Nous voudrions plutôt annoncer les limites et les présuppositions de ce qui semble ici aller de soi et garde pour nous les caractères et la validité de l'évidence. Les limites ont déjà commencé d'apparaître : pourquoi un projet de linguistique *générale*, concernant le *système interne en général de la langue en général*, dessine-t-il les limites de son champ en excluant, comme *extériorité en général*, un système *particulier* d'écriture, si important soit-il, et fût-il *en fait* universel [5] ? Système particulier qui a justement pour *principe* ou du moins pour projet *déclaré* d'être extérieur au système de la langue parlée. Déclaration de principe, vœu pieux et violence historique d'une parole rêvant sa pleine présence à soi, se vivant comme sa propre résumption : soi-disant langage, auto-production de la parole dite vive, capable, disait Socrate, de se porter assistance à elle-même, logos qui croit être à lui-même son propre père, s'élevant ainsi au-dessus du discours écrit, infans et infirme de ne pouvoir répondre quand

---

5. En apparence, Rousseau est plus prudent dans le fragment sur la *Prononciation* : « L'analyse de la pensée se fait par la parole, et l'analyse de la parole par l'écriture ; la parole représente la pensée par des signes conventionnels, et l'écriture représente de même la parole ; ainsi l'art d'écrire n'est qu'une représentation médiate de la pensée, *au moins quant aux langues vocales, les seules qui soient en usage parmi nous* » (p. 1249). Nous soulignons). En apparence seulement, car si Rousseau s'interdit ici de parler *en général* de tout système, comme Saussure, les notions de médiateté et de « langue vocale » laissent l'énigme intacte. Nous devrons donc y revenir.

on l'interroge et qui, ayant « toujours besoin de l'assistance de son père » (τοῦ πατρὸς ἀεῖ δεῖται βοηθοῦ — *Phèdre* 275 d) doit donc être né d'une coupure et d'une *expatriation* premières, le vouant à l'errance, à l'aveuglement et au deuil. Soidisant langage mais parole leurrée de se croire toute vive, et violente de n'être « capable de se défendre » (δυνατὸς μὲν ἀμῦναι ἑαυτῷ) qu'en chassant l'autre et d'abord *son* autre, le précipitant *dehors* et *en bas* sous le nom d'écriture. Mais si important soit-il, et fût-il en fait universel ou appelé à le devenir, ce modèle particulier qu'est l'écriture phonétique *n'existe pas* : aucune pratique n'est jamais purement fidèle à son principe. Avant même de parler, comme nous le ferons plus loin, d'une infidélité radicale et a priori nécessaire, on peut déjà en remarquer les phénomènes massifs dans l'écriture mathématique ou dans la ponctuation, dans *l'espacement* en général, qu'il est difficile de considérer comme de simples accessoires de l'écriture. Qu'une parole dite vive puisse se prêter à l'espacement dans sa propre écriture, voilà qui la met originairement en rapport avec sa propre mort.

L' « usurpation » enfin dont parle Saussure, la violence par laquelle l'écriture se susbtituerait à sa propre origine, à ce qui devrait non seulement l'avoir engendrée mais s'être engendré de soi-même, un tel renversement de pouvoir ne peut être une aberration accidentelle. L'usurpation nous renvoie nécessairement à une profonde possibilité d'essence. Celle-ci est sans doute inscrite dans la parole elle-même et il eût fallu l'interroger, peut-être même en partir.

Saussure confronte le système de la langue parlée au système de l'écriture phonétique (et même alphabétique) comme au telos de l'écriture. Cette téléologie conduit à interpréter comme crise passagère et accident de parcours toute irruption du non-phonétique dans l'écriture, et l'on serait en droit de la considérer comme un ethnocentrisme occidental, un primitivisme pré-mathématique et un intuitionnisme préformaliste. Même si cette téléologie répond à quelque nécessité absolue, elle doit être problématisée comme telle. Le scandale de l' « usurpation » y invitait expressément et de l'intérieur. Comment le piège, comment l'usurpation ont-ils été possibles ? Saussure ne répond jamais à cette question au-delà d'une psychologie des passions ou de l'imagination ; et d'une psychologie réduite à ses schémas les plus conventionnels. On s'explique ici, mieux qu'ailleurs, pourquoi toute la linguistique, secteur déterminé à l'intérieur de la sémiologie, est placée sous l'autorité et la surveillance de la psychologie : « C'est au psychologue à déterminer la place exacte de la sémiologie » (p. 33). L'affirmation du lien essentiel, « naturel », entre la *phonè* et le sens, le privilège accordé à un ordre de signifiant (qui devient alors le signifié majeur de tous les autres signifiants) relèvent expressément, et en contradiction avec d'autres niveaux du discours saussurien, d'une psychologie de la conscience et de la conscience intuitive. Ce qui n'est pas interrogé ici par Saussure, c'est la possibilité essentielle de la non-intuition. Comme Husserl, Saussure détermine téléologiquement cette non-intuition comme *crise*. Le symbolisme *vide* de la notation écrite — dans la technique mathématique par exemple — est aussi pour l'intuitionnisme husserlien ce qui nous exile loin de l'évidence *claire* du sens, c'est-à-dire de la présence pleine du signifié dans sa vérité, et ouvre ainsi la possibilité de la crise. Celle-ci est bien une crise du logos. Néanmoins, cette possibilité reste liée pour Husserl au mouvement même de la vérité et à la production de l'objectivité idéale : celle-ci a en effet un besoin essentiel de l'écriture [6]. Par toute une face de son texte, Husserl nous donne à penser que la négativité de la crise n'est pas un simple accident. Mais c'est alors le concept de crise qu'il faudrait suspecter, en ce qui le lie à une détermination dialectique et téléologique de la négativité.

D'autre part, pour rendre compte de l' « usurpation » et de l'origine de la « passion », l'argument classique et bien superficiel de la permanence solide de la chose écrite, pour n'être pas simplement faux, appelle des descriptions qui précisément ne sont plus du ressort de la psychologie. Celle-ci ne pourra jamais rencontrer dans son espace ce par quoi se constitue l'absence du signataire, sans parler de l'absence du référent. Or l'écriture est le nom de ces deux absences. Expliquer l'usurpation par le pouvoir de *durée* de l'écriture, par la vertu de *dureté* de la substance d'écriture, n'est-ce pas contredire en outre ce qui est ailleurs affirmé de la tradition orale de la langue qui serait « indépendante de l'écriture et bien autrement fixe » (p. 46) ? Si ces deux « fixités » étaient de même nature et si la fixité de la langue parlée était supérieure et

---

6. Cf. *L'origine de la géométrie.*

indépendante, l'origine de l'écriture, son « prestige » et sa prétendue nocivité resteraient un mystère inexplicable. Tout se passe donc comme si Saussure voulait *à la fois* démontrer l'altération de la parole par l'écriture, dénoncer le mal que celle-ci fait à celle-là, et souligner l'indépendance inaltérable et naturelle de la langue. « La langue est indépendante de l'écriture » (p. 45), telle est la vérité de la nature. Et pourtant la nature est affectée — du dehors — par un bouleversement qui la modifie en son dedans, qui la dénature et l'oblige à s'écarter d'elle-même. La nature se dénaturant elle-même, s'écartant *d'elle-même*, accueillant naturellement son dehors en son dedans, c'est la *catastrophe*, événement naturel qui bouleverse la nature, ou la *monstruosité*, écart naturel dans la nature. La fonction assumée dans le discours rousseauiste, comme nous le verrons, par la catastrophe, est ici déléguée à la monstruosité. Citons tout entière la conclusion du chapitre VI du *Cours (Représentation de la langue par l'écriture),* qu'il faudrait comparer au texte de Rousseau sur la *Prononciation* :

> « Mais la tyrannie de la lettre va plus loin encore : à force de s'imposer à la masse, elle influe sur la langue et la modifie. Cela n'arrive que dans les idiomes très littéraires, où le document écrit joue un rôle considérable. Alors l'image visuelle arrive à créer des prononciations vicieuses ; c'est là proprement un fait pathologique. Cela se voit souvent en français. Ainsi pour le nom de famille *Lefèvre* (du latin *faber),* il y avait deux graphies, l'une populaire et simple, *Lefèvre,* l'autre savante et étymologique, *Lefebvre.* Grâce à la confusion de *v* et *u* dans l'ancienne écriture, *Lefèbvre* a été lu *Lefébure,* avec un *b* qui n'a jamais existé réellement dans le mot, et un *u* provenant d'une équivoque. Or maintenant cette forme est réellement prononcée » (pp. 53-54).

Où est le mal ? dira-t-on peut-être. Et qu'a-t-on investi dans la « parole vive » qui rende insupportables ces « agressions » de l'écriture ? qui commence même par déterminer l'action constante de l'écriture comme déformation et agression ? Quel interdit a-t-on ainsi transgressé ? Où est le sacrilège ? Pourquoi la langue maternelle devrait-elle être soustraite à l'opération de l'écriture ? Pourquoi déterminer cette opération comme une violence, et pourquoi la transformation serait-elle seulement une déformation ? Pourquoi la langue maternelle

61

devrait-elle n'avoir pas d'histoire ou, ce qui revient au même, produire sa propre histoire de manière parfaitement naturelle, autistique et domestique, sans jamais être affectée d'aucun dehors ? Pourquoi vouloir punir l'écriture d'un crime monstrueux, au point de songer à lui réserver, dans le traitement scientifique lui-même, un « compartiment spécial » la tenant à distance ? Car c'est bien dans une sorte de léproserie intralinguistique que Saussure veut contenir et concentrer ce problème des déformations par l'écriture. Et pour être persuadé qu'il accueillerait fort mal les innocentes questions que nous venons de poser — car enfin *Lefébure, ce n'est pas mal* et nous pouvons aimer ce jeu — lisons la suite. Elle nous explique que ce n'est pas là un « jeu naturel » et son accent est pessimiste : « Il est probable que ces déformations deviendront toujours plus fréquentes, et que l'on prononcera de plus en plus de lettres inutiles. » Comme chez Rousseau et dans le même contexte, la capitale est accusée : « A Paris, on dit déjà : *sept femmes* en faisant sonner le *t*. » Etrange exemple. L'écart historique — car c'est bien l'histoire qu'il faudrait arrêter pour protéger la langue contre l'écriture — ne fera que s'étendre :

> « Darmesteter prévoit le jour où l'on prononcera même les deux lettres finales de *vingt*, véritable *monstruosité* orthographique. Ces *déformations* phoniques appartiennent bien à la langue, seulement elles *ne résultent pas de son jeu naturel* ; elles sont dues à un facteur qui lui est *étranger*. La linguistique doit les mettre en observation dans un *compartiment spécial* : ce sont des cas *tératologiques* » (p. 54. Nous soulignons).

On voit que les concepts de fixité, de permanence et de durée, qui servent ici à penser les rapports de la parole et de l'écriture, sont trop lâches et ouverts à tous les investissements non critiques. Ils exigeraient des analyses plus attentives et plus minutieuses. Il en va de même pour l'explication selon laquelle « chez la plupart des individus les impressions visuelles sont plus nettes et plus durables que les impressions acoustiques » (p. 49). Cette explication de l' « usurpation » n'est pas seulement empirique dans sa forme, elle est problématique dans son contenu, elle se réfère à une métaphysique et à une vieille physiologie des facultés sensibles sans cesse démentie par la science, comme par l'expérience du langage et du corps propre comme langage. Elle fait imprudemment de la visibilité l'élément sensible, simple et essentiel de l'écriture. Surtout, en considérant l'audible comme le milieu *naturel* dans lequel la langue doit *naturellement* découper et articuler ses signes institués, y exerçant ainsi son arbitraire, cette explication ôte toute possibilité à quelque rapport naturel entre parole et écriture au moment même où elle l'affirme. Elle brouille donc les notions de nature et d'institution dont elle se sert constamment, au lieu de les congédier délibérément, ce qu'il faudrait sans doute commencer par faire. Elle contredit enfin et surtout l'affirmation capitale selon laquelle « l'essentiel de la langue est étranger au caractère phonique du signe linguistique » (p. 21). Cette affirmation nous retiendra bientôt, en elle transparaît l'envers du propos saussurien dénonçant les « illusions de l'écriture ».

Que signifient ces limites et ces présuppositions ? D'abord *conclusions* qu'une linguistique n'est pas *générale* tant qu'elle définit son dehors et son dedans à partir de modèles linguistiques *déterminés* ; tant qu'elle ne distingue pas rigoureusement l'essence et le fait en leurs degrés respectifs de généralité. Le système de l'écriture en général n'est pas extérieur au système de la langue en général, sauf si l'on admet que le partage entre l'extérieur et l'intérieur passe à l'intérieur de l'intérieur ou à l'extérieur de l'extérieur, au point que l'immanence de la langue soit essentiellement exposée à l'intervention de forces en apparence étrangères à son système. Pour la même raison, l'écriture en général n'est pas « image » ou « figuration » de la langue en général, sauf à reconsidérer la nature, la logique et le fonctionnement de l'image dans le système dont on voudrait l'exclure. L'écriture n'est pas signe de signe, sauf à le dire, ce qui serait plus profondément vrai, de tout signe. Si tout signe renvoie à un signe, et si « signe de signe » signifie écriture, certaines conclusions deviendront inévitables, que nous considérerons le moment venu. Ce que Saussure voyait sans le voir, savait sans *pouvoir* en tenir compte, suivant en cela toute la tradition de la métaphysique, c'est qu'un certain modèle d'écriture s'est nécessairement mais provisoirement imposé (à l'infidélité de principe, à l'insuffisance de fait et à l'usurpation permanente près) comme instrument et technique de représentation d'un système de langue. Et que ce mouvement, unique dans son style, a même été si profond qu'il a-

quand on fabrique des mots

Heidegger

permis de penser, *dans la langue,* des concepts comme ceux de signe, de technique, de représentation, de langue. Le système de langue associé à l'écriture phonétique-alphabétique est celui dans lequel s'est produite la métaphysique logocentrique déterminant le sens de l'être comme présence. Ce logocentrisme, cette *époque* de la parole pleine a toujours mis entre parenthèses, *suspendu,* réprimé, pour des raisons essentielles, toute réflexion libre sur l'origine et le statut de l'écriture, toute science de l'écriture qui ne fût pas *technologie* et *histoire d'une technique,* elles-mêmes adossées à une mythologie et à une métaphorique de l'écriture naturelle. C'est ce logocentrisme qui, limitant par une mauvaise abstraction le système interne de la langue en général, empêche Saussure et la plupart de ses successeurs [7] de déterminer pleinement et explicitement ce qui a nom « l'objet intégral et concret de la linguistique » (p. 23).

Mais inversement, comme nous l'annoncions plus haut, c'est au moment où il ne traite plus expressément de l'écriture, au moment où sur ce problème il a cru fermer la parenthèse, que Saussure libère le champ d'une grammatologie générale. Qui non seulement ne serait plus exclue de la linguistique générale, mais la dominerait et la comprendrait en elle. Alors on s'aperçoit que ce qui était chassé hors frontière, l'errant proscrit de la linguistique, n'a jamais cessé de hanter le langage comme sa première et plus intime possibilité. Alors quelque chose s'écrit dans le discours saussurien, qui n'a jamais été dit et qui n'est rien d'autre que l'écriture elle-même comme origine du langage. Alors de l'usurpation et des pièges condamnés dans le *chapitre VI* une explication profonde mais indirecte est amorcée, qui bouleversera jusqu'à la forme de la question à laquelle il était trop tôt répondu.

---

7. « La face signifiante de la langue ne peut consister qu'en des règles d'après lesquelles est ordonnée la face phonique de l'acte de parole. » Troubetzkoy, *Principes de phonologie,* tr. fr., p. 2. C'est dans *Phonologie et phonétique* de Jakobson et Halle (première partie de *Fundamentals of language,* recueillie et traduite in *Essais de linguistique générale,* p. 103) que la ligne phonologiste du projet saussurien se trouve, semble-t-il, le plus systématiquement et le plus rigoureusement défendue, notamment contre le point de vue « algébrique » de Hjelmslev.

Le dehors ~~est~~ le dedans.

La thèse de l'*arbitraire* du signe (si mal nommée, et non seulement pour les raisons que Saussure reconnaît lui-même [8]) devrait interdire de distinguer radicalement signe linguistique et signe graphique. Sans doute cette thèse concerne-t-elle seulement, *à l'intérieur* d'un rapport prétendument naturel entre la voix et le sens en général, entre l'ordre des signifiants phoniques et le contenu des signifiés (« le lien naturel, le seul véritable, celui du son »), la nécessité des rapports entre des signifiants et des signifiés déterminés. Seuls ces derniers rapports seraient réglés par l'arbitraire. A l'intérieur du rapport « naturel » entre les signifiants phoniques et leurs signifiés *en général,* le rapport entre chaque signifiant déterminé et chaque signifié déterminé serait « arbitraire ».

Or à partir du moment où l'on considère la totalité des signes déterminés, parlés et a fortiori écrits, comme des institutions immotivées, on devrait exclure tout rapport de subordination naturelle, toute hiérarchie naturelle entre des signifiants ou des ordres de signifiants. Si « écriture » signifie inscription et d'abord institution durable d'un signe (et c'est le seul noyau irréductible du concept d'écriture), l'écriture en général couvre tout le champ des signes linguistiques. Dans ce champ peut apparaître ensuite une certaine espèce de signifiants institués, « graphiques » au sens étroit et dérivé de ce mot, réglés par un certain rapport à d'autres signifiants institués, donc « écrits » même s'ils sont « phoniques ». L'idée même d'institution — donc d'arbitraire du signe — est impensable avant la possibilité de l'écriture et hors de son horizon. C'est-à-dire tout simplement hors de l'horizon lui-même, hors du monde comme espace d'inscription, ouverture à l'émission et à la *distribution*

---

8. p. 101. Au-delà des scrupules formulés par Saussure lui-même, tout un système de critiques intra-linguistiques peut être opposé à la thèse de « l'arbitraire du signe ». Cf. Jakobson, *A la recherche de l'essence du langage,* Diogène, 51, et Martinet, *La linguistique synchronique,* p. 34. Mais ces critiques n'entament pas — et n'y prétendent d'ailleurs pas — l'intention profonde de Saussure visant la discontinuité et l'immotivation propres à la structure sinon à l'origine du signe.

spatiale des signes, au *jeu réglé* de leurs différences, fussent-elles
« phoniques ».

Persistons pour un temps à nous servir de cette opposition
de la nature et de l'institution, de *physis* et de *nomos* (qui
veut dire aussi, ne l'oublions pas, distribution et partage réglé,
précisément par la *loi*) qu'une méditation de l'écriture devrait
ébranler alors qu'elle fonctionne partout comme allant de soi,
en particulier dans le discours de la linguistique. Alors il nous
faut conclure que seuls les signes dits *naturels*, ceux que Hegel
et Saussure appellent « symboles », échappent à la sémiologie
comme grammatologie. Mais ils tombent a fortiori hors du
champ de la linguistique comme région de la sémiologie générale. La thèse de l'arbitraire du signe conteste donc indirectement mais sans appel le propos déclaré de Saussure lorsqu'il
chasse l'écriture dans les ténèbres extérieures du langage. Cette
thèse rend bien compte d'un rapport conventionnel entre le
phonème et le graphème (dans l'écriture phonétique, entre le
phonème, signifiant-signifié, et le graphème, pur signifiant)
mais elle interdit par là-même que celui-ci soit une « image »
de celui-là. Or il était indispensable à l'exclusion de l'écriture,
comme « système externe », qu'elle vînt frapper une « image »,
une « représentation » ou une « figuration », un reflet extérieur de la réalité de la langue.

Peu importe, ici du moins, qu'il y ait en fait une filiation
idéographique de l'alphabet. Cette importante question est très
débattue par les historiens de l'écriture. Ce qui compte ici,
c'est que dans la structure synchronique et dans le principe
systématique de l'écriture alphabétique — et phonétique en
général — aucun rapport de représentation « naturelle » ne
soit impliqué, aucun rapport de ressemblance ou de participation, aucun rapport « symbolique », au sens hegelien-saussu-
rien, aucun rapport « iconographique » au sens de Peirce.

On doit donc récuser, au nom même de l'arbitraire du signe,
la définition saussurienne de l'écriture comme « image » —
donc comme symbole naturel — de la langue. Outre que le
phonème est l'*inimaginable* lui-même, et qu'aucune visibilité ne
peut lui *ressembler*, il suffit de tenir compte de ce que dit
Saussure de la différence entre le symbole et le signe (p. 101)
pour ne plus comprendre comment il peut à la fois dire de
l'écriture qu'elle est « image » ou « figuration » de la langue
et définir ailleurs la langue et l'écriture comme « deux sys-

tèmes de signes distincts » (p. 45). Car le propre du signe, c'est de n'être pas image. Par un mouvement dont on sait ce qu'il donna à penser à Freud dans la *Traumdeutung*, Saussure accumule ainsi les arguments contradictoires pour emporter la décision satisfaisante : l'exclusion de l'écriture. En vérité, même dans l'écriture dite phonétique, le signifiant « graphique » renvoie au phonème à travers un réseau à plusieurs dimensions qui le relie, comme tout signifiant, à d'autres signifiants écrits et oraux, à l'intérieur d'un système « total », disons ouvert à tous les investissements de sens possibles. C'est de la possibilité de ce sytème total qu'il faut partir.

Saussure n'a donc jamais pu penser que l'écriture fût vraiment une « image », une « figuration », une « représentation » de la langue parlée, un symbole. Si l'on considère qu'il eut pourtant besoin de ces notions inadéquates pour décider de l'extériorité de l'écriture, on doit conclure que toute une strate de son discours, l'intention du *chapitre VI (Représentation de la langue par l'écriture)*, n'était rien moins que scientifique. Disant cela, nous ne visons pas d'abord l'intention ou la motivation de Ferdinand de Saussure mais toute la tradition noncritique dont il est ici l'héritier. A quelle zone du discours appartient ce fonctionnement étrange de l'argumentation, cette cohérence du désir se produisant de manière quasi onirique — mais elle éclaire le rêve plutôt qu'elle ne se laisse éclairer par lui — à travers une logique contradictoire ? Comment ce fonctionnement s'articule-t-il avec l'ensemble du discours théorique, à travers toute l'histoire de la science ? Mieux, comment travaille-t-il de l'intérieur le concept de science lui-même ? C'est seulement quand cette question aura été élaborée — si elle l'est un jour —, quand on aura déterminé hors de toute psychologie (comme de toute science de l'homme), hors de la métaphysique (qui peut aujourd'hui être « marxiste » ou « structuraliste »), les concepts requis par ce fonctionnement, quand on sera en mesure d'en respecter tous les niveaux de généralité et d'emboîtement, c'est alors seulement qu'on pourra poser rigoureusement le problème de l'appartenance articulée d'un texte (théorique ou autre) à un ensemble : ici, par exemple, la situation du texte saussurien que nous ne traitons pour le moment, c'est trop évident, que comme un index très voyant dans une situation donnée, sans prétendre disposer encore des concepts requis par le fonctionnement dont nous venons de parler. Notre justification serait la suivante : cet index et quelques autres (d'une manière générale le traitement du concept d'écriture) nous donnent déjà le moyen assuré d'entamer la dé-construction de *la plus grande totalité* — le concept d'*epistémè* et la métaphysique logocentrique — dans laquelle se sont produites, sans jamais poser la question radicale de l'écriture, toutes les méthodes occidentales d'analyse, d'explication, de lecture ou d'interprétation.

Il faut maintenant penser que l'écriture est à la fois plus extérieure à la parole, n'étant pas son « image » ou son « symbole », et plus intérieure à la parole qui est déjà en elle-même une écriture. Avant même d'être lié à l'incision, à la gravure, au dessin ou à la lettre, à un signifiant renvoyant en général à un signifiant par lui signifié, le concept de graphie implique, comme la possibilité commune à tous les systèmes de signification, l'instance de la *trace instituée.* Notre effort visera désormais à arracher lentement ces deux concepts au discours classique auquel nous les empruntons nécessairement. Cet effort sera laborieux et nous savons a priori que son efficacité ne sera jamais pure et absolue.

La trace instituée est « immotivée » mais elle n'est pas capricieuse. Comme le mot « arbitraire » selon Saussure, elle « ne doit pas donner l'idée que le signifiant dépend du libre choix du sujet parlant » (p. 101). Simplement elle n'a aucune « attache naturelle » avec le signifié dans la réalité. La rupture de cette « attache naturelle » remet pour nous en question l'idée de naturalité plutôt que celle d'attache. C'est pourquoi le mot « institution » ne doit pas être trop tôt interprété dans le système des oppositions classiques.

On ne peut penser la trace instituée sans penser la rétention de la différence dans une structure de renvoi où la différence apparaît *comme telle* et permet ainsi une certaine liberté de variation entre les termes pleins. L'absence d'un *autre* ici-maintenant, d'un autre présent transcendantal, d'une *autre* origine du monde apparaissant comme telle, se présentant comme absence irréductible dans la présence de la trace, ce n'est pas une formule métaphysique substituée à un concept scientifique de l'écriture. Cette formule, outre qu'elle est la contestation de la métaphysique elle-même, décrit la structure impliquée par l' « arbitraire du signe », dès lors qu'on en pense la possibilité en-deçà de l'opposition dérivée entre nature et convention, symbole et signe, etc. Ces oppositions n'ont de sens que *différence*

depuis la possibilité de la trace. L' « immotivation » du signe requiert une synthèse dans laquelle le tout autre s'annonce comme tel — sans aucune simplicité, aucune identité, aucune ressemblance ou continuité — dans ce qui n'est pas lui. *S'annonce comme tel :* c'est là toute l'*histoire,* depuis ce que la métaphysique a déterminé comme le « non-vivant » jusqu'à la « conscience », en passant par tous les niveaux de l'organisation animale. La trace, où se marque le rapport à l'autre, articule sa possibilité sur tout le champ de l'étant, que la métaphysique a déterminé comme étant-présent à partir du mouvement occulté de la trace. Il faut penser la trace avant l'étant. Mais le mouvement de la trace est nécessairement occulté, il se produit comme occultation de soi. Quand l'autre s'annonce comme tel, il se présente dans la dissimulation de soi. Cette formulation n'est pas théologique, comme on pourrait le croire avec quelque précipitation. Le « théologique » est un moment déterminé dans le mouvement total de la trace. Le champ de l'étant, avant d'être déterminé comme champ de présence, se structure selon les diverses possibilités — génétiques et structurales — de la trace. La présentation de l'autre comme tel, c'est-à-dire la dissimulation de son « comme tel », a toujours déjà commencé et aucune structure de l'étant n'y échappe.

C'est pourquoi le mouvement de l' « immotivation » passe d'une structure à l'autre quand le « signe » franchit l'étape du « symbole ». C'est en un certain sens et selon une certaine structure déterminée du « comme tel » qu'on est autorisé à dire qu'il n'y a pas encore d'immotivation dans ce que Saussure appelle le « symbole » et qui n'intéresse pas — au moins provisoirement, dit-il — la sémiologie. La structure générale de la trace immotivée fait communiquer dans la même possibilité et sans qu'on puisse les séparer autrement que par abstraction, la structure du rapport à l'autre, le mouvement de la temporalisation et le langage comme écriture. Sans renvoyer à une « nature », l'immotivation de la trace est toujours *devenue.* Il n'y a pas, à vrai dire, de trace immotivée : la trace est indéfiniment son propre devenir-immotivée. En langage saussurien, il faudrait dire, ce que ne fait pas Saussure : il n'y a pas de symbole et de signe mais un devenir-signe du symbole.

Aussi, comme il va sans dire, la trace dont nous parlons n'est pas plus *naturelle* (elle n'est pas la marque, le signe naturel, ou l'indice au sens husserlien) que *culturelle*, pas plus physique que psychique, biologique que spirituelle. Elle est ce à partir de quoi un devenir-immotivé du signe est possible, et avec lui toutes les oppositions ultérieures entre la *physis* et son autre.

Dans son projet de sémiotique, Peirce semble avoir été plus attentif que Saussure à l'irréductibilité de ce devenir-immotivé. Dans sa terminologie, c'est d'un devenir-immotivé du *symbole* qu'il faut parler, la notion de symbole jouant ici un rôle analogue à celui du signe que Saussure oppose précisément au symbole :

> « Symbols grow. They come into being by development out of other signs, particulary from icons, or from mixed signs partaking of the nature of icons and symbols. We think only in signs. These mental signs are of mixed nature ; the symbol parts of them are called concepts. If a man makes a new symbol, it is by thoughts involving concepts. So it is only out of symbols that a new symbol can grow. Omne symbolum de symbolo [9]. »

Peirce fait droit à deux exigences apparemment incompatibles. La faute serait ici de sacrifier l'une à l'autre. Il faut reconnaître l'enracinement du symbolique (au sens de Peirce : de l' « arbitraire du signe ») dans le non-symbolique, dans un ordre de signification antérieur et lié : « Symbols grow. They come into being by development out of other signs, particulary from icons, or from mixed signs... ». Mais cet enracinement ne doit pas compromettre l'originalité structurelle du champ symbolique, l'autonomie d'un domaine, d'une production et d'un jeu : « So it is only out of symbols that a new symbol can grow. Omne symbolum de symbolo. »

Mais dans les deux cas, l'enracinement génétique renvoie de signe à signe. Aucun sol de non-signification — qu'on l'entende comme insignifiance ou comme intuition d'une vérité présente — ne s'étend, pour le fonder, sous le jeu et le devenir des signes. La sémiotique ne dépend plus d'une logique. La logique, selon Peirce, n'est qu'une sémiotique : « La logique, en son sens général, n'est, comme je crois l'avoir montré, qu'un autre nom pour la sémiotique (σημειωτιχή), la doctrine quasi nécessaire, ou formelle, des signes ». Et la logique au sens classique, la logique « proprement dite », la logique non-for-

---

9. Elements of logic, Liv. II, p. 302.

melle commandée par la valeur de vérité, n'occupe dans cette sémiotique qu'un niveau déterminé et non fondamental. Comme chez Husserl (mais l'analogie, bien qu'elle donne beaucoup à penser, s'arrêterait là et il faut la manier prudemment), le niveau le plus bas, la fondation de possibilité de la logique (ou sémiotique) correspond au projet de la *Grammatica speculativa* de Thomas d'Erfurt, abusivement attribué à Duns Scot. Comme Husserl, Peirce s'y réfère expressément. Il s'agit d'élaborer, dans les deux cas, une doctrine formelle des conditions auxquelles un discours doit satisfaire pour avoir un sens, pour « vouloir dire », même s'il est faux ou contradictoire. La morphologie générale de ce vouloir-dire [10] (Bedeutung, meaning) est indépendante de toute logique de la vérité.

> « La science de la sémiotique a trois branches. La première est nommée par Duns Scot *grammatica speculativa*. Nous pourrions l'appeler *grammaire pure*. Elle a pour tâche de déterminer ce qui doit être vrai du representamen utilisé par tout esprit scientifique pour qu'il puisse exprimer un sens quelconque (any meaning). La seconde est la logique proprement dite. C'est la science de ce qui est quasi nécessairement vrai des representamina de toute intelligence scientifique pour qu'elle puisse avoir un *objet* quelconque, c'est-à-dire être vraie. En d'autres termes, la logique proprement dite est la science formelle des conditions de la vérité des représentations. La troisième branche, je l'appellerais, en imitant la manière de Kant lorsqu'il restaure de vieilles associations de mots en instituant une nomenclature pour des conceptions nouvelles, *rhétorique pure*. Elle a pour tâche de déterminer les lois selon lesquelles, dans toute intelligence scientifique, un signe donne naissance à un autre signe, et plus spécialement selon lesquelles une pensée en engendre une autre » [11].

Peirce va très loin dans la direction de ce que nous avons appelé plus haut la dé-construction du signifié transcendantal, lequel, à un moment ou à un autre, mettrait un terme rassurant au renvoi de signe à signe. Nous avons identifié le logocentrisme et la métaphysique de la présence comme le désir exigeant, puissant, systématique et irrépressible, d'un tel signi-

---

10. Nous justifions cette traduction de *Bedeuten* par vouloir-dire dans *La voix et le phénomène*.
11. *Philosophical writings*, ch. 7, p. 99.

fié. Or Peirce considère l'indéfinité du renvoi comme le critère permettant de reconnaître qu'on a bien affaire à un système de signes. *Ce qui entame le mouvement de la signification, c'est ce qui en rend l'interruption impossible. La chose même est un signe.* Proposition inacceptable pour Husserl dont la phénoménologie reste par là — c'est-à-dire dans son « principe des principes » — la restauration la plus radicale et la plus critique de la métaphysique de la présence. La différence entre la phénoménologie de Husserl et celle de Peirce est fondamentale puisqu'elle concerne les concepts de signe et de manifestation de la présence, les rapports entre la re-présentation et la présentation originaire de la chose même (la vérité). Peirce est sans doute, sur ce point, plus proche de l'inventeur du mot *phénoménologie* : Lambert se proposait en effet de « réduire la *théorie des choses* à la *théorie des signes* ». Selon la « phanéroscopie » ou « phénoménologie » de Peirce, la *manifestation* elle-même ne révèle pas une présence, elle fait signe. On peut lire dans les *Principles of phenomenology* que « l'idée de *manifestation* est l'idée d'un signe » [12]. Il n'y a donc pas de phénoménalité réduisant le signe ou le représentant pour laisser enfin la chose signifiée briller dans l'éclat de sa présence. La dite « chose même » est toujours déjà un *representamen* soustrait à la simplicité de l'évidence intuitive. Le *representamen* ne fonctionne qu'en suscitant un *interpretant* qui devient lui-même signe et ainsi à l'infini. L'identité à soi du signifié se dérobe et se déplace sans cesse. Le propre du *representamen*, c'est d'être soi et un autre, de se produire comme une structure de renvoi, de se distraire de soi. Le propre du *representamen*, c'est de n'être pas *propre*, c'est-à-dire absolument *proche* de soi *(prope, proprius)*. Or le *représenté* est toujours déjà un *representamen*. Définition du signe :

> « *Anything which determines something else (its interpretant) to refer to an object to which itself refers (its object) in the same way, the interpretant becoming in turn a sign, and so on ad infinitum...* If the series of successive interpretants comes to an end, the sign is thereby rendered imperfect, at least » [13].

---

12. p. 93. Rappelons que Lambert opposait la phénoménologie à l'aléthiologie.
13. *Elements of logic*, L. 2, p. 302.

Il n'y a donc que des signes dès lors qu'il y a du sens. *We think only in signs.* Ce qui revient à ruiner la notion de signe au moment même où, comme chez Nietzsche, son exigence est reconnue dans l'absolu de son droit. On pourrait appeler *jeu* l'absence du signifié transcendantal comme illimitation du jeu, c'est-à-dire comme ébranlement de l'onto-théologie et de la métaphysique de la présence. Il n'est pas surprenant que la secousse de cet ébranlement, travaillant la métaphysique depuis son origine, se laisse *nommer comme telle* à l'époque où, refusant de lier la linguistique à la sémantique (ce que font encore tous les linguistes européens, de Saussure à Hjelmslev), expulsant le problème du *meaning* hors de leurs recherches, certains linguistes américains se réfèrent sans cesse au modèle du jeu. Il faudra ici penser que l'écriture est le jeu dans le langage. (Le *Phèdre* (277 e) condamnait précisément l'écriture comme jeu — *paidia* — et opposait cet enfantillage à la gravité sérieuse et adulte *(spoudè)* de la parole). Ce *jeu,* pensé comme l'absence du signifié transcendantal, n'est pas un jeu *dans le monde,* comme l'a toujours défini, pour le *contenir,* la tradition philosophique et comme le pensent aussi les théoriciens du jeu (ou ceux qui, à la suite et au-delà de Bloomfield, renvoient la sémantique à la psychologie ou à quelque autre discipline régionale). Pour penser radicalement le jeu, il faut donc d'abord *épuiser* sérieusement la problématique ontologique et transcendantale, traverser patiemment et rigoureusement la question du sens de l'être, de l'être de l'étant et de l'origine transcendantale du monde — de la mondanité du monde — suivre effectivement et jusqu'au bout le mouvement critique des questions husserlienne et heideggerienne, leur conserver leur efficace et leur lisibilité. Fût-ce sous rature, et faute de quoi les concepts de jeu et d'écriture auxquels on aura recours resteront pris dans des limites régionales et dans un discours empiriste, positiviste ou métaphysique. La parade que les tenants d'un tel discours opposeraient alors à la tradition pré-critique et à la spéculation métaphysique ne serait que la représentation mondaine de leur propre opération. C'est donc le *jeu du monde* qu'il faut penser *d'abord* : avant de tenter de comprendre toute les formes de jeu dans le monde [14].

---

14. C'est bien évidemment à Nietzsche que nous renvoient encore ces thèmes présents dans la pensée de Heidegger (cf. *La chose,*

trace

Nous sommes donc d'entrée de jeu dans le devenir-immotivé du symbole. Au regard de ce devenir, l'opposition du diachronique et du synchronique est aussi dérivée. Elle ne saurait commander avec pertinence une grammatologie. L'immotivation de la trace doit être maintenant entendue comme une opération et non comme un état, comme un mouvement actif, une dé-motivation, et non comme une structure donnée. Science de l' « arbitraire du signe », science de l'immotivation de la trace, science de l'écriture avant la parole et dans la parole, la grammatologie couvrirait ainsi le champ le plus vaste à l'intérieur duquel la linguistique dessinerait par abstraction son espace propre, avec les limites que Saussure prescrit à son système interne et qu'il faudrait réexaminer prudemment dans chaque système parole/écriture à travers le monde et l'histoire.

Par une substitution qui ne serait rien moins que verbale, on devrait donc remplacer *sémiologie* par *grammatologie* dans le programme du *Cours de linguistique générale* :

> « Nous la nommerons [grammatologie]... Puisqu'elle n'existe pas encore, on ne peut dire ce qu'elle sera ; mais elle a droit à l'existence, sa place est déterminée d'avance. La linguistique n'est qu'une partie de cette science générale, les lois que découvrira la [grammatologie] seront applicables à la linguistique » (p. 33).

L'intérêt de cette substitution ne sera pas seulement de donner à la théorie de l'écriture l'envergure requise contre la répression logocentrique et la subordination à la linguistique. Elle libérera le projet sémiologique lui-même de ce qui, malgré sa plus grande extension théorique, restait *commandé* par la linguistique, s'ordonnait à elle comme à son centre à la fois et à son telos. *Bien que la sémiologie fût en effet plus générale et plus compréhensive que la linguistique, elle continuait de se régler sur le privilège de l'une de ses régions. Le signe linguistique restait exemplaire pour la sémiologie,* il la dominait comme le maître-signe et comme le modèle générateur : le « patron ».

1950. tr. fr. in *Essais et conférences*, p. 214 sq. *Le principe de raison*, 1955-1956, tr. fr. p. 240 sq.), de Fink (*Le jeu comme symbole du monde, 1960*) et, en France, de K. Axelos *(Vers la pensée planétaire*, 1964 et Einführung in ein künftiges Denken 1966).

« On peut donc dire, écrit Saussure, que les signes entièrement arbitraires réalisent mieux que les autres l'idéal du
procès sémiologique ; c'est pourquoi la langue, le plus complexe et le plus répandu des systèmes d'expression, est aussi
le plus caractéristique de tous ; en ce sens la linguistique peut
devenir le *patron général de toute sémiologie,* bien que la
langue ne soit qu'un système particulier » (p. 101. Nous
soulignons).

Aussi, reconsidérant l'ordre de dépendance prescrit par Saus-
sure, inversant en apparence le rapport de la partie au tout,
Barthes accomplit-il en vérité la plus profonde intention du
Cours :

« Il faut en somme admettre dès maintenant la possibilité
de renverser un jour la proposition de Saussure : la linguistique n'est pas une partie, même privilégiée, de la science
générale des signes, c'est la sémiologie qui est une partie de
la linguistique » [15].

Ce renversement cohérent, soumettant la sémiologie à une
« trans-linguistique », conduit à sa pleine explicitation une linguistique historiquement dominée par la métaphysique logocentrique, pour laquelle en effet il n'y a, il ne devrait y avoir
« de sens que nommé » (*ibid.*). Dominée par la soi-disant
« civilisation de l'écriture » que nous habitons, civilisation de
l'écriture soi-disant phonétique, c'est-à-dire du logos où le sens
de l'être est, en son telos, déterminé comme parousie. Pour
décrire le *fait et la vocation de la signification* dans la clôture
de cette époque et de cette civilisation en voie de disparaître
dans sa mondialisation elle-même, le renversement barthésien
est fécond et indispensable.

Essayons maintenant d'aller au-delà de ces considérations
formelles et architectoniques. Demandons-nous, de façon plus
intérieure et plus concrète, en quoi la langue n'est pas seulement une espèce d'écriture, « comparable à l'écriture » —
dit curieusement Saussure (p. 33) — mais une espèce *de* l'écriture. Ou plutôt, car les rapports ne sont plus ici d'extension
et de frontière, une possibilité fondée dans la possibilité générale de l'écriture. En le montrant, on rendrait compte, du même
coup, de la prétendue « usurpation » qui n'a pu être un
malheureux accident. Elle suppose au contraire une racine com-

---

15. *Communications,* 4, p. 2.

mune et exclut par là-même la ressemblance de l' « image »,
la dérivation ou la réflexion représentative. Et l'on recondui-
rait ainsi à son véritable sens, à sa première possibilité, l'analogie apparemment innocente et didactique qui fait dire à
Saussure :

> « La langue est comparable à un système de signes expri-
> mant des idées, et par là, *comparable à l'écriture*, à l'alphabet
> des sourds-muets, aux rites symboliques, aux formes de poli-
> tesse, aux signaux militaires, etc. Elle est seulement le plus
> important de ces systèmes » (p. 33. Nous soulignons).

Ce n'est pas davantage un hasard si, cent trente pages
plus loin, au moment d'expliquer la *différence phonique* comme
condition de la *valeur* linguistique (« considérée dans son
aspect matériel » [16]), il doit encore emprunter à l'exemple
de l'écriture toute sa ressource pédagogique :

> « Comme on constate un état de choses identique dans
> cet autre système de signes qu'est l'écriture, nous le prendrons
> comme terme de comparaison pour éclairer toute cette ques-
> tion » (p. 165).

Suivent quatre rubriques démonstratives empruntant tous
leurs schémas et tout leur contenu à l'écriture [17].

---

16. « Si la partie conceptuelle de la valeur est constituée uniquement par des rapports et des différences avec les autres termes
de la langue, on peut en dire autant de sa partie matérielle. Ce
qui importe dans le mot, ce n'est pas le son lui-même, mais les
différences phoniques qui permettent de distinguer ce mot de tous
les autres, car ce sont elles qui portent la signification... jamais un
fragment de langue ne pourra être fondé, en dernière analyse,
sur autre chose que sur sa non-coïncidence avec le reste » (p. 163).
17. « Comme on constate un état de choses identique dans cet
autre système de signes qu'est l'écriture, nous le prendrons comme
terme de comparaison pour éclairer toute cette question. En fait :
1. Les signes de l'écriture sont arbitraires ; aucun rapport, par
exemple, entre la lettre *t* et le son qu'elle désigne ;
2. la valeur des lettres est purement négative et différentielle ;
ainsi une même personne peut écrire *t* avec des variantes telles
que : *t t t* . La seule chose essentielle est que ce signe ne se
confonde pas sous sa plume avec celui de *l*, de *d*, etc. ;
3. les valeurs de l'écriture n'agissent que par leur opposition
réciproque au sein d'un système défini, composé d'un nombre déterminé de lettres. Ce caractère, sans être identique au second, est
étroitement lié avec lui, parce que tous deux dépendent du premier. Le signe graphique étant arbitraire, sa forme importe peu,

C'est donc encore à lui-même qu'il faut décidément opposer Saussure. Avant d'être ou de n'être pas « noté », « représenté », « figuré » dans une « graphie », le signe linguistique implique une écriture originaire. Désormais, ce n'est pas à la thèse de l'arbitraire du signe que nous ferons directement appel, mais à celle qui lui est associée par Saussure comme un indispensable corrélat et qui nous paraît plutôt la fonder : la thèse de la *différence* comme source de valeur linguistique [18].

Quelles sont, du point de vue grammatologique, les conséquences de ce thème maintenant si bien connu (et auquel d'ailleurs, Platon déjà, dans le *Sophiste*, avait consacré quelques réflexions...) ?

La différence n'étant jamais en elle-même, et par définition, une plénitude sensible, sa nécessité contredit l'allégation d'une essence naturellement phonique de la langue. Elle conteste du même coup la prétendue dépendance naturelle du signifiant graphique. C'est là une conséquence que Saussure tire lui-même contre les prémisses définissant le système interne de la langue. Il doit maintenant exclure cela même qui lui avait pourtant permis d'exclure l'écriture : le son et son « lien naturel » au sens. Par exemple :

> « L'essentiel de la langue, nous le verrons, est étranger au caractère phonique du signe linguistique » (p. 21).

Et dans un paragraphe consacré à la différence :

> « Il est impossible que le son, élément matériel, appartienne lui-même à la langue. Il n'est pour elle qu'une chose secondaire, une matière qu'elle met en œuvre. Toutes les valeurs conventionnelles présentent ce caractère de ne pas se confondre avec l'élément tangible qui leur sert de support... »
> « Dans son essence, il [le signifiant linguistique] n'est aucunement phonique, il est incorporel, constitué, non par sa

---

ou plutôt n'a d'importance que dans les limites imposées par le système ;

4. le moyen de production du signe est totalement indifférent, car il n'intéresse pas le système (cela découle aussi du premier caractère). Que j'écrive les lettres en blanc ou en noir, en creux ou en relief, avec une plume ou un ciseau, cela est sans importance pour leur signification » (165-166).

18. « *Arbitraire et différentiel* sont deux qualités corrélatives » (p. 163).

substance matérielle, mais uniquement par les différences qui séparent son image acoustique de toutes les autres » (p. 164).

« Ce qu'il y a d'idée ou de matière phonique dans un signe importe moins que ce qu'il y a autour de lui dans les autres signes » (p. 166).

Sans cette réduction de la matière phonique, la distinction, décisive pour Saussure, entre langue et parole, n'aurait aucune rigueur. Il en irait de même pour les oppositions survenues dans sa descendance entre code et message, schéma et usage, etc. Conclusion : « La phonologie, elle — il faut le répéter — n'en est [de la science de la langue] qu'une discipline auxiliaire et ne relève que de la parole » (p. 56). La parole puise donc à ce fonds d'écriture, notée ou non, qu'est la langue, et c'est ici qu'on doit méditer la connivence entre les deux « fixités ». La réduction de la *phonè* révèle cette connivence. Ce que Saussure dit par exemple du signe en général et qu'il « confirme » par l'écriture, vaut aussi pour la langue : « La continuité du signe dans le temps, liée à l'altération dans le temps, est un principe de la sémiologie générale ; on en trouverait confirmation dans les systèmes d'écriture, le langage des sourds-muets, etc. » (p. 111).

La réduction de la substance phonique ne permet donc pas seulement de distinguer entre la phonétique d'une part (et a fortiori l'acoustique ou la physiologie des organes phonateurs) et la phonologie d'autre part. Elle fait aussi de la phonologie elle-même une « discipline auxiliaire ». Ici la direction indiquée par Saussure mène au-delà du phonologisme de ceux qui se réclament de lui sur ce point : Jakobson juge en effet impossible et illégitime l'indifférence à la substance phonique de l'expression. Il critique ainsi la glossématique de Hjelmslev qui requiert et pratique la neutralisation de la substance sonore. Et dans le texte cité plus haut, Jakobson et Halle soutiennent que l' « exigence théorique » d'une recherche des invariants mettant entre parenthèses la substance sonore (comme un contenu empirique et contingent) est :

1. *impraticable* puisque, comme « le note Eli Fischer-Jorgensen », « on tient compte de la substance sonore à toute étape de l'analyse ». Mais est-ce là « une troublante contradiction », comme le veulent Jakobson et Halle ? Ne peut-on en tenir compte comme d'un fait servant d'exemple, ce que

font les phénoménologues qui ont toujours besoin, le gardant présent sous le regard, d'un contenu empirique exemplaire dans la lecture d'une essence qui en est en droit indépendante ?

2. *inadmissible en droit* puisque l'on ne peut considérer que « dans le langage, la forme s'oppose à la substance comme une constante à une variable ». C'est au cours de cette deuxième démonstration que des formules littéralement saussuriennes réapparaissent au sujet des rapports entre parole et écriture ; l'ordre de l'écriture est l'ordre de l'extériorité, de l' « occasionnel », de l' « accessoire », de l' « auxiliaire », du *parasitaire* » (p. 116-117. Nous soulignons). L'argumentation de Jakobson et de Halle fait appel à la genèse factuelle et invoque la secondarité de l'écriture au sens courant : « Ce n'est qu'après avoir maîtrisé le langage parlé que l'on apprend à lire et à écrire ». A supposer que cette proposition du sens commun soit rigoureusement prouvée, ce que nous ne croyons pas (chacun de ses concepts abritant un immense problème), encore faudrait-il être assuré de sa pertinence dans l'argumentation. Même si l' « après » était ici une représentation facile, si l'on savait bien ce que l'on pense et dit en assurant que l'on apprend à écrire *après* avoir appris à parler, est-ce que cela suffirait pour conclure au caractère parasitaire de ce qui vient ainsi « après » ? Et qu'est-ce qu'un parasite ? Et si l'écriture était précisément ce qui nous oblige à reconsidérer notre logique du parasite ?

Dans un autre moment de la critique, Jakobson et Halle rappellent l'imperfection de la représentation graphique ; cette imperfection tient aux « structures fondamentalement dissemblables des lettres et des phonèmes » :

> « Les lettres ne reproduisent jamais complètement les différents traits distinctifs sur lesquels repose le système phonématique, et négligent infailliblement les relations structurales entre ces traits » (p. 116).

Nous l'avons suggéré plus haut : est-ce que la dissemblance radicale des deux éléments — graphique et phonique — n'exclut pas la dérivation ? L'inadéquation de la représentation graphique ne concerne-t-elle pas seulement l'écriture alphabétique commune à laquelle le formalisme glossématique ne se réfère pas essentiellement ? Enfin, si l'on accepte toute l'argumentation phonologiste ainsi présentée, il faut encore reconnaître qu'elle oppose un concept « scientifique » de la parole à un concept vulgaire de l'écriture. Ce que nous voudrions montrer, c'est que l'on ne peut exclure l'écriture de l'expérience générale des « relations structurales entre les traits ». Ce qui revient, bien entendu, à reformer le concept de l'écriture.

Enfin, si l'analyse jakobsonienne est sur ce point fidèle à Saussure, ne l'est-elle pas surtout au Saussure du *Chapitre VI* ? Jusqu'à quel point Saussure aurait-il soutenu l'inséparabilité de la matière et de la forme qui reste l'argument le plus important de Jakobson et Halle (p. 117) ? On pourrait répéter cette question à propos de la position de A. Martinet qui, dans ce débat, suit à la lettre le *Chapitre VI* du Cours [19]. Et seule-

---

19. Cette fidélité littérale s'exprime :

1. dans l'exposé critique de la tentative de Hjelmslev (*Au sujet des fondements de la théorie linguistique de L. Hjelmslev,* in Bulletin de la Société de Linguistique de Paris, t. 42, p. 40) : « Hjelmslev est parfaitement logique avec lui-même lorsqu'il déclare qu'un texte écrit a pour le linguiste exactement la même valeur qu'un texte parlé, puisque le choix de la substance n'importe pas. Il se refuse même à admettre que la substance parlée soit primitive et la substance écrite dérivée. Il semble qu'il suffirait de lui faire remarquer qu'à quelques exceptions pathologiques près, tous les hommes parlent, mais que peu savent écrire, ou encore que les enfants savent parler longtemps avant d'apprendre l'écriture. *Nous n'insisterons donc pas.* » [Nous soulignons.]

2. dans les *Eléments de linguistique générale* dont tout le chapitre sur le caractère vocal du langage reprend les arguments et les mots du *Chapitre VI* du *Cours* : « On apprend à parler avant d'apprendre à lire : la lecture vient doubler la parole, *jamais l'inverse.* » (Nous soulignons. Cette proposition nous paraît massivement contestable, et déjà au niveau de l'expérience commune qui a dans cette argumentation force de loi.) A. Martinet conclut : « L'étude de l'écriture représente une discipline distincte de la linguistique, encore que, pratiquement, une de ses annexes. La linguistique fait donc abstraction des faits de graphie » (p. 11). On voit comment fonctionnent ces concepts d'*annexe* et d'*abstraction* : l'écriture et sa science sont étrangères mais non indépendantes, ce qui ne les empêche pas d'être, inversement, immanentes mais non essentielles. Juste assez « *dehors* » pour ne pas affecter l'intégrité de la langue *elle-même,* dans sa pure et originelle identité à soi, dans sa propriété ; juste assez « *dedans* » pour n'avoir droit à aucune indépendance pratique ou épistémologique. Et réciproquement.

3. dans *Le mot* (déjà cité) : « C'est de l'énoncé oral qu'il faut toujours partir pour comprendre la nature réelle du langage humain » (p. 53).

4. enfin et surtout dans *La double articulation du langage,* in *La linguistique synchronique,* p. 8 sq. et p. 18 sq.

ment le *Chapitre VI* dont A. Martinet dissocie *expressément* la doctrine de celle qui, dans le *Cours*, efface le privilège de la substance phonique. Après avoir expliqué pourquoi « une langue morte à idéographie parfaite », c'est-à-dire une communication passant par le système d'une écriture généralisée, « ne pourrait avoir aucune autonomie réelle », et pourquoi *néanmoins*, « un tel système serait quelque chose de si particulier qu'on peut fort bien comprendre que les linguistes *désirent l'exclure* du domaine de leur science » (*La linguistique synchronique, p. 18.* Nous soulignons.), A. Martinet critique ceux qui, à la suite d'un certain Saussure, mettent en question le caractère essentiellement phonique du signe linguistique :

> « Beaucoup seront tentés de donner raison à Saussure qui énonce que « l'essentiel de la langue... est étranger au caractère phonique du signe linguistique », et, dépassant l'enseignement du maître, de déclarer que le signe linguistique n'a pas nécessairement ce caractère phonique » (p.19).

Sur ce point précis, il ne s'agit pas de « dépasser » l'enseignement du maître mais de le suivre et de le prolonger. Ne pas le faire, n'est-ce pas s'en tenir à ce qui, dans le *Chapitre VI*, limite massivement la recherche formelle ou structurelle et contredit les acquisitions les plus incontestables de la doctrine saussurienne ? Pour éviter de « dépasser », ne risque-t-on pas de revenir en-deçà ?

Nous croyons que l'écriture généralisée n'est pas seulement l'idée d'un système à inventer, d'une caractéristique hypothétique ou d'une possibilité future. Nous pensons au contraire que la langue orale appartient déjà à cette écriture. Mais cela suppose une modification du concept d'écriture que nous ne faisons pour l'instant qu'anticiper. A supposer même que l'on ne se donne pas ce concept modifié, à supposer qu'on considère un système d'écriture pure comme une hypothèse d'avenir ou comme une hypothèse de travail, un linguiste doit-il se refuser devant cette hypothèse les moyens de la penser et d'en intégrer la formulation dans son discours théorique ? Que la plupart le refusent en fait, cela crée-t-il un droit théorique ? C'est ce que semble penser A. Martinet. Après avoir élaboré une hypothèse de langage purement « dactylologique », il écrit en effet :

> « On doit reconnaître que le parallélisme entre cette

« dactylologie » et la phonologie est complet aussi bien en matière synchronique que diachronique, et qu'on pouvait utiliser pour la première la terminologie usuelle pour la seconde, sauf bien entendu lorsque les termes comportent une référence à la substance phonique. Il est clair que si nous ne *désirons* pas exclure du domaine linguistique les systèmes du type de celui que nous venons d'imaginer, il est très important de modifier la terminologie traditionnelle relative à l'articulation des signifiants de façon à en éliminer toute référence à la substance phonique comme le fait Louis Hjelmslev lorsqu'il emploie « cénème » et « cénématique » au lieu de « phonème » et « phonologie ». *On comprendra toutefois que la plupart des linguistes hésitent à modifier de fond en comble l'édifice terminologique traditionnel pour le seul avantage théorique de pouvoir inclure dans le domaine de leur science des systèmes purement hypothétiques. Pour qu'ils consentent à envisager une telle révolution,* il faudrait les convaincre que, dans les systèmes linguistiques attestés, ils n'ont aucun intérêt à considérer la substance phonique des unités d'expression comme les intéressant directement (pp. 20-21. Nous soulignons).

Encore une fois, nous ne doutons pas de la valeur de ces arguments phonologistes dont nous avons tenté plus haut de faire apparaître les présuppositions. Dès lors que l'on assume ces présuppositions, il serait absurde de réintroduire par confusion l'écriture dérivée dans le champ du langage oral et à l'intérieur du système de cette dérivation. Sans échapper à l'ethnocentrisme, on brouillerait alors toutes les frontières à l'intérieur de sa sphère de légitimité. Il ne s'agit donc pas ici de réhabiliter l'écriture au sens étroit, ni de renverser l'ordre de dépendance lorsqu'il est évident. Le phonologisme ne souffre aucune objection tant que l'on conserve les concepts courants de parole et d'écriture qui forment le tissu solide de son argumentation. Concepts courants, quotidiens et de surcroît, ce qui n'est pas contradictoire, habités par une vieille histoire, limités par des frontières peu visibles mais d'autant plus rigoureuses. Nous voudrions plutôt suggérer que la prétendue dérivation de l'écriture, si réelle et si massive qu'elle soit, n'a été possible qu'à une condition : que le langage « originel », « naturel », etc., n'ait jamais existé, qu'il n'ait jamais été intact, intouché par l'écriture, qu'il ait toujours été lui-même une écriture.

Archi-écriture dont nous voulons ici indiquer la nécessité et dessiner le nouveau concept ; et que nous ne continuons à appeler écriture que parce qu'elle communique essentiellement avec le concept vulgaire de l'écriture. Celui-ci n'a pu historiquement s'imposer que par la dissimulation de l'archi-écriture, par le désir d'une parole chassant son autre et son double et travaillant à réduire sa différence. Si nous persistons à nommer écriture cette différence, c'est parce que, dans le travail de répression historique, l'écriture était, par situation, destinée à signifier le plus redoutable de la différence. Elle était ce qui, au plus proche, menaçait le désir de la parole vive, ce qui du dedans et dès son commencement, l'*entamait*. Et la différence, nous l'éprouverons progressivement, ne se pense pas sans la *trace*.

Cette archi-écriture, bien que le concept en soit appelé par les thèmes de l' « arbitraire du signe » et de la différence, ne peut pas, ne pourra jamais être reconnue comme *objet* d'une *science*. Elle est cela même qui ne peut se laisser réduire à la forme de la *présence*. Or celle-ci commande toute objectivité de l'objet et toute relation de savoir. C'est pourquoi ce que nous serions tenté de considérer dans la suite du *Cours* comme un « progrès » ébranlant en retour les positions noncritiques du *Chapitre VI*, ne donne jamais lieu à un nouveau concept « scientifique » de l'écriture.

Peut-on en dire autant de l'algébrisme de Hjelmslev qui tira sans doute les conséquences les plus rigoureuses de ce progrès ?

Les *Principes de grammaire générale* (1928) dissociaient dans la doctrine du *Cours* le principe phonologiste et le principe de la différence. Ils dégageaient un concept de *forme* qui permettait de distinguer entre la différence formelle et la différence phonique et cela à l'intérieur même de la langue « parlée » (p. 117). La grammaire est indépendante de la sémantique et de la phonologie (p. 118).

Cette indépendance est le principe même de la glossématique comme science formelle de la langue. Sa formalité suppose qu' « il n'y a aucune connexion nécessaire entre les sons et le langage »[20]. Cette formalité est elle-même la condition

---

20. *On the Principles of Phonematics*, 1935, Proceedings of the Second International Congress of Phonetic Sciences, p. 51.

d'une analyse purement fonctionnelle. L'idée de fonction linguistique et d'unité purement linguistique — le glossème — n'exclut donc pas seulement la considération de la substance d'expression (substance matérielle) mais aussi celle de la substance de contenu (substance immatérielle). « Puisque la langue est une forme et non une substance (F. de Saussure), les glossèmes sont par définition indépendants de la substance, immatérielle (sémantique, psychologique, et logique) et matérielle (phonique, graphique, etc.) » [21]. L'étude du fonctionnement de la langue, de son *jeu*, suppose qu'on mette entre parenthèses la substance du *sens* et, parmi d'autres substances possibles, celle du *son*. L'unité du son et du sens est bien ici, comme nous le proposions plus haut, la fermeture rassurante du jeu. Hjelmslev situe son concept de *schéma* ou *jeu* de la langue dans la descendance de Saussure, de son formalisme et de sa théorie de la valeur. Bien qu'il préfère comparer la valeur linguistique à la « valeur d'échange des sciences économiques » plutôt qu'à la « valeur purement logico-mathématique », il assigne une limite à cette analogie :

> « Une valeur économique est par définition une valeur à double face : non seulement elle joue le rôle de constante vis-à-vis des unités concrètes de l'argent, mais elle joue aussi elle-même le rôle des variables vis-à-vis d'une quantité fixée de la marchandise qui lui sert d'étalon. En linguistique au contraire il n'y a rien qui corresponde à l'étalon. C'est pourquoi le jeu d'échecs et non le fait économique reste pour F. de Saussure l'image la plus fidèle d'une grammaire. Le schéma de la langue est en dernière analyse *un jeu* et rien de plus » [22].

Dans les *Prolégomènes à une théorie du langage* (1943), mettant en œuvre l'opposition *expression/contenu*, qu'il substitue à la différence *signifiant/signifié* et dont chacun des termes peut être considéré selon les points de vue de la *forme* ou de la *substance*, Hjelmslev critique l'idée d'un langage *naturellement* lié à la substance d'expression phonique. C'est à tort que l'on a jusqu'ici « supposé que la substance-d'expression

---

21. L. Hjelmslev et H. J. Uldall, *Etudes de linguistique structurale organisées au sein du Cercle linguistique de Copenhague* (Bulletin 11, 35, p. 13 sq.).
22. *Langue et parole* (1943) in *Essais linguistiques*, p. 77.

d'un langage parlé devait consister exclusivement en « sons » ».

> « Ainsi, comme l'ont fait en particulier remarquer E. et K. Zwirner, on n'a pas tenu compte du fait que le discours est accompagné, que certaines composantes du discours peuvent être remplacées par le geste, et qu'en réalité, comme le disent E. et K. Zwirner, ce ne sont pas seulement les prétendus organes de la parole (gorge, bouche et nez) qui participent à l'activité du langage « naturel » mais presque tout l'ensemble des muscles striés. En outre, il est possible de remplacer la substance habituelle des gestes-et-sons par toute autre substance appropriée dans d'autres circonstances extérieures. Ainsi la même forme linguistique peut aussi être manifestée dans l'écriture, comme cela se produit dans la notation phonétique ou phonématique et dans les orthographes dites phonétiques, comme par exemple le danois. Voilà une substance « graphique » qui s'adresse exclusivement à l'œil et qui n'exige pas d'être transposée en « substance » phonétique pour être saisie ou comprise. Et cette « substance » graphique peut être, précisément du point de vue de la substance, de différentes sortes » [23].

Refusant de présupposer une « dérivation » des substances à partir de la substance d'expression phonique, Hjelmslev renvoie ce problème hors du champ de l'analyse structurale et proprement linguistique :

> « En outre, on ne sait jamais en toute certitude ce qui est dérivé et ce qui ne l'est pas ; nous ne devons pas oublier que la découverte de l'écriture alphabétique est cachée dans la préhistoire (B. Russell a tout à fait raison d'attirer notre attention sur le fait que nous n'avons aucun moyen de décider si la plus ancienne forme de l'expression humaine est écriture ou parole), si bien que l'affirmation selon laquelle elle repose

---

23. *Omkring sprogteoriens grundlaeggelse,* pp. 91-93 (tr. angl. : *Prolegomena to a theory of language,* pp. 103-104).

Cf. aussi *La stratification du langage* (1954) in *Essais linguistiques* (Travaux du cercle linguistique de Copenhague, XII, 1959). Le projet et la terminologie d'une *graphématique,* science de la substance d'expression graphique, y sont précisés (p. 41). La complexité de l'algèbre proposée a pour but de remédier au fait que, du point de vue de la distinction entre forme et substance, « la terminologie saussurienne peut prêter à confusion » (p. 48). Hjelmslev y démontre comment « une seule et même forme de l'expression peut être manifestée par des substances diverses : phonique, graphique, signaux par pavillons, etc. » (p. 49).

sur une analyse phonétique ne constitue que l'une des hypothèses diachroniques ; elle aurait pu aussi bien reposer sur
une analyse formelle de la structure linguistique. Mais en tout
cas, comme le reconnaît la linguistique moderne, les considérations diachroniques ne sont pas pertinentes pour la description synchronique » (pp. 104-105).

Que cette critique glossématique soit opérée à la fois grâce
à Saussure et contre lui ; que, comme nous le suggérions plus
haut, l'espace propre d'une grammatologie soit à la fois ouvert
et fermé par le *Cours de linguistique générale*, c'est ce que
H. J. Uldall formule remarquablement. Pour montrer que Saussure n'a pas développé « toutes les conséquences théoriques
de sa découverte », il écrit :

> « Cela est d'autant plus curieux lorsque nous considérons
> que les conséquences pratiques en ont été largement tirées,
> en ont même été tirées des milliers d'années avant Saussure,
> car c'est seulement grâce au concept de la différence entre
> forme et substance que nous pouvons expliquer la possibilité,
> pour le langage et l'écriture, d'exister en même temps comme
> expressions d'un seul et même langage. Si l'une de ces deux
> substances, le flux de l'air ou le flux de l'encre (the stream
> of air or the stream of ink), était une partie intégrante du
> langage lui-même, il ne serait pas possible de passer de l'une
> à l'autre sans changer le langage » [24].

Sans doute l'Ecole de Copenhague libère-t-elle ainsi un champ
de recherches : l'attention devient disponible non seulement
pour la pureté d'une forme déliée de tout lien « naturel »
à une substance, mais aussi pour tout ce qui, dans la stratification du langage, dépend de la substance d'expression graphique. Une description originale et rigoureusement délimitée
peut en être ainsi promise. Hjelmslev reconnaît qu'une « ana-

---

24. *Speech and writing*, 1938, in *Acta linguistica*, IV, 1944,
p. 11 sq. Uldall y renvoie aussi à une étude du Dr. Joseph Vachek,
Zum Problem der geschriebenen Sprache (*Travaux du Cercle linguistique de Prague* VIII, 1939) pour indiquer « la différence entre
les points de vue phonologique et glossématique ».
Cf. aussi Eli Fischer-Jorgensen, « Remarques sur les principes de
l'analyse phonémique », in *Recherches Structurales*, 1949 (*Travaux
du Cercle linguistique de Prague*, vol. V, p. 231 sq.) ; B. Siert-
sema, *A study of glossematics*, 1955 (et notamment le ch. VI),
et Hennings Spang-Hanssen, *Glossematics*, in *Trends in European
and American linguistics. 1930-1960*, 1963, p. 147 sq.

lyse de l'écriture ne tenant pas compte du son n'a pas encore été entreprise » (p. 105). Tout en regrettant aussi que « la substance de l'encre n'ait pas eu droit, de la part des linguistes, à l'attention qu'ils ont prodiguée à la substance de l'air », H. J. Uldall délimite cette problématique et souligne l'indépendance mutuelle des substances d'expression. Il l'illustre en particulier par le fait que, dans l'orthographe, aucun graphème ne correspond aux accents de la prononciation (c'était pour Rousseau la misère et la menace de l'écriture), et que, réciproquement, dans la prononciation, aucun phonème ne corresponde à l'espacement (spacing) entre les mots écrits (pp. 13-14).

En reconnaissant la spécificité de l'*écriture*, la glossématique ne se donnait pas seulement les moyens de décrire l'élément *graphique*. Elle désignait l'accès à l'élément *littéraire*, à ce qui dans la littérature passe par un texte irréductiblement graphique, liant le *jeu de la forme* à une substance d'expression déterminée. S'il y a dans la littérature quelque chose qui ne se laisse pas réduire à la voix, à l'epos ou à la poésie, on ne peut le ressaisir qu'à la condition d'isoler avec rigueur ce lien du *jeu de la forme* et de la substance d'expression graphique. (On reconnaîtra du même coup que la « pure littérature » ainsi respectée dans ce qu'elle a d'irréductible, risque aussi de limiter le jeu, de le lier. Le désir de lier le jeu est d'ailleurs irrépressible). Cet intérêt pour la littérature s'est effectivement manifesté dans l'Ecole de Copenhague [25]. Il lève ainsi la méfiance rousseauiste et saussurienne à l'égard des arts littéraires. Il radicalise l'effort des formalistes russes, précisément de l'O.PO.IAZ, qui privilégiaient peut-être, dans leur attention à l'être-littéraire de la littérature, l'instance phonologique et les modèles littéraires qu'elle domine. Notamment la poésie. Ce qui, dans l'histoire de la littérature et dans la structure d'un texte littéraire en général, échappe à cette instance, mérite donc un type de description dont la glossématique a peut-être mieux dégagé les normes et les conditions de possibilité. Elle s'est peut-être mieux préparée à étudier ainsi la strate purement

---

25. Et déjà, de manière très programmatique, dans les *Prolégomènes* (tr. angl. p. 114-115). Cf. aussi Ad. Stender-Petersen, *Esquisse d'une théorie structurale de la littérature* ; et Svend Johansen, *La notion de signe dans la glossématique et dans l'esthétique*, in *Travaux du Cercle linguistique de Copenhague*, vol. V, 1949.

87

graphique dans la structure du texte littéraire et dans l'histoire du devenir-littéraire de la littéralité, notamment dans sa « modernité ».

Sans doute un nouveau domaine est-il ainsi ouvert à des recherches inédites et fécondes. Et pourtant ce n'est pas ce parallélisme ou cette parité retrouvée des substances d'expression qui nous intéresse ici au premier chef. On a bien vu que si la substance phonique perdait son privilège, ce n'était pas au profit de la substance graphique qui se prête aux mêmes substitutions. Dans ce qu'elle peut avoir de libérateur et d'irréfutable, la glossématique opère ici encore avec un concept courant de l'écriture. Si originale et si irréductible soit-elle, la « forme d'expression » liée par corrélation à la « substance d'expression » *graphique* reste très déterminée. Elle est très dépendante et très dérivée au regard de l'archi-écriture dont nous parlons ici. Celle-ci serait à l'œuvre non seulement dans la forme et la substance de l'expression graphique, mais aussi dans celles de l'expression non graphique. Elle constituerait non seulement le schème unissant la forme à toute substance, graphique ou autre, mais le mouvement de la *sign-function* liant un contenu à une expression, qu'elle soit graphique ou non. Ce thème ne pouvait avoir aucune place dans la systématique de Hjelmslev.

C'est que l'archi-écriture, mouvement de la différance, archi-synthèse irréductible, ouvrant à la fois, dans une seule et même possibilité, la temporalisation, le rapport à l'autre et le langage, ne peut pas, en tant que condition de tout système linguistique, faire partie du système linguistique lui-même, être située comme un objet dans son champ. (Ce qui ne veut pas dire qu'elle ait un lieu réel *ailleurs*, un *autre site* assignable). Son concept ne saurait en rien enrichir la description scientifique, positive et « immanente » (au sens que Hjelmslev donne à ce mot) du système lui-même. Aussi le fondateur de la glossématique en eût-il sans doute contesté la nécessité, comme il rejette, en bloc et légitimement, toutes les théories extra-linguistiques qui ne partent pas de l'immanence irréductible du système linguistique [26]. Il aurait vu dans cette notion un de ces appels à l'expérience dont une théorie doit se dis-

---

26. *Omkring*, p. 9, (tr. angl. *Prolegomena*, p. 8).
27. P. 14. Ce qui n'empêche pas Hjelmslev de « s'aventurer à

penser [27]. Il n'aurait pas compris pourquoi le nom d'écriture restait à cet X qui devient si différent de ce qu'on a toujours appelé « écriture ».

Nous avons déjà commencé à justifier ce mot, et d'abord la nécessité de cette communication entre le concept d'archi-écriture et le concept vulgaire d'écriture par lui soumis à déconstruction. Nous continuerons à le faire plus bas. Quant au concept d'expérience, il est ici fort embarrassant. Comme toutes les notions dont nous nous servons ici, il appartient à l'histoire de la métaphysique et nous ne pouvons l'utiliser que sous rature. « *Expérience* » a toujours désigné le rapport à une présence, que ce rapport ait ou non la forme de la conscience. Nous devons toutefois, selon cette sorte de contorsion et de contention à laquelle le discours est ici obligé, épuiser les ressources du concept d'expérience avant et afin de l'atteindre, par déconstruction, en son dernier fond. C'est la seule condition pour échapper à la fois à l' « empirisme » et aux critiques « naïves » de l'expérience. Ainsi, par exemple, l'expérience dont « la théorie, dit Hjelmslev, doit être indépendante » n'est pas le tout de l'expérience. Elle correspond toujours à un certain type d'expérience factuelle ou régionale (historique, psychologique, physiologique, sociologique, etc.), donnant lieu à une science elle-même régionale et, en tant que telle, rigoureusement extérieure à la linguistique. Il n'en est rien dans le cas de l'expérience comme archi-écriture. La mise entre parenthèses des régions de l'expérience ou de la totalité de l'expérience naturelle doit découvrir un champ d'expérience transcendantale. Celle-ci n'est accessible que dans la mesure où, après avoir, comme le fait Hjelmslev, dégagé la spécificité du système linguistique et mis hors jeu toutes les sciences extrinsèques et les spéculations métaphysiques, on pose la question

---

appeler » son principe directeur un « principe empirique » (p. 12, tr. angl. p. 11). « Mais, ajoute-t-il, nous sommes tout prêt à abandonner ce nom si l'investigation épistémologique montre qu'il est impropre. De notre point de vue, c'est une simple question de terminologie qui n'affecte pas le maintien du principe ». Ce n'est là qu'un exemple du conventionnalisme terminologique d'un système qui, en empruntant tous ses concepts à l'histoire de la métaphysique qu'il veut tenir à distance (forme/substance, contenu/expression, etc.), croit pouvoir en neutraliser toute la charge historique par quelque déclaration d'intention, une préface ou des guillemets.

89

de l'origine transcendantale du système lui-même, comme système des objets d'une science, et, corrélativement, du système théorique qui l'étudie : ici du système objectif et « déductif » que veut être la glossématique. Sans cela, le progrès décisif accompli par un formalisme respectueux de l'originalité de son objet, du « système immanent de ses objets », est guetté par l'objectivisme scientiste, c'est-à-dire par une autre métaphysique inaperçue ou inavouée. Qu'on reconnaît souvent à l'œuvre dans l'Ecole de Copenhague. C'est pour éviter de retomber dans cet objectivisme naïf que nous nous référons ici à une transcendantalité que nous mettons ailleurs en question. C'est qu'il y a, croyons-nous, un en-deçà et un au-delà de la critique transcendantale. Faire en sorte que l'au-delà ne retourne pas dans l'en-deçà, c'est reconnaître dans la contorsion la nécessité d'un *parcours*. Ce parcours doit laisser dans le texte un sillage. Sans ce sillage, abandonné au simple contenu de ses conclusions, le texte ultra-transcendantal ressemblera toujours à s'y méprendre au texte précritique. Nous devons former et méditer aujourd'hui la loi de cette ressemblance. Ce que nous appelons ici la rature des concepts doit marquer les lieux de cette méditation à venir. Par exemple, la valeur d'archie transcendantale doit faire éprouver sa nécessité avant de se laisser raturer elle-même. Le concept d'archi-trace doit faire droit et à cette nécessité et à cette rature. Il est en effet contradictoire et irrecevable dans la logique de l'identité. La trace n'est pas seulement la disparition de l'origine, elle veut dire ici — dans le discours que nous tenons et selon le parcours que nous suivons — que l'origine n'a même pas disparu, qu'elle n'a jamais été constituée qu'en retour par une non-origine, la trace, qui devient ainsi l'origine de l'origine. Dès lors, pour arracher le concept de trace au schéma classique qui la ferait dériver d'une présence ou d'une non-trace originaire et qui en ferait une marque empirique, il faut bien parler de trace originaire ou d'archi-trace. Et pourtant nous savons que ce concept détruit son nom et que, si tout commence par la trace, il n'y a surtout pas de trace originaire [28]. Nous devons alors *situer*, comme un simple

---

28. Quant à cette critique du concept d'origine en général (empirique et/ou transcendantale) nous avons tenté ailleurs d'indiquer le schéma d'une argumentation (Introduction à *L'origine de la géométrie* de Husserl, 1962, p. 60).

moment du discours, la réduction phenoménologique et la référence de style husserlien à une expérience transcendantale. Dans la mesure où le concept d'expérience en général — et d'expérience transcendantale, chez Husserl, en particulier — reste commandé par le thème de la présence, il participe au mouvement de réduction de la trace. Le Présent Vivant (lebendige Gegenwart) est la forme universelle et absolue de l'expérience transcendantale à laquelle nous renvoie Husserl. Dans les descriptions du mouvement de la temporalisation, tout ce qui ne tourmente pas la simplicité et la domination de cette forme nous paraît signaler l'appartenance de la phénoménologie transcendantale à la métaphysique. Mais cela doit composer avec des forces de rupture. Dans la temporalisation originaire et le mouvement du rapport à autrui, tels que Husserl les décrit effectivement, la non-présentation ou la dé-présentation est aussi « originaire » que la présentation. *C'est pourquoi une pensée de la trace ne peut pas plus rompre avec une phénoménologie transcendantale que s'y réduire.* Ici comme ailleurs, poser le problème en termes de choix, obliger ou se croire d'abord obligé d'y répondre par un *oui* ou un *non*, concevoir l'appartenance comme une allégeance ou la non-appartenance comme un franc-parler, c'est confondre des hauteurs, des chemins et des styles bien différents. Dans la déconstruction de l'archie, on ne procède pas à une élection.

Nous admettons donc la nécessité de passer par le concept d'archi-trace. Comment cette nécessité nous conduit-elle depuis le dedans du système linguistique ? En quoi le chemin qui va de Saussure à Hjelmslev nous interdit-il de contourner la trace originaire ?

En ce que son passage par la *forme* est un passage par *l'empreinte*. Et le sens de la différance en général nous serait plus accessible si l'unité de ce double passage nous apparaissait plus clairement.

Dans les deux cas, il faut partir de la possibilité de neutraliser la substance phonique.

D'une part, l'élément phonique, le terme, la plénitude qu'on appelle sensible, n'apparaîtraient pas comme tels sans la différence ou l'opposition qui leur donnent *forme*. Telle est la portée la plus évidente de l'appel à la différence comme réduction de la substance phonique. Or ici l'apparaître et le fonctionnement de la différence supposent une synthèse originaire qu'aucune simplicité absolue ne précède. Telle serait donc la trace originaire. Sans une rétention dans l'unité minimale de l'expérience temporelle, sans une trace retenant l'autre comme autre dans le même, aucune différence ne ferait son œuvre et aucun sens n'apparaîtrait. Il ne s'agit donc pas ici d'une différence constituée mais, avant toute détermination de contenu, du mouvement *pur* qui produit la différence. *La trace (pure) est la différance*. Elle ne dépend d'aucune plénitude sensible, audible ou visible, phonique ou graphique. Elle en est au contraire la condition. Bien qu'elle *n'existe pas*, bien qu'elle ne soit jamais un *étant-présent* hors de toute plénitude, sa possibilité est antérieure en droit à tout ce qu'on appelle signe (signifié/signifiant, contenu/expression, etc.), concept ou opération, motrice ou sensible. Cette différance n'est donc pas plus sensible qu'intelligible et elle permet l'articulation des signes entre eux à l'intérieur d'un même ordre abstrait — d'un texte phonique ou graphique par exemple — ou entre deux ordres d'expression. Elle permet l'articulation de la parole et de l'écriture — au sens courant — comme elle fonde l'opposition métaphysique entre le sensible et l'intelligible, puis entre signifiant et signifié, expression et contenu, etc. Si la langue n'était pas déjà, en ce sens, une écriture, aucune « notation » dérivée ne serait possible ; et le problème classique des rapports entre parole et écriture ne saurait surgir. Bien entendu les *sciences* positives de la signification ne peuvent décrire que l'*œuvre* et le *fait* de la différance, les différences déterminées et les présences déterminées auxquelles elles donnent lieu. Il ne peut y avoir de science de la différance elle-même en son opération, non plus que de l'origine de la présence elle-même, c'est-à-dire d'une certaine non-origine.

La différance est donc la formation de la forme. Mais elle est d'*autre part* l'être-imprimé de l'empreinte. On sait que Saussure distingue entre l'« image acoustique » et le son objectif (p. 98). Il se donne ainsi le droit de « réduire », au sens phénoménologique du mot, les sciences de l'acoustique et de la physiologie au moment où il institue la science du langage. L'image acoustique, c'est la structure de l'apparaître du son qui n'est rien moins que le son apparaissant. C'est l'image acoustique qu'il appelle le *signifiant*, réservant le nom de *signifié* non à la chose, bien entendu (elle est réduite par l'acte et l'idéalité même du langage), mais au « concept », notion sans doute malheureuse ici : disons à l'idéalité du sens. « Nous proposons de conserver le mot *signe* pour désigner le total, et de remplacer *concept* et *image acoustique* respectivement par *signifié* et *signifiant*. » L'image acoustique est l'*entendu* : non pas le *son* entendu mais l'être-entendu du son. L'être-entendu est structurellement phénoménal et appartient à un ordre radicalement hétérogène à celui du son réel dans le monde. On ne peut découper cette hétérogénéité subtile mais absolument décisive que par une réduction phénoménologique. Celle-ci est donc indispensable à toute analyse de l'être-entendu, qu'elle soit inspirée par des préoccupations linguistiques, psychanalytiques ou autres.

Or l' « image acoustique », l'apparaître structuré du son, la « matière sensible » *vécue* et *informée* par la différance, ce que Husserl appellerait la structure *hylè/morphè,* distincte de toute réalité mondaine, Saussure la nomme « image psychique » « Cette dernière [l'image acoustique] n'est pas le son matériel, chose purement physique, mais l'empreinte psychique de ce son, la représentation que nous en donne le témoignage de nos sens ; elle est sensorielle, et s'il nous arrive de l'appeler « matérielle », c'est seulement dans ce sens et par opposition à l'autre terme de l'association, le concept, généralement plus abstrait » (p. 98). Bien que le mot « psychique » ne convienne peut-être pas, sauf à prendre à son sujet une précaution phénoménologique, l'originalité d'un certain lieu est bien marquée.

Avant de le préciser, notons qu'il ne s'agit pas ici nécessairement de ce que Jakobson et d'autres linguistes ont pu critiquer sous le titre de « point de vue mentaliste » :

> « Selon la plus ancienne de ces conceptions, qui remonte à Baudouin de Courtenay mais n'est pas encore morte, le phonème est un son imaginé ou intentionnel, qui s'oppose au son effectivement émis comme un phénomène « psychophonétique » au fait « physiophonétique ». C'est l'équivalent psychique d'un son intériorisé » [29].

29. *Op. cit.,* p. 111. Hjelmslev formule les mêmes réserves : « Chose curieuse, la linguistique, qui s'était mise en garde bien longtemps contre toute teinte de « psychologisme », semble ici, ne serait-ce que dans une certaine mesure et les proportions bien gardées, être de retour à l' « image acoustique » de F. de Saussure, et également au « concept », à condition d'interpréter ce mot en stricte conformité avec la doctrine que nous venons d'exposer, bref, reconnaître, bien qu'avec les réserves qu'il faut, que des deux côtés du signe

Bien que la notion d' « image psychique » ainsi définie (c'est-à-dire suivant une psychologie pré-phénoménologique de l'imagination) ait bien cette inspiration mentaliste, on pourrait la défendre contre la critique de Jakobson à la condition de préciser : 1° qu'on peut la conserver sans qu'il soit nécessaire d'affirmer que « le langage intérieur se réduit aux traits distinctifs à l'exclusion des traits configuratifs ou redondants » ; 2° qu'on ne retient pas la qualification de *psychique* si celle-ci désigne exclusivement une *autre réalité naturelle, interne et non externe.* C'est ici que la correction husserlienne est indispensable et transforme jusqu'aux prémisses du débat. Composante réelle *(reell* et non *real)* du vécu, la structure *hylè/morphè* n'est pas une réalité *(Realität).* Quant à l'objet intentionnel, par exemple le contenu de l'image, il n'appartient réellement *(reell)* ni au monde ni au vécu : composante non-réelle du vécu. L'image psychique dont parle Saussure ne doit pas être une réalité interne copiant une réalité externe. Husserl, qui critique dans *Idées I* ce concept du « portrait », montre aussi dans la *Krisis* (p. 63 sq) comment la phénoménologie doit surmonter l'opposition naturaliste, dont vivent la psychologie et les sciences de l'homme, entre l' « expérience interne » et l' « expérience externe ». Il est donc indispensable de sauver la distinction entre le son apparaissant et l'apparaître du son pour éviter la pire mais la plus courante des confusions ; et il est en principe possible de le faire sans « vouloir surmonter l'antinomie entre invariance et variabilité en attribuant la première à l'ex-

---

linguistique, on est en présence d'un « phénomène entièrement psychique » (Clg. p. 28). Mais c'est plutôt une partielle coïncidence de nomenclatures qu'une analogie réelle. Les termes introduits par F. de Saussure, et les interprétations données dans le *Cours,* ont été abandonnés parce qu'ils prêtent à l'équivoque, et il convient de ne pas refaire les erreurs. D'ailleurs nous hésitons pour notre part devant la question de savoir dans quelle mesure les recherches que nous avons ici préconisées peuvent être considérées comme étant d'ordre psychologique : la raison est que la psychologie paraît être une discipline dont la définition laisse encore considérablement à désirer ». (« La stratification du langage », 1954, in *Essais linguistiques,* p. 56). Dans *Langue et parole* (1943), Hjelmslev, posant le même problème, évoquait déjà ces « nombreuses nuances dont le maître de Genève a pu avoir pleinement conscience mais sur lesquelles il n'a pas jugé utile d'insister ; les motifs qui ont pu déterminer cette attitude nous échappent naturellement » (p. 76).

périence interne et la seconde à l'expérience externe » (Jakobson, *op. cit.* p. 112). La différence entre l'invariance et la variabilité ne sépare pas les deux domaines entre eux, elle les partage l'un et l'autre en eux-mêmes. Cela indique assez que l'essence de la *phonè* ne saurait être lue directement et d'abord dans le texte d'une science mondaine, d'une psycho-physio-phonétique.

Ces précautions étant prises, on doit reconnaître que c'est dans la zone spécifique de cette empreinte et de cette trace, dans la temporalisation d'un *vécu* qui n'est ni *dans* le monde ni dans un « autre monde », qui n'est pas plus sonore que lumineux, pas plus *dans* le temps que *dans* l'espace, que les différences apparaissent entre les éléments ou plutôt les produisent, les font surgir comme tels et constituent des *textes,* des chaînes et des systèmes de traces. Ces chaînes et ces systèmes ne peuvent se dessiner que dans le tissu de cette trace ou empreinte. La différence inouïe entre l'apparaissant et l'apparaître (entre le « monde » et le « vécu ») est la condition de toutes les autres différences, de toutes les autres traces, et *elle est déjà une trace.* Aussi ce dernier concept est-il absolument et en droit « antérieur » à toute problématique *physiologique* sur la nature de l'engramme, ou *métaphysique* sur le sens de la présence absolue dont la trace se donne ainsi à déchiffrer. *La trace est en effet l'origine absolue du sens en général. Ce qui revient à dire, encore une fois, qu'il n'y a pas d'origine absolue du sens en général. La trace est la différance* qui ouvre l'apparaître et la signification. Articulant le vivant sur le non-vivant en général, origine de toute répétition, origine de l'idéalité, elle n'est pas plus idéale que réelle, pas plus intelligible que sensible, pas plus une signification transparente qu'une énergie opaque et *aucun concept de la métaphysique ne peut la décrire.* Et comme elle est *a fortiori* antérieure à la distinction entre les régions de la sensibilité, au son autant qu'à la lumière, y a-t-il un sens à établir une hiérarchie « naturelle » entre l'empreinte acoustique, par exemple, et l'empreinte visuelle (graphique) ? L'image graphique n'est pas vue ; et l'image acoustique n'est pas entendue. La différence entre les unités pleines de la voix reste inouïe. Invisible aussi la différence dans le corps de l'inscription.

La brisure.

> Vous avez, je suppose, rêvé de trouver
> un seul mot pour désigner la différence
> et l'articulation. Au hasard du « *Robert* »,
> je l'ai peut-être trouvé, à la condition de
> jouer sur le mot, ou plutôt d'en indi-
> quer le double sens. Ce mot est *brisure* :
> « — Partie brisée, cassée. Cf. brèche, cas-
> sure, fracture, faille, fente, fragment. —
> Articulation par charnière de deux parties
> d'un ouvrage de menuiserie, de serrurerie.
> La brisure d'un volet. Cf. joint. »
> Roger Laporte (*lettre*).

Origine de l'expérience de l'espace et du temps, cette écriture de la différence, ce tissu de la trace permet à la différence entre l'espace et le temps de s'articuler, d'apparaître
comme telle dans l'unité d'une expérience (d'un « même »
vécu à partir d'un « même » corps propre). Cette articulation permet donc à une chaîne graphique (« visuelle » ou
« tactile », « spatiale ») de s'adapter, éventuellement de façon
linéaire, sur une chaîne parlée (« phonique », « temporelle »).
C'est de la possibilité première de cette articulation qu'il faut
partir. La différence est l'articulation.

C'est bien ce que dit Saussure, en contradiction avec le
Chapitre VI :

> « La question de l'appareil vocal est donc secondaire dans
> le problème du langage. Une certaine définition de ce qu'on
> appelle *langage articulé* pourrait confirmer cette idée. En
> latin, *articulus* signifie « membre, partie, subdivision dans une
> suite de choses » ; en matière de langage, l'articulation peut
> désigner ou bien la subdivision de la chaîne parlée en syllabes,
> ou bien la subdivision de la chaîne des significations en unités
> significatives... En s'attachant à cette seconde définition, on
> pourrait dire que *ce n'est pas le langage parlé qui est naturel*
> *à l'homme*, mais la faculté de constituer une langue, c'est-à-
> dire un système de signes distincts correspondant à des idées
> distinctes » (p. 26. Nous soulignons).

L'idée d' « empreinte psychique » communique donc essentiellement avec l'idée d'articulation. Sans la différence entre le
sensible apparaissant et son apparaître vécu (« empreinte psy-

chique »), la synthèse temporalisatrice, permettant aux différences d'apparaître dans une chaîne de significations, ne saurait faire son œuvre. Que l' « empreinte » soit irréductible,
cela veut dire aussi que la parole est originairement passive,
mais en un sens de la passivité que toute métaphore intra-
mondaine ne saurait que trahir. Cette passivité est aussi le
rapport à un passé, à un toujours-déjà-là qu'aucune réactivation de l'origine ne saurait pleinement maîtriser et réveiller
à la présence. Cette impossibilité de ranimer absolument l'évidence d'une présence originaire nous renvoie donc à un passé
absolu. C'est ce qui nous a autorisé à appeler *trace* ce qui
ne se laisse pas résumer dans la simplicité d'un présent. On
aurait pu en effet nous objecter que, dans la synthèse indécomposable de la temporalisation, la protention est aussi indispensable que la rétention. Et leurs deux dimensions ne s'ajoutent
pas mais s'impliquent l'une l'autre d'une étrange façon. Ce
qui s'anticipe dans la protention ne disjoint pas moins le présent de son identité à soi que ne le fait ce qui se retient
dans la trace. Certes. Mais à privilégier l'anticipation, on ris-
quait alors d'effacer l'irréductibilité du toujours-déjà-là et la
passivité fondamentale qu'on appelle le temps. D'autre part,
si la trace renvoie à un passé absolu, c'est qu'elle nous oblige
à penser un passé qu'on ne peut plus comprendre dans la forme
de la présence modifiée, comme un présent-passé. Or comme
passé a toujours signifié présent-passé, le passé absolu qui se
retient dans la trace ne mérite plus rigoureusement le nom
de « passé ». Autre nom à raturer, d'autant plus que l'étrange
mouvement de la trace annonce autant qu'il rappelle : la différance diffère. Avec la même précaution et sous la même
rature, on peut dire que sa passivité est aussi son rapport à
l' « avenir ». Les concepts de *présent*, de *passé* et d'*avenir*,
tout ce qui dans les concepts de temps et d'histoire en suppose
l'évidence classique — le concept métaphysique de temps en
général — ne peut décrire adéquatement la structure de la trace.
Et déconstruire la simplicité de la présence ne revient pas seulement à tenir compte des horizons de présence potentielle,
voire d'une « dialectique » de la protention et de la rétention
qu'on installerait au cœur du présent au lieu de l'en entourer.
Il ne s'agit donc pas de compliquer la structure du temps tout
en lui conservant son homogénéité et sa successivité fondamentales, en montrant par exemple que le présent passé et le pré-

sent futur constituent originairement, en la divisant, la forme du présent vivant. Une telle complication, qui est en somme celle-là même que Husserl a décrite, s'en tient, malgré une audacieuse réduction phénoménologique, à l'évidence, à la présence d'un modèle linéaire, objectif et mondain. Le *maintenant* B serait en tant que tel constitué par la rétention du *maintenant* A et la protention du *maintenant* C ; malgré tout le jeu qui s'ensuivrait, du fait que chacun des trois *maintenant* reproduit en lui-même cette structure, ce modèle de la successivité interdirait qu'un *maintenant* X prenne la place du *maintenant* A, par exemple, et que, par un effet de retardement inadmissible pour la conscience, une expérience soit déterminée, dans son présent même, par un présent qui ne l'aurait pas précédée immédiatement mais lui serait très largement « antérieur ». C'est le problème de l'effet à retardement (nachträglich) dont parle Freud. La temporalité à laquelle il se réfère ne peut être celle qui se prête à une phénoménologie de la conscience ou de la présence et sans doute peut-on alors contester le droit d'appeler encore temps, maintenant, présent antérieur, retard, etc., tout ce dont il est ici question.

Dans sa plus grande formalité, cet immense problème s'énoncerait ainsi : est-ce que la temporalité décrite par une phénoménologie transcendantale, aussi « dialectique » que possible, est un sol que viendraient seulement modifier des structures, disons inconscientes, de la temporalité ? Ou bien le modèle phénoménologique est-il lui-même constitué, comme une trame de langage, de logique, d'évidence, de sécurité fondamentale, sur une chaîne qui n'est pas la sienne ? Et qui, telle est la difficulté la plus aiguë, n'a plus rien de mondain ? Car ce n'est pas un hasard si la phénoménologie transcendantale de la *conscience* interne du temps, si soucieuse pourtant de mettre entre parenthèses le temps cosmique, doit, en tant que conscience et même en tant que conscience interne, vivre un temps complice du temps du monde. Entre la conscience, la perception (interne ou externe) et le « monde », la rupture n'est peut-être pas possible, même sous la forme subtile de la réduction.

C'est donc en un certain sens inouï que la parole est dans le monde, enracinée dans cette passivité que la métaphysique appelle sensibilité en général. Comme on n'a pas de langage non métaphorique à opposer ici aux métaphores, il faut, comme

le voulait Bergson, multiplier ‘ les métaphores antagonistes.
« Vouloir sensibilisé », c'est ainsi que Maine de Biran, par
exemple, avec une intention un peu différente, nommait la
parole voyelle. Que le logos soit d'abord empreinte et que
cette empreinte soit la ressource scripturale du langage, cela
signifie, certes, que le logos n'est pas une activité créatrice,
l'élément continu et plein de la parole divine, etc. Mais on
n'aurait pas fait un pas hors de la métaphysique si l'on n'en
retenait qu'un nouveau motif du « retour à la finitude », de
la « mort de Dieu », etc. C'est cette conceptualité et cette
problématique qu'il faut déconstruire. Elles appartiennent à
l'onto-théologie qu'elles contestent. La différance est aussi autre
chose que la finitude.

Selon Saussure, la passivité de la parole est d'abord son
rapport à la langue. Le rapport entre la passivité et la différence ne se distingue pas du rapport entre l'*inconscience* fondamentale du langage (comme enracinement dans la langue)
et l'*espacement* (pause, blanc, ponctuation, intervalle en général, etc.) qui constitue l'origine de la signification. C'est parce
que « la langue est une forme et non une substance » (p. 169)
que, paradoxalement, l'activité de la parole peut et doit toujours
y puiser. Mais si elle est une forme, c'est parce que « dans
la langue il n'y a que des différences » (p. 166). L'*espacement* (on remarquera que ce mot dit l'articulation de
l'espace et du temps, le devenir-espace du temps et le devenir-
temps de l'espace) est toujours le non-perçu, le non-présent
et le non-conscient. *Comme tels,* si on peut encore se servir
de cette expression de manière non phénoménologique : car
nous passons ici même la limite de la phénoménologie. L'archi-
écriture comme espacement ne peut pas se donner *comme telle*,
dans l'expérience phénoménologique d'une *présence*. Elle marque
le *temps mort* dans la présence du présent vivant, dans la forme
générale de toute présence. Le temps mort est à l'œuvre. C'est
pourquoi, une fois encore, malgré toutes les ressources discur-
sives qu'elle doit lui emprunter, la pensée de la trace ne se
confondra jamais avec une phénoménologie de l'écriture. Comme
une phénoménologie du signe en général, une phénoménologie
de l'écriture est impossible. Aucune intuition ne peut s'accomplir au lieu où « les « blancs » en effet assument l'importance »
(*Préface* au *Coup de dés*).

Peut-être comprend-on mieux pourquoi Freud dit du travail

du rêve qu'il est plutôt comparable à une écriture qu'à un langage, et à une écriture hiéroglyphique qu'à une écriture phonétique [30]. Et pourquoi Saussure dit de la langue qu'elle « n'est pas une fonction du sujet parlant » (p. 30). Autant de propositions qu'il faut entendre, avec ou sans la complicité de leurs auteurs, au-delà des simples *renversements* d'une métaphysique de la présence ou de la subjectivité consciente. Le constituant et le disloquant à la fois, l'écriture est autre que le sujet, en quelque sens qu'on l'entende. Elle ne pourra jamais être pensée sous sa catégorie ; de quelque manière qu'on la modifie, qu'on l'affecte de conscience ou d'inconscience, celle-ci renverra, par tout le fil de son histoire, à la substantialité d'une présence impassible sous les accidents ou à l'identité du propre dans la présence du rapport à soi. Et l'on sait que le fil de cette histoire ne courait pas dans les bordures de la métaphysique. Déterminer un X comme sujet n'est jamais une opération de pure convention, ce n'est jamais quant à l'écriture un geste indifférent.

Or l'espacement comme écriture est le devenir-absent et le devenir-inconscient du sujet. Par le mouvement de sa dérive, l'émancipation du signe constitue en retour le désir de la présence. Ce devenir — ou cette dérive — ne survient pas au sujet qui le choisirait ou s'y laisserait passivement entraîner. Comme rapport du sujet à sa mort, ce devenir est la constitution même de la subjectivité. A tous les niveaux d'organisation de la vie, c'est-à-dire de *l'économie de la mort*. Tout graphème est d'essence testamentaire [31]. Et l'absence originale du sujet

---

30. Nous avons tenté de ce point de vue une lecture de Freud (*Freud et la scène de l'écriture*, in *L'écriture et la différence*). Elle met en évidence la communication entre le concept de trace et la structure du « à-retardement » dont nous parlions plus haut.

31. Plus d'un système mythologique est habité par ce thème. Entre tant d'autres exemples, Thot, le dieu égyptien de l'écriture évoqué dans le *Phèdre*, l'inventeur de la ruse technique, l'analogue d'Hermès, exerçait aussi des fonctions essentielles dans le rite funéraire. Il était à l'occasion passeur de morts. Il inscrivait les comptes avant le jugement dernier. Il occupait aussi la fonction de secrétaire suppléant qui usurpait la première place : du roi, du père, du soleil, de leur œil. Par exemple : « En règle générale, l'œil d'Horus est devenu l'œil lunaire. La lune, comme tout ce qui touche au monde astral, a beaucoup intrigué les Egyptiens. D'après une légende, la lune aurait été créée par le dieu-soleil pour le remplacer pendant la nuit : c'était Thot que Rê avait désigné pour exercer cette

de l'écriture est aussi celle de la chose ou du référent.

Dans l'horizontalité de l'espacement, qui n'est pas une autre dimension que celle dont nous avons parlé jusqu'ici et qui ne s'y oppose pas comme la surface à la profondeur, on n'a même pas à dire que l'espacement coupe, tombe et fait tomber dans l'inconscient : celui-ci n'est rien sans cette cadence et avant cette césure. La signification ne se forme ainsi qu'au creux de la différance : de la discontinuité et de la discrétion, du détournement et de la réserve de ce qui n'apparaît pas. Cette brisure du langage comme écriture, cette discontinuité a pu heurter à un moment donné, dans la linguistique, un précieux préjugé *continuiste*. En y renonçant, la phonologie doit bien renoncer à toute distinction radicale entre la parole et l'écriture, renoncer ainsi non à elle-même, à la phonologie, mais au phonologisme. Ce que reconnaît Jakobson à cet égard nous importe ici beaucoup :

> « Le flux du langage parlé, physiquement continu, confronta à l'origine la théorie de la communication à une situation

---

haute fonction de suppléance. Un autre mythe essayait d'expliquer les vicissitudes de la lune par un combat périodique dont les protagonistes étaient Horus et Seth. Au cours de la lutte, l'œil d'Horus lui fut arraché, mais Seth, finalement vaincu, fut obligé de rendre à son vainqueur l'œil qu'il lui avait enlevé ; d'après d'autres versions, l'œil serait revenu lui-même, ou encore aurait été rapporté par Thot. Quoi qu'il en soit, Horus retrouve avec joie son œil, et le remet à sa place après l'avoir purifié. Les Egyptiens ont appelé cet œil l'*oudjat* « celui qui est en bonne santé ». Nous verrons que le rôle de l'œil *oudjat* a été considérable dans la religion funéraire, dans la légende osirienne et dans la cérémonie de l'offrande. Cette légende... eut plus tard une contre-partie solaire : on racontait que le maître universel, à l'origine du monde, s'était vu, on ne sait pour quelle raison, privé de son œil. Il chargea Shou et Tefnout de le lui ramener. L'absence des deux messagers fut si longue que Rê fut obligé de remplacer l'infidèle. L'œil, lorsqu'il fut enfin ramené par Shou et par Tefnout, se mit dans une grande colère (a), en voyant que sa place avait été prise. Rê, pour l'apaiser, le transforma en serpent-uraeus, et le plaça sur son front comme symbole de sa puissance ; en outre, il le chargea de le défendre contre ses ennemis. » (a) L'œil versa des larmes (rémyt) d'où naquirent les hommes (rémet) ; l'origine mythique des hommes repose, comme on le voit, sur un simple jeu de mots (Jacques Vandier, *La religion égyptienne*, PUF, p. 39-40.) On rapprochera ce mythe de suppléance de l'histoire de l'œil chez Rousseau (cf. plus bas, p. 212).

« considérablement plus compliquée » (Shannon et Weaver) que ce n'était le cas pour l'ensemble fini d'éléments discrets que présentait le langage écrit. L'analyse linguistique, cependant, est arrivée à résoudre le discours oral en une série finie d'informations élémentaires. Ces unités discrètes, ultimes, dites « traits distinctifs » sont groupées en « faisceaux » simultanés, appelés *phonèmes,* qui, à leur tour, s'enchaînent pour former des séquences. Ainsi donc la forme, dans le langage, a une structure manifestement granulaire et est susceptible d'une description quantique » [32].

La brisure marque l'impossibilité pour un signe, pour l'unité d'un signifiant et d'un signifié, de se produire dans la plénitude d'un présent et d'une présence absolue. C'est pourquoi il n'y a pas de parole pleine, qu'on veuille la restaurer par ou contre la psychanalyse. Avant de songer à réduire ou à restaurer le sens de la parole pleine qui dit être la vérité, il faut poser la question du sens et de son origine dans la différence. Tel est le lieu d'une problématique de la *trace.*

Pourquoi de la *trace* ? Qu'est-ce qui nous a guidé dans le choix de ce mot ? Nous avons commencé à répondre à cette question. Mais cette question est telle, et telle la nature de notre réponse, que les lieux de l'une et de l'autre doivent constamment se déplacer. Si les mots et les concepts ne prennent sens que dans des enchaînements de différences, on ne peut justifier son langage, et le choix des termes, qu'à l'intérieur d'une topique et d'une stratégie historique. La justification ne peut donc jamais être absolue et définitive. Elle répond à un état des forces et traduit un calcul historique. Ainsi, outre celles que nous avons déjà définies, un certain nombre de données, appartenant au discours de l'époque, nous ont progressivement imposé ce choix. Le mot *trace* doit faire de lui-même référence à un certain nombre de discours contemporains avec la force desquels nous entendons compter. Non que nous en acceptions la totalité. Mais le mot *trace* établit avec eux la communication qui nous paraît la plus sûre et nous permet de faire l'économie des développements qui ont chez eux démontré leur efficacité. Ainsi, nous rapprochons ce concept de trace de celui qui est au centre des derniers écrits

32. *Linguistique et théorie de la communication (op. cit.,* pp. 87-88).

de E. Levinas et de sa critique de l'ontologie[33] : rapport à
l'illéité comme à l'altérité d'un passé qui n'a jamais été et ne
peut jamais être vécu dans la forme, originaire ou modifiée,
de la présence. Accordée ici, et non dans la pensée de Levinas, à une intention heideggerienne, cette notion signifie, parfois au-delà du discours heideggerien, l'ébranlement d'une ontologie qui, dans son cours le plus intérieur, a déterminé le sens
de l'être comme présence et le sens du langage comme continuité
pleine de la parole. Rendre énigmatique ce que l'on croit
entendre sous les noms de proximité, d'immédiateté, de présence (le proche, le propre et le pré- de la présence), telle
serait donc la dernière intention du présent essai. Cette déconstruction de la présence passe par celle de la conscience, donc par la notion irréductible de trace (Spur),
telle qu'elle apparaît dans le discours nietzschéen comme dans
le discours freudien. Enfin, dans tous les champs scientifiques,
et notamment dans celui de la biologie, cette notion paraît
aujourd'hui maîtresse et irréductible.

Si la trace, archi-phénomène de la « mémoire », qu'il faut
penser avant l'opposition entre nature et culture, animalité et
humanité, etc., appartient au mouvement même de la signification, celle-ci est *a priori* écrite, qu'on l'inscrive ou non, sous
une forme ou sous une autre, dans un élément « sensible »
et « spatial », qu'on appelle « extérieur ». Archi-écriture, première possibilité de la parole, puis de la « graphie » au sens
étroit, lieu natal de l' « usurpation » dénoncée depuis Platon
jusqu'à Saussure, cette trace est l'ouverture de la première
extériorité en général, l'énigmatique rapport du vivant à son
autre et d'un dedans à un dehors : l'espacement. Le dehors,
extériorité « spatiale » et « objective » dont nous croyons
savoir ce qu'elle est comme la chose la plus familière du monde,
comme la familiarité elle-même, n'apparaîtrait pas sans le
gramme, sans la différance comme temporalisation, sans la
non-présence de l'autre inscrite dans le sens du présent, sans
le rapport à la mort comme structure concrète du présent vivant.
La métaphore serait interdite. La présence-absence de la trace,
ce qu'on ne devrait même pas appeler son ambiguïté mais son

---

33. Cf. notamment *La trace de l'autre* in *Tijdschrift voor filo-
sofie*, sept. 1963, et notre essai, *Violence et métaphysique, sur
la pensée d'E. Levinas,* in *L'écriture et la différence.*

jeu (car le mot « ambiguïté » requiert la logique de la présence, même quand il commence à y désobéir), porte en soi
les problèmes de la lettre et de l'esprit, du corps et de l'âme
et de tous les problèmes dont nous avons rappelé l'affinité
première. Tous les dualismes, toutes les théories de l'immor-
talité de l'âme ou de l'esprit, aussi bien que les monismes,
spiritualistes ou matérialistes, dialectiques ou vulgaires, sont
le thème unique d'une métaphysique dont toute l'histoire a dû
tendre vers la réduction de la trace. La subordination de la
trace à la présence pleine résumée dans le logos, l'abaissement
de l'écriture au-dessous d'une parole rêvant sa plénitude, tels
sont les gestes requis par une onto-théologie déterminant le
sens archéologique et eschatologique de l'être comme présence,
comme parousie, comme vie sans différance : autre nom de la
mort, historiale métonymie où le nom de Dieu tient la mort en
respect. C'est pourquoi, si ce mouvement ouvre son époque
dans la forme du platonisme, il s'accomplit dans le moment
de la métaphysique infinitiste. Seul l'être infini peut réduire
la différence dans la présence. En ce sens, le nom de Dieu,
tel du moins qu'il se prononce dans les rationalismes classiques,
est le nom de l'indifférence même. Seul l'infini positif peut
lever la trace, la « sublimer » (on a proposé récemment de
traduire l'*Aufhebung* hegelienne par sublimation ; cette traduction vaut ce qu'elle vaut en tant que traduction, mais ce rapprochement nous intéresse ici). On ne doit donc pas parler
de « préjugé théologique », fonctionnant ici ou là quand il
est question de la plénitude du logos : le logos comme sublimation de la trace est *théologique*.Les théologies infinitistes
sont toujours des logocentrismes, qu'elles soient ou non des
créationnismes. Spinoza lui-même disait de l'entendement —
ou logos — qu'il était le mode infini *immédiat* de la substance
divine, l'appelant même son fils éternel dans le *Court Traité*.
C'est encore à cette époque, s' « achevant » avec Hegel, avec
une théologie du concept absolu comme logos, qu'appartiennent
tous les concepts non critiques accrédités par la linguistique,
dans la mesure du moins où elle doit confirmer — et comment
une *science* y échapperait-elle ? — le décret saussurien décou-
pant le « système interne de la langue ».

Ces concepts sont précisément ceux qui ont permis l'exclusion de l'écriture : image ou représentation, sensible et intelligible, nature et culture, nature et technique, etc. Ils sont soli-

daires de toute la conceptualité métaphysique et en particulier
d'une détermination naturaliste, objectiviste et dérivée de la
différence entre le dehors et le dedans.

Et surtout d'un « concept vulgaire du temps ». Nous empruntons cette expression à Heidegger. Elle désigne, à la fin de
Sein und Zeit, un concept du temps pensé à partir du mouvement spatial ou du maintenant, et qui domine toute la philosophie, de la *Physique* d'Aristote à la *Logique* de Hegel [34].
Ce concept, qui détermine toute l'ontologie classique, n'est pas
né d'une faute de philosophe ou d'une défaillance théorique.
Il est intérieur à la totalité de l'histoire de l'Occident, à ce
qui unit sa métaphysique à sa technique. Et nous le verrons
plus loin communiquer avec la linéarisation de l'écriture et le
concept linéariste de la parole. Ce linéarisme est sans doute
inséparable du phonologisme : il peut élever la voix dans la
mesure même où une écriture linéaire peut sembler s'y soumettre. Toute la théorie saussurienne de la « linéarité du signifiant » pourrait être interprétée de ce point de vue.

> « Les signifiants acoustiques ne disposent que de la ligne
> du temps ; leurs éléments se présentent l'un après l'autre ; ils
> forment une chaîne. Ce caractère apparaît immédiatement dès
> qu'on les représente par l'écriture... » « Le signifiant, étant de
> nature auditive, se déroule dans le temps seul et a les carac-
> tères qu'il emprunte au temps : a) il représente une étendue, et,
> b) cette étendue est mesurable dans une seule dimension :
> c'est une ligne » [35].

C'est un point sur lequel Jakobson se sépare de Saussure de
manière décisive en substituant à l'homogénéité de la ligne
la structure de la portée musicale, « l'accord en musique » [36].
Ce qui est ici en question, ce n'est pas l'affirmation par Saussure de l'essence temporelle du discours mais le concept de
temps qui conduit cette affirmation et cette analyse : temps
conçu comme successivité linéaire, comme « consécutivité ».
Ce modèle fonctionne seul et partout dans le *Cours* mais Saussure en est moins assuré, semble-t-il, dans les *Anagrammes.*

---

34. Nous nous permettons de renvoyer ici à un essai (à paraître),
Ousia et Grammè, note sur une note de Sein und Zeit.

35. P. 103. Voir aussi tout ce qui concerne le « temps homogène », p. 64 sq.

36. *Op. cit.,* p. 165. Cf. aussi l'article de *Diogène* déjà cité.

Sa valeur lui paraît en tout cas problématique et un précieux paragraphe élabore une question laissée en suspens :

> « Que les éléments qui forment un mot *se suivent*, c'est là une vérité qu'il vaudrait mieux ne pas considérer, en linguistique, comme une chose sans intérêt parce qu'évidente, mais qui donne d'avance au contraire le principe central de toute réflexion utile sur les mots. Dans un domaine infiniment spécial comme celui que nous avons à traiter, c'est toujours en vertu de la loi fondamentale du mot humain en général que peut se poser une question comme celle de la consécutivité ou non-consécutivité » [37].

Ce concept linéariste du temps est donc l'une des plus profondes adhérences du concept moderne de signe à son histoire. Car à la limite, c'est bien le concept de signe lui-même qui reste engagé dans l'histoire de l'ontologie classique, et la distinction, si ténue soit-elle, entre la face signifiante et la face signifiée. Le parallélisme, la correspondance des faces ou des plans n'y change rien. Que cette distinction, apparue d'abord dans la logique stoïcienne, ait été nécessaire à la cohérence d'une thématique scolastique dominée par la théologie infinitiste, voilà qui nous interdit de traiter comme une contingence ou une commodité l'emprunt qu'on lui fait aujourd'hui. Nous l'avions suggéré en commençant, peut-être les raisons en apparaissent-elles mieux maintenant. Le *signatum* renvoyait toujours, comme à son référent, à une *res*, à un étant créé ou en tout cas d'abord pensé et dit, pensable et dicible au présent éternel dans le logos divin et précisément dans son souffle. S'il venait à avoir rapport à la parole d'un esprit fini (créé ou non ; en tout cas d'un étant intra-cosmique) par *l'intermédiaire* d'un *signans,* le *signatum* avait un rapport *immédiat* avec le logos divin qui le pensait dans la présence et pour lequel il n'était pas une trace. Et pour la linguistique moderne, si le signifiant est trace, le signifié est un sens pensable en principe dans la présence pleine d'une conscience intuitive. La face signifiée,

---

37. *Mercure de France,* fév. 1964, p. 254. Présentant ce texte, J. Starobinski évoque le modèle musical et conclut : « Cette lecture se développe selon un autre *tempo* (et dans un autre temps) : à la limite, l'on sort du temps de la « consécutivité » propre au langage habituel ». On pourrait sans doute dire *propre au concept habituel* du temps et du langage.

dans la mesure où on la distingue encore originairement de la face signifiante, n'est pas considérée comme une trace : en droit, elle n'a pas besoin du signifiant pour être ce qu'elle est. C'est à la profondeur de cette affirmation qu'il faut poser le problème des rapports entre la linguistique et la sémantique. Cette référence au sens d'un signifié pensable et possible hors de tout signifiant reste dans la dépendance de l'onto-théo-téléologie que nous venons d'évoquer. C'est donc l'idée de signe qu'il faudrait déconstruire par une méditation sur l'écriture qui se confondrait, comme elle doit le faire, avec une *sollicitation* de l'onto-théologie, la répétant fidèlement dans sa *totalité* et l'*ébranlant* dans ses évidences les plus assurées [38]. On y est conduit en toute nécessité dès lors que la trace affecte

---

38. Si nous avons choisi de démontrer la nécessité de cette « déconstruction » en privilégiant les références saussuriennes, ce n'est pas seulement parce que Saussure domine encore la linguistique et la sémiologie contemporaines ; c'est parce qu'il nous paraît aussi se tenir aux limites : à la fois dans la métaphysique qu'il faut déconstruire et au-delà du concept de signe (signifiant/ signifié) dont il se sert encore. Mais avec quels scrupules, quelles hésitations interminables, notamment quand il s'agit de la différence entre les deux « faces » du signe et de l' « arbitraire », on s'en rend mieux compte à lire R. Godel, *Les sources manuscrites du cours de linguistique générale*, 1957, p. 190 sq. Notons-le au passage : il n'est pas exclu que la littéralité du *Cours*, à laquelle nous avons bien dû nous référer, paraisse un jour fort suspecte, à la lumière des inédits dont on prépare actuellement la publication. Nous pensons en particulier aux *Anagrammes*. Jusqu'à quel point Saussure est-il responsable du *Cours* tel qu'il a été rédigé et donné à lire après sa mort ? La question n'est pas neuve. Faut-il préciser que, *ici du moins*, nous ne pouvons lui accorder aucune pertinence ? Sauf à se méprendre profondément sur la nature de notre projet, on aura perçu que, nous souciant fort peu de la pensée *même* de Ferdinand de Saussure *lui-même*, nous nous sommes intéressé à un *texte* dont la littéralité a joué le rôle que l'on sait depuis 1915, fonctionnant dans un système de lectures, d'influences, de méconnaissances, d'emprunts, de réfutations, etc. Ce que l'on a pu y lire — et aussi bien ce que l'on n'a pu y lire — sous le titre de *Cours de linguistique générale* nous importait à l'exclusion de toute intention cachée et « véritable » de Ferdinand de Saussure. Si l'on découvrait que ce texte en a occulté un autre — et l'on n'aura jamais affaire qu'à des textes —, et l'a occulté dans un sens déterminé, la lecture que nous venons de proposer n'en serait pas, du moins par cette seule raison, infirmée. Bien au contraire. Cette situation a d'ailleurs été prévue par les éditeurs du *Cours*, tout à la fin de leur première *Préface*.

la totalité du signe sous ses deux faces. Que le signifié soit originairement et essentiellement (et non seulement pour un esprit fini et créé) trace, qu'il soit *toujours déjà en position de signifiant,* telle est la proposition en apparence innocente où la métaphysique du logos, de la présence et de la conscience, doit réfléchir l'écriture comme sa mort et sa ressource.

de la grammatologie comme science positive

A quelles conditions une grammatologie est-elle possible ? La condition fondamentale en est certes la sollicitation du logocentrisme. Mais cette condition de possibilité vire en condition d'impossibilité. Elle risque en effet d'ébranler aussi le concept de la science. La graphématique ou la grammatographie devraient cesser de se présenter comme des sciences ; leur visée devrait être exorbitante au regard d'un *savoir* grammato-*logique*.

Sans nous aventurer ici jusqu'à cette nécessité périlleuse, et à l'intérieur des normes traditionnelles de la scientificité vers lesquelles nous nous replions provisoirement, répétons la question : à quelles conditions la grammatologie est-elle possible ?

A la condition de savoir ce que c'est que l'écriture et comment se règle la plurivocité de ce concept. Où l'écriture commence-t-elle ? Quand l'écriture commence-t-elle ? Où et quand la trace, écriture en général, racine commune de la parole et de l'écriture, se rétrécit-elle en « écriture » au sens courant ? Où et quand passe-t-on d'une écriture à l'autre, de l'écriture en général à l'écriture au sens étroit, de la trace à la graphie, puis d'un système graphique à un autre, et, dans le champ d'un code graphique, d'un discours graphique à un autre, etc. ?

Où et quand commence...? Question d'origine. Or qu'il n'y ait pas d'origine, c'est-à-dire d'origine simple ; que les questions d'origine transportent avec elle une métaphysique de la présence, c'est bien ce qu'une méditation de la trace devrait sans doute nous apprendre. Sans nous aventurer ici jusqu'à cette nécessité périlleuse, en continuant à poser des questions d'origine, nous devons reconnaître à celles-ci deux hauteurs.

« Où » et « quand » peuvent ouvrir des questions empiriques : quels sont les lieux et les moments déterminés des premiers phénomènes d'écriture, dans l'histoire et dans le monde ? A ces questions doivent répondre l'enquête et la recherche des faits : histoire au sens courant, celle qu'ont pratiquée jusqu'ici à peu près tous les archéologues, épigraphistes et préhistoriens qui ont interrogé les écritures dans le monde.

Mais la question d'origine se confond d'abord avec la question de l'essence. On peut dire aussi bien qu'elle présuppose une question onto-phénoménologique au sens rigoureux du terme. On doit savoir *ce que c'est* que l'écriture pour pouvoir se demander, en sachant de quoi l'on parle et de quoi *il est question*, où et quand commence l'écriture. Qu'est-ce que l'écriture ? A quoi se reconnaît-elle ? Quelle certitude d'essence doit guider l'enquête empirique ? La guider en droit car il y a une nécessité de fait à ce que l'enquête empirique féconde par précipitation la réflexion sur l'essence [1]. Celle-ci doit opérer sur des « exemples » et l'on pourrait montrer en quoi cette impossibilité de commencer par le commencement de droit, tel qu'il est assigné par la logique de la réflexion transcendantale, renvoie à l'originarité (sous rature) de la trace, c'est-à-dire à la racine de l'écriture. Ce que nous a déjà appris la pensée de la trace, c'est qu'elle ne pouvait être simplement soumise à la question onto-phénoménologique de l'essence. La trace *n'est rien*, elle n'est pas un étant, elle excède la question *qu'est-ce que* et la rend éventuellement possible. On ne peut même plus faire ici confiance à l'opposition du fait et du droit qui n'a jamais fonctionné que dans le système de la question *qu'est-ce que*, sous toutes ses formes métaphysiques, ontologiques et transcendantales. Sans nous aventurer jusqu'à la nécessité périlleuse de la question sur l'archi-question « qu'est-ce que », abritons-nous encore dans le champ du savoir grammatologique.

L'écriture étant historique de part en part, il est à la fois naturel et surprenant que l'intérêt scientifique pour l'écriture

---

1. Sur les difficultés empiriques d'une recherche des origines empiriques, cf. M. Cohen, *La grande invention de l'écriture*, 1958, T. I. p. 3 sq. Avec l'*Histoire de l'écriture*, de J. G. Février (1948-1959), c'est en France l'ouvrage le plus important sur l'histoire générale de l'écriture. M. V.-David leur a consacré une étude dans *Critique*, juin 1960.

ait toujours pris la forme d'une histoire de l'écriture. Mais la science exigeait aussi qu'une théorie de l'écriture vînt orienter la pure description des faits, à supposer que cette dernière expression ait un sens.

L'algèbre : arcanum et transparence.

A quel point le XVIIIᵉ siècle, marquant ici une coupure, a tenté de faire droit à ces deux exigences, c'est ce que trop souvent l'on ignore ou sous-estime. Si, pour des raisons profondes et systématiques, le XIXᵉ siècle nous a laissé un lourd héritage d'illusions ou de méconnaissances, tout ce qui concerne la théorie du signe écrit à la fin du XVIIᵉ et au cours du XVIIIᵉ siècles en a souffert par privilège [2].

Il nous faut donc apprendre à relire ce qui est ainsi brouillé pour nous. Madeleine V.-David, l'un des esprits qui, en France, ont sans cesse animé l'enquête historique sur l'écriture par la vigilance de la question philosophique [3], vient de rassembler dans un précieux ouvrage les pièces essentielles d'un dossier : celui d'un débat passionnant tous les esprits européens à la fin du XVIIᵉ et tout au long du XVIIIᵉ siècles. Symptôme

---

2. M. V.-David en propose une explication particulière. « Il est certain que, dans la pensée du XIXᵉ siècle, un vide s'est produit, à la suite de l'apologie, trop exclusive, des faits de langue (commencée avec Herder). Paradoxalement, le siècle des grands déchiffrements a fait table rase de la longue préparation à ces déchiffrements, en affichant sa désaffection à l'égard du problèmes des signes... Ainsi un vide reste à combler, une continuité à rétablir... On ne saurait mieux faire en ce sens que de signaler... les textes de Leibniz qui traitent, souvent conjointement, des faits chinois et des projets d'écriture universelle, et des multiples positions possibles de l'écrit et du parlé... Mais peut-être ne souffrons-nous pas uniquement des aveuglements du XIXᵉ siècle à l'égard des signes. Sans doute notre qualité de scripteurs « alphabétiques » concourt-elle puissamment aussi à nous dissimuler tels aspects essentiels de l'activité scripturale ». (Intervention in E.P. p. 352-353).
3. Elle l'a fait en particulier dans *Les dieux et le destin en Babylonie* (P.U.F. 1949) ; (cf, surtout le dernier chapitre sur *Le règne de l'écriture*) et dans de nombreux articles de la *Revue Philosophique*, du *Bulletin de la société linguistique de Paris*, de *Critique*, du *Journal de psychologie* et du *Journal asiatique*. M.V.-David a été la disciple et la traductrice de B. Hrozny.

aveuglant et méconnu de la crise de la conscience européenne. Les premiers projets d'une « histoire générale de l'écriture » (l'expression est de Warburton et elle date de 1742 [4]) sont nés dans un milieu de pensée où le travail proprement scientifique devait sans cesse surmonter cela même qui lui donnait son mouvement : le préjugé spéculatif et la présomption idéologique. Le travail critique progresse par étapes et on peut reconstituer après coup toute sa stratégie. Il emporte d'abord le préjugé « *théologique* » : c'est ainsi que Fréret qualifie le mythe d'une écriture primitive et naturelle donnée par Dieu, telle l'écriture hébraïque pour Blaise de Vigenère ; dans son *Traité des chiffres ou secrètes manières d'escrire* (1586), il dit de ces caractères qu'ils sont « les plus anciens de tous, voire formez du propre doigt du Souverain Dieu ». Sous toutes ses formes, qu'elles soient manifestes ou sournoises, ce théologisme, qui est en vérité autre chose et plus qu'un préjugé, a constitué l'obstacle majeur de toute grammatologie. Aucune histoire de l'écriture ne pouvait composer avec lui. Et d'abord aucune histoire de l'écriture-même de ceux qu'il aveuglait : l'alphabet, qu'il soit hébreu ou grec. L'élément de la science de l'écriture devait rester invisible dans son histoire, et par privilège, à ceux qui pouvaient percevoir l'histoire des autres écritures. Aussi n'y a-t-il rien de surprenant à ce que le décentrement nécessaire suive le devenir-lisible des écritures non-occidentales. On n'accepte l'histoire de l'alphabet qu'après avoir reconnu la multiplicité des *systèmes* d'écriture et après leur avoir assigné une histoire, qu'on soit ou non en mesure de la déterminer scientifiquement.

Ce premier décentrement se limite lui-même. Il se re-centre dans un sol anhistorique, qui, d'une manière analogue, concilie le point de vue logico-philosophique (aveuglement sur la condition du logico-philosophique : l'écriture phonétique) et le point de vue théologique [5]. C'est le préjugé « *chinois* » : tous les projets philosophiques d'écriture et de langage universels, pasilalie, polygraphie, pasigraphie, appelés par Descartes, esquissés

---

4. D.E. p. 34 sq.
5. Ceux qu'on appelait les « Jésuites de Canton » s'attachaient à découvrir la présence des influences occidentales (judéo-chrétiennes et égyptiennes) dans l'écriture chinoise. Cf. V. Pinot, *La Chine et la formation de l'esprit philosophique en France (1640-1740)*, 1932, et D.E., p. 59. sq.

par le P. Kircher, Wilkins [6], Leibniz, etc., encouragèrent à voir dans l'écriture chinoise, qu'on découvrait alors, un modèle de langue philosophique ainsi soustrait à l'histoire. Telle est en tout cas la *fonction* du modèle chinois dans les projets de Leibniz. Ce qui à ses yeux libère l'écriture chinoise de la voix est aussi ce qui, par arbitraire et artifice d'invention, l'arrache à l'histoire et la rend propre à la philosophie.

L'exigence philosophique qui guide Leibniz avait été bien des fois formulée avant lui. Parmi tous ceux dont il s'inspire, il y a d'abord Descartes lui-même. En réponse à Mersenne qui lui avait communiqué un placard, d'origine pour nous inconnue, vantant un système de six propositions pour une langue universelle, Descartes commence par dire toute sa méfiance [7]. Il considère avec dédain certaines propositions qui ne seraient destinées selon lui qu'à « faire valoir la drogue » et « louer la marchandise ». Et il a « mauvaise opinion du mot « *arcanum* » : « sitôt que je vois seulement le mot d'*arcanum* en quelque proposition, je commence à en avoir mauvaise opinion ». Il oppose à ce projet des arguments qui sont, on s'en souviendra [8], ceux de Saussure :

> « ... la mauvaise rencontre des lettres, qui feraient souvent des sons désagréables et insupportables à l'ouïe : car toute la différence des inflexions des mots ne s'est faite par l'usage que pour éviter ce défaut, et il est impossible que votre auteur ait pu remédier à cet inconvénient, faisant sa grammaire universelle pour toutes sortes de nations ; car ce qui est facile et agréable à notre langue, est rude et insupportable aux Allemands, et ainsi des autres. »

Cette langue exigerait de surcroît que l'on apprenne les « mots primitifs » de toutes les langues, « ce qui est trop ennuyeux ».

Sauf à les communiquer « par écrit ». Et c'est un avantage que Descartes ne manque pas de reconnaître :

> « Car si pour les mots primitifs chacun se sert de ceux de sa langue, il est vrai qu'il n'aura pas tant de peine, mais il ne

---

6. Athanase Kircher, *Polygraphia nova et universalis et combinatoria arte detecta.* John Wilkins, *An essay towards a real character and a philosophical language,* 1668.

7. Lettre à Mersenne, 20 nov. 1629. Cf. aussi L. Couturat et L. Léau, *Histoire de la langue universelle,* p. 10 sq.

8. Supra, p. 57.

sera aussi entendu que par ceux de son pays, sinon par écrit, lorsque celui qui le voudra entendre prendra la peine de chercher tous les mots dans le dictionnaire, ce qui est trop ennuyeux pour espérer qu'il passe en usage... Toute l'utilité donc que je vois qui peut réussir de cette invention, c'est pour l'écriture : à savoir, qu'il fît imprimer un gros dictionnaire en toutes les langues auxquelles il voudrait être entendu, et mît des caractères communs pour chaque mot primitif, qui répondissent au sens, et non pas aux syllabes, comme un même caractère pour *aimer, amare* et φιλεῖν ; et ceux qui auraient ce dictionnaire, et sauraient sa grammaire, pourraient en cherchant tous ces caractères l'un après l'autre interpréter en leur langue ce qui serait écrit. Mais cela ne serait bon que pour lire des mystères et des révélations ; car pour d'autres choses, il faudrait n'avoir guère à faire, pour prendre la peine de chercher tous les mots dans un dictionnaire, et ainsi je ne vois pas ceci de grand usage. Mais peut-être que je me trompe ».

Et avec une ironie profonde, plus profonde peut-être qu'ironique, Descartes assigne à l'erreur possible une autre cause éventuelle que la non-évidence, le défaut d'attention ou la précipitation de la volonté : une *faute de lecture.* La valeur d'un système de langue ou d'écriture ne se mesure pas à l'aune de l'intuition, de la clarté ou de la distinction de l'idée, de la présence de l'objet dans l'évidence. Le système doit lui-même être *déchiffré.*

« Mais peut-être que je me trompe ; seulement vous ai-je voulu écrire tout ce que je pouvais conjecturer sur ces six propositions que vous m'avez envoyées, afin que lorsque vous aurez vu l'invention, vous puissiez dire si je l'aurai bien déchiffrée. »

La profondeur entraîne l'ironie plus loin qu'elle ne voudrait aller *suivant son auteur.* Plus loin peut-être que le fondement de la certitude cartésienne.

Après quoi, en forme d'addition et de post-scriptum, Descartes définit tout simplement le projet leibnizien. Il est vrai qu'il y voit le roman de la philosophie : seule la philosophie peut l'écrire, dont elle dépend donc entièrement, mais par cela même, elle ne pourra jamais espérer le « voir en usage ».

« l'invention de cette langue dépend de la vraie philosophie ; car il est impossible autrement de dénombrer toutes les pensées des hommes, et de les mettre par ordre, ni seulement de les distinguer en sorte qu'elles soient claires et simples, qui est à mon avis le plus grand secret qu'on puisse avoir pour acquérir la bonne science... Or je tiens que cette langue est possible, et qu'on peut trouver la science de qui elle dépend, par le moyen de laquelle les paysans pourraient mieux juger de la vérité des choses, que ne font maintenant les philosophes. Mais n'espérez pas de la voir jamais en usage ; cela présuppose de grands changements en l'ordre des choses, et il faudrait que tout le monde ne fût qu'un paradis terrestre, · ce qui n'est bon à proposer que dans le pays des romans » [9].

Leibniz se réfère expressément à cette lettre et au principe *analytique* qui s'y formule. Tout le projet implique la décompo-

---

9. Nous jugeons préférable de restituer le contexte de cette citation : « Au reste, je trouve qu'on pourrait ajouter à ceci une invention, tant pour composer les mots primitifs de cette langue, que pour leurs caractères ; en sorte qu'elle pourrait être enseignée en fort peu de temps, et ce par le moyen de l'ordre, c'est-à-dire, établissant un ordre entre toutes les pensées qui peuvent entrer en l'esprit humain, de même qu'il y en a un naturellement établi entre les nombres ; et comme on peut apprendre en un jour à nommer tous les nombres jusques à l'infini, et à les écrire en une langue inconnue, qui sont toutefois une infinité de mots différents, qu'on pût faire le même de tous les autres mots nécessaires pour exprimer toutes les autres choses qui tombent en l'esprit des hommes. Si cela était trouvé, je ne doute point que cette langue n'eût bientôt cours parmi le monde ; car il y a force gens qui emploieraient volontiers cinq ou six jours de temps pour se pouvoir faire entendre par tous les hommes. Mais je ne crois pas que votre auteur ait pensé à cela, tant par ce qu'il n'y a rien en toutes ses propositions qui le témoigne, que parce que l'invention de cette langue dépend de la vraie philosophie ; car il est impossible autrement de dénombrer toutes les pensées des hommes, et de les mettre par ordre, ni seulement de les distinguer en sorte qu'elles soient claires et simples, qui est à mon avis le plus grand secret qu'on puisse avoir pour acquérir la bonne science. Et si quelqu'un avait bien expliqué quelles sont les idées simples qui sont en l'imagination des hommes, desquelles se compose tout ce qu'ils pensent, et que cela fût reçu par tout le monde, j'oserais espérer ensuite une langue universelle fort aisée à apprendre, à prononcer et à écrire, et ce qui est le principal, qui aiderait au jugement, lui représentant si distinctement toutes choses, qu'il lui serait presque impossible de se tromper ; au lieu que tout au rebours, · les mots que nous avons n'ont quasi que des significations confuses, auxquelles l'esprit des hommes s'étant accoutumé de longue main, cela est cause qu'il n'entend presque rien parfaitement. Or, je tiens que cette langue est possible... »

sition en idées simples. C'est la seule voie pour substituer le calcul au raisonnement. En ce sens la caractéristique universelle dépend en son principe de la philosophie mais on peut l'entreprendre sans attendre l'achèvement de la philosophie :

« Cependant quoyque cette langue dépende de la vraye philosophie, elle ne dépend pas de sa perfection. C'est à dire cette langue peut estre établie, quoyque la philosophie ne soit pas parfaite : et à mesure que la science des hommes croistra, cette langue croistra aussi. En attendant elle sera d'un secours merveilleux et pour se servir de ce que nous sçavons, et pour voir ce qui nous manque, et pour inventer les moyens d'y arriver, mais sur tout pour exterminer les controverses dans les matières qui dépendent du raisonnement. Car alors raisonner et calculer sera la même chose » [10].

Ce ne sont pas là les seules corrections de la tradition cartésienne, on le sait. L'analytisme de Descartes est intuitionniste, celui de Leibniz renvoie au-delà de l'évidence, vers l'ordre, la relation, le point de vue [11].

La caractéristique « espargne l'esprit et l'imagination, dont il faut sur tout menager l'usage. C'est le but principal de cette grande science que j'ay accoustumé d'appeler *Caractéristique*, dont ce que nous appelons l'Algèbre, ou Analyse, n'est qu'une branche fort petite : puisque c'est elle qui donne les paroles aux langues, les lettres aux paroles, les chiffres à l'Arithmétique, les notes à la Musique ; c'est elle qui nous apprend le secret de fixer le raisonnement, et de l'obliger à laisser comme des traces visibles sur le papier en petit volume, pour estre examiné à loisir : c'est enfin elle, qui nous fait raisonner à peu de frais, en mettant des caractères à la place des choses, pour desembarrasser l'imagination » [12].

Malgré toutes les différences qui séparent les projets de langue ou d'écriture universelles à cette époque (notamment quant à l'histoire et au langage [13]), le concept du simple absolu

---

10. *Opuscules et fragments inédits de Leibniz,* ed. Couturat, p. 27-28.
11. Cf. Y. Belaval, *Leibniz critique de Descartes,* notamment p. 181 sq.
12. *Opuscules et fragments inédits de Leibniz* (Couturat), pp. 98-99.
13. Cf. Couturat, *Histoire de la langue universelle,* (pp. 1-28). Y. Belaval, *op. cit.,* p. 181 sq. et DE. ch. IV.

y est toujours nécessairement et indispensablement à l'œuvre. Or il serait facile de montrer qu'il renvoie toujours à une théologie infinitiste et au logos ou entendement infini de Dieu [14]. C'est pourquoi malgré l'apparence, et malgré toute la séduction qu'il peut légitimement exercer sur notre époque, le projet leibnizien d'une caractéristique universelle qui ne soit pas essentiellement phonétique n'interrompt nullement le logocentrisme. Elle le confirme au contraire, se produit en lui et grâce à lui, tout comme la critique hegelienne à laquelle elle sera soumise. C'est la complicité de ces deux mouvements contradictoires que nous visons ici. Il y a une unité profonde, à l'intérieur d'une certaine époque historique, entre la théologie infinitiste, le logocentrisme et un certain technicisme. L'écriture originaire et pré- ou méta-phonétique que nous tentons ici de penser ne conduit à rien moins qu'un « dépassement » de la parole par la machine.

Le logocentrisme est une métaphysique ethnocentrique, en un sens original et non « relativiste ». Il est lié à l'histoire de l'Occident. Le modèle chinois ne l'interrompt qu'en apparence lorsque Leibniz s'y réfère pour enseigner la Caractéristique. Non seulement ce modèle reste une représentation domes-

---

14. Cf. par exemple, entre tant d'autres textes, *Monadologie* 1 à 3 et 51. Il n'entre ici ni dans notre propos ni dans nos possibilités de faire la démonstration interne du lien entre la caractéristique et la théologie infinitiste de Leibniz. Il faudrait pour cela traverser et épuiser le contenu même du projet. Nous renvoyons sur ce point aux ouvrages déjà cités. Comme Leibniz lorsqu'il veut rappeler dans une lettre le lien entre l'existence de Dieu et la possibilité de l'écriture universelle, nous dirons ici que « c'est une proposition dont [nous ne saurions] bien donner la démonstration sans expliquer au long les fondements de la caractéristique » : « Mais à présent, il me suffit de remarquer que ce qui est le fondement de ma caractéristique l'est aussi de la démonstration de l'existence de Dieu ; car les pensées simples sont les éléments de la caractéristique, et les formes simples sont la source des choses. Or je soutiens que toutes les formes simples sont compatibles entre elles. C'est une proposition dont je ne saurais bien donner la démonstration sans expliquer au long les fondements de la caractéristique. Mais si elle est accordée, il s'ensuit que la nature de Dieu qui enferme toutes les formes simples absolument prises, est possible. Or nous avons prouvé ci-dessus, que Dieu est, pourvu qu'il soit possible. Donc il existe. Ce qu'il fallait démontrer ». (*Lettre à la princesse Elisabeth*, 1678). Il y a un lien essentiel entre la possibilité de l'*argument ontologique* et celle de la Caractéristique.

tique [15], mais on n'en fait l'éloge que pour y désigner un manque et définir des corrections nécessaires. Ce que Leibniz tient à prêter à l'écriture chinoise, c'est son arbitraire et donc son indépendance à l'égard de l'histoire. Cet arbitraire a un lien essentiel avec l'essence non-phonétique que Leibniz croit pouvoir attribuer à l'écriture chinoise. Celle-ci semble avoir été « inventée par un sourd » *(Nouveaux Essais)* :

> « *Loqui* est voce articulata signum dare cogitationis suae. *Scribere* est id facere permanentibus in charta ductibus. Quos ad vocem referri non est necesse, ut apparet ex Sinensium characteribus » *(Opuscules, p. 497).*

Ailleurs :

> « Il y a peut-être quelques langues artificielles qui sont toutes de choix et entièrement arbitraires, comme l'on croit que l'a été celle de la Chine, ou comme le sont celles de Georgius Dalgarnus et de feu M. Wilkins, évêque de Chester » [16].

Dans une lettre au Père Bouvet (1703), Leibniz tient à distinguer l'écriture égyptienne, populaire, sensible, allégorique, et l'écriture chinoise, philosophique et intellectuelle :

> ... les caractères chinois sont peut-estre plus philosophiques et paroissent bastis sur des considérations plus intellectuelles, telles que donnant les nombres, l'ordre et les relations ; ainsi il n'y a que des traits détachés qui ne butent à aucune ressemblance avec quelque espèce de corps. »

Cela n'empêche pas Leibniz de promettre une écriture dont la chinoise ne sera encore qu'une ébauche :

> « Cette sorte de calcul donneroit en même temps une espèce

---

15. Cf. DE ch.IV.

16. *Nouveaux essais*, III, II, § 1. Dalgarno publia en 1661 l'ouvrage intitulé *Ars signorum, vulgo charɑcter universalis et lingua philosophica.* Sur Wilkins, cf. *supra,* Couturat, *op. cit.,* et DE., *passim.* Une écriture ou une langue de pure institution et de pur arbitraire ne peut avoir été inventée, comme *système,* que d'un seul coup. C'est ce que, avant Duclos, Rousseau et Levi-Strauss (cf. *infra),* Leibniz juge probable : « Aussi était-ce la pensée de Golius, célèbre mathématicien et grand connaisseur des langues, que leur langue est artificielle, c'est-à-dire qu'elle a été inventée tout à la fois par quelque habile homme pour établir un commerce de paroles entre quantité de nations différentes qui habitaient ce grand pays que nous appelons la Chine, quoique cette langue pourrait se trouver altérée maintenant par le long usage » (III, I, § 1).

d'écriture universelle, qui auroit l'avantage de celle des Chinois, parce que chacun l'entendroit dans sa propre langue, mais qui surpasseroit infiniment la chinoise, en ce qu'on la pourroit apprendre en peu de semaines, ayant les caractères bien liés selon l'ordre et la connexion des choses, au lieu que les Chinois ayant une infinité de caractères selon la variété des choses, il leur faut la vie d'un homme pour apprendre assez leur écriture » [17].

Le concept de l'écriture chinoise fonctionnait donc comme une sorte d'hallucination européenne. Cela n'impliquait rien de hasardeux : ce fonctionnement obéissait à une nécessité rigoureuse. Et l'hallucination traduisait moins une ignorance qu'une méconnaissance. Elle n'était pas dérangée par le savoir, limité mais réel, dont on pouvait alors disposer quant à l'écriture chinoise.

En même temps que le « préjugé chinois », un « *préjugé hiéroglyphiste* » avait produit le même effet d'aveuglement intéressé. L'occultation, loin de procéder, en apparence, du mépris ethnocentrique, prend la forme de l'admiration hyperbolique. Nous n'avons pas fini de vérifier la nécessité de ce schéma. Notre siècle n'en est pas libéré : chaque fois que l'ethnocentrisme est précipitamment et bruyamment renversé, quelque effort s'abrite silencieusement derrière le spectaculaire pour consolider un dedans et en retirer quelque bénéfice domestique. L'étonnant Père Kircher déploie ainsi tout son génie à ouvrir l'Occident à l'égyptologie [18], mais l'excellence même qu'il reconnaît à une écriture « sublime » en interdit tout déchiffrement scientifique. Evoquant le *Prodromus coptus sive aegyptiacus* (1636), M. V.-David écrit :

> « Cet ouvrage est, en telle de ses parties, le premier manifeste de la recherche égyptologique, puisque l'auteur y détermine la *nature de la langue égyptienne ancienne* — l'instrument de cette découverte lui ayant été par ailleurs fourni (a). Le même livre écarte cependant tout projet de déchiffrement des hiéroglyphes. (a) cf. *Lingua aegyptiaca restituta.* » [19]

17. *Die philosophische Schriften,* ed. Gerhardt, T. VII, p. 25 et DE, p. 67. Sur tous ces problèmes cf. aussi R.F. Merkel, *Leibniz und China,* in Leibniz zu seinem 300 Geburtstag, 1952. Sur les lettres échangées au sujet de la pensée et de l'écriture chinoises avec le P. Bouvet, cf. p. 18-20 et Baruzi, *Leibniz,* 1909, p. 156-165.
18. DE. ch. III.
19. DE. p. 43-44.

Le procédé de la méconnaissance par assimilation n'est pas ici, comme dans le cas de Leibniz, de type rationaliste et calculateur. Il est mystique :

« Les hiéroglyphes, lit-on dans le *Prodromus*, sont bien une écriture, mais non l'écriture composée de lettres, mots et parties du discours déterminées dont nous usons en général. Ils sont une écriture beaucoup plus excellente, plus sublime et plus proche des abstractions, qui, par tel enchaînement ingénieux des symboles, ou son équivalent, propose *d'un seul coup* (uno intuitu) à l'intelligence du sage un raisonnement complexe, des notions élevées, ou quelque mystère insigne caché dans le sein de la nature ou de la Divinité [20]. »

Il y a donc entre le rationalisme et le mysticisme une certaine complicité. L'écriture de l'autre est chaque fois investie par des schémas domestiques. Ce qu'on pourrait appeler alors, avec Bachelard, une « coupure épistémologique », s'opère surtout grâce à Fréret et à Warburton. On peut suivre le laborieux dégagement par lequel ils ont tous deux préparé la décision, le premier sur l'exemple chinois, le second sur l'exemple égyptien. Avec beaucoup de respect pour Leibniz et le projet d'écriture universelle, Fréret met en pièces la représentation de l'écriture chinoise qui s'y trouve impliquée : « L'écriture chinoise n'est donc pas une langue philosophique dans laquelle il n'y ait rien à désirer... Les chinois n'ont jamais rien eu de pareil [21]. »

Mais Fréret n'est pas pour autant délivré du préjugé hiéroglyphiste : celui que Warburton détruit en critiquant violemment le Père Kircher [23]. Le propos apologétique qui anime cette critique n'en exclut pas l'efficacité.

---

20. *Prodromus*, p. 260, cité et traduit par Drioton (cf. DE, p. 46). Sur les projets polygraphiques de A. Kircher, cf. *Polygraphia nova et universalis ex combinatoria arte detecta*, 1663. Sur ses rapports avec Lulle, Becher, Dalgarno, Wilkins, Leibniz, cf. DE. p. 61 sq.

21. *Réflexions sur les principes généraux de l'art d'écrire, et en particulier sur les fondements de l'écriture chinoise*, 1718, p. 629. Cf. aussi l'*Essai sur la chronologie générale de l'Ecriture*, qui traite l' « histoire judaïque » « abstraction faite du respect religieux qu'inspire la Bible » (DE. p. 80 sq.).

23. *Essai sur les hiéroglyphes des Egyptiens, où l'on voit l'Origine et le Progrès du Langage et de l'Ecriture, l'Antiquité des Sciences en Egypte, et l'Origine du culte des animaux, avec des Observations sur l'Antiquité des Hiéroglyphes Scientifiques, et des*

C'est dans le champ théorique ainsi libéré que les techniques scientifiques de déchiffrement sont mises au point par l'abbé Barthélemy puis par Champollion. Alors peut naître une réflexion systématique sur les rapports entre l'écriture et la parole. La plus grande difficulté était déjà de concevoir, de façon historique et systématique à la fois, la cohabitation organisée, dans un même code graphique, d'éléments figuratifs, symboliques, abstraits et phonétiques [24].

La science et le nom de l'homme.

La grammatologie était-elle entrée dans la voie sûre d'une science ? Les techniques de déchiffrement, on le sait, n'ont cessé de progresser à un rythme accéléré [25]. Mais les histoires générales de l'écriture, dans lesquelles le souci de classification systématique a toujours orienté la simple description, resteront longtemps commandées par des concepts théoriques dont on sent bien qu'ils ne sont pas à la mesure d'immenses découvertes. De découvertes qui précisément auraient dû faire trembler les fondements les plus assurés de notre conceptualité philosophique, tout entière ordonnée à une situation déterminée des rapports entre logos et écriture. Toutes les grandes histoires de l'écriture s'ouvrent par l'exposé d'un projet classificatoire et systématique. Mais on pourrait transposer aujourd'hui au domaine de l'écriture ce que Jakobson dit des langues depuis la tentative typologique de Schlegel :

> « Les questions de typologie ont conservé pendant longtemps un caractère spéculatif et pré-scientifique. Tandis que la classification génétique des langues avançait à pas de géants, les temps n'étaient pas encore mûrs pour une classification typologique » (*op. cit.* p. 69).

Remarques sur la Chronologie et sur la première Ecriture des Chinois, 1744. C'est le titre de la traduction française d'un fragment de *The divine legation of Moses* (1737-1741). Nous aurons à mesurer plus loin l'influence de cet ouvrage sur Condillac, Rousseau et les collaborateurs de l'*Ercyclopédie*.

24. DE. p. 126-131.

25. Cf. E. Doblhofer, *Le déchiffrement des écritures*, 1959, et EP. p. 352.

Une critique systématique des concepts utilisés par les historiens de l'écriture ne peut s'en prendre sérieusement à la rigidité ou à la différenciation insuffisante d'un appareil théorique que si elle a d'abord repéré les fausses évidences qui guident le travail. Evidences d'autant plus efficaces qu'elles appartiennent à la couche la plus profonde, la plus ancienne et en apparence la plus naturelle, la moins historique de notre conceptualité, celle qui se soustrait le mieux à la critique, et d'abord parce qu'elle la supporte, la nourrit et l'informe : notre sol historique lui-même.

Dans toutes les histoires ou typologies générales de l'écriture, on rencontre par exemple, ici ou là, une concession analogue à celle qui faisait dire à P. Berger, auteur, en France, de la première grande *Histoire de l'écriture dans l'antiquité* (1892) : « Le plus souvent les faits ne se conforment pas à des distinctions qui... ne sont justes qu'en théorie » (p. XX). Or il ne s'agissait de rien de moins que des distinctions entre écritures phonétique et idéographique, syllabique et alphabétique, entre image et symbole, etc. Il en va de même pour le concept instrumentaliste et techniciste de l'écriture, inspiré par le modèle phonétique auquel il ne convient d'ailleurs que dans une illusion téléologique, et que le premier contact avec des écritures non occidentales devrait suffire à dénoncer. Or cet instrumentalisme est partout impliqué. Nulle part il n'est aussi systématiquement formulé, avec toutes ses conséquences, que par M. Cohen : Le langage étant un « instrument », l'écriture est « la rallonge à un instrument [26] ». On ne saurait mieux décrire l'extériorité de l'écriture à la parole, de la parole à la pensée, du signifiant au signifié en général. Il y a beau-

---

26. *Op. cit.*, p. 2. M. V.-David critique cet intrumentalisme dans les travaux déjà cités. L'instrumentalisme, dont on ne saurait exagérer la dépendance métaphysique, inspire aussi souvent la définition linguistique de l'essence du langage, assimilée à une fonction et, ce qui est plus grave, à une fonction extérieure à son contenu ou à son agent. C'est ce qu'implique toujours le concept d'outil. Ainsi, A. Martinet prend à son compte et développe longuement la définition du langage comme « instrument », « outil », etc., alors que la nature « métaphorique » de cette définition, reconnue par l'auteur, aurait dû la rendre problématique et renouveler la question sur le sens de l'instrumentalité, sur le sens du fonctionnement et sur le fonctionnement du sens. (Cf. *Eléments de linguistique générale*, pp. 12-14, 25).

coup à penser sur le prix que paie ainsi à la tradition méta-physique une linguistique — ou une grammatologie — qui se donne, dans le cas considéré, pour marxiste. Mais le même tribut se reconnaît partout : téléologie logocentrique (expression pléonastique) ; opposition entre nature et institution ; jeu des différences entre symbole, signe, image, etc. ; un concept naïf de la représentation ; une opposition non critiquée entre sensible et intelligible, entre l'âme et le corps ; un concept objectiviste du corps propre et de la diversité des fonctions sensibles (les « cinq sens » considérés comme autant d'appareils à la disposition du parleur ou du scripteur) ; l'opposition entre l'analyse et la synthèse, l'abstrait et le concret, qui joue un rôle décisif dans les classifications proposées par J. Février et M. Cohen et dans le débat qui les oppose ; un concept du concept sur lequel la réflexion philosophique la plus classique a laissé peu de marques ; une référence à la conscience et à l'inconscience qui appellerait de toute nécessité un usage plus vigilant de ces notions et quelque considération pour les recherches qui en font leur thème [27] ; une notion de signe que la philosophie, la linguistique et la sémiologie éclairent rarement et faiblement. La concurrence entre l'histoire de l'écriture et la science du langage est parfois vécue en termes d'hostilité plutôt que de collaboration. A supposer même que la concurrence soit admise. Ainsi, à propos de la grande distinction opérée par J. Février entre « écriture synthétique » et « écriture analytique », comme à propos de la notion de « mot » qui y joue un rôle central, l'auteur note : « Le problème est d'ordre linguistique, nous ne l'aborderons pas ici » *(op. cit.,* p. 49). Ailleurs, la non-communication avec la linguistique est justifiée par J. Février en ces termes :

> « C'est [la mathématique] une langue spéciale qui n'a plus aucun rapport avec le langage, c'est une espèce de langue universelle, c'est-à-dire que nous constatons par les mathématiques que le langage — je me venge des linguistes — est absolument incapable de rendre compte de certaines formes de la pensée moderne. Et à ce moment-là, l'écriture, qui a été tellement méconnue, prend la place du langage, après avoir été sa servante » (EP. p. 349).

On pourrait montrer que toutes ces présuppositions et toutes

---

27. Cf. par exemple, M. Cohen, *op. cit.,* p. 6.

les oppositions ainsi accréditées font système : on circule des unes aux autres à l'intérieur d'une seule et même structure.

La théorie de l'écriture n'a donc pas seulement besoin d'une libération intra-scientifique et épistémologique, analogue à celle qu'opérèrent Fréret et Warburton sans toucher aux assises dont nous parlons ici. Il faut sans doute entreprendre aujourd'hui une réflexion dans laquelle la découverte « positive » et la « déconstruction » de l'histoire de la métaphysique, en tous ses concepts, se contrôlent réciproquement, minutieusement, laborieusement. Sans cela, toute libération épistémologique risque d'être illusoire ou limitée, proposant seulement des commodités pratiques ou des simplifications notionnelles sur des fondements auxquels la critique ne touche pas. Telle est sans doute la limite de la remarquable entreprise de I. J. Gelb *(op. cit.)* : malgré d'immenses progrès, malgré le projet d'instaurer une scientificité grammatologique et de créer un système unifié de notions simples, souples et maniables, malgré l'exclusion de concepts inadéquats — tel celui d'idéogramme — la plupart des oppositions conceptuelles que nous venons d'évoquer continuent d'y fonctionner en toute sécurité.

On devine cependant à travers des travaux récents ce que devra être un jour l'extension d'une grammatologie appelée à ne plus recevoir ses concepts directeurs d'autres sciences humaines ou, ce qui revient presque toujours au même, de la métaphysique traditionnelle. On le devine à travers la richesse et la nouveauté de l'information, de son traitement aussi, même si la conceptualisation reste souvent, dans ces ouvrages de percée, en-deçà d'une pointe audacieuse et sûre.

Ce qui nous paraît s'annoncer ici, c'est d'une part que la grammatologie ne doit pas être une des *sciences humaines* et, d'autre part, qu'elle ne doit pas être une *science régionale* parmi d'autres.

Elle ne doit pas être *une des sciences de l'homme*, parce qu'elle pose d'abord, comme sa question propre, la question du *nom de l'homme*. Délivrer l'unité du concept d'homme, c'est sans doute renoncer à la vieille idée des peuples dits « sans écriture » et « sans histoire ». A. Leroi-Gourhan le montre bien : refuser le nom d'homme et le pouvoir d'écriture au-delà de sa propre communauté, c'est un seul et même geste. En vérité, les peuples dits « sans écriture » ne manquent jamais que d'un certain type d'écriture. Refuser à telle ou telle

124

technique de consignation le nom d'écriture, tel est l' « ethno-centrisme, qui définit le mieux la vision préscientifique de l'homme » et fait en même temps que « dans de nombreux groupes humains, le seul mot par lequel les membres désignent leur groupe ethnique est le mot « homme » » (GP. 11, p. 32 et passim).

Mais il ne suffit pas de dénoncer l'ethnocentrisme et de défi-nir l'unité anthropologique par la disposition de l'écriture. A. Leroi-Gourhan ne décrit plus ainsi l'unité de l'homme et de l'aventure humaine par la simple possibilité de la graphie en général : plutôt comme une étape ou une articulation dans l'his-toire de la vie — de ce que nous appelons ici la différance — comme histoire du gramme. Au lieu de recourir aux concepts qui servent habituellement à distinguer l'homme des autres vivants (instinct et intelligence, absence ou présence de la parole, de la société, de l'économie, etc., etc.), on fait ici appel à la notion de *programme.* Il faut l'entendre, certes, au sens de la cybernétique, mais celle-ci n'est elle-même intelligible qu'à partir d'une histoire des possibilités de la trace comme unité d'un double mouvement de protention et de rétention. Ce mou-vement déborde largement les possibilités de la « conscience intentionnelle ». Celle-ci est une émergence qui fait apparaître le gramme *comme tel* (c'est-à-dire selon une nouvelle structure de non-présence) et rend sans doute possible le surgissement des systèmes d'écriture au sens étroit. Depuis l' « inscription génétique » et les « courtes chaînes » programmatiques réglant le comportement de l'amibe ou de l'annélide jusqu'au passage au-delà de l'écriture alphabétique aux ordres du logos et d'un certain *homo sapiens,* la possibilité du gramme structure le mou-vement de son histoire selon des niveaux, des types, des rythmes rigoureusement originaux [28]. Mais on ne peut les penser sans le concept le plus général de gramme. Celui-ci est irréductible et imprenable. Si l'on acceptait l'expression risquée par A. Leroi-Gourhan, on pourrait parler d'une « libération de la mémoire », d'une extériorisation toujours déjà commencée mais toujours plus grande de la trace qui, depuis les pro-grammes élémentaires des comportements dits « instinctifs » jusqu'à la constitution des fichiers électroniques et des machines à lire, élargit la différance et la possibilité de la mise en

28. Cf. GP. II, pp. 12 sq., 23 sq., 262 sq.

réserve : celle-ci constitue et efface en même temps, dans le même mouvement, la subjectivité dite consciente, son logos et ses attributs théologiques.

L'histoire de l'écriture s'enlève sur le fond de l'histoire du gramme comme aventure des rapports entre la face et la main. Ici, par une précaution dont il nous faut sans cesse répéter le schéma, précisons que l'histoire de l'écriture n'est pas expliquée à partir de ce que nous croyons savoir de la face et de la main, du regard, de la parole et du geste. Il s'agit au contraire de déranger ce savoir familier, et de réveiller depuis cette histoire le sens de la main et de la face. A. Leroi-Gourhan décrit la lente transformation de la motricité manuelle qui délivre le système audio-phonique pour la parole, le regard et la main pour l'écriture [29]. Il est difficile, dans toutes ces descriptions, d'éviter le langage mécaniste, techniciste, téléologique, au moment même où il s'agit précisément de retrouver l'origine et la possibilité du mouvement, de la machine, de la *technè,* de l'orientation en général. A vrai dire, cela n'est pas difficile, c'est par essence impossible. Et cela pour tout discours. D'un discours à l'autre, la différence ne peut être ici que de mode d'habitation à l'intérieur d'une conceptualité promise ou déjà soumise à délabrement. En elle et déjà sans elle, il faut ici tenter de ressaisir l'unité du geste et de la parole, du corps et du langage, de l'outil et de la pensée, avant que ne s'articule l'originalité de l'un et de l'autre et sans que cette unité profonde donne lieu au confusionisme. Il ne faut pas confondre ces significations originales *dans l'orbite* du système où elles s'opposent. Mais il faut, à penser l'histoire du système, en excéder quelque part, de manière *exorbitante,* le sens et la valeur.

On accède alors à cette représentation de l'*anthropos* : équilibre précaire lié à l'écriture manuelle-visuelle [30]. Cet équilibre est lentement menacé. On sait du moins qu' « aucun changement majeur » donnant naissance à un « homme futur » qui ne serait plus un « homme », « ne peut plus guère se produire sans la perte de la main, celle de la denture et par conséquent celle de la station debout. Une humanité anodonte et qui vivrait couchée en utilisant ce qui lui resterait de membres

29. I. p. 119 sq.
30. P. 161 sq.

antérieurs pour appuyer sur des boutons n'est pas complète-
ment inconcevable [31]. »

Ce qui menace depuis toujours cet équilibre se confond
avec cela même qui entame la *linéarité* du symbole. Nous avons
vu que le concept traditionnel du temps, toute une organisation du monde et du langage en étaient solidaires. L'écriture
au sens étroit — et surtout l'écriture phonétique — sont enracinées dans un passé d'écriture non linéaire. Il a fallu le vaincre
et l'on peut, si l'on veut, parler ici de réussite technique : elle
assurait une plus grande sécurité et de plus grandes possibilités de capitalisation dans un monde dangereux et angois-
sant. Mais cela n'a pas été fait *une fois*. Une guerre s'est
installée, et un refoulement de tout ce qui résistait à la linéarisation. Et d'abord de ce que Leroi-Gourhan appelle « mythogramme », écriture qui épelle ses symboles dans la pluri-dimensionalité : le sens n'y est pas assujetti à la successivité, à l'ordre
du temps logique ou à la temporalité irréversible du son. Cette
pluri-dimensionalité ne paralyse pas l'histoire dans la simultanéité, elle correspond à une autre couche de l'expérience
historique et l'on peut aussi bien considérer, à l'inverse, la
pensée linéaire comme une réduction de l'histoire. Il est vrai
qu'il faudrait peut-être alors se servir d'un autre mot : celui
d'histoire a sans doute toujours été associé à un schème linéaire
du déroulement de la présence, que sa ligne rapporte la présence finale à la présence originaire selon la droite ou selon
le cercle. Pour la même raison, la structure symbolique pluri-
dimensionnelle ne se donne pas dans la catégorie du simultané.
La simultanéité coordonne deux présents absolus, deux points
ou instants de présence, et elle reste un concept linéariste.

Le concept de *linéarisation* est bien plus efficace, fidèle et
intérieur que ceux dont on se sert habituellement pour classer
les écritures et décrire leur histoire (pictogramme, idéogramme,
lettre, etc.). Dénonçant plus d'un préjugé, en particulier sur
les rapports entre l'idéogramme et le pictogramme, sur le prétendu « réalisme » graphique, Leroi-Gourhan rappelle l'unité,
dans le mythogramme, de tout ce dont l'écriture linéaire marque

---

31. P. 183. Nous renvoyons aussi à l'*Eloge de la main* de
H. Focillon et au livre de Jean Brun, *La main et l'esprit*. Dans
un contexte tout différent, nous avions désigné ailleurs l'*époque*
de l'écriture comme la *suspension* de l'*être-debout* (*Force et signification* et *La parole soufflée* in *L'écriture et la différence*).

la disruption : la technique (la graphique en particulier), l'art, la religion, l'économie. Pour retrouver l'accès à cette unité, à cette autre structure d'unité, il faut dé-sédimenter « quatre mille ans d'écriture linéaire [32] ».

La norme linéaire n'a jamais pu s'imposer absolument pour les raisons mêmes qui ont de l'intérieur limité le phonétisme graphique. Nous les connaissons maintenant : ces limites ont surgi en même temps que la possibilité de ce qu'elles limitaient, elles ouvraient ce qu'elles finissaient et nous les avons déjà nommées : discrétion, différance, espacement. La production de la norme linéaire a donc pesé sur ces limites et marqué les concepts de symbole et de langage. Il faut penser ensemble le processus de linéarisation, tel que Leroi-Gourhan le décrit à une très vaste échelle historique, et la critique jakobsonienne du concept linéariste de Saussure. La « ligne » ne représente qu'un modèle particulier, quel que soit son privilège. Ce modèle est *devenu* modèle et il reste, en tant que modèle, inaccessible. Si l'on tient pour acquis que la linéarité du langage ne va pas sans ce concept vulgaire et mondain de la temporalité (homogène, dominée par la forme du maintenant et l'idéal du mouvement continu, droit ou circulaire) dont Heidegger montre qu'il détermine de l'intérieur toute l'ontologie, d'Aristote à Hegel, la méditation de l'écriture et la déconstruction de l'histoire de la philosophie deviennent inséparables.

Le modèle énigmatique de la *ligne* est donc cela même que la philosophie ne pouvait pas voir alors qu'elle avait les yeux ouverts sur le dedans de sa propre histoire. Cette nuit se défait un peu au moment où la linéarité — qui n'est pas la perte ou l'absence mais le refoulement de la pensée symbolique pluri-dimensionnelle [33] desserre son oppression parce qu'elle commence à stériliser l'économie technique et scientifique qu'elle a longtemps favorisée. Depuis longtemps en effet sa possibilité

---

32. T. I. ch. IV. L'auteur y montre en particulier que « l'émergence de l'écriture ne se fait pas plus à partir d'un néant graphique que celle de l'agriculture ne se fait sans intervention d'états antérieurs » (p. 278) ; et que l' « idéographie est antérieure à la pictographie » (p. 280).

33. Peut-être peut-on interpréter ainsi certaines remarques de Leroi-Gourhan sur la « perte de la pensée symbolique multi-dimensionnelle » et sur la pensée qui « s'écarte du langage linéarisé » (I. pp. 293-299).

a été structuralement solidaire de celle de l'économie, de la technique et de l'idéologie. Cette solidarité apparaît dans les processus de thésaurisation, de capitalisation, de sédentarisation, de hiérarchisation, de la formation de l'idéologie par la classe de ceux qui écrivent ou plutôt qui disposent des scribes [34]. Non que la réapparition massive de l'écriture non-linéaire interrompe cette solidarité structurelle ; bien au contraire. Mais elle en transforme profondément la nature.

La fin de l'écriture linéaire est bien la fin du livre [35], même

---

34. Cf. EP, pp. 138-139. G. P. I. pp. 238-250. « Le développement des premières villes ne correspond pas seulement à l'apparition du technicien du feu mais... l'écriture naît en même temps que la métallurgie. Ici encore, il ne s'agit pas d'une coïncidence... » (I p. 252). « C'est au moment où commence à s'établir le capitalisme agraire qu'apparaît le moyen de le fixer dans une comptabilité écrite et c'est aussi au moment où s'affirme la hiérarchisation sociale que l'écriture construit ses premières généalogies. » (p. 253). « L'apparition de l'écriture n'est pas fortuite ; après des millénaires de mûrissement dans les systèmes de représentation mythographique émerge, avec le métal et l'esclavage, la notation linéaire de la pensée (voir chapitre VI). Son contenu n'est pas fortuit. » (II, p. 67, cf. aussi pp. 161-162.)

Bien qu'elle soit aujourd'hui beaucoup mieux connue et décrite, cette solidarité structurelle, notamment entre la capitalisation et l'écriture, a été reconnue depuis longtemps : entre beaucoup d'autres, par Rousseau, Court de Gebelin, Engels, etc.

35. L'écriture linéaire a donc bien « constitué, pendant plusieurs millénaires, indépendamment de son rôle de conservateur de la mémoire collective, par son déroulement à une seule dimension, l'instrument d'analyse d'où est sortie la pensée philosophique et scientifique. La conservation de la pensée peut maintenant être conçue autrement que dans les livres qui ne gardent encore que pour peu de temps l'avantage de leur maniabilité rapide. Une vaste « magnétothèque » à sélection électronique livrera dans un futur proche l'information présélectionnée et restituée instantanément. La lecture gardera pendant des siècles encore son importance, malgré une sensible régression pour la majorité des hommes, mais l'écriture [entendons-la au sens d'inscription linéaire] est vraisemblablement appelée à disparaître rapidement, remplacée par des appareils dictaphones à impression automatique. Doit-on voir en cela une sorte de restitution de l'état antérieur à l'inféodation phonétique de la main ? Je penserais plutôt qu'il s'agit là d'un aspect du phénomène général de régression manuelle (v. p. 60) et d'une nouvelle « libération ». Quant aux conséquences à longue échéance sur les formes du raisonnement, sur un retour à la pensée diffuse et multidimensionnelle, elles sont imprévisibles au point actuel. La pensée

si aujourd'hui encore, c'est dans la forme du livre que se laissent tant bien que mal engaîner de nouvelles écritures, qu'elles soient littéraires ou théoriques. Il s'agit d'ailleurs moins de confier à l'enveloppe du livre des écritures inédites que de lire enfin ce qui, dans les volumes, s'écrivait déjà entre les lignes. C'est pourquoi en commençant à écrire sans ligne, on relit aussi l'écriture passée selon une autre organisation de l'espace. Si le problème de la lecture occupe aujourd'hui le devant de la science, c'est en raison de ce suspens entre deux époques de l'écriture. Parce que nous commençons à écrire, à écrire autrement, nous devons relire autrement.

Depuis plus d'un siècle, on peut percevoir cette inquiétude de la philosophie, de la science, de la littérature dont toutes les révolutions doivent être interprétées comme des secousses détruisant peu à peu le modèle linéaire. Entendons le modèle *épique*. Ce qui se donne aujourd'hui à penser ne peut s'écrire selon la ligne et le livre, sauf à imiter l'opération qui consisterait à enseigner les mathématiques modernes à l'aide d'un boulier. Cette inadéquation n'est pas *moderne,* mais elle se dénonce aujourd'hui mieux que jamais. L'accès à la pluri-dimensionalité et à une temporalité délinéarisée n'est pas une simple régression vers le « mythogramme » ; il fait au contraire apparaître toute la rationalité assujettie au modèle linéaire comme une autre forme et une autre époque de la mythographie. La méta-rationalité ou la méta-scientificité qui s'annoncent ainsi dans la méditation de l'écriture ne peuvent donc

scientifique est plutôt gênée par la nécessité de s'étirer dans la filière typographique et il est certain que si quelque procédé permettait de présenter les livres de telle sorte que la matière des différents chapitres s'offre simultanément sous toutes ses incidences, les auteurs et leurs usagers y trouveraient un avantage considérable. Il est certain toutefois que si le raisonnement scientifique n'a sans doute rien à perdre avec la disparition de l'écriture, la philosophie, la littérature verront sans doute leurs formes évoluer. Cela n'est pas particulièrement regrettable puisque l'imprimé conservera les formes de penser curieusement archaïques dont les hommes auront usé pendant la période du graphisme alphabétique ; quant aux formes nouvelles elles seront aux anciennes comme l'acier au silex, non pas un instrument plus tranchant sans doute, mais un instrument plus maniable. L'écriture passera dans l'infrastructure sans altérer le fonctionnement de l'intelligence, comme une transition qui aura eu quelques millénaires de primauté. » (GP, II, pp. 261-262. Cf. aussi EP, *Conclusions.*)

pas plus s'enfermer dans une science de l'homme qu'elles ne peuvent répondre à l'idée traditionnelle de la science. Elles passent d'un seul et même geste l'*homme*, la *science* et la *ligne*.

Encore moins cette méditation peut-elle se tenir dans les limites d'une *science régionale*.

Le rebus et la complicité des origines.

Fût-elle une graphologie. Et même une graphologie renouvelée, fécondée par la sociologie, l'histoire, l'ethnographie, la psychanalyse.

> « Puisque les tracés individuels révèlent des particularités d'esprit de celui qui écrit, les tracés nationaux doivent permettre dans une certaine mesure de rechercher des particularités de l'esprit collectif des peuples [36]. »

Une telle graphologie culturelle, si légitime qu'en soit le projet, ne pourra voir le jour et procéder avec quelque sûreté qu'au moment où des problèmes plus généraux et plus fondamentaux auront été élucidés : quant à l'articulation d'une graphie individuelle et d'une graphie collective, du « discours », si l'on peut dire, et du « code » graphiques, considérés non pas du point de vue de l'intention de signification ou de la dénotation, mais du style et de la connotation ; quant à l'articulation des formes graphiques et des diverses substances, des diverses formes de substances graphiques (les matières : bois, cires, peau, pierre, encre, métal, végétal) ou d'instruments (pointe, pinceau, etc., etc.) ; quant à l'articulation du niveau

---

36. La *XXIIe Semaine de synthèse*, colloque dont le contenu a été recueilli dans *L'écriture et la psychologie des peuples*, fut placée sous le signe de cette remarque de Marcel Cohen (*La grande invention de l'écriture et son évolution*). Mais à chaque instant les riches communications proposées au cours de colloque pointent au-delà du propos graphologique. M. Cohen reconnaît lui-même la difficulté et le caractère prématuré d'une telle tâche : « Evidemment, nous ne pouvons pas entrer dans la voie de la graphologie des peuples : ce serait trop délicat, trop difficile. Mais nous pouvons émettre cette idée que ce n'est pas uniquement par des raisons techniques qu'il y a des différences, il peut y avoir autre chose... » (p. 342.)

technique, économique ou historique (par exemple au moment où s'est constitué un *système* graphique et au moment, qui n'est pas nécessairement le même, où s'est fixé un *style* graphique) ; quant à la limite et au sens des variations de styles à l'intérieur du système ; quant à tous les investissements auxquels est soumise une graphie, dans sa forme et dans sa substance.

De ce dernier point de vue, on devrait reconnaître un certain privilège à une recherche de type psychanalytique. En tant qu'elle touche à la constitution originaire de l'objectivité et de la valeur de l'objet — à la constitution des *bons* et des *mauvais* objets comme catégories qui ne se laissent pas dériver d'une ontologie formelle *théorique* et d'une science de l'objectivité de l'objet en général — la psychanalyse n'est pas une simple science régionale, même si, comme son nom l'indique, elle se présente sous le titre de la psychologie. Qu'elle tienne à ce titre n'est certes pas indifférent et signale un certain état de la critique et de l'épistémologie. Néanmoins, même si la psychanalyse n'atteignait pas à la transcendantalité — sous rature — de l'archi-trace, même si elle restait une science mondaine, sa généralité aurait un sens archontique au regard de toute science régionale. Nous pensons ici, bien évidemment, à des recherches qui s'engageraient dans la direction de celles de Mélanie Klein. On en trouverait un exemple dans l'essai sur *Le rôle de l'école dans le développement libidinal de l'enfant* [37] qui évoque, d'un point de vue clinique, tous les inves-

---

37. Texte de 1923, recueilli dans les *Essais de psychanalyse,* tr. fr. p. 95 sq. Nous en détachons quelques lignes : « Quand Fritz *écrivait,* les lignes représentaient pour lui des routes et les lettres roulaient dessus, montées sur des motocyclettes, c'est-à-dire sur le porte-plume. Par exemple, le « i » et le « e » roulaient ensemble sur une motocyclette habituellement conduite par le « i », et ils s'aimaient avec une tendresse tout à fait inconnue dans le monde réel. Comme ils roulaient toujours ensemble, ils étaient devenus si semblables qu'il n'y avait presque aucune différence entre eux, car le début et la fin du « i » et du « e » étaient pareils (il parlait des minuscules de l'alphabet latin), et c'est seulement au milieu que le « i » avait un petit trait et le « e » un petit trou. En ce qui concerne les lettres « i » et « e » de l'alphabet gothique, il expliqua qu'elles roulaient elles aussi sur une motocyclette ; ce qui les distinguait des lettres latines, c'était quelque chose comme une autre marque de motocyclette, et le fait que le « e » avait une petite boîte à la place du trou du « e » latin. Les

« i » étaient adroits, intelligents et pleins de distinction, ils possé-
daient beaucoup d'armes pointues et ils vivaient dans des grottes,
entre lesquelles, cependant, il y avait aussi des montagnes, des
jardins et des portes. Ils représentaient le pénis, et leur chemin représentait le coït. D'autre part, les « l » furent décrits comme stu-
pides, maladroits, paresseux et sales. Ils vivaient dans des grottes
sous la terre. Dans la ville des « l », la poussière et les papiers
s'amassaient dans les rues ; dans leurs petites maisons « dégoû-
tantes », ils mélangeaient avec de l'eau une teinture achetée au
pays des « i » ; ils buvaient ce mélange et ils le vendaient sous le
nom de vin. Ils avaient du mal à marcher et ils ne pouvaient pas
creuser la terre parce qu'ils tenaient la bêche à l'envers, la tête
en bas, etc. Il apparut à l'évidence que le « l » représentait les
fèces. De nombreux fantasmes concernaient également les autres
lettres. Ainsi, à la place du double « s », il n'en écrivait jamais
qu'un seul, jusqu'à ce qu'un fantasme permît d'expliquer et d'écarter
cette inhibition. Le « s » était lui-même, l'autre était son père. Ils
devaient s'embarquer ensemble sur un bateau à moteur, car la
plume était aussi un bateau, et le cahier un lac. Le « s » qui était
lui-même monta dans le bateau qui appartenait à l'autre « s » et
partit rapidement sur le lac. Voilà pourquoi il n'écrivait pas les
deux « s » ensemble. L'usage fréquent qu'il faisait du « s »
simple à la place du « s » long était dû au fait suivant : une
partie du « s » long était ainsi omise, et c'était pour lui « comme si
on enlevait son nez à une personne ». Cette faute était donc pro-
voquée par le désir de châtrer le père ; elle disparut à la suite de
cette interprétation. » Nous ne pouvons citer ici tous les exemples
analogues que M. Klein analyse. Lisons encore ce passage de valeur
plus générale : « Pour Ernst comme pour Fritz, je pus observer que
leur inhibition à l'égard de l'écriture et de la lecture, bases de
toute l'activité scolaire ultérieure, provenait de la lettre « i » qui,
avec son mouvement simple de « montée » et de « redescente »,
constitue en fait le fondement de toute l'écriture (note : Au cours
d'une réunion de la Société de Psychanalyse de Berlin, Herr Rohr
avait examiné quelques détails de l'écriture chinoise et de son interprétation psychanalytique. Dans la discussion qui suivit, j'indiquai
que l'écriture pictographique ancienne, fondement de notre écriture,
est encore vivante dans les fantasmes de chaque enfant en particulier, de telle sorte que les divers traits, points, etc. de notre écriture actuelle ne seraient que des simplifications résultant de condensations, de déplacements et de mécanismes avec lesquels les rêves
et les névroses nous ont familiarisés, — des simplifications de pictogrammes anciens dont il resterait cependant des traces chez l'individu). La signification symbolique sexuelle du porte-plume apparaît
dans ces exemples... On peut observer que le sens symbolique sexuel
du porte-plume se répand dans l'acte d'écrire en s'y déchargeant. De
la même manière, la signification lidibinale de la lecture provient
de l'investissement symbolique du livre et de l'œil. D'autres éléments fournis par les composantes pulsionnelles sont également
à l'œuvre ici, bien entendu : le fait de « regarder par une

tissements dont sont chargés les opérations de la lecture et de l'écriture, la production et le maniement du chiffre, etc. Dans la mesure où la constitution de l'objectivité idéale doit essentiellement passer par le signifiant écrit [38], aucune théorie de cette constitution n'a le droit de négliger les investissements de l'écriture. Ces investissements ne retiennent pas seulement une opacité dans l'idéalité de l'objet, ils permettent la libération de cette idéalité. Ils donnent cette force sans laquelle une objectivité en général ne serait pas possible. Nous ne nous dissimulons pas la gravité d'une telle affirmation et l'immense difficulté de la tâche ainsi assignée à la théorie de l'objectivité aussi bien qu'à la psychanalyse. Mais la nécessité est à la mesure de la difficulté.

C'est dans son travail même que l'historien de l'écriture rencontre cette nécessité. Ses problèmes ne peuvent être repris qu'à la racine de toutes les sciences. La réflexion sur l'essence du mathématique, du politique, de l'économique, du religieux, du technique, du juridique, etc., communique de la manière la plus intérieure avec la réflexion et l'information sur l'histoire de l'écriture. Or la veine continue qui circule à travers tous ces champs de réflexion et en constitue l'unité fondamentale, c'est le problème de la phonétisation de l'écriture. Cette phonétisation a une histoire, aucune écriture n'en est absolument exempte, et l'énigme de cette évolution ne se laisse pas dominer par le concept d'histoire. Celui-ci apparaît, on le sait, à un moment déterminé de la phonétisation de l'écriture et il la présuppose de manière essentielle.

Que nous enseigne à ce sujet l'information la plus massive, la plus récente et la moins contestable ? D'abord que, pour des raisons structurelles ou essentielles, une écriture purement phonétique est impossible et n'a jamais fini de réduire le non-

---

ouverture » dans la lecture, les tendances exhibitionnistes, agressives et sadiques dans l'écriture ; à l'origine de la signification sexuelle symbolique du porte-plume, il y a probablement celle de l'arme et de la main. Disons encore que l'activité de la lecture est plus passive, celle de l'écriture, plus active, et que les diverses fixations aux stades d'organisation pré-génitaux ont un rôle important dans les inhibitions qui frappent l'une ou l'autre. » (tr. fr. p. 98). Cf. aussi Ajuriaguerra, Coumes, Denner, Lavonde-Monod, Perron, Stambak, *L'écriture de l'enfant*, 1964.

38. Cf. Husserl, *L'origine de la géométrie*.

phonétique. La distinction entre l'écriture phonétique et l'écriture non-phonétique, tout indispensable et légitime qu'elle est, reste très dérivée au regard de ce qu'on pourrait appeler une synergie et une synesthésie fondamentales. Il s'ensuit que non seulement le phonétisme n'est jamais tout-puissant mais aussi qu'il a toujours déjà commencé à travailler le signifiant muet. « Phonétique » et « non-phonétique » ne sont donc jamais les qualités pures de certains systèmes d'écriture, ce sont les caractères abstraits d'éléments typiques, plus ou moins nombreux et dominants, à l'intérieur de tout système de signification en général. Leur importance tient d'ailleurs moins à leur distribution quantitative qu'à leur organisation structurelle. Le cunéiforme, par exemple, est à la fois idéogrammatique et phonétique. Et l'on ne peut même pas dire que chaque signifiant graphique appartient à telle ou telle classe, le code cunéiforme jouant alternativement sur les deux registres. En vérité, chaque forme graphique peut avoir une *double valeur* —idéographique et phonétique. Et sa valeur phonétique peut être simple ou complexe. Un même signifiant peut avoir une ou plusieurs valeurs phoniques, il peut être *homophone* ou *polyphone*. A cette complexité générale du système s'ajoute encore un recours subtil à des déterminatifs catégoriels, à des compléments phonétiques inutiles dans la lecture, à une ponctuation fort irrégulière. Et R. Labat montre qu'il est impossible ici de comprendre le système sans passer par son histoire [39].

Cela est vrai de tout système d'écriture et ne dépend pas de ce qu'on considère parfois hâtivement comme des niveaux d'élaboration. Dans la structure d'un récit pictographique par exemple, une représentation-de-chose, tel un blason totémique, peut prendre une valeur symbolique de nom propre. A partir de ce moment, en tant qu'appellation, elle peut fonctionner dans d'autres enchaînements avec une valeur phonétique [40].

---

39. *L'écriture cunéiforme et la civilisation mésopotamienne*, EP, p. 74. sq.

40. A. Métraux, *Les primitifs, signaux et symboles, pictogrammes et protoécriture*. Un exemple, parmi tant d'autres, de ce que Métraux appelle « ébauche de phonétisme » : « Ainsi, le chef Cheyenne qui s'appelle « tortue-suivant-sa-femelle » sera représenté par un personnage surmonté de deux tortues. « Petit-homme » sera identifié à une silhouette d'enfant dessinée au-dessus de sa tête. Cette expression des noms propres ne pose guère de difficultés lorsqu'il

Sa stratification peut ainsi devenir fort complexe et déborder la *conscience* empirique liée à leur usage immédiat. Débordant cette conscience actuelle, la structure de ce signifiant peut continuer à opérer non seulement dans les franges de la conscience potentielle mais selon la causalité de l'inconscient.

On voit que le nom, singulièrement le nom dit propre, est toujours pris dans une chaîne ou un système de différences. Il ne devient appellation que dans la mesure où il peut s'inscrire dans une figuration. Le propre du nom n'échappe pas à l'espacement, qu'il soit relié par son origine à des représentations de choses dans l'espace ou qu'il reste pris dans un système de différences phoniques ou de classification sociale apparemment délié de l'espace courant. La métaphore travaille le nom propre. Le sens propre n'existe pas, son « apparence » est une fonction nécessaire — et qu'il faut analyser comme telle — dans le système des différences et des métaphores. La parousie absolue du sens propre, comme présence à soi du logos dans sa voix, dans le s'entendre-parler absolu, doit être *située* comme une fonction répondant à une indestructible mais relative nécessité, à l'intérieur d'un système qui la comprend. Cela revient à *situer* la métaphysique ou l'onto-théologie du logos.

Le problème du *rébus à transfert* résume toute la difficulté. Une représentation de chose peut se trouver investie, en tant que pictogramme, d'une valeur phonétique. Celle-ci n'efface pas la référence « pictographique » qui n'a d'ailleurs jamais été simplement « réaliste ». Le signifiant se brise ou s'étoile

---

s'agit de choses concrètes, mais elle met à dure épreuve l'imagination du scribe s'il lui faut rendre par la pictographie des idées abstraites. Pour transcrire le nom d'un individu appelé « grande-route », un indien Oglagla a eu recours à la combinaison symbolique suivante : des traits parallèles avec des traces de pas font songer à la « route », un oiseau peint près de celle-ci évoque la rapidité qui est, évidemment, un des attributs des « bonnes routes ». Il est clair que seuls ceux qui connaissent déjà les noms correspondant à ces symboles sont à même de les déchiffrer. A ce titre, ces dessins auront donc une valeur mnémotechnique. Prenons, comme autre exemple, le nom propre « Bonne-belette ». De la bouche de l'animal, dessiné de façon réaliste, sortent deux traits ondulés qui d'ordinaire symbolisent le flot des paroles. Ce signe étant utilisé pour les « bons discours », on suppose que le lecteur ne retiendra que l'adjectif et oubliera l'idée de discours », EP, pp. 10-11.

en système : il renvoie à la fois, et au moins, à une chose et à un son. La chose est elle-même un ensemble de choses ou une chaîne de différences « dans l'espace » ; le son, qui est aussi inscrit dans une chaîne, peut être un mot : l'inscription est alors idéogrammatique ou synthétique, elle ne se laisse pas décomposer ; mais le son peut aussi être un élément atomique entrant lui-même en composition : on a alors affaire à une écriture d'apparence pictographique et en vérité phonético-analytique du même type que l'alphabet. Ce qu'on sait maintenant de l'écriture des Aztèques du Mexique semble couvrir toutes ces possibilités.

> « Ainsi, le nom propre *Téocaltitlan* est-il décomposé en plusieurs syllabes qui sont rendues par les images suivantes : lèvres *(tentli),* rue *(otlim),* maison *(calli)* et enfin dent *(tlanti).* Le procédé se rattache étroitement à celui... qui consiste à suggérer le nom d'un personnage par les images des êtres ou des choses entrant dans la composition de son nom. Les Aztèques sont allés plus avant dans la voie du phonétisme. Ils ont réussi à rendre par des images des sons séparés en recourant à une véritable analyse phonétique [41]. »

Les travaux de Barthel et de Knorosov sur les glyphes maya n'aboutissent pas à des résultats concordants, leurs progrès restent très lents, mais la présence d'éléments phonétiques est aujourd'hui à peu près certaine. Il en va de même pour l'écriture de l'île de Pâques [42]. Non seulement celle-ci serait picto-idéo-phonographique, mais à l'intérieur même de ses structures non phonétiques, l'équivocité et la surdétermination peuvent donner lieu à des métaphores reprises en charge par une véritable *rhétorique graphique,* si l'on peut risquer cette expression absurde.

La complexité de cette structure, nous la découvrons aujourd'hui dans des écritures dites « primitives » et dans des cultures qu'on croyait « sans écriture ». Mais nous savions depuis longtemps que l'écriture chinoise ou japonaise, qui sont massivement non-phonétiques, ont très tôt comporté des éléments phonétiques. Ceux-ci sont restés structurellement dominés par l'idéogramme ou l'algèbre et nous avons ainsi le témoignage

---

41. EP., p. 12.
42. EP., p. 16. A. Métraux y résume schématiquement les résultats des *Grundlagen zur Entzifferung der Osterinselschrift* de Barthel.

d'un puissant mouvement de civilisation se développant hors de tout logocentrisme. L'écriture ne réduisait pas la voix en elle-même, elle l'ordonnait à un système :

> « Cette écriture a eu plus ou moins recours aux emprunts phonétiques, certains signes étant employés pour leur son indépendamment de leur sens originel. Mais cet emploi phonétique des signes n'a jamais pu être assez large pour altérer dans son principe l'écriture chinoise et l'amener sur la voie de la notation phonétique... L'écriture, n'ayant pas *abouti* en Chine à une analyse phonétique du langage, n'a jamais pu y être sentie comme un décalque plus ou moins fidèle de la parole et c'est pourquoi le signe graphique, symbole d'une réalité unique et singulière comme lui, y a gardé beaucoup de son prestige primitif. Il n'y a pas lieu de croire que la parole n'ait pas eu *anciennement* en Chine la même efficacité que l'écriture, mais sa puissance a pu y être en partie *éclipsée* par celle de l'écrit. Au contraire, dans les civilisations où l'écriture a évolué assez tôt vers le syllabaire ou l'alphabet, c'est le verbe qui a concentré en lui, en définitive, toutes les puissances de la création religieuse et magique. Et, en effet, il est remarquable qu'on ne trouve pas en Chine cette valorisation étonnante de la parole, du verbe, de la syllabe ou de la voyelle qui est attestée dans toutes les grandes civilisations anciennes depuis le bassin méditerranéen jusqu'à l'Inde [43]. »

Il est difficile de ne pas souscrire globalement à cette analyse. Remarquons toutefois qu'elle semble considérer l' « analyse phonétique du langage » et l'écriture phonétique comme un « aboutissement » normal, comme un telos historique *en vue* duquel, tel un navire faisant route vers le port, l'écriture chinoise a quelque part échoué. Or peut-on penser que le système de l'écriture chinoise soit ainsi une sorte d'alphabet inachevé ? D'autre part, J. Gernet semble expliquer le « prestige primitif » du graphisme chinois par son rapport « symbolique » avec une « réalité unique et singulière comme lui ». Or n'est-il pas évident qu'aucun signifiant, quelles qu'en soient la substance et la forme, n'a de « réalité unique et singulière » ? Un signi-

---

43. J. Gernet, *La Chine, Aspects et fonctions psychologiques de l'écriture*, in E.P. pp. 32 et 38. Nous soulignons. Cf. aussi M. Granet. *La pensée chinoise*, 1950, ch. I.

fiant est d'entrée de jeu la possibilité de sa propre répétition, de sa propre image ou ressemblance. C'est la condition de son idéalité, ce qui le fait reconnaître comme signifiant et le fait fonctionner comme tel, le rapportant à un signifié qui, pour les mêmes raisons, ne saurait jamais être une « réalité unique et singulière ». Dès que le signe apparaît, c'est-à-dire depuis toujours, il n'y a aucune chance de rencontrer quelque part la pureté de la « réalité », de l' « unicité », de la « singularité ». Enfin de quel droit supposer que la parole ait pu avoir, « anciennement », avant la naissance de l'écriture chinoise, le sens et la valeur que nous lui connaissons en Occident ? Pourquoi la parole aurait-elle dû y être « éclipsée » par l'écriture ? Si l'on veut tenter de penser, de percer ce qui, sous le nom d'écriture, sépare beaucoup plus que des techniques de notation, ne faut-il pas se dépouiller aussi, entre autres présupposés ethnocentriques, d'une sorte de monogénétisme graphique transformant toutes les différences en écarts ou retards, accidents ou déviations ? Et ne faut-il pas méditer ce concept héliocentrique de la parole ? Et la ressemblance du logos au soleil (au bien ou à la mort qu'on ne peut regarder en face), au roi ou au père (le bien ou le soleil intelligible sont comparés au père dans la *République,* 508 c) ? Que doit être l'écriture pour menacer ce système analogique en son centre vulnérable et secret ? Que doit être l'écriture pour signifier l'*éclipse* de ce qui est *bien* et de ce qui est *père* ? Ne faut-il pas cesser de considérer l'écriture comme l'éclipse qui vient surprendre et offusquer la gloire du verbe ? Et s'il y a quelque nécessité d'éclipse, le rapport de l'ombre et de la lumière, de l'écriture et de la parole, ne doit-il pas lui-même apparaître autrement ?

Autrement : le décentrement nécessaire ne peut être un acte philosophique ou scientifique en tant que tel, puiqu'il s'agit ici de disloquer, par l'accès à un autre système liant la parole et l'écriture, les catégories fondatrices de la langue et de la grammaire de l'*epistémè*. La tendance naturelle de la *théorie* — de ce qui unit la philosophie et la science dans l'*epistémè* — poussera plutôt à colmater les brèches qu'à forcer la clôture. Il était normal que la percée fût plus sûre et plus pénétrante du côté de la littérature et de l'écriture poétique ; normal aussi qu'elle sollicitât d'abord et fît vaciller, comme Nietzsche, l'autorité transcendantale et la catégorie maîtresse de l'*epistémè* : l'être. C'est le sens des travaux de Fenollosa [44] dont on sait quelle influence il exerça sur Ezra Pound et sur sa poétique : cette poétique irréductiblement graphique était, avec celle de Mallarmé, la première rupture de la plus profonde tradition occidentale. La fascination que l'idéogramme chinois exerçait sur l'écriture de Pound prend ainsi toute sa signification historiale.

Dès lors que la phonétisation se laisse interroger dans son origine, dans son histoire et ses aventures, on voit son mouvement se confondre avec ceux de la science, de la religion, de la politique, de l'économie, de la technique, du droit, de l'art. Les origines de ces mouvements et de ces régions historiques ne se dissocient, comme elles doivent le faire pour la délimitation rigoureuse de chaque science, que par une abstraction dont il faut rester conscient et qu'il faut pratiquer avec vigilance. On peut appeler archi-écriture cette complicité des origines. Ce qui se perd en elle, c'est donc le mythe de la simplicité de l'origine. Ce mythe est lié au concept d'origine lui-même : à la parole récitant l'origine, au mythe de l'origine et non seulement aux mythes d'origine.

---

44. Questionnant tour à tour les structures logico-grammaticales de l'Occident (et d'abord la liste des catégories d'Aristote), montrant qu'aucune description correcte de l'écriture chinoise ne peut les tolérer, Fenollosa rappelait que la poésie chinoise était essentiellement une écriture. Il notait par exemple : « Si nous désirons entreprendre l'étude précise de la poésie chinoise, il nous faudra... nous garer de la grammaire occidentale, de ses strictes catégories de langage, de sa complaisance envers les noms et les adjectifs. Il nous faudra chercher, ou du moins avoir toujours à l'esprit, les résonances du verbe dans chaque nom. Nous éviterons le « est » pour introduire un trésor de verbes dédaignés. La plupart des traductions transgressent toutes ces règles. Le développement de la phrase transitive normale s'appuie sur le fait que dans la nature une action en détermine une autre ; ainsi la cause et l'objet sont en réalité des verbes. Par exemple, notre phrase « la lecture détermine l'écriture » serait explicitement exprimée en chinois par trois verbes. Une telle forme est l'équivalent de trois propositions développées et qui peuvent être présentées en locutions adjectives, participiales, infinitives ou conditionnelles. Un exemple parmi d'autres : « Si quelqu'un lit, cela lui apprend à écrire. » Un autre : « Celui qui lit, devient celui qui écrit. » Mais dans la première forme condensée, un Chinois écrirait : « Lire détermine écrire. » *L'écriture chinoise considérée comme art poétique,* tr. fr. in *Mesures,* oct. 1937, N° 4, p. 135.

Que l'accès au signe écrit assure le pouvoir sacré de faire persévérer l'existence dans la trace et de connaître la structure générale de l'univers ; que tous les clergés, exerçant ou non un pouvoir politique, se soient constitués en même temps que l'écriture et par la disposition de la puissance graphique ; que la stratégie, la balistique, la diplomatie, l'agriculture, la fiscalité, le droit pénal soient liés dans leur histoire et dans leur structure à la constitution de l'écriture ; que l'origine assignée à l'écriture l'ait été selon des schèmes ou des chaînes de mythèmes toujours analogues dans les cultures les plus diverses et qu'elle ait communiqué de manière complexe mais réglée avec la distribution du pouvoir politique comme avec la structure familiale ; que la possibilité de la capitalisation et de l'organisation politico-administrative soit toujours passée par la main des scribes qui firent l'enjeu de nombreuses guerres et dont la fonction a toujours été irréductible, quel que fût le défilé des délégations dans lesquelles on a pu la voir à l'œuvre ; qu'à travers les décalages, les inégalités de développement, le jeu des permanences, des retards, des diffusions, etc., la solidarité reste indestructible entre les systèmes idéologique, religieux, scientifico-technique, etc., et les systèmes d'écriture qui furent donc plus et autre chose que des « moyens de communication » ou des véhicules du signifié ; que le sens même du pouvoir et de l'efficacité en général, qui n'a pu apparaître en tant que tel, en tant que sens et maîtrise (par idéalisation), qu'avec le pouvoir dit « symbolique », ait toujours été lié à la disposition de l'écriture ; que l'économie, monétaire ou pré-monétaire, et le calcul graphique soient co-originaires, qu'il n'y ait pas de droit sans possibilité de trace (sinon, comme le montre H. Lévy-Bruhl, de notation au sens étroit), tout cela renvoie à une possibilité commune et radicale qu'aucune science déterminée, aucune discipline abstraite, ne peut penser comme telle [45].

---

45. Nous ne pouvons naturellement songer à décrire ici la masse infinie du contenu factuel que nous intitulons dans ce paragraphe. A titre indicatif et préliminaire, nous renvoyons aux travaux suivants qui comportent tous une importante bibliographie : J. Février, M. Granet, M. Cohen, M. V.-David, *op. cit.* Cf. aussi A. Métraux, art. cité. EP., p. 19 (voir l'intervention de G. Dierterlen, p. 19 et de M. Cohen, p. 27) ; J. Gernet, art. cité, pp. 29, 33, 37, 38, 39, 43 ; J. Sainte Fare Garnot, *Les hiéroglyphes, l'évolution des*

Il faut bien entendre ici cette *incompétence* de la science qui est aussi l'incompétence de la philosophie, la *clôture* de l'*epistémè*. Elles n'appellent surtout pas un retour à une forme pré-scientifique ou infra-philosophique du discours. Bien au contraire. Cette racine commune, qui n'est pas une racine mais le dérobement de l'origine et qui n'est pas commune parce qu'elle ne revient au même qu'avec l'insistance si peu monotone de la différence, ce mouvement innommable de la *différence-même* que nous avons stratégiquement surnommé *trace, réserve* ou *différance,* ne pourrait s'appeler écriture que dans la clôture *historique,* c'est-à-dire dans les limites de la science et de la philosophie.

La constitution d'une science ou d'une philosophie de l'écriture est une tâche nécessaire et difficile. Mais parvenue à ces limites et les répétant sans relâche, une *pensée* de la trace, de la différance ou de la réserve, doit aussi pointer au-delà du champ de l'*épistémè.* Hors de la référence économique et stratégique au nom que Heidegger se justifie de donner aujourd'hui à une transgression analogue mais non identique de tout philosophème, *pensée* est ici pour nous un nom parfaitement neutre, un blanc textuel, l'index nécessairement indéterminé d'une époque à venir de la différance. *D'une certaine manière,* « *la pensée* » *ne veut rien dire.* Comme toute ouverture, cet index appartient, par la face en lui qui se donne à voir, au dedans d'une époque passée. Cette pensée ne pèse rien. Elle est, dans le jeu du système, cela même qui jamais ne pèse rien. Penser, c'est ce que nous savons déjà n'avoir pas encore commencé à faire : ce qui, mesuré à la *taille* de l'écriture, *s'entame* seulement dans l'*epistémè.*

Grammato*logie,* cette pensée se tiendrait encore murée dans la présence.

écritures égyptiennes EP, pp. 57, 68, 70 ; R. Labat, art. cité, pp. 77, 78, 82, 83 ; O. Masson, *La civilisation égéenne, Les écritures crétoises et mycéniennes,* EP, p. 99. E. Laroche, *L'Asie mineure, les Hittites, peuple à double écriture,* EP, pp. 105-111, 113. M. Rodinson, *Les sémites et l'alphabet, Les écritures sud-arabiques et éthiopiennes,* EP, pp. 136 à 145. J. Filliozat, *Les écritures indiennes. Le monde indien et son système graphique,* EP, p. 148. H. Lévy-Bruhl, *L'écriture et le droit,* EP, pp. 325-333. Voir aussi EP, *Confrontations et conclusions,* p. 335 sq.

DEUXIÈME PARTIE
NATURE, CULTURE, ÉCRITURE

J'étais comme si j'avais commis un inceste.

Confessions

introduction
à l' « époque de Rousseau »

> « Nous avons un organe qui répond à
> l'ouïe, savoir, celui de la voix ; nous n'en
> avons pas de même qui réponde à la vue,
> et nous ne rendons pas les couleurs comme
> les sons. C'est un moyen de plus pour cul-
> tiver le premier sens, en exerçant l'organe
> actif et l'organe passif l'un par l'autre. »
>
> *Emile.*

Si l'on se fiait à l'organisation d'une lecture classique, on dirait peut-être que nous venons de proposer une double grille : *historique* et *systématique*. Feignons de croire à cette opposition. Faisons-le par commodité car nous espérons que les raisons de notre suspicion sont maintenant assez claires. Or puisque nous nous apprêtons à traiter de ce que, usant du même langage et avec autant de méfiance, nous appelons un « *exemple* », il nous faut maintenant justifier notre choix.

Pourquoi accorder à l' « époque de Rousseau » une valeur « exemplaire » ? Quel est le privilège de Jean-Jacques Rousseau dans l'histoire du logocentrisme ? Qu'est-ce qui s'indique sous ce nom propre ? Et qu'en est-il des rapports entre ce nom propre et les textes auxquels il fut ainsi souscrit ? Ces questions, nous ne prétendons pas y apporter autre chose qu'un commencement de réponse ; peut-être seulement un commencement d'élaboration, limité à l'organisation préliminaire de la question. Ce travail se présentera progressivement. Nous ne pouvons donc le justifier par anticipation et préface. Essayons néanmoins une ouverture.

Si l'histoire de la métaphysique est l'histoire d'une détermination de l'être comme présence, si son aventure se confond avec celle du logocentrisme, si elle se produit tout entière comme réduction de la trace, l'œuvre de Rousseau nous semble occuper,

145

entre le *Phèdre* de Platon et l'*Encyclopédie* de Hegel, une situation singulière. Que signifient ces trois points de repère ?

Entre l'ouverture et l'accomplissement philosophique du phonologisme (ou logocentrisme), le motif de la présence s'est articulé d'une manière décisive. Il a subi une modification intérieure dont l'index le plus voyant serait le moment de la certitude dans le cogito cartésien. L'identité de la présence offerte à la maîtrise de la répétition s'était auparavant constituée sous la forme « objective » de l'idéalité de l'*eidos* ou de la substantialité de l'*ousia*. Cette objectivité prend désormais la forme de la *représentation,* de l'*idée* comme modification d'une substance présente à soi, consciente et certaine de soi dans l'instant de son rapport à soi. A l'intérieur de sa forme la plus générale, la maîtrise de la présence acquiert une sorte d'assurance infinie. Le pouvoir de répétition que l'*eidos* et l'*ousia* rendaient disponible semble acquérir une indépendance absolue. L'idéalité et la substantialité se rapportent à elles-mêmes, dans l'élément de la *res cogitans*, par un mouvement de pure auto-affection. La conscience est expérience de pure auto-affection. Elle se dit infaillible et si des axiomes de la *lumière naturelle* lui donnent cette certitude, surmontent la provocation du Malin Génie et prouvent l'existence de Dieu, c'est qu'ils constituent l'élément même de la pensée et de la présence à soi. Celle-ci n'est pas dérangée par l'origine divine de ces axiomes. L'altérité infinie de la substance divine ne s'interpose pas comme un élément de médiation ou d'opacité dans la transparence du rapport à soi et la pureté de l'auto-affection. Dieu est le nom et l'élément de ce qui rend possible un savoir de soi absolument pur et absolument présent à soi. L'entendement infini de Dieu est l'autre nom du logos comme présence à soi, de Descartes à Hegel et malgré toutes les différences qui séparent les différents lieux et moments dans la structure de cette époque. Or le logos ne peut être infini et présent à soi, il ne peut *se produire comme auto-affection,* qu'à travers la *voix* : ordre de signifiant par lequel le sujet sort de soi en soi, n'emprunte pas hors de lui le signifiant qu'il émet et qui l'affecte en même temps. Telle est du moins l'expérience — ou conscience — de la voix : du s'entendre-parler. Elle se vit et se dit comme exclusion de l'écriture, à savoir de l'appel à un signifiant « extérieur », « sensible », « spatial » interrompant la présence à soi.

Or à l'intérieur de cette époque de la métaphysique, entre Descartes et Hegel, Rousseau est sans doute le seul ou le premier à faire un thème et un système de la réduction de l'écriture, telle quelle était profondément impliquée par toute l'époque. Il répète le mouvement inaugural du *Phèdre* et du *De interpretatione* mais cette fois à partir d'un nouveau modèle de la présence : la présence à soi du sujet dans la *conscience* ou dans le *sentiment*. Ce qu'il excluait plus violemment qu'un autre devait, bien entendu, le fasciner et le tourmenter plus qu'un autre. Descartes avait chassé le signe — et singulièrement le signe écrit — hors du cogito et de l'évidence claire et distincte ; celle-ci étant la présence même de l'idée à l'âme, le signe y était accessoire, abandonné à la région du sensible et de l'imagination. Hegel réapproprie le signe sensible au mouvement de l'Idée. Il critique Leibniz et fait l'éloge de l'écriture phonétique dans l'horizon d'un logos absolument présent à soi, se tenant auprès de soi dans l'unité de sa parole et de son concept. Mais ni Descartes ni Hegel ne se sont battus avec le problème de l'écriture. Le lieu de ce combat et de cette crise, c'est ce qu'on appelle le XVIIIᵉ siècle. Non seulement parce qu'il restaure les droits de la sensibilité, de l'imagination et du signe, mais parce que les tentatives de type leibnizien avaient ouvert une brèche · dans la sécurité logocentrique. Il faudra mettre au jour ce qui, dans ces tentatives de caractéristique universelle, limitait d'entrée de jeu la puissance et l'étendue de la percée. Avant Hegel et en termes explicites, Rousseau a condamné la caractéristique universelle ; non pas à cause du fondement théologique qui en ordonnait la possibilité à l'entendement infini ou logos de Dieu, mais parce qu'elle semblait suspendre la voix. « A travers » cette condamnation, on peut lire la *réaction* la plus énergique organisant au XVIIIᵉ siècle la défense du phonologisme et de la métaphysique logocentrique. Ce qui menace alors, c'est bien l'écriture. Cette menace n'est pas accidentelle et désordonnée : elle fait composer en un seul système historique les projets de *pasigraphie,* la découverte des écritures non européennes ou en tout cas les progrès massifs des techniques de *déchiffrement,* l'idée enfin d'une *science générale du langage et de l'écriture.* Contre toutes ces pressions, une guerre s'ouvre alors. Le « hegelianisme » en sera la plus belle cicatrice.

Les noms d'auteurs ou de doctrines n'ont ici aucune valeur

substantielle. Ils n'indiquent ni des identités ni des causes. Il y aurait de la légèreté à penser que « Descartes », « Leibniz », « Rousseau », « Hegel », etc., sont des noms d'auteurs, les noms des auteurs de mouvements ou de déplacements que nous désignons ainsi. La valeur indicative que nous leur attribuons est d'abord le nom d'un problème. Si nous nous autorisons provisoirement à traiter de cette structure historique en fixant notre attention sur des textes de type philosophique ou littéraire, ce n'est pas pour y reconnaître l'origine, la cause ou l'équilibre de la structure. Mais comme nous ne pensons pas davantage que ces textes soient de simples *effets* de la structure, en quelque sens qu'on l'entende ; comme nous pensons que *tous les concepts proposés jusqu'ici pour penser l'articulation d'un discours et d'une totalité historique sont pris dans la clôture métaphysique que nous questionnons ici,* comme nous n'en connaissons pas d'autre et que nous n'en produirons aucun autre tant que cette clôture terminera notre discours ; comme la phase primordiale et indispensable, en fait et en droit, dans le développement de cette problématique, consiste à interroger la structure interne de ces textes comme de symptômes ; comme c'est la seule condition pour les déterminer *eux-mêmes*, dans la totalité de leur appartenance métaphysique, nous en tirons argument pour isoler Rousseau et, dans le rousseauisme, la théorie de l'écriture. Cette abstraction est d'ailleurs partielle et elle reste à nos yeux provisoire. Plus loin, nous en aborderons directement le problème dans une « question de méthode ».

Au-delà de ces justifications massives et préliminaires, il faudrait invoquer d'autres urgences. Dans le champ de la pensée occidentale, et notamment en France, le discours dominant — appelons-le « structuralisme » — reste pris aujourd'hui, par toute une couche de sa stratification, et parfois la plus féconde, dans la métaphysique — le logocentrisme — que l'on prétend au même moment avoir, comme on dit si vite, « dépassée ». Si nous avons choisi l'exemple des textes de Claude Lévi-Strauss, d'en partir et d'en recevoir l'incitation à une lecture de Rousseau, c'est pour plus d'une raison : à cause de la richesse et de l'intérêt théorique de ces textes, du rôle animateur qu'ils jouent actuellement, mais aussi de la place qu'y tiennent la théorie de l'écriture et le thème de la fidélité à Rousseau. Ils seront donc ici un peu plus qu'un exergue.

la violence de la lettre :
de Lévi-Strauss à Rousseau

> Parlerai-je à présent de l'écriture ? Non,
> j'ai honte de m'amuser à ces niaiseries dans
> un traité de l'éducation.
>
> *Emile ou de l'éducation.*

> Elle [l'écriture] paraît favoriser l'exploita-
> tion des hommes avant leur illumination...
> L'écriture et la perfidie pénétraient chez
> eux de concert.
>
> « La leçon d'écriture » in *Tristes tropiques.*

La métaphysique a constitué un système de défense exemplaire contre la menace de l'écriture. Or qu'est-ce qui lie l'écriture à la violence ? Que doit être la violence pour que quelque
chose en elle s'égale à l'opération de la trace ?

Et pourquoi faire jouer cette question dans l'affinité ou la
filiation qui enchaînent Lévi-Strauss à Rousseau ? A la difficulté de justifier ce rétrécissement historique s'en ajoute une
autre : qu'est-ce que la descendance dans l'ordre du discours et
du texte ? Si, de manière un peu conventionnelle, nous appelons
ici *discours* la *représentation* actuelle, vivante, consciente d'un
texte dans l'expérience de ceux qui l'écrivent ou le lisent, et
si le texte déborde sans cesse cette représentation par tout le
système de ses ressources et de ses lois propres, alors la question généalogique excède largement les possibilités qui nous
sont aujourd'hui données de l'élaborer. Nous savons que la
métaphore est encore *interdite* qui décrirait sans faute la généalogie d'un texte. En sa syntaxe et son lexique, dans son espacement, par sa ponctuation, ses lacunes, ses marges, l'appartenance

historique d'un texte n'est jamais droite ligne. Ni causalité de contagion. Ni simple accumulation de couches. Ni pure juxta-position de pièces empruntées. Et si un texte se donne toujours une certaine représentation de ses propres racines, celles-ci ne vivent que de cette représentation, c'est-à-dire de ne jamais toucher le sol. Ce qui détruit sans doute leur *essence radicale,* mais non la nécessité de leur *fonction enracinante.* Dire qu'on ne fait jamais qu'entrelacer les racines à l'infini, les pliant à s'enra-ciner dans des racines, à repasser par les mêmes points, à redoubler d'anciennes adhérences, à circuler entre leurs diffé-rences, à s'enrouler sur elles-mêmes ou à s'envelopper récipro-quement, dire qu'un texte n'est jamais qu'un *système de racines,* c'est sans doute contredire à la fois le concept du système et le schème de la racine. Mais pour n'être pas une pure apparence, cette contradiction ne prend sens de contra-diction et ne reçoit son « illogisme » que d'être pensée dans une configuration finie — l'histoire de la métaphysique — prise à l'intérieur d'un système de racines qui ne s'y termine pas et qui n'a pas encore de nom.

Or la conscience de soi du texte, le discours circonscrit où s'articule la représentation généalogique (par exemple ce que Lévi-Strauss constitue d'un certain « XVIIIᵉ siècle » en s'en réclamant), sans se confondre avec la généalogie même, joue, précisément par cet écart, un rôle organisateur dans la structure du texte. Si même on avait le droit de parler d'illusion rétros-pective, celle-ci ne serait pas un accident ou un déchet théo-rique ; on devrait rendre compte de sa nécessité et de ses effets positifs. Un texte a toujours plusieurs âges, la lecture doit en prendre son parti. Et cette représentation généalogique de soi est déjà elle-même représentation d'une représentation de soi : ce que le « XVIIIᵉ siècle français » par exemple et si quelque chose de tel existe, construisait déjà comme sa propre provenance et sa propre présence.

Le jeu de ces appartenances, si manifeste dans les textes de l'anthropologie et des « sciences humaines », se produit-il tout entier à l'intérieur d'une « histoire de la métaphysique » ? En force-t-il quelque part la clôture ? Tel est peut-être l'horizon le plus large des questions qui seront ici appuyées à quelques exemples. Auxquels on peut donner des noms propres : les tenants du discours, Condillac, Rousseau, Lévi-Strauss ; ou des noms communs : les concepts d'analyse, de genèse, d'origine, de nature, de culture, de signe, de parole, d'écriture, etc. ; enfin le nom commun de nom propre.

Le *phonologisme,* c'est sans doute, à l'intérieur de la linguistique comme de la métaphysique, l'exclusion ou l'abaissement de l'écriture. Mais c'est aussi l'autorité accordée à une science qu'on veut considérer comme le modèle de toutes les sciences dites humaines. En ces deux sens le structuralisme de Lévi-Strauss est un phonologisme. Ce que nous avons déjà approché, quant aux « modèles » de la linguistique et de la phonologie, nous interdit donc de contourner une anthropologie structurale sur laquelle la science phonologique exerce une fascination aussi *déclarée :* par exemple dans *Langage et parenté* [1] qu'il faudrait interroger ligne à ligne.

> « La naissance de la phonologie a bouleversé cette situation. Elle n'a pas seulement renouvelé les perspectives linguistiques ; une transformation de cette ampleur n'est pas limitée à une discipline particulière. La phonologie ne peut manquer de jouer, vis-à-vis des sciences sociales, le même rôle rénovateur que la physique nucléaire, par exemple, a joué pour l'ensemble des sciences exactes. » (p. 39).

Si nous voulions élaborer ici la question du *modèle,* il faudrait relever tous les « comme » et les « de même » qui ponctuent la démonstration, réglant et autorisant l'analogie entre le phonologique et le sociologique, entre les phonèmes et les termes de parenté. « Analogie frappante », nous est-il dit, mais dont le fonctionnement des « comme » nous montre assez vite qu'il s'agit là d'une très sûre mais très pauvre généralité de lois structurales, dominant sans doute les systèmes considérés, mais aussi bien d'autres, et sans privilège : phonologie exemplaire comme l'exemple dans la série et non comme le modèle régulateur. Mais sur ce terrain, les questions ont été posées, les objections articulées, et comme le phonologisme *épistémologique* érigeant une science en patron suppose le phonologisme *linguistique* et *métaphysique* élevant la voix au-dessus de l'écriture, c'est ce dernier que nous tenterons d'abord de reconnaître.

Car Lévi-Strauss a écrit de l'écriture. Peu de pages sans

---

1. In *Anthropologie structurale.* Cf. aussi *Introduction à l'œuvre de Mauss,* p. XXXV.

doute [2] mais à bien à des égards remarquables : très belles et faites pour étonner, énonçant dans la forme du paradoxe et de la modernité l'anathème que l'Occident obstinément a ressassé, l'exclusion par laquelle il s'est constitué et reconnu, depuis le *Phèdre* jusqu'au *Cours de linguistique générale.*

Autre raison de relire Lévi-Strauss : si, nous l'avons déjà éprouvé, on ne peut penser l'écriture sans cesser de se fier, comme à une évidence allant de soi, à tout le système des différences entre la *physis* et son autre (la série de ses « autres » : l'art, la technique, la loi, l'institution, la société, l'immotivation, l'arbitraire, etc.) et à toute la conceptualité qui s'y ordonne, on doit suivre avec la plus grande attention la démarche inquiète d'un savant qui tantôt, à telle étape de sa réflexion, fait fond sur cette différence, et tantôt nous conduit à son point d'effacement : « L'opposition entre nature et culture, sur laquelle nous avons jadis insisté, nous semble aujourd'hui offrir une valeur surtout méthodologique [3]. » Sans doute Lévi-Strauss n'est-il jamais allé que d'un point d'effacement à un autre. Déjà *Les structures élémentaires de la parenté* (1949), commandées par le problème de la prohibition de l'inceste, n'accréditaient la différence qu'autour d'une couture. L'une et l'autre n'en devenaient que plus énigmatiques. Et il serait risqué de décider si la couture — la prohibition de l'inceste — est une étrange exception qu'on viendrait à rencontrer dans le système transparent de la différence, un « fait », comme dit Lévi-Strauss, avec lequel « nous nous trouvons alors confrontés » (p. 9) ; ou au contraire, l'origine de la différence entre nature et culture, la condition, hors système, du système de la différence. La condition ne serait un « scandale » que si on voulait la comprendre *dans* le système dont elle est précisément la condition.

« Posons donc que tout ce qui est universel, chez l'homme, relève de l'ordre de la nature et se caractérise par la spon-

---

2. Ce sont d'abord les *Tristes tropiques,* tout au long de cette « Leçon d'écriture » (ch. XVIII) dont on retrouve la substance théorique dans le second des *Entretiens avec Claude Lévi-Strauss* (G. Charbonnier) *(Primitifs et civilisés).* C'est aussi *l'Anthropologie structurale (Problèmes de méthode et d'enseignement,* notamment dans le chapitre disant le « critère de l'authenticité », p. 400). Enfin, de manière moins directe, dans *La pensée sauvage,* sous un titre séduisant, *Le temps retrouvé.*

3. *La pensée sauvage,* p. 327, cf. aussi p. 169.

tanéité, que tout ce qui est astreint à une norme appartient à la culture et présente les attributs du relatif et du particulier. Nous nous trouvons alors confrontés avec un fait, ou plutôt un ensemble de faits, qui n'est pas loin, à la lumière des définitions précédentes, d'apparaître comme un scandale : ... car la prohibition de l'inceste présente sans la moindre équivoque, et indissolublement réunis, les deux caractères où nous avons reconnu les attributs contradictoires de deux ordres exclusifs : elle constitue une règle, mais une règle qui, seule entre toutes les règles sociales, possède en même temps un caractère d'universalité » (p. 9).

Mais le « scandale » n'était apparu qu'à un certain moment de l'analyse : quand, renonçant à une « analyse réelle » qui ne nous livrera jamais de différence entre nature et culture, on passait à une « analyse idéale » permettant de définir le « double criterium de la norme et de l'universalité ». C'est donc à partir de la confiance faite à la différence entre les deux analyses que le scandale prenait sens de scandale. Que signifiait cette confiance ? Elle s'apparaissait à elle-même comme le droit pour le savant d'utiliser des « instruments de méthode » dont la « valeur logique » est anticipée, en état de précipitation au regard de l' « objet », de la « vérité », etc., de ce en vue de quoi la science est en travail. Ce sont les premiers mots — ou presque — des *Structures* :

> « ... on commence à comprendre que la distinction entre état de nature et état de société (nous dirions plus volontiers aujourd'hui : état de nature et état de culture), à défaut d'une signification historique acceptable, présente une valeur qui justifie pleinement son utilisation, par la sociologie moderne, comme un instrument de méthode » (p. 1).

On le voit : quant à la « valeur surtout méthodologique » des concepts de nature et de culture, il n'y a ni évolution ni surtout repentir des *Structures* à *La pensée sauvage*. Il n'y en a sans doute pas davantage quant à ce concept d'instrument de méthode : dans les *Structures,* il annonce très précisément ce qui, plus de dix ans après, nous sera dit du « bricolage », des outils comme « moyens du bord », « conservés en vertu du principe que « ça peut toujours servir ». « Comme le bricolage sur le plan technique, la réflexion mythique peut atteindre, sur le plan intellectuel, des résultats brillants et imprévus. Réciproquement, on a souvent noté le caractère mythopoétique du

153

bricolage » (p. 26 sq.). Il resterait, bien sûr, à se demander si l'ethnologue se pense comme « ingénieur » ou comme « bricoleur ». *Le cru et le cuit* se présente comme « le mythe de la mythologie » *(Préface*, p. 20).

Néanmoins, l'effacement de la frontière entre nature et culture n'est pas produit, des *Structures* à *La pensée sauvage*, par le même geste. Dans le premier cas, il s'agit plutôt de respecter l'originalité d'une suture scandaleuse. Dans le deuxième cas, d'une réduction, si soucieuse soit-elle de ne pas « dissoudre » la spécificité de ce qu'elle analyse :

> « ... ce ne serait pas assez d'avoir résorbé des humanités particulières dans une humanité générale ; cette première entreprise ·en amorce d'autres que Rousseau [dont Lévi-Strauss vient de louer la « clairvoyance habituelle »] n'aurait pas aussi volontiers admises et qui incombent aux sciences exactes et naturelles : réintégrer la culture dans la nature, et finalement, la vie dans l'ensemble de ses conditions physico-chimiques » (p. 327).

Conservant et annulant à la fois des oppositions conceptuelles héritées, cette pensée se tient donc, comme celle de Saussure, aux limites : tantôt à l'intérieur d'une conceptualité non critiquée, tantôt pesant sur les clôtures et travaillant à la déconstruction.

Enfin, et cette dernière citation nous y conduit nécessairement, pourquoi Lévi-Strauss *et* Rousseau ? Cette conjonction devra se justifier progressivement et de l'intérieur. Mais on sait déjà que Lévi-Strauss ne se sent pas seulement *accordé* à Jean-Jacques, son héritier par le cœur et ce qu'on pourrait appeler l'affect théorique. Il se présente aussi souvent comme le disciple moderne de Rousseau, il le lit comme *l'instituteur* et non seulement comme le prophète de l'ethnologie moderne. On pourrait citer cent textes à la gloire de Rousseau. Rappelons néanmoins, à la fin du *Totémisme aujourd'hui*, ce chapitre sur « Le totémisme du dedans » : « ferveur militante » « envers l'ethnographie », « clairvoyance étonnante » de Rousseau qui, « mieux avisé que Bergson » et « avant même la découverte du totémisme » a « pénétré dans ce qui ouvre la possibilité du totémisme en général » (p. 147), à savoir :

1. La *pitié*, cette affection fondamentale, aussi primitive que l'amour de soi, et qui nous unit naturellement à autrui : à l'homme, certes, mais aussi à tout être vivant.

2. L'essence *originairement métaphorique,* parce que passionnelle, dit Rousseau, de notre *langage.* Ce qui autorise ici l'interprétation de Lévi-Strauss, c'est cet *Essai sur l'origine des langues* dont nous tenterons plus tard une lecture patiente : « Comme les premiers motifs qui firent parler l'homme furent des passions [et non des besoins], ses premières expressions furent des tropes. Le langage figuré fut le premier à naître. » C'est encore dans le *Totémisme du dedans* que le deuxième *Discours* est défini « le premier traité d'anthropologie générale que compte la littérature française. En termes presque modernes, Rousseau y pose le problème central de l'anthropologie qui est celui du passage de la nature à la culture » (p. 142). Mais voici l'hommage le plus systématique : « Rousseau ne s'est pas borné à prévoir l'ethnologie : il l'a fondée. D'abord de façon pratique, en écrivant ce *Discours sur l'origine et les fondements de l'inégalité parmi les hommes* qui pose le problème des rapports entre la nature et la culture, et où l'on peut voir le premier traité d'ethnologie générale ; et ensuite sur le plan théorique, en distinguant avec une clarté et une concision admirables, l'objet propre de l'ethnologue de celui du moraliste et de l'historien : « Quand on veut étudier les hommes, il faut regarder près de soi ; mais pour étudier l'homme, il faut apprendre à porter sa vue au loin ; il faut d'abord observer les différences pour découvrir les propriétés » *(Essai sur l'origine des langues,* ch. VIII) [4].

Il y a donc là un rousseauisme déclaré et militant. Il nous impose déjà une question très générale qui orientera plus ou moins directement toutes nos lectures : dans quelle mesure l'appartenance de Rousseau à la métaphysique logocentrique et à la philosophie de la présence — appartenance que nous avons déjà pu reconnaître et dont nous aurons à dessiner la figure exemplaire — assigne-t-elle des limites à un discours scientifique ? Retient-elle nécessairement dans sa clôture la discipline et la fidélité rousseauistes d'un ethnologue et d'un théoricien de l'ethnologie moderne ?

Si cette question ne suffisait pas à enchaîner le développe-

---

4. « Jean-Jacques Rousseau, fondateur des sciences de l'homme » p. 240. Il s'agit d'une conférence recueillie dans le volume *Jean-Jacques Rousseau* — La Baconnière — 1962. On reconnaît ici un thème cher à Merleau-Ponty : le travail ethnologique *réalise* la variation imaginaire à la recherche de l'invariant essentiel.

ment qui va suivre à notre propos initial, on devrait peut-être revenir :

1. à telle digression sur la violence qui *ne survient pas* du dehors, pour le surprendre, à un langage innocent, subissant l'agression de l'écriture comme l'accident de son mal, de sa défaite et de sa déchéance ; mais violence originaire d'un langage qui est toujours déjà une écriture. A aucun moment, on ne contestera donc Rousseau et Lévi-Strauss lorsqu'ils lient le pouvoir de l'écriture à l'exercice de la violence. Mais en radicalisant ce thème, en cessant de considérer cette violence comme *dérivée* au regard d'une parole naturellement innocente, on fait virer tout le sens d'une proposition —; l'unité de la violence et de l'écriture — qu'il faut donc se garder d'abstraire et d'isoler.

2. à telle autre ellipse sur la métaphysique ou l'onto-théologie du logos (par excellence dans son moment hegelien) comme effort impuissant et onirique pour maîtriser l'absence en réduisant la métaphore dans la parousie absolue du sens. Ellipse sur l'écriture originaire dans le langage comme irréductibilité de la métaphore, qu'il faut penser ici dans sa possibilité et en-deçà de sa répétition rhétorique. Absence irrémédiable du nom propre. Rousseau croyait sans doute à un langage s'initiant dans la figure, mais il n'en croyait pas moins, nous le verrons assez, à un progrès vers le sens propre. « Le langage figuré fut le premier à naître », dit-il, mais c'est pour ajouter : « le sens propre fut trouvé le dernier » *(Essai* [5]). C'est à cette escha-

---

5. L'idée du langage originairement figuré était assez répandue à cette époque : on la rencontre en particulier chez Warburton et chez Condillac dont l'influence sur Rousseau est ici massive. Chez Vico : B. Gagnebin et M. Raymond se sont demandé, à propos de l'*Essai sur l'origine des langues,* si Rousseau n'avait pas lu la *Science nouvelle* lorsqu'il était secrétaire de Montaigu à Venise. Mais si Rousseau et Vico affirment tous deux la nature métaphorique des langues primitives, seul Vico leur attribue cette origine divine, thème de désaccord aussi entre Condillac et Rousseau. Puis Vico est alors un des rares, sinon le seul, à croire à la contemporanéité d'origine entre l'écriture et la parole : « Les philosophes ont cru bien à tort que les langues sont nées d'abord et plus tard l'écriture ; bien au contraire, elles naquirent jumelles et cheminèrent parallèlement. » (Scienza Nuova 3, I.) Cassirer n'hésite pas à affirmer que Rousseau a « repris » dans l'*Essai* les théories de Vico sur le langage. *(Philosophie der symbolischen Formen.* I, I, 4).

tologie du *propre* (prope, proprius, proximité à soi, présence à soi, propriété, propreté) que nous posons la question du γράφειν.

La guerre des noms propres.

Mais comment distinguer par écrit un homme qu'on nomme d'un homme qu'on appelle ? C'est là vraiment une équivoque qu'eût levée le point vocatif.
Essai sur l'origine des langues.

Remontée, maintenant, des *Tristes tropiques* à l'*Essai sur l'origine des langues,* de la *Leçon d'écriture* donnée à la leçon d'écriture refusée par celui qui avait « honte de s'amuser » aux « niaiseries » de l'écriture dans un traité de l'éducation. Notre question sera peut-être mieux délimitée : disent-ils la même chose ? Font-ils la même chose ?

Dans ces *Tristes tropiques* qui sont à la fois des *Confessions* et une sorte de supplément au *Supplément au voyage de Bougainville,* la « Leçon d'écriture » marque un épisode de ce qu'on pourrait appeler la guerre ethnologique, l'affrontement essentiel qui ouvre la communication entre les peuples et les cultures, même lorsque cette communication ne se pratique pas sous le signe de l'oppression coloniale ou missionnaire. Toute la « Leçon d'écriture » est récitée dans le registre de la violence contenue ou différée, violence sourde parfois, mais toujours oppressante et lourde. Et qui pèse en divers lieux et divers moments de la *relation* : dans le récit de Lévi-Strauss comme dans le rapport entre des individus et des groupes, entre des cultures ou à l'intérieur d'une même communauté. Que peut signifier le rapport à l'écriture dans ces diverses instances de la violence ?

Pénétration chez les Nambikwara. Affection de l'ethnologue pour ceux à qui il a consacré, on le sait, une de ses thèses, *La vie familiale et sociale des Indiens Nambikwara* (1948). Pénétration, donc, dans « le monde perdu » des Nambikwara, « petite bande d'indigènes nomades qui sont parmi les plus primitifs qu'on puisse rencontrer dans le monde » sur « un territoire grand comme la France », traversé par une *picada* (piste grossière dont le « tracé » est presque « indiscernable de la brousse » : il faudrait méditer d'ensemble la possibilité de la route et de la différence comme écriture, l'histoire de l'écriture et l'histoire de la route, de la rupture, de la *via rupta,* de la voie rompue, frayée, *fracta,* de l'espace de réversibilité et de répétition tracé par l'ouverture, l'écart et l'espacement violent de la nature, de la forêt naturelle, sauvage, salvage. La *silva* est sauvage, la *via rupta* s'écrit, se discerne, s'inscrit violemment comme différence, comme forme imposée dans la *hylè,* dans la forêt, dans le bois comme matière ; il est difficile d'imaginer que l'accès à la possibilité des tracés routiers ne soit pas en même temps accès à l'écriture). Le terrain des Nambikwara est traversé par la ligne d'une picada autochtone. Mais aussi par une autre *ligne,* ligne cette fois importée :

> Fil d'une ligne téléphonique abandonnée, « devenu inutile aussitôt que posé » et qui « se détend sur des poteaux qu'on ne remplace pas quand ils tombent en pourriture, victimes des termites ou des Indiens qui prennent le bourdonnement caractéristique d'une ligne télégraphique pour celui d'une ruche d'abeilles sauvages en travail ».

Les Nambikwara dont le harcèlement et la cruauté — présumée ou non — sont très redoutés par le personnel de la ligne « ramènent l'observateur à ce qu'il prendrait volontiers — mais à tort — pour une enfance de l'humanité ». Lévi-Strauss décrit le type biologique et culturel de cette population dont les techniques, l'économie, les institutions et les structures de parenté, si primaires soient-elles, leur font bien entendu une place de droit dans le genre humain, dans la société dite humaine et l'« état de culture ». Ils parlent et prohibent l'inceste. « Tous étaient parents entre eux, les Nambikwara épousant de préférence une nièce de l'espèce dite *croisée* par les ethnologues ; fille de la sœur du père ou du frère de la mère ». Autre raison pour ne pas se laisser prendre à l'apparence et pour ne pas croire qu'on assiste ici à une « enfance de l'humanité » : la structure de la langue. Et surtout son *usage.* Les Nambikwara utilisent plusieurs dialectes, plusieurs systèmes selon les situations. Et c'est ici qu'intervient un phénomène qu'on peut grossièrement appeler « linguistique » et qui devra nous intéresser au premier chef. Il s'agit d'un *fait* que nous n'aurons pas les moyens d'interpréter au-delà de ses conditions de possibilité générales, de son *a priori* ; dont les causes factuelles et empiriques — telles qu'elles œuvrent dans cette situation déterminée — nous échapperont et ne font d'ailleurs l'objet d'aucune question de la part de Lévi-Strauss qui se contente ici de constater. Ce fait intéresse ce que nous avons avancé de l'essence ou de l'énergie du γράφειν comme effacement originaire du nom propre. Il y a écriture dès que le nom propre est raturé dans un système, il y a « sujet » dès que cette oblitération du propre se produit, c'est-à-dire dès l'apparaître du propre et dès le premier matin du langage. Cette proposition est d'essence universelle et on peut la produire *a priori*. Comment passe-t-on ensuite de cet *a priori* à la détermination des faits empiriques, c'est là une question à laquelle on ne peut ici répondre en général. D'abord parce que, par définition, il n'y a pas de réponse générale à une question de cette forme.

C'est donc à la rencontre d'un tel *fait* que nous venons ici. Il ne s'y agit pas de l'effacement structurel de ce que nous croyons être nos noms propres ; il ne s'y agit pas de l'oblitération qui, paradoxalement, constitue la lisibilité originaire de cela même qu'elle rature, mais d'un interdit pesant en surimpression, dans certaines sociétés, sur l'usage du nom propre : « L'emploi du nom propre est chez eux interdit », note Lévi-Strauss.

Avant de nous en approcher, remarquons que cette prohibition est nécessairement dérivée au regard de la rature constituante du nom propre dans ce que nous avons appelé l'archiécriture, c'est-à-dire dans le jeu de la différence. C'est parce que les noms propres ne sont déjà plus des noms propres, parce que leur production est leur oblitération, parce que la rature et l'imposition de la lettre sont originaires, parce qu'elles ne surviennent pas à une inscription propre ; c'est parce que le nom propre n'a jamais été, comme appellation unique réservée à la présence d'un être unique, que le mythe d'origine d'une lisibilité transparente et présente sous l'oblitération ; c'est parce que le nom propre n'a jamais été possible que par son fonctionnement dans une classification et donc dans un système de différences, dans une écriture retenant les traces de différence, que l'interdit a été possible, a pu jouer, et éventuellement être transgressé, comme nous allons le voir. Transgressé, c'est-à-dire restitué à l'oblitération et à la non-propriété d'origine.

Cela est d'ailleurs strictement accordé à une intention de Lévi-Strauss. Dans « Universalisation et particularisation » *(La pensée sauvage* ch. VI), il sera démontré qu' « on ne nomme jamais, on classe l'autre... ou on se classe soi-même [6]. » Démons-

6. « Nous sommes donc en présence de deux types extrêmes de noms propres, entre lesquels existent toute une série d'intermédiaires. Dans un cas, le nom est une marque d'identification, qui confirme, par application d'une règle, l'appartenance de l'individu *qu'on nomme* à une classe préordonnée (un groupe social dans un système de groupes, un statut natal dans un système de statuts) ; dans l'autre cas, le nom est une libre création de l'individu *qui nomme* et qui exprime, au moyen de celui qu'il nomme, un état transitoire de sa propre subjectivité. Mais peut-on dire que, dans l'un ou l'autre cas, on nomme véritablement ? Le choix, semble-t-il, n'est qu'entre identifier l'autre en l'assignant à une classe, ou, sous couvert de lui donner un nom, de s'identifier soi-même à travers lui. On ne nomme donc jamais : on classe l'autre, si le nom qu'on lui donne est fonction des caractères qu'il a, ou on se classe soi-même si, se croyant dispensé de suivre une règle, on nomme l'autre « librement » : c'est-à-dire en fonction des caractères qu'on a. Et le plus souvent, on fait les deux choses à la fois » (p. 240). Cf. aussi « L'individu comme espèce » et « Le temps retrouvé » (ch. 7 et 8) : « Dans chaque système, par conséquent, les noms propres représentent des *quanta de signification* au-dessous desquels on ne fait plus rien que montrer. Nous atteignons ainsi à la racine l'erreur parallèle commise par Peirce et par Russel, le premier en définissant le nom propre comme un « index », le second en croyant découvrir le modèle logique du nom propre dans le pronom démonstratif. C'est admettre, en effet, que l'acte de nommer se situe dans un continu où s'accomplirait insensiblement le passage de l'acte de signifier à celui de montrer. Au contraire, nous espérons avoir établi que ce passage est discontinu, bien que chaque culture en fixe autrement les seuils. Les sciences naturelles situent leur seuil au niveau de l'espèce, de la variété, ou de la sous-variété, selon les cas. Ce seront donc des termes de généralité différente qu'elles percevront chaque fois comme noms propres » (pp. 285-286).

Il faudrait peut-être, en radicalisant cette intention, se demander s'il est légitime de se référer encore à la propriété pré-nominale du « montrer » pur, si l'indication pure, comme degré zéro du langage, comme « certitude sensible » n'est pas un mythe toujours déjà effacé par le jeu de la différence. Peut-être faudrait-il dire de l'indication « propre » ce que Lévi-Strauss dit encore ailleurs des noms propres : « Vers le bas, le système ne connaît pas non plus de limite externe, puisqu'il réussit à traiter la diversité qualitative des espèces naturelles comme la matière symbolique d'un ordre, et que sa marche vers le concret, le spécial, et l'individuel, n'est même pas arrêtée par l'obstacle des appellations personnelles : il n'est pas jusqu'aux noms propres qui ne puissent servir de termes à une classification » (p. 288) (cf. aussi p. 242).

tration ancrée en quelques exemples de prohibitions qui affectent ici ou là l'usage des noms propres. Sans doute faudrait-il soigneusement distinguer ici la nécessité essentielle de la disparition du nom propre et la prohibition déterminée qui peut éventuellement et ultérieurement s'y ajouter ou s'y articuler. La non-prohibition, autant que la prohibition, présuppose l'oblitération fondamentale. La non-prohibition, la *conscience* ou l'exhibition du nom propre, ne fait que restituer ou découvrir une impropriété essentielle et irrémédiable. Quand dans la *conscience,* le nom *se dit* propre, il se classe déjà et s'oblitère en *s'appelant*. Il n'est déjà plus qu'un *soi-disant* nom propre.

Si l'on cesse d'entendre l'écriture en son sens étroit de notation linéaire et phonétique, on doit pouvoir dire que toute société capable de produire, c'est-à-dire d'oblitérer ses noms propres et de jouer de la différence classificatoire, pratique l'écriture en général. A l'expression de « société sans écriture » ne répondrait donc aucune réalité ni aucun concept. Cette expression relève de l'onirisme ethnocentrique, abusant du concept vulgaire, c'est-à-dire ethnocentrique, de l'écriture. Le mépris de l'écriture, notons-le au passage, s'accommode fort bien de cet ethnocentrisme. Il n'y a là qu'un paradoxe apparent, une de ces contradictions où se profère et s'accomplit un désir parfaitement cohérent. Par un seul et même geste, on méprise l'écriture (alphabétique), instrument servile d'une parole rêvant sa plénitude et sa présence à soi, et l'on refuse la dignité d'écriture aux signes non alphabétiques. Nous avons perçu ce geste chez Rousseau et chez Saussure.

Les Nambikwara, — le *sujet* de la « Leçon d'écriture » — seraient donc un de ces peuples sans écriture. Ils ne disposent pas de ce que *nous* appelons l'écriture au sens courant. C'est en tout cas que nous dit Lévi-Strauss : « On se doute que les Nambikwara ne savent pas écrire. » Tout à l'heure, cette incapacité sera pensée, dans l'ordre éthico-politique, comme une innocence et une non-violence interrompues par l'effraction occidentale et la *Leçon d'écriture*. Nous assisterons à cette scène. Patientons encore un peu.

Comment refusera-t-on aux Nambikwara l'accès à l'écriture en général sinon en déterminant celle-ci selon un modèle ? Nous nous demanderons plus tard, en confrontant plusieurs textes de Lévi-Strauss, jusqu'à quel point il est légitime de ne pas appeler écriture ces « pointillés » et « zigzags » sur les calebasses, si brièvement évoqués dans *Tristes tropiques*. Mais surtout, comment refuser la pratique de l'écriture en général à une société capable d'oblitérer le propre, c'est-à-dire à une société violente ? Car l'écriture, oblitération du propre classé dans le jeu de la différence, est la violence originaire elle-même : pure impossibilité du « point vocatif », impossible pureté du point de vocation. On ne peut effacer cette « équivoque » dont Rousseau souhaitait qu'elle fût « levée » par le « point vocatif ». Car l'existence d'un tel point dans quelque code de la ponctuation ne changerait rien au problème. La mort de l'appellation absolument propre, reconnaissant dans un langage l'autre comme autre pur, l'invoquant comme ce qu'il est, c'est la mort de l'idiome pur réservé à l'unique. Antérieure à l'éventualité de la violence au sens courant et dérivé, celle dont parlera la « Leçon d'écriture », il y a, comme l'espace de sa possibilité, la violence de l'archi-écriture, la violence de la différence, de la classification et du système des appellations. Avant de dessiner la structure de cette implication, lisons la scène des noms propres ; avec une autre scène, que nous lirons tout à l'heure, elle est une préparation indispensable à la « Leçon d'écriture ». Elle en est séparée par un chapitre et une autre scène : *En famille*. Et elle est décrite dans le chapitre XXVI « Sur la ligne ».

« Si faciles que fussent les Nambikwara — indifférents à la présence de l'ethnographe, à son carnet de notes et à son appareil photographique — le travail se trouvait compliqué pour des raisons linguistiques. D'abord l'emploi des noms propres est chez eux interdit ; pour identifier les personnes, il fallait suivre l'usage des gens de la ligne, c'est-à-dire convenir avec les indigènes de noms d'emprunt par lesquels on les désignerait. Soit des noms portugais, comme Julio, José-Maria, Luiza ; soit des sobriquets : *Lebre* (lièvre), *Assucar* (sucre). J'en ai même connu un que Rondon, ou l'un de ses compagnons, avait baptisé Cavaignac à cause de sa barbiche, rare chez les Indiens qui sont généralement glabres. Un jour que je jouais avec un groupe d'enfants, une des fillettes fut frappée par une camarade, elle vint se réfugier auprès de moi, et se mit, en grand mystère, à me murmurer quelque chose à l'oreille que je ne compris pas, et que je fus obligé de lui faire répéter à plusieurs reprises, si bien que l'adversaire découvrit le manège, et, manifestement furieuse, arriva à son tour pour livrer ce qui parut être un secret solen-

ne le peut qu'au moment où l'espace est travaillé, réorienté par le regard de l'étranger. L'œil de l'autre appelle les noms propres, les épelle, fait tomber l'interdiction qui les habillait.

L'ethnographe se contente d'abord de voir. Regard appuyé et présence muette. Puis les choses se · compliquent, elles deviennent plus tortueuses, plus labyrinthiques, quand il se prête au jeu de la rupture de jeu, quand il prête l'oreille et entame une première complicité avec la victime qui est aussi la tricheuse. Enfin, car ce qui compte, ce sont les noms des adultes (on pourrait dire les éponymes et le secret n'est violé qu'au lieu où s'attribuent les noms), l'ultime dénonciation ne peut plus se passer de l'intervention active de l'étranger. Qui d'ailleurs la revendique et s'en accuse. Il a vu, puis il a entendu, mais passif devant ce que pourtant il savait déjà provoquer, il attendait encore les maîtres-noms. Le viol n'était pas consommé, le fond nu du propre, se réservait encore. Comme on ne peut ou plutôt ne doit pas incriminer les petites filles innocentes, le viol sera accompli par l'intrusion dès lors active, perfide, rusée, de l'étranger qui, après avoir vu et entendu, va maintenant « exciter » les petites filles, délier les langues et se faire livrer les noms précieux : ceux des adultes (la thèse nous dit que seuls « les adultes possèdent un nom qui leur est propre », p. 39). Avec mauvaise conscience, bien sûr, et cette pitié dont Rousseau disait qu'elle nous unit au plus étranger des étrangers. Relisons maintenant le *mea culpa,* la confession de l'ethnologue qui prend sur lui toute la responsabilité d'un viol qui l'a satisfait. Après s'être *données* les unes les autres, les fillettes ont *donné* les adultes.

> « La première fillette était venue, par vengeance, me donner le nom de son ennemie, et quand celle-ci s'en aperçut, elle communiqua le nom de l'autre, en guise de représailles. A partir de ce moment, il fut très facile, bien que peu scrupuleux, d'exciter les enfants les uns contre les autres, et d'obtenir tous leurs noms. Après quoi, une petite complicité ainsi créée, ils me donnèrent sans trop de difficulté les noms des adultes. »

Le vrai coupable ne sera pas puni, ce qui donne à sa faute le sceau de l'irrémédiable : « Lorsque ceux-ci comprirent nos conciliabules, les enfants furent réprimandés, et la source de mes informations tarie ».

On soupçonne déjà — et tous les textes de Lévi-Strauss le confirmeraient — que la critique de l'ethnocentrisme, thème si cher à l'auteur des *Tristes tropiques,* n'a le plus souvent pour fonction que de constituer l'autre en modèle de la bonté originelle et naturelle, de s'accuser et de s'humilier, d'exhiber son être-inacceptable dans un miroir contre-ethnocentrique. Cette humilité de qui se sait « inacceptable », ce remords qui produit l'ethnographie [10], Rousseau les aurait enseignés à l'ethnologue moderne. C'est du moins ce qui nous est dit dans la conférence de Genève :

> « En vérité, je ne suis pas « moi », mais le plus faible, le plus humble des « autrui ». Telle est la découverte des *Confessions.* L'ethnologue écrit-il autre chose que des confessions ? En son nom d'abord, comme je l'ai montré, puisque c'est le mobile de sa vocation et de son œuvre ; et dans cette œuvre même, au nom de sa société, qui, par l'office de l'ethnologue, son émissaire, se choisit d'autres sociétés, d'autres civilisations, et précisément les plus faibles et les plus humbles ; mais pour vérifier à quel point elle est elle-même « inacceptable »... » (p. 245).

Sans parler du point de maîtrise ainsi gagné par celui qui conduit cette opération chez lui, on retrouve donc ici un geste hérité du XVIIIe siècle, d'un certain XVIIIe siècle en tout cas, puisqu'on commençait déjà, ici ou là, à se méfier de cet exercice. Les peuples non-européens ne sont pas seulement étudiés comme l'index d'une bonne nature enfouie, d'un sol natif recouvert, d'un « degré zéro » par rapport auquel on pourrait dessiner la structure, le devenir et surtout la dégradation de notre société et de notre culture. Comme toujours, cette archéologie est aussi une téléologie et une eschatologie ; rêve d'une présence pleine et immédiate fermant l'histoire, transparence et indivision d'une parousie, suppression de la contradiction et de la différence. La mission de l'ethnologue, telle que Rousseau la lui aurait assignée, c'est de travailler à cet avènement. Eventuellement contre la philosophie qui « seule » aurait cherché à « exciter » les « antagonismes » entre le « moi et l'autre » [11]. Qu'on ne nous accuse pas ici de forcer les

---

10. ...Si l'Occident a produit des ethnographes, c'est qu'un bien puissant remords devait le tourmenter (« Un petit verre de rhum », *Tristes tropiques,* ch. 38).

11. Ce qu'on peut lire en surimpression du second *Discours :* « C'est la raison qui engendre l'amour-propre, et c'est la réflexion

mots et les choses. Lisons plutôt. C'est toujours dans la conférence de Genève, mais on trouverait cent autres textes semblables :

> « La révolution rousseauiste, préformant et amorçant la
> révolution ethnologique, consiste à refuser des identifications
> obligées, que ce soit celle d'une culture à cette culture, ou
> celle d'un individu, membre d'une culture, à un personnage
> ou à une fonction sociale, que cette même culture cherche
> à lui imposer. Dans les deux cas, la culture, ou l'individu,
> revendiquent le droit à une identification libre, qui ne peut
> se réaliser qu'*au-delà* de l'homme : avec tout ce qui vit, et
> donc souffre ; et aussi *en-deça* de la fonction ou du per-
> sonnage ; avec un être, non déjà façonné, mais donné. Alors,
> le moi et l'autre, affranchis d'un antagonisme que la philo-
> sophie seule cherchait à exciter, recouvrent leur unité. Une
> alliance originelle, enfin renouvelée, leur permet de fonder
> ensemble le *nous* contre le *lui*, c'est-à-dire contre une société
> ennemie de l'homme, et que l'homme se sent d'autant mieux
> prêt à récuser que Rousseau, par son exemple, lui enseigne
> comment éluder les insupportables contradictions de la vie
> civilisée. Car, s'il est vrai que la nature a expulsé l'homme, et
> que la société persiste à l'opprimer, l'homme peut au moins in-
> verser à son avantage les pôles du dilemme, *et rechercher la so-
> ciété de la nature pour y méditer sur la nature de la société.*
> Voilà, me semble-t-il, l'indissoluble message du *Contrat
> social,* des *Lettres sur la Botanique,* et des *Rêveries* »[12].

Dans « Un petit verre de rhum », une sévère critique de Diderot et une glorification de Rousseau (« le plus ethnographe des
philosophes... notre maître... notre frère, envers qui nous avons
montré tant d'ingratitude, mais à qui chaque page de ce livre
aurait pu être dédiée, si l'hommage n'eût pas été indigne de
sa grande mémoire ») se concluent ainsi : « ... La seule question est de savoir si ces maux sont eux-mêmes inhérents à
l'état [de société]. Derrière les abus et les crimes, on recher-
chera donc la base inébranlable de la société humaine »[13].

On appauvrirait la pensée si diverse de Lévi-Strauss si on ne

---

qui le fortifie ; c'est elle qui replie l'homme sur lui-même ; c'est
elle qui le sépare de tout ce qui le gène et l'afflige. C'est la
philosophie qui l'isole ; c'est par elle qu'il dit en secret, à l'aspect
d'un homme souffrant : « Péris si tu veux ; je suis en sûreté ».
12. P. 245. L'auteur souligne.
13. *Tristes Tropiques,* ch. XVIII. A propos de Diderot, notons
au passage que la sévérité de son jugement sur l'écriture et le

rappelait ici avec insistance ce que cette visée et cette motivation n'épuisent pas. Elles font néanmoins plus que connoter le travail scientifique, elles le marquent en profondeur dans son contenu même. Nous avions annoncé un deuxième indice. Les Nambikwara, chez lesquels la « Leçon d'écriture » va déployer sa scène, chez lesquels le mal va s'insinuer avec l'intrusion de l'écriture venue du *dehors* (ἔξωθεν disait déjà le *Phèdre,* nous nous en souvenons), les Nambikwara, qui ne savent pas écrire, nous dit-on, sont *bons*. Ceux qui, jésuites, missionnaires protestants, ethnologues américains, techniciens de la ligne, ont cru percevoir de la violence ou de la haine chez les Nambikwara ne se sont pas seulement trompés, ils ont probablement projeté sur eux leur propre méchanceté. Et même provoqué le mal qu'ils ont ensuite cru ou voulu percevoir. Lisons encore la fin du chapitre XVII intitulé, toujours avec le même art, *En famille*. Ce passage précède immédiatement la « Leçon d'écriture » et il lui est, d'une certaine manière, indispensable. Confirmons d'abord ce qui va de soi : si nous ne souscrivons aux déclarations de Lévi-Strauss quant à l'innocence et à la bonté des Nambikwara, quant à leur « immense gentillesse », « expression la plus véridique de la tendresse humaine », etc., qu'en leur assignant un lieu de légimité tout empirique, dérivée et relative, en les tenant pour les descriptions des affections empiriques du *sujet* de ce chapitre — les Nambikwara aussi bien que l'auteur, — si donc nous ne souscrivons à ces déclarations qu'au titre de la *relation empirique*, il ne s'ensuit pas que nous ajoutions foi aux descriptions moralisantes de l'ethnographe américain déplorant à l'inverse la haine, la hargne et l'incivilité des indigènes. En réalité ces deux relations s'opposent symétriquement, elles ont la même mesure, et s'ordonnent autour d'un seul et même axe. Après avoir cité la publication d'un collègue étranger, très sévère pour les Nambikwara, pour leur complaisance devant la maladie, la saleté, la misère, pour leur impolitesse, leur caractère haineux et méfiant, Lévi-Strauss enchaîne :

> « Pour moi, qui les ai connus à une époque où les maladies introduites par l'homme blanc les avaient déjà décimés, mais

---

livre ne le cédait en rien à celle de Rousseau. L'article *livre* dont il fut l'auteur, dans l'*Encyclopédie,* est un réquisitoire d'une grande violence.

où — depuis les tentatives toujours humaines de Rondon — nul n'avait entrepris de les soumettre, je voudrais oublier cette description navrante, et ne rien conserver dans la mémoire que ce tableau repris de mes carnets de notes où je griffonnai une nuit à la lueur de ma lampe de poche : « Dans la savane obscure, les feux de campement brillent. Autour du foyer, seule protection contre le froid qui descend, derrière le frêle paravent de palmes et de branchages hâtivement planté dans le sol du côté d'où on redoute le vent ou la pluie ; auprès des hottes emplies des pauvres objets qui constituent toute une richesse terrestre ; couchés à même la terre qui s'étend alentour, hantée par d'autres bandes également hostiles et craintives, les époux, étroitement enlacés, se perçoivent comme étant l'un pour l'autre le soutien, le réconfort, l'unique secours contre les difficultés quotidiennes et la mélancolie rêveuse qui, de temps à autre, envahit l'âme nambikwara. Le visiteur qui, pour la première fois, campe dans la brousse avec les Indiens, se sent pris d'angoisse et de pitié devant le spectacle de cette humanité si totalement démunie ; écrasée, semble-t-il, contre le sol d'une terre hostile par quelque implacable cataclysme ; nue, grelottante auprès des feux vacillants. Il circule à tâtons parmi les broussailles, évitant de heurter une main, un bras, un torse, dont on devine les chauds reflets à la lueur des feux. Mais cette misère est animée de chuchotements et de rires. Les couples s'étreignent comme dans la nostalgie d'une unité perdue ; les caresses ne s'interrompent pas au passage de l'étranger. On devine chez tous une immense gentillesse, une profonde insouciance, une naïve et charmante satisfaction animale, et, rassemblant ces sentiments divers, quelque chose comme l'expression la plus émouvante et la plus véridique de la tendresse humaine. »

La « Leçon d'écriture » suit cette description qu'on peut certes lire pour ce qu'elle dit être au premier abord : page de « carnet de notes » griffonnée une nuit à la lueur d'une lampe de poche. Il en irait autrement si cette émouvante peinture devait appartenir à un discours ethnologique. Pourtant elle installe incontestablement une prémisse — la bonté ou l'innocence des Nambikwara — indispensable à la démonstration qui suivra, de l'intrusion conjointe de la violence et de l'écriture. C'est là qu'entre la confession ethnographique et le discours théorique de l'ethnologue une rigoureuse frontière doit être observée. La différence entre l'empirique et l'essentiel doit continuer à faire valoir ses droits.

On sait que Lévi-Strauss a des mots très durs pour les philosophies qui ont ouvert la pensée à cette différence et qui sont, le plus souvent, des philosophies de la conscience, du cogito au sens cartésien ou husserlien. Mots très durs aussi pour l'*Essai sur les données immédiates de la conscience* que Lévi-Strauss reproche à ses anciens maîtres de trop méditer au lieu d'étudier le *Cours de linguistique générale* de Saussure [14]. Or quoi qu'on pense au fond des philosophies ainsi incriminées ou ridiculisées (et dont nous ne parlerons pas ici sauf pour marquer qu'elles ne sont alors évoquées que dans leurs spectres, tels qu'ils hantent parfois les manuels, les morceaux choisis ou la rumeur publique), on doit reconnaître que la différence entre l'affect empirique et la structure d'essence y servait de règle majeure. Jamais Descartes ni Husserl n'auraient laissé entendre qu'ils tenaient pour vérité de science une modification empirique de leur rapport au monde ou à autrui, ni pour prémisse d'un syllogisme la qualité d'une émotion. Jamais dans les *Regulae,* on ne passe de la vérité phénoménologiquement irrécusable du « je vois jaune » au jugement « le monde est jaune ». Ne poursuivons pas dans cette direction. Jamais, en tout cas, un philosophe rigoureux de la conscience n'aurait si vite conclu à la bonté foncière et à l'innocence virginale des Nambikwara sur la foi d'une relation empirique. Du point de vue de la science ethnologique, cette relation est aussi surprenante que pouvait être « navrante », c'est le mot de Lévi-Strauss, celle du méchant ethnologue américain. Surprenante, cette affirmation inconditionnée de la bonté radicale des Nambikwara sous la plume d'un ethnologue qui, aux fantômes exsangues des philosophes de la conscience et de l'intuition, oppose ceux qui ont été, s'il faut en croire le début de *Tristes tropiques,* ses seuls vrais maîtres : Marx et Freud.

Tous les penseurs qui sont classés en hâte, au début de ce livre, sous le titre de la métaphysique, de la phénoménologie et de l'existentialisme, ne se seraient pas reconnus sous les traits qui leur sont prêtés. Cela va de soi. Mais on aurait tort d'en conclure qu'en revanche les discours inscrits sous leur signe — et notamment les chapitres qui nous occupent —

---

14. *Tristes Tropiques,* ch. VI. « Comment on devient ethnologue. »

auraient satisfait Marx et Freud. Qui en général demandaient à voir quand on leur parlait « d'immense gentillesse », de « profonde insouciance », de « naïve et charmante satisfaction animale » et de « quelque chose comme l'expression la plus émouvante et la plus véridique de la tendresse humaine ». Qui demandaient à voir et n'auraient sans doute pas compris à quoi on pouvait bien faire allusion sous le nom de l' « alliance originelle, enfin renouvelée », permettant « de fonder ensemble le *nous* contre le *lui* » (déjà cité), ou sous le nom de « cette structure régulière et comme cristalline, dont les mieux préservées des sociétés primitives nous enseignent qu'elle n'est pas contradictoire à l'humanité » *(Leçon inaugurale au Collège de France).*

Dans tout ce système de parenté philosophique et de revendication généalogique, le moins surpris de tous n'eût sans doute pas été Rousseau. N'aurait-il pas demandé qu'on le laissât vivre en paix avec les philosophes de la conscience et du sentiment intérieur, en paix avec ce cogito [15] sensible, avec cette voix intérieure dont il croyait, comme on sait, qu'elle ne mentait jamais ? Accorder en soi Rousseau, Marx et Freud est une tâche difficile. Les accorder entre eux, dans la rigueur systématique du concept, est-ce possible ?

L'écriture et l'exploitation de l'homme par l'homme.

> Sans jamais remplir son projet, le bricoleur y met toujours quelque chose de soi.
> *La pensée sauvage.*
>
> Son système est peut-être faux ; mais en le développant, il s'est peint lui-même au vrai.
> J.-J. Rousseau, *Dialogues.*

Ouvrons enfin la « Leçon d'écriture ». Si nous prêtons une telle attention à ce chapitre, ce n'est pas pour abuser d'un journal de voyage et de ce qu'on pourrait considérer comme l'expression la moins scientifique d'une pensée. D'une part, on retrouve

---

15. Dans la *Conférence de Genève*, Lévi-Strauss croit pouvoir opposer simplement Rousseau aux philosophies qui prennent leur « point de départ dans le cogito » (p. 242).

dans d'autres écrits [16], sous une autre forme et plus ou moins dispersés, tous les thèmes de la théorie systématique de l'écriture présentée pour la première fois dans les *Tristes tropiques*. D'autre part, le contenu théorique lui-même est longuement exposé dans cet ouvrage, plus longuement que partout ailleurs, en commentaire d'un « extraordinaire incident ». Cet incident est aussi rapporté dans les mêmes termes au début de la thèse sur les Nambikwara, antérieure de sept ans aux *Tristes tropiques*. Enfin, c'est seulement dans *Tristes tropiques* que le système est articulé de la manière la plus rigoureuse et la plus complète. Les prémisses indispensables, à savoir la nature de l'organisme soumis à l'agression de l'écriture, ne sont nulle part plus explicites. C'est pourquoi nous avons longuement suivi la description de l'innocence nambikwara. Seule une communauté innocente, seule une communauté de dimensions réduites (thème rousseauiste qui se précisera bientôt), seule une micro-société de non-violence et de franchise dont tous les membres peuvent droitement se tenir à portée d'allocution immédiate et transparente, « cristalline », pleinement présente à soi dans sa parole vive, seule une telle communauté peut subir, comme la surprise d'une agression venant *du dehors,* l'insinuation de l'écriture, l'infiltration de sa « ruse » et de sa « perfidie ». Seule une telle communauté peut importer *de l'étranger* « l'exploitation de l'homme par l'homme ». La *Leçon* est donc complète : dans les textes ultérieurs, les conclusions théoriques de l'incident seront présentées sans les prémisses concrètes, l'innocence originelle sera impliquée *mais non exposée.* Dans le texte antérieur, la thèse sur les Nambikwara, l'incident est rapporté mais il ne donne pas lieu comme dans *Tristes tropiques,* à une longue méditation sur le sens, l'origine et la fonction historiques de l'écrit. En revanche, nous puiserons dans la thèse des renseignements qu'il sera précieux d'inscrire en marge des *Tristes tropiques.*

L'écriture, exploitation de l'homme par l'homme : nous n'imposons pas ce langage à Lévi-Strauss. Rappelons par précaution les *Entretiens* : « ... l'écriture elle-même ne nous paraît associée de façon permanente, dans ses origines, qu'à des sociétés qui sont fondées sur l'exploitation de l'homme par l'homme »

---

16. En particulier dans les *Entretiens* avec G. Charbonnier qui n'ajoutent rien à la substance théorique de la « Leçon d'écriture ».

(p. 36). Lévi-Strauss a conscience de proposer dans *Tristes tropiques* une théorie marxiste de l'écriture. Il le dit dans une lettre de 1955 (année de parution du livre) à la *Nouvelle Critique* [17]. Critiqué par M. Rodinson au nom du marxisme, il se plaint :

> « S'il [M. Rodinson] avait lu mon livre, au lieu de se contenter des extraits publiés il y a quelques mois, il y aurait trouvé, en plus d'une hypothèse marxiste sur l'origine de l'écriture, deux études consacrées à des tribus brésiliennes — caduveo et bororo — qui sont des tentatives d'interprétation des superstructures indigènes fondées sur le matérialisme dialectique, et dont la nouveauté, dans la littérature ethnographique occidentale, méritait peut-être plus de soin et de sympathie » [17].

Notre question n'est donc plus seulement « comment concilier Rousseau et Marx », mais aussi : « Suffit-il de parler de superstructure et de dénoncer dans une hypothèse une exploitation de l'homme par l'homme pour conférer à cette hypothèse une pertinence marxiste ? ». Question qui n'a de sens qu'à impliquer une rigueur originale de la critique marxiste et à la distinguer de toute autre critique de la misère, de la violence, de l'exploitation, etc. ; et par exemple de la critique bouddhiste. Notre question n'a évidemment aucun sens au point où l'on peut dire qu' « entre la critique marxiste... et la critique bouddhiste... il n'y a ni opposition ni contradiction [18] ».

Une autre précaution est nécessaire avant la *Leçon*. Nous avions naguère souligné l'ambiguïté de l'idéologie qui commandait l'exclusion saussurienne de l'écriture : ethnocentrisme profond privilégiant le modèle de l'écriture phonétique, modèle qui rend plus facile et plus légitime l'exclusion de la graphie. Mais ethnocentrisme *se pensant* au contraire comme anti-ethnocentrisme, ethnocentrisme dans la conscience du progressisme libé-

---

17. Cette lettre n'a jamais été publiée par la *Nouvelle Critique*. On peut la lire dans *Anthropologie Structurale*, p. 365.

18. *Tristes tropiques*, ch. XL : « A sa manière, et sur son plan, chacun correspond à une vérité. Entre la critique marxiste qui affranchit l'homme de ses premières chaînes — lui enseignant que le sens apparent de sa condition s'évanouit dès qu'il accepte d'élargir l'objet qu'il considère — et la critique bouddhiste qui achève la libération, il n'y a ni opposition ni contradiction. Chacune fait la même chose que l'autre à un niveau différent. »

rateur. En séparant radicalement la langue de l'écriture, en mettant celle-ci en bas et dehors, en croyant du moins pouvoir le faire, en se donnant l'illusion de libérer la linguistique de tout passage par le témoignage écrit, on pense rendre en effet leur statut de langue authentique, de langage humain et pleinement signifiant, à toutes les langues pratiquées par *les peuples qu'on continue néanmoins à appeler « peuples sans écriture ».* La même ambiguïté affecte les intentions de Lévi-Strauss et ce n'est pas fortuit.

D'une part, on admet la différence courante entre langage et écriture, l'extériorité rigoureuse de l'une à l'autre, ce qui permet de maintenir la distinction entre peuples disposant de l'écriture et peuples sans écriture. Lévi-Strauss ne suspecte jamais la valeur d'une telle distinction. Ce qui lui permet surtout de considérer le passage de la parole à l'écriture comme un *saut,* comme le franchissement instantané d'une ligne de discontinuité : passage d'un langage pleinement oral, pur de toute écriture — c'est-à-dire *pur,* innocent — à un langage s'adjoignant sa « représentation » graphique comme un signifiant accessoire d'un type nouveau, ouvrant une technique d'oppression. Lévi-Strauss avait besoin de ce concept « épigénétiste » de l'écriture pour que le thème du mal et de l'exploitation survenant avec la graphie fût bien le thème d'une surprise et d'un accident affectant du dehors la pureté d'un langage innocent. L'affectant *comme par hasard* [19]. En tout cas la thèse épigénétiste répète, au sujet de l'écriture cette fois, une affir-

---

19. Sur ce thème du hasard, présent dans *Race et histoire* (pp. 256-271) et dans *La pensée sauvage,* cf. surtout les *Entretiens,* (pp. 28-29) : en développant longuement l'image du joueur à la roulette, Lévi-Strauss explique que la combinaison complexe qui constitue la civilisation occidentale, avec son type d'historicité déterminée par l'usage de l'écriture, aurait très bien pu se faire dès les débuts de l'humanité, elle aurait pu se faire beaucoup plus tard, elle s'est faite à ce moment, « il n'y a pas de raison, c'est ainsi. Mais vous me direz : « Ce n'est pas satisfaisant. » » Ce hasard est déterminé aussitôt après comme « acquisition de l'écriture ». C'est là une hypothèse à laquelle Lévi-Strauss reconnaît ne pas tenir mais dont il dit qu'il « faut d'abord l'avoir présente à l'esprit ». Même s'il n'implique pas la croyance au hasard (cf. *La pensée sauvage,* p. 22 et p. 291), un certain structuralisme doit l'invoquer pour rapporter entre elles les spécificités absolues des totalités structurelles. Nous verrons comment cette nécessité s'est aussi imposée à Rousseau.

mation que nous pouvions rencontrer cinq ans auparavant dans *l'Introduction à l'œuvre de Marcel Mauss* (p. XLVII) : « le langage n'a pu naître que tout d'un coup ». Il y aurait sans doute plus d'une question à poser sur ce paragraphe qui lie le sens à la signification et très étroitement à la signification linguistique dans le langage *parlé*. Lisons simplement ces quelques lignes.

> « Quels qu'aient été le moment et les circonstances de son apparition dans l'échelle de la vie animale, le langage n'a pu naître que tout d'un coup. Les choses n'ont pas pu se mettre à signifier progressivement. A la suite d'une transformation dont l'étude ne relève pas des sciences sociales, mais de la biologie et de la psychologie, un passage s'est effectué, d'un stade où rien n'avait de sens, à un autre où tout en possédait. » (Que la biologie et la psychologie puissent rendre compte de cette rupture, c'est ce qui nous paraît plus que problématique. Suit une distinction féconde entre discours *signifiant* et discours *connaissant* que, quelque cinquante ans auparavant, un philosophe de la conscience, plus négligé que d'autres, avait su rigoureusement articuler dans des recherches logiques.)

Cet épigénétisme n'est d'ailleurs pas l'aspect le plus rousseauiste d'une pensée qui s'autorise si souvent de l'*Essai sur l'origine des langues* et du deuxième *Discours* où il est pourtant aussi question du « temps infini qu'a dû coûter la première invention des langues ».

'L'ethnocentrisme traditionnel et fondamental qui, s'inspirant du modèle de l'écriture phonétique, sépare à la hache l'écriture de la parole, est donc manié et pensé comme anti-ethnocentrisme. Il soutient une accusation éthico-politique : l'exploitation de l'homme par l'homme est le fait des cultures écrivantes de type occidental. De cette accusation sont sauvées les communautés de la parole innocente et non oppressive.

D'autre part, — c'est l'envers du même geste — le partage entre peuples à écriture et peuples sans écriture, si Lévi-Strauss en reconnaît sans cesse la pertinence, est aussitôt effacé par lui dès lors qu'on voudrait par ethnocentrisme lui faire jouer un rôle dans la réflexion sur l'histoire et sur la valeur respective des cultures. On accepte la différence entre peuples à écriture et peuples sans écriture, mais on ne tiendra pas compte de l'écriture en tant que critère de l'historicité ou de la valeur culturelle ; on évitera en apparence l'ethnocentrisme au moment même où il aura déjà opéré en profondeur, imposant silencieusement ses concepts courants de la parole et de l'écriture. C'était exactement le schéma du geste saussurien. Autrement dit, toutes les critiques libératrices dont Lévi-Strauss a harcelé la distinction préjugée entre société historiques et sociétés sans histoire, toutes ces dénonciations légitimes restent dépendantes du concept d'écriture que nous problématisons ici.

Qu'est-ce que la « Leçon d'écriture » ?

Leçon en un double sens et le titre est beau de le maintenir rassemblé. Leçon d'écriture puisque c'est d'écriture apprise qu'il s'agit. Le chef nambikwara apprend l'écriture de l'ethnographe, il l'apprend d'abord sans comprendre, il mime l'écrire plutôt qu'il ne comprend sa fonction de langage ; ou plutôt il comprend sa fonction profonde d'asservissement avant de comprendre son fonctionnement, ici accessoire, de communication, de signification, de tradition d'un signifié. Mais la leçon d'écriture est aussi leçon de l'écriture ; enseignement que l'ethnologue croit pouvoir induire de l'incident au cours d'une longue méditation, lorsque, luttant, dit-il, contre l'insomnie, il réfléchit sur l'origine, la fonction et le sens de l'écriture. Ayant appris le geste d'écrire à un chef nambikwara qui apprenait sans comprendre, l'ethnologue, lui, comprend alors ce qu'il lui a appris et tire la leçon de l'écriture.

Ainsi, deux moments :

A. La relation empirique d'une perception : la scène de l' « extraordinaire incident ».

B. Après les péripéties de la journée, dans l'insomnie, à l'heure de la chouette, une réflexion historico-philosophique sur la scène de l'écriture et le sens profond de l'incident, de l'histoire close de l'écriture.

A. *L'extraordinaire incident.* Dès les premières lignes, le décor rappelle bien cette violence ethnographique dont nous parlions plus haut. Les deux parties y sont bien engagées, ce qui restitue à leur vrai sens les remarques sur l' « immense gentillesse », la « naïve et charmante satisfaction animale », la « profonde insouciance », l' « expression la plus émouvante et la plus véridique de la tendresse humaine ». Voici :

> « ... leur accueil rébarbatif, la nervosité manifeste du chef, suggéraient qu'on leur avait un peu forcé la main.

Nous n'étions pas rassurés, les Indiens non plus ; la nuit s'annonçait froide ; comme il n'y avait pas d'arbre, nous fûmes réduits à coucher par terre à la manière nambikwara. Personne ne dormit : on passa la nuit à se surveiller poliment. Il eût été peu sage de prolonger l'aventure. J'insistai auprès du chef pour qu'on procédât aux échanges sans tarder. Alors se place un extraordinaire incident qui m'oblige à remonter un peu en arrière. On se doute que les Nambikwara ne savent pas écrire ; mais ils ne dessinent pas davantage, à l'exception de quelques pointillés ou zigzags sur leurs calebasses. Comme chez les Caduveo, je distribuai pourtant des feuilles de papier et des crayons dont ils ne firent rien au début ; puis un jour, je les vis tous occupés à tracer sur le papier des lignes horizontales ondulées. Que voulaient-ils donc faire ? Je dus me rendre à l'évidence : ils écrivaient, ou plus exactement, cherchaient à faire de leur crayon le même usage que moi, le seul qu'ils pussent alors concevoir, car je n'avais pas encore essayé de les distraire par mes dessins. Pour la plupart, l'effort s'arrêtait là ; mais le chef de bande voyait loin. Seul, sans doute, il avait compris la fonction de l'écriture ».

Marquons ici une première pause. Parmi beaucoup d'autres, ce fragment vient en surimpression d'un passage de la thèse sur les Nambikwara. L'incident y était déjà relaté et il n'est pas inutile de s'y référer. On y relève en particulier trois points omis dans les *Tristes tropiques*. Ils ne manquent pas d'intérêt.

1. Ce petit groupe nambikwara [20] dispose néanmoins d'un mot pour désigner l'acte d'écrire, en tout cas d'un mot qui peut fonctionner à cette fin. Il n'y a pas de surprise linguistique devant l'irruption supposée d'un pouvoir nouveau. Ce

---

20. Il s'agit seulement d'un petit sous-groupe qui n'est suivi par l'ethnologue que pendant sa période nomade. Il a aussi une vie sédentaire. On peut lire dans l'introduction de la thèse : « Il est superflu de souligner qu'on ne trouvera pas ici une étude exhaustive de la vie et de la société Nambikwara. Nous n'avons pu partager l'existence des indigènes que pendant la période nomade, et cela seul suffirait à limiter la portée de notre enquête. Un voyage entrepris pendant la période sédentaire apporterait sans doute des informations capitales et permettrait de rectifier la perspective d'ensemble. Nous espérons pouvoir l'entreprendre un jour » (p. 3). Cette limitation, qui semble avoir été définitive, n'est-elle pas particulièrement significative quant à la question de l'écriture dont il est bien connu qu'elle est, plus intimement que d'autres et de manière essentielle, liée au phénomène de la sédentarité ?

détail, omis dans *Tristes tropiques* était signalé dans la thèse (p. 40 n. 1) :

> « Les Nambikwara du groupe (a) ignorent complètement le dessin, si l'on excepte quelques traits ˉgéométriques sur des calebasses. Pendant plusieurs jours, ils ne surent que faire du papier et des crayons que nous leur distribuions. Peu après, nous les vîmes fort affairés à tracer des lignes ondulées. Ils imitaient en cela le seul usage qu'ils nous voyaient faire de nos blocs-notes, c'est-à-dire écrire, mais sans en comprendre le but et la portée. Ils appelèrent d'ailleurs l'acte d'écrire : iekariukedjutu, c'est-à-dire « faire des raies... »

Il est bien évident qu'une traduction littérale des mots qui veulent dire « écrire » dans les langues des peuples à écriture, réduirait aussi ce mot à une signification gestuelle assez pauvre. C'est un peu comme si l'on disait que telle langue n'a aucun mot pour désigner l'écriture — et que par conséquent ceux qui la pratiquent ne savent pas écrire — sous prétexte qu'ils se servent d'un mot qui veut dire « gratter », « graver », « griffer », « écorcher », « inciser », « tracer », « imprimer », etc. Comme si « écrire », en son noyau métaphorique, voulait dire autre chose. L'ethnocentrisme n'est-il pas toujours trahi par la précipitation avec laquelle il se satisfait de certaines traductions ou de certains équivalents domestiques ? Dire qu'un peuple ne sait pas écrire parce qu'on peut traduire par « faire des raies » le mot dont il se sert pour désigner l'acte d'inscrire, n'est-ce pas comme si on lui refusait la « parole » en traduisans le mot équivalent par « crier », « chanter », « souffler » ? Voire « bégayer ». Par simple analogie dans les mécanismes d'assimilation/exclusion ethnocentrique, rappelons avec Renan que « dans les langues les plus anciennes, les mots qui servent à désigner les peuples étrangers se tirent de deux sources : ou de verbes qui signifient *bégayer, balbutier,* ou de mots qui signifient *muet.* »[21] Et devra-t-on conclure que les Chinois sont un peuple sans écriture sous prétexte que le mot *wen* désigne beaucoup d'autres choses que l'écriture au sens étroit ? Comme le note en effet J. Gernet :

> « Le mot *wen* signifie ensemble de traits, caractère simple

---

21. *De l'origine du langage, Œuvres Complètes.* T. VIII, p. 90. La suite du texte, que nous ne pouvons citer ici, est fort instructive pour qui s'intéresse à l'origine et au fonctionnement du mot « barbare » et d'autres mots voisins.

> d'écriture. Il s'applique aux veines des pierres et du bois, aux constellations, représentées par des traits reliant les étoiles, aux traces de pattes d'oiseaux et de quadrupèdes sur le sol (la tradition chinoise veut que l'observation de ces traces ait suggéré l'invention de l'écriture), aux tatouages ou encore, par exemple, aux dessins qui ornent les carapaces de la tortue. (« La tortue est sage, dit un texte ancien — c'est-à-dire douée de pouvoirs magico-religieux — car elle porte des dessins sur son dos ».) Le terme *wen* a désigné, par extension, la littérature et la politesse des mœurs. Il a pour antonymes les mots *wu* (guerrier, militaire) et *zhi* (matière brute non encore polie ni ornée) » [22].

2. Cette opération qui consiste à « faire des raies » et qui est ainsi accueillie dans le dialecte de ce sous-groupe, Lévi-Strauss lui reconnaît une signification exclusivement « esthétique » : « Ils appelèrent d'ailleurs l'acte d'écrire : iekariukedjutu, c'est-à-dire « faire des raies », ce qui présentait pour eux un intérêt esthétique ». On se demande quelle peut être la portée d'une telle conclusion et ce que peut signifier ici la spécificité de la catégorie esthétique. Lévi-Strauss semble non seulement présumer qu'on peut isoler la valeur esthétique (ce qui est, on le sait, fort problématique, et mieux que d'autres, les ethnologues nous ont mis en garde contre cette abstraction), mais il suppose aussi que dans l'écriture « proprement dite », à laquelle les Nambikwara n'auraient pas accès, la qualité esthétique est extrinsèque. Signalons seulement ce problème. D'ailleurs, même si l'on ne voulait pas suspecter le sens d'une telle conclusion, on peut encore s'inquiéter des voies qui y conduisent. L'ethnologue y est parvenu à partir d'une phrase notée dans un *autre* sous-groupe : « Kihikagnere mũʅiene », traduit par « faire des raies, c'est joli ». Conclure de cette proposition ainsi traduite et relevée dans un autre groupe (b1), que faire des raies présentait pour le groupe (a1) un « intérêt esthétique », ce qui sous-entend *seulement* esthétique, voilà qui pose des problèmes de logique que, une fois encore, nous nous contentons de signaler.

3. Lorsque, dans les *Tristes tropiques,* Lévi-Strauss remarque que « les Nambikwara ne savent pas écrire... ne dessinent pas

---

22. *La Chine, aspects et fonctions psychologiques de l'écriture,* EP, p. 33.

davantage, à l'exception de quelques pointillés et zigzags sur leurs calebasses », puisque munis des instruments par lui fournis, ils ne tracent que « des lignes horizontales ondulées » et que « pour la plupart l'effort s'arrêtait là », ces notations sont brèves. Non seulement on ne les trouve pas dans la thèse, mais celle-ci met en évidence, quatre-vingts pages plus loin (p.123), les résultats auxquels sont très vite parvenus certains Nambikwara et que Lévi-Strauss présente comme « une innovation culturelle inspirée par nos propres dessins ». Or il ne s'agit pas seulement de dessins représentatifs (cf. figure 19, p. 123) montrant un homme ou un singe, mais de schémas décrivant, expliquant, écrivant une généalogie et une structure sociale. Et c'est là un phénomène décisif. On sait maintenant, à partir d'informations certaines et massives, que la genèse de l'écriture (au sens courant) a été presque partout et le plus souvent liée à l'inquiétude généalogique. On cite souvent la mémoire et la tradition orale des générations, qui remonte parfois très loin chez les peuples dits « sans écriture ». Lévi-Strauss le fait lui-même dans les *Entretiens* (p. 29) :

> « Je sais bien que les peuples que nous appelons primitifs ont souvent des capacités de mémoire tout à fait stupéfiantes, et on nous parle de ces populations polynésiennes qui sont capables de réciter sans hésitation des généalogies qui portent sur des dizaines de générations, mais cela a tout de même manifestement des limites ».

Or c'est cette limite qui est franchie un peu partout quand apparaît l'écriture — au sens courant — dont la fonction est ici de conserver et de donner une objectivation supplémentaire, d'un autre ordre, à une classification généalogique, avec tout ce que cela peut impliquer. Si bien qu'un peuple qui accède au dessin généalogique accède bien à l'écriture au sens courant, en comprend la fonction et va beaucoup plus loin que ne le laissent entendre les *Tristes tropiques* (« l'effort s'arrêtait là »). On passe ici de l'archi-écriture à l'écriture au sens courant. Ce passage, dont nous ne voulons pas sous-estimer la difficulté, n'est pas un passage de la parole à l'écriture, il s'opère à l'intérieur de l'écriture en général. La relation généalogique et la classification sociale sont le point de suture de l'archi-écriture, condition de la langue (dite orale), et de l'écriture au sens commun. « Mais le chef de la bande voyait plus loin... ». De ce chef de bande, la thèse nous dit qu'il est « remarquablement intelligent, conscient de ses responsabilités, actif, entreprenant et ingénieux ». « C'est un homme d'environ trente-cinq ans, marié à trois femmes ». « ... Son attitude vis-à-vis de l'écriture est très révélatrice. Il a immédiatement compris son rôle de signe, et la supériorité sociale qu'elle confère ». Lévi-Strauss enchaîne alors par un récit qui est reproduit à peu près dans les mêmes termes dans *Tristes tropiques* où nous le lisons maintenant.

> « Seul, sans doute, il avait compris la fonction de l'écriture. Aussi m'a-t-il réclamé un bloc-note et nous sommes pareillement équipés quand nous travaillons ensemble. Il ne me communique pas verbalement les informations que je lui demande, mais trace sur son papier des lignes sinueuses et me les présente, comme si je devais lire sa réponse. Lui-même est à moitié dupe de sa comédie ; chaque fois que sa main achève une ligne, il l'examine anxieusement, comme si la signification devait en jaillir, et la même désillusion se peint sur son visage. Mais il n'en convient pas ; et il est tacitement entendu, entre nous, que son grimoire possède un sens que je feins de déchiffrer ; le commentaire verbal suit presque immédiatement, et me dispense de réclamer les éclaircissements nécessaires ».

La suite correspond à un passage qui se trouve, dans la thèse, séparé de celui-ci par plus de quarante pages (p. 89) et concerne, fait significatif sur lequel nous reviendrons, la fonction du commandement.

> « Or à peine avait-il rassemblé tout son monde qu'il tira d'une hotte un papier couvert de lignes tortillées qu'il fit semblant de lire et où il cherchait, avec une hésitation affectée, la liste des objets que je devais donner en retour des cadeaux offerts : à celui-ci un arc et des flèches, un sabre d'abattis ! à tel autre, des perles ! pour ses colliers... Cette comédie se prolongea pendant deux heures. Qu'espérait-il ? Se tromper lui-même, peut-être ; mais plutôt étonner ses compagnons, les persuader que les marchandises passaient par son intermédiaire, qu'il avait obtenu l'alliance du blanc et qu'il participait à ses secrets. Nous étions en hâte de partir, le moment le plus redoutable était évidemment celui où toutes les merveilles que j'avais apportées seraient réunies dans d'autres mains. Aussi je ne cherchai pas à approfondir l'incident et nous nous mîmes en route, toujours guidés par les Indiens ».

L'histoire est très belle. Il est en effet tentant de la lire comme une parabole dont chaque élément, chaque sémantème renvoie à une fonction reconnue de l'écriture : la hiérarchisation, la fonction économique de la médiation et de la capitalisation, la participation à un secret quasi-religieux, tout cela, qui se vérifie en tout phénomène d'écriture, nous le voyons ici rassemblé, concentré, organisé dans la structure d'un événement exemplaire ou d'une séquence très brève de faits et gestes. Toute la complexité organique de l'écriture est ici recueillie au foyer simple d'une parabole.

B. *La remémoration de la scène.* Passons maintenant à la leçon de la leçon. Elle est plus longue que la relation de l'incident, elle couvre trois pages très serrées et le texte des *Entretiens,* qui en reproduit l'essentiel, est sensiblement plus bref. C'est donc dans la thèse que l'incident est rapporté sans commentaire théorique et dans les confessions de l'ethnologue que la théorie est le plus abondamment développée.

Suivons le fil de la démonstration à travers l'évocation de faits historiques apparemment incontestables. C'est l'écart entre la certitude factuelle et sa reprise interprétative qui nous intéressera d'abord. L'écart le plus massif apparaîtra d'abord, mais non seulement, entre le fait très mince de l' « incident extraordinaire » et la philosophie générale de l'écriture. La pointe de l'incident supporte en effet un énorme édifice théorique.

Après l' « extraordinaire incident », la situation de l'ethnologue reste précaire. Quelques mots en commandent la description : « séjour avorté », « mystification », « climat irritant », l'ethnologue se sent « soudain seul dans la brousse, ayant perdu [sa] direction », « désespéré », « démoralisé », il n'a « plus d'armes » dans une « zone hostile » et il agite de « sombres pensées ». Puis la menace s'apaise, l'hostilité s'efface. C'est la nuit, l'incident est clos, les échanges ont eu lieu : il est temps de réfléchir l'histoire, c'est le moment de la veille et de la remémoration. « Encore tourmenté par cet incident ridicule, je dormis mal et trompai l'insomnie en me remémorant la scène des échanges. »

Très vite deux significations sont relevées sur l'incident lui-même.

1. L'apparition de l'écriture est *instantanée.* Elle n'est pas préparée. Un tel saut prouverait que la possibilité de l'écriture n'habite pas la parole, mais le dehors de la parole. « L'écriture

avait donc fait son apparition chez les Nambikwara mais non point, comme on aurait pu l'imaginer, au terme d'un apprentissage laborieux ». De quoi Lévi-Strauss conclut-il à cet épigénétisme si indispensable dès lors qu'on veut sauvegarder l'extériorité de l'écriture à la parole ? De l'incident ? Mais la scène n'était pas la scène de l'*origine,* seulement celle de l'*imitation* de l'écriture. Quand même il s'agirait de l'écriture, ce qui a le caractère de la soudaineté, ce n'est pas ici le passage à l'écriture, l'invention de l'écriture mais l'importation d'une écriture déjà constituée. C'est un emprunt et un emprunt factice. Comme le dit Lévi-Strauss lui-même, « son symbole avait été emprunté tandis que sa réalité demeurait étrangère ». On sait d'ailleurs que ce caractère de soudaineté appartient à tous les phénomènes de diffusion ou de transmission de l'écriture. Il n'a jamais pu qualifier l'apparition de l'écriture qui a été au contraire laborieuse, progressive, différenciée dans ses étapes. Et la rapidité de l'emprunt, quand il a lieu, suppose la présence préalable de structures qui le rendent possible.

2. La deuxième signification que Lévi-Strauss croit pouvoir lire sur le texte même de la scène est liée à la première. Puisqu'ils ont appris sans comprendre, puisque le chef a fait un usage efficace de l'écriture sans en connaître ni le fonctionnement ni le contenu par elle signifié, c'est que la finalité de l'écriture est politique et non théorique, « *sociologique plutôt qu'intellectuelle* ». Cela ouvre et couvre tout l'espace dans lequel Lévi-Strauss va maintenant penser l'écriture.

> « Son symbole avait été emprunté tandis que sa réalité demeurait étrangère. Et cela en vue d'une fin sociologique plutôt qu'intellectuelle. Il ne s'agissait pas de connaître, de retenir ou de comprendre, mais d'accroître le prestige et l'autorité d'un individu — ou d'une fonction — aux dépens d'autrui. Un indigène encore à l'âge de pierre avait deviné que le grand moyen de comprendre, à défaut de le comprendre, pouvait au moins servir à d'autres fins ».

En distinguant ainsi la « fin sociologique » et la « fin intellectuelle », en attribuant celle-là et non celle-ci à l'écriture, on fait crédit à une différence fort problématique entre le rapport intersubjectif et le savoir. S'il est vrai, comme nous le croyons en effet, que l'écriture ne se pense pas hors de l'horizon de la violence intersubjective, y a-t-il quelque chose, fût-ce la science, qui y échappe radicalement ? Y a-t-il une connaissance et surtout un langage, scientifique ou non, qu'on pourrait dire à la fois étranger à l'écriture et à la violence ? Si l'on répond par la négative, ce que nous faisons, l'usage de ces concepts pour discerner le caractère spécifique de l'écriture n'est pas pertinent. Si bien que tous les exemples [23] par lesquels Lévi-Strauss illustre ensuite cette proposition sont sans doute vrais et probants, mais ils le sont trop. La conclusion qu'ils soutiennent déborde largement le champ de ce qui est ici appelé « écriture » (c'est-à-dire l'écriture au sens commun). Elle couvre aussi le champ de la parole non écrite. Cela veut dire que, s'il faut lier la violence à l'écriture, l'écriture apparaît bien avant l'écriture au sens étroit : déjà dans la différance ou archi-écriture qui ouvre la parole elle-même.

Suggérant ainsi, comme il le confirmera plus tard, que la fonction essentielle de l'écriture est de favoriser la puissance asservissante plutôt que la science « désintéressée », selon la distinction à laquelle il semble tenir, Lévi-Strauss peut maintenant, dans une deuxième vague de la méditation, neutraliser la frontière entre les peuples sans écriture et les peuples à écriture : non pas quant à la disposition de l'écriture, mais quant à ce qu'on a cru pouvoir en déduire, quant à leur historicité ou leur non-historicité. Cette neutralisation est très précieuse : elle autorise les thèmes a) de la relativité essentielle et irréductible dans la perception du mouvement historique (cf. *Race et Histoire*), b) des différences entre le « chaud » et le « froid » dans la « température historique » des sociétés *(Entretiens,* p. 43 et passim), c) des rapports entre ethnologie et histoire [24]).

---

23. « Après tout, pendant des millénaires et même aujourd'hui dans une grande partie du monde, l'écriture existe comme institution dans des sociétés dont les membres, en immense majorité, n'en possèdent pas le maniement. Les villages où j'ai séjourné dans les collines de Chittagong au Pakistan oriental, sont peuplés d'illettrés ; chacun a cependant son scribe qui remplit sa fonction auprès des individus et de la collectivité. Tous connaissent l'écriture et l'utilisent au besoin, mais du dehors et comme un médiateur étranger avec lequel ils communiquent par des méthodes orales. Or, le scribe est rarement un fonctionnaire ou un employé du groupe : sa science s'accompagne de puissance, tant et si bien que le même individu réunit souvent les fonctions de scribe et d'usurier ; non point seulement qu'il ait besoin de lire et d'écrire pour exercer son industrie ; mais parce qu'il se trouve ainsi, à double titre, être celui qui *a prise* sur les autres ».

24. *Histoire et ethnologie* (R.M.M., 1949 et *Anthropologie struc-*

Il s'agit donc, en se fiant à la différence présumée entre la science et la puissance, de montrer que l'écriture n'offre aucune pertinence dans l'appréciation des rythmes et des types historiques : l'époque de la création massive des structures sociales, économiques, techniques, politiques, etc., sur lesquelles nous vivons encore — le néolithique — ne connaissait pas l'écriture [25]. Qu'est-ce à dire ?

Dans le texte qui suit, nous allons isoler trois propositions sur lesquelles une contestation pourrait s'engager, que nous n'engagerons pas, par souci d'aller plus vite au terme de la démonstration qui intéresse Lévi-Strauss et d'y installer le débat.

Première proposition.

> « Après qu'on a éliminé tous les critères proposés pour distinguer la barbarie de la civilisation, on aimerait au moins retenir celui-là : peuples avec ou sans écriture, les uns capables de cumuler les acquisitions anciennes et progressant de plus en plus vite vers le but qu'ils se sont assigné, tandis que les autres, impuissants à retenir le passé au-delà de cette frange que la mémoire individuelle suffit à fixer resteraient prisonniers d'une histoire fluctuante à laquelle manquerait toujours une origine et la conscience durable d'un projet. Pourtant, rien de ce que nous savons de l'écriture et de son rôle dans l'évolution ne justifie une telle conception ».

Cette proposition n'a de sens qu'à deux conditions :

1. Que l'on ne tienne aucun compte de l'idée et du projet de la science, c'est-à-dire de l'idée de vérité comme transmissibilité en droit infinie ; celle-ci n'a en effet de possibilité historique qu'avec l'écriture. Devant les analyses husserliennes

---

turale, p. 33) : « L'ethnologie s'intéresse surtout à ce qui n'est pas écrit, non pas tant parce que les peuples qu'il étudie sont incapables d'écrire, que parce que ce à quoi il s'intéresse est différent de tout ce que les hommes songent habituellement à fixer sur la pierre ou sur le papier ».

25. Rappelant, dans « Un petit verre de rhum », que, « au néolithique, l'homme a déjà fait la plupart des inventions qui sont indispensables pour assurer sa sécurité. On a vu pourquoi on peut en exclure l'écriture », Lévi-Strauss note que l'homme d'alors n'était certes « pas plus libre qu'aujourd'hui ». « Mais sa seule humanité faisait de lui un esclave. Comme son autorité sur la nature restait très réduite, il se trouvait protégé et dans une certaine mesure affranchi par le coussin amortisseur de ses rêves ». Cf. aussi le thème du « paradoxe néolithique » dans *La pensée sauvage* (p. 22).

(Krisis et *L'origine de la géométrie)* qui nous rappellent cette évidence, le propos de Lévi-Strauss ne peut se soutenir qu'en refusant tout spécificité au projet scientifique et à la valeur de vérité en général. Cette dernière position ne manquerait pas de force, mais elle ne peut faire valoir cette force et sa cohérence qu'en renonçant elle-même à se donner pour un discours scientifique. Schéma bien connu. C'est en *fait* ce qui semble se passer ici.

2. Que le néolithique, auquel on peut en effet attribuer la création des structures profondes sur lesquelles nous vivons encore, n'ait pas connu quelque chose comme l'écriture. C'est ici que le concept d'écriture, tel qu'il est utilisé par un ethnologue moderne, paraît singulièrement étroit. L'ethnologie nous livre aujourd'hui des informations massives sur des écritures qui ont précédé l'alphabet, d'autres systèmes d'écriture phonétique ou des systèmes tout prêts à se phonétiser. Le caractère massif de cette information nous dispense d'insister.

Deuxième proprosition. Supposant que tout a été acquis avant l'écriture, Lévi-Strauss n'a qu'à enchaîner :

> « Inversement, depuis l'invention de l'écriture jusqu'à la naissance de la science moderne, le monde occidental a vécu quelque 5 000 années pendant lesquelles ses connaissances ont *fluctué* plus qu'elles ne se sont *accrues.* » (Nous soulignons.)

On pourrait être choqué par cette affirmation, mais nous nous en garderons bien. Nous ne croyons pas qu'une telle affirmation soit *fausse.* Mais non davantage qu'elle soit *vraie.* Elle répondrait plutôt, pour les besoins d'une cause, à une question qui n'a aucun sens [26]. La notion de quantité de connaissance n'est-elle pas suspecte ? Qu'est-ce qu'une quantité de connaissance ? Comment se modifie-t-elle ? Sans même parler des sciences de l'ordre ou de la qualité, on peut se demander ce que signifie la quantité des sciences de la pure quantité. Comment l'évaluer en quantité ? On ne peut répondre à de telles questions que dans le style de l'empiricité pure. A moins que l'on ne tente de respecter les lois si complexes de la capitalisation du

---

26. « Le savant, dit pourtant Lévi-Strauss, n'est pas l'homme qui fournit les vraies réponses, c'est celui qui pose les vraies questions » *(Le cru et le cuit.).*

savoir, ce que l'on ne peut faire qu'en considérant plus attentivement l'écriture. On peut dire le contraire de ce que dit Lévi-Strauss et ce ne serait ni plus vrai ni plus faux. On peut dire qu'au cours de tel ou tel demi-siècle, avant même la « science moderne », et aujourd'hui à chaque minute, l'accroissement des connaissances a infiniment dépassé ce qu'il a été pendant des milliers d'années. Cela pour l'accroissement. Quant à la notion de fluctuation, elle se donne elle-même pour parfaitement empirique. De toute façon, on ne fera jamais tenir des propositions d'essence sur une échelle.

Troisième proposition. C'est la plus déconcertante dans les enchaînements de ce paragraphe. Supposons que l'avènement de l'écriture depuis trois à quatre mille ans n'ait rien apporté de décisif dans le domaine de la connaissance. Lévi-Strauss concède néanmoins qu'il n'en va plus de même depuis deux siècles. Selon l'échelle qui était pourtant la sienne, on voit mal ce qui justifie cette coupure. Il l'opère pourtant : « Sans doute concevrait-on mal l'épanouissement scientifique du XIXᵉ et du XXᵉ siècles sans l'écriture. Mais cette condition nécessaire n'est certainement pas suffisante pour l'expliquer. »

On n'est pas seulement surpris par la coupure, on se demande quelle objection Lévi-Strauss semble ici rejeter. Personne n'a jamais pu penser que l'écriture — la notation écrite, puisque c'est d'elle qu'il est ici question — était la condition suffisante de la science ; et qu'il suffisait de savoir écrire pour être savant. Bien des lectures suffiraient à nous ôter cette illusion si nous l'avions. Mais reconnaître que l'écriture est la « condition nécessaire » de la science, qu'il n'y a pas de science sans écriture, voilà qui importe et Lévi-Strauss le reconnaît. Et comme il est difficile en toute rigueur de faire commencer la science au XIXᵉ siècle, c'est toute son argumentation qui en retour s'effondre ou se trouve frappée d'un lourd indice d'approximation empirique.

Cela tient en vérité — et c'est la raison pour laquelle nous passons vite sur cette argumentation — à ce que Lévi-Strauss tient à abandonner ce terrain, à expliquer très vite pourquoi le problème de la science n'est pas le bon accès à l'origine et à la fonction de l'écriture : « Si l'on veut mettre en corrélation l'apparition de l'écriture avec certains traits caractéristiques de la civilisation, il faut chercher dans une autre direction ». Il faut donc plutôt démontrer que, selon la dissociation qui nous avait laissé perplexe, l'origine de l'écriture répondait à une nécessité plus « sociologique » qu' « intellectuelle ». La page qui suit doit donc faire apparaître non seulement cette nécessité sociologique — ce qui serait un pauvre truisme et qui concernerait assez peu la spécificité sociologique de l'écriture, — mais aussi que cette nécessité sociale est celle de la « domination », de l' « exploitation », de l' « asservissement » et de la « perfidie ».

Pour lire convenablement cette page, il faut la différencier en ses strates. L'auteur présente ici ce qu'il appelle son « hypothèse » : « Si mon hypothèse est exacte, il faut admettre que la fonction primaire de la communication écrite est de faciliter [27] l'asservissement. » A un premier niveau, cette hypothèse est si vite confirmée qu'elle mérite à peine son nom. Ces faits sont bien connus. On sait depuis longtemps que le pouvoir de l'écriture aux mains d'un petit nombre, d'une caste ou d'une classe, a toujours été contemporain de la hiérarchisation, nous dirons de la différance politique : à la fois distinction des groupes, des classes et des niveaux du pouvoir économico-technico-politique, et délégation de l'autorité, puissance différée, abandonnée à un organe de capitalisation. Ce phénomène se produit dès le seuil de la sédentarisation, avec la constitution de stocks à l'origine des sociétés agricoles. Ici les choses sont si patentes [28] qu'on pourrait à l'infini enrichir l'illustration empirique qu'en esquisse Lévi-Strauss. Toute cette structure apparaît dès qu'une société commence à vivre comme société, c'est-à-dire dès l'origine de la vie en général, quand, à des niveaux fort hétérogènes d'organisation et de complexité, il est possible de *différer* la *présence,* c'est-à-dire la *dépense* ou la consommation, et d'organiser la production, c'est-à-dire la *réserve* en général. Cela se produit bien avant l'apparition de l'écriture au sens étroit, mais il est vrai, et on ne peut le négliger, que l'apparition de certains systèmes d'écriture, il y a trois à quatre mille ans, est un saut extraordinaire dans l'histoire de la vie. D'autant plus extraordinaire qu'un accroissement prodigieux du pouvoir de différance n'a été accompagné, du moins pendant ces

---

27. « Faciliter », « favoriser », « renforcer », tels sont les mots choisis pour décrire l'opération de l'écriture. N'est-ce pas s'interdire toute détermination essentielle, principielle, rigoureuse ?

28. Cf. par ex. Leroi-Gourhan. *Le geste et la parole.* Cf. aussi *L'écriture et la psychologie des peuples.*

quelques millénaires, d'aucune transformation notable de l'organisme. C'est justement le propre du pouvoir de différance que de modifier de moins en moins la vie à mesure qu'il s'étend. S'il devenait *infini* — ce que son essence exclut *a priori* — la vie elle-même serait rendue à une impassible, intangible et éternelle présence : la différance infinie, Dieu ou la mort.

Cela nous conduit à un deuxième niveau de lecture. Il va faire apparaître à la fois l'intention dernière de Lévi-Strauss, ce vers quoi la démonstration oriente les évidences factuelles, et l'idéologie politique qui, sous le titre de l'hypothèse marxiste, s'articule avec le plus bel exemple de ce que nous avons appelé « métaphysique de la présence ».

Plus haut, le caractère empirique des analyses concernant le statut de la science et l'accumulation des connaissances ôtait toute rigueur à chacune des propositions avancées et permettait de les considérer avec une égale pertinence comme vraies ou fausses. C'est la pertinence de la question qui paraissait douteuse. La chose ici se reproduit. Ce qui va être appelé *asservissement* peut aussi légitimement se nommer *libération*. Et c'est au moment où cette oscillation est *arrêtée* sur la signification d'asservissement que le discours est paralysé en une idéologie déterminée et que nous jugerions inquiétante si telle était ici notre première préoccupation.

Dans ce texte, Lévi-Strauss ne fait aucune différence entre hiérarchisation et domination, entre autorité politique et exploitation. La note qui commande ces réflexions est celle d'un anarchisme confondant délibérément la loi et l'oppression. L'idée de loi et de droit positif, qu'il est difficile de penser dans leur formalité, dans cette généralité que nul n'est censé ignorer, avant la possibilité de l'écriture, est déterminée par Lévi-Strauss comme contrainte et asservissement. Le pouvoir politique ne peut être que le détenteur d'une puissance injuste. Thèse classique et cohérente, mais ici avancée comme allant de soi, sans que le moindre dialogue critique soit amorcé avec les tenants de l'autre thèse, selon laquelle la généralité de la loi est au contraire la condition de la liberté dans la cité. Aucun dialogue par exemple avec Rousseau qui eût sans doute frémi de voir se réclamer de lui un disciple définissant ainsi la loi.

> « Si l'écriture n'a pas suffi à consolider les connaissances, elle était peut-être indispensable pour affirmer les dominations. Regardons plus près de nous : l'action systématique des Etats

européens en faveur de l'instruction obligatoire, qui se développe au cours du XIX⁰ siècle, va de pair avec l'extension du service militaire et la prolétarisation. La lutte contre l'analphabétisme se confond ainsi avec le renforcement du contrôle des citoyens par le Pouvoir. Car il faut que tous sachent lire pour que ce dernier puisse dire : nul n'est censé ignorer la loi » [29].

Il faut être prudent pour apprécier ces graves déclarations. Il faut surtout éviter de les renverser et d'en prendre le contrepied. Dans une certaine structure historique donnée — et par exemple à l'époque dont parle Lévi-Strauss — il est incontestable que le progrès de la légalité formelle, la lutte contre l'analphabétisme, etc., ont pu fonctionner comme une force mystificatrice et un instrument consolidant le pouvoir d'une classe ou d'un état dont la signification formelle-universelle était confisquée par une force empirique particulière. Peut-être même cette nécessité est-elle essentielle et indépassable. Mais s'en autoriser pour définir la loi et l'état de manière simple et univoque, les condamner d'un point de vue éthique, et avec eux l'extension de l'écriture, du service militaire obligatoire et de la prolétarisation, la généralité de l'obligation politique et le « nul n'est censé ignorer la loi », c'est là une conséquence qui ne se déduit pas rigoureusement de ces prémisses. Si on l'en déduit néanmoins, comme c'est ici le cas, il faut aussitôt conclure que la non-exploitation, la liberté, etc., « vont de pair » (pour utiliser ce concept si équivoque) avec l'analphabétisme et le caractère non obligatoire du service militaire, de l'instruction publique ou de la loi en général. Est-il utile d'insister ?

Gardons-nous bien d'opposer à Lévi-Strauss le système des arguments classiques, ou de l'opposer à lui-même (à la page précédente, il avait en effet lié la violence de l'écriture au fait que celle-ci était réservée à une minorité, confisquée par des scribes au service d'une caste. Maintenant, c'est à l'alphabétisation totale que la violence asservissante est assignée). L'incohérence n'est qu'apparente : l'universalité est toujours accaparée, comme force empirique, par une force empirique déterminée, telle est l'unique affirmation qui traverse ces deux propositions.

Doit-on pour aborder ce problème, se demander ce que peut

_____

29. On rencontre de nombreuses propositions de ce type chez Valéry.

être le sens d'un asservissement à une loi de forme universelle ? On pourrait le faire, mais il vaut mieux abandonner cette voie classique : elle nous conduirait sans doute assez vite à montrer que l'accès à l'écriture est la constitution d'un sujet libre dans le mouvement violent de son propre effacement et de son propre enchaînement. Mouvement impensable dans les concepts de l'éthique, de la psychologie, de la philosophie politique et de la métaphysique classiques. Laissons ce propos en l'air, nous n'avons pas encore fini de lire la « Leçon » d'écriture.

Car Lévi-Strauss s'avance plus loin sous le signe de cette idéologie libertaire, dont la teinte anti-colonialiste et anti-ethno-centrique est assez particulière :

> « Du plan national, l'entreprise est passée sur le plan inter-national grâce à cette complicité qui s'est nouée entre de jeunes Etats — confrontés à des problèmes qui furent les nôtres il y a un ou deux siècles — et une société interna-tionale de nantis, inquiète de la menace que représentent pour sa stabilité les réactions de peuples mal entraînés par la parole écrite à penser en formules modifiables à volonté et à donner prise aux efforts d'édification. En accédant au savoir *entassé* dans les bibliothèques, ces peuples se rendent vulnérables aux mensonges que les documents imprimés pro-pagent en proportion encore plus grande ». (Nous sou-lignons.)

Après avoir pris les mêmes précautions qu'il y a un instant sur la face de vérité que peuvent comporter de telles affirma-tions, paraphrasons ce texte. C'est, au nom de la liberté des peuples décolonisés, une critique des jeunes Etats qui se liguent avec les vieux Etats tout à l'heure dénoncés (« complicité entre les jeunes Etats et une société internationale de nantis »). Critique d'une « entreprise » : la propagation de l'écriture est présentée dans les concepts d'une psychologie volontariste, le phénomène politique international qu'elle constitue est décrit en termes de complot délibérément et consciemment organisé. Critique de l'Etat en général et des jeunes Etats qui répandent l'écriture à des fins de propagande, pour assurer la lisibilité et l'efficacité de leurs tracts, pour se garder des « réactions de peuples mal entraînés par la parole écrite à penser en formules modifiables à volonté ». Ce qui laisse entendre que les formules orales ne sont pas modifiables, pas plus modifiables à volonté que les formules écrites. Ce n'est pas le moindre paradoxe.

Encore une fois, nous ne prétendons pas que l'écriture ne puisse jouer et ne joue en effet ce rôle, mais de là à lui en attribuer la spécificité et à conclure que la parole en est à l'abri, il y a un abîme qu'on ne doit pas franchir aussi allégrement. Nous ne commenterons pas ce qui est dit de l'accès au « savoir entassé dans les bibliothèques » déterminé de manière univoque comme vulnérabilité « aux mensonges que les documents imprimés... » etc. On pourrait décrire l'atmosphère idéologique dans laquelle respirent *aujourd'hui* de telles formules. Contentons-nous d'y reconnaître l'héritage du second *Discours* (« Laissant donc tous les livres scientifiques... et méditant sur les premières et plus simples opérations de l'Ame humaine... ». « O homme... voici ton histoire, telle que j'ai cru la lire, non dans les livres de tes semblables, qui sont menteurs, mais dans la nature, qui ne ment jamais. »), de l'*Emile* (« L'abus des livres tue la science... » « ... tant de livres nous font négliger le livre du monde... » « ... il ne faut pas lire, il faut voir. » « J'ôte les instruments de leur plus grande misère, savoir les livres. La lecture est le fléau de l'enfance. » « L'enfant qui lit ne pense pas. », etc.), du *Vicaire savoyard* (« J'ai refermé tous les livres... »), de la *Lettre à Christophe de Beaumont* (« J'ai cherché la vérité dans les livres : je n'y ai trouvé que le mensonge et l'erreur. »).

Après cette méditation nocturne, Lévi-Strauss revient à l' « extraordinaire incident ». Et c'est pour faire l'éloge, maintenant justifié par l'histoire, de ces sages nambikwara qui ont eu le courage de résister à l'écriture et à la mystification de leur chef. Eloge de ceux qui ont su interrompre — pour un temps, hélas — le cours fatal de l'évolution et qui se sont « ménagé un répit ». A cet égard et en ce qui concerne la société nambikwara, l'ethnologue est résolument conservateur. Comme il le notera quelque cent pages plus loin, « volontiers subversif parmi les siens et en rébellion contre les usages traditionnels, l'ethnographe apparaît respectueux jusqu'au conservatisme dès que la société envisagée se trouve être différente de la sienne ».

Deux motifs dans les lignes de conclusion : d'une part, comme chez Rousseau, le thème d'une dégradation nécessaire, ou plutôt fatale, comme forme même du progrès ; d'autre part, la nostalgie de ce qui précède cette dégradation, l'élan affectif vers les îlots de résistance, les petites communautés qui se sont tenues provisoirement à l'abri de la corruption (cf. à ce sujet les *Entretiens,* p. 49), corruption liée comme chez Rousseau, à l'écriture et à la dislocation du peuple unanime et rassemblé dans la présence à soi de sa parole. Nous y reviendrons. Lisons :

> « Sans doute les dés sont-ils jetés [il s'agit de l'évolution fatale dans laquelle sont déjà entraînés les peuples qui jusqu'ici étaient à l'abri de l'écriture : constat plus fataliste que déterministe. La concaténation historique est pensée sous le concept de jeu et de hasard. Il faudrait étudier la métaphore si fréquente du joueur dans les textes de Lévi-Strauss]. Mais dans *mon* village nambikwara, les fortes têtes étaient tout de même les plus sages » (Nous soulignons).

Ces fortes têtes, ce sont les résistants, ceux que le chef n'a pu tromper, et qui ont plus de caractère que de subtilité, plus de cœur et de fierté traditionnelle que d'ouverture d'esprit.

> « Ceux qui se désolidarisèrent de leur chef après qu'il eut essayé de jouer la carte de la civilisation (à la suite de ma visite il fut abandonné de la plupart des siens) comprenaient confusément que l'écriture et la perfidie pénétraient chez eux de concert. Réfugiés dans une brousse plus lointaine, ils se sont ménagé un répit ». (L'épisode de cette résistance est aussi raconté dans la thèse p. 89).

1. — Si les mots ont un sens, et si « l'écriture et la perfidie pénétraient chez eux de concert », on doit penser que la perfidie et toutes les valeurs ou non-valeurs associées étaient absentes dans les sociétés dites sans écriture. Pour en douter, il n'est pas nécessaire de faire un long chemin : détour empirique par l'évocation des faits, régression apriorique ou transcendantale que nous avons suivie en introduction. En rappelant dans cette introduction que la violence n'a pas attendu l'apparition de l'écriture au sens étroit, que l'écriture a toujours déjà commencé dans le langage, nous concluons comme Lévi-Strauss que la violence est l'écriture. Mais pour être issue d'un autre chemin, cette proposition a un sens radicalement différent. Elle cesse d'être appuyée au mythe du mythe, au mythe d'une parole originellement bonne et d'une violence qui viendrait fondre sur elle comme un fatal accident. Fatal accident qui ne serait autre que l'histoire elle-même. Non que, par cette référence plus ou moins déclarée à l'idée d'une chute dans le mal depuis l'innocence du verbe, Lévi-Strauss fasse sienne cette théologie classique et implicite. Simplement son discours ethnologique se produit à travers des concepts, des schémas et des valeurs qui

sont systématiquement et généalogiquement complices de cette théologie et de cette métaphysique.

Donc nous ne ferons pas ici le long détour empirique ou apriorique. Nous nous contenterons de comparer différents moments dans la description de la société nambikwara. S'il faut en croire la *Leçon,* les Nambikwara ne connaissaient pas la violence avant l'écriture ; ni même la hiérarchisation, puisque celle-ci est très vite assimilée à l'exploitation. Or autour de la *Leçon,* il suffit d'ouvrir les *Tristes tropiques* et la thèse à n'importe quelle page pour que le contraire éclate avec évidence. Nous avons ici affaire non seulement à une société fortement hiérarchisée, mais à une société dont les rapports sont empreints d'une violence spectaculaire. Aussi spectaculaire que les innocents et tendres ébats évoqués à l'ouverture de la *Leçon,* et que nous étions donc justifié à considérer comme les prémisses calculées d'une démonstration orientée.

Entre beaucoup d'autres passages analogues que nous ne pouvons citer ici, ouvrons la thèse à la page 87. Il s'agit des Nambikwara avant l'écriture, cela va sans dire :

« Et le chef doit déployer un talent continuel, qui tient plus de la politique électorale que de l'exercice du pouvoir, pour maintenir son groupe, et, si possible, l'accroître par de nouvelles adhésions. La bande nomade représente en effet une unité fragile. Si l'autorité du chef se fait trop exigeante, s'il accapare un trop grand nombre de femmes, s'il n'est pas capable, aux périodes de disette, de résoudre les problèmes alimentaires, des mécontentements se créent, des individus ou des familles font scission et vont s'agglomérer à une bande apparentée dont les affaires apparaissent mieux conduites : mieux nourrie grâce à la découverte d'emplacements de chasse ou de cueillette, ou plus riche par des échanges avec des groupes voisins, ou plus puissante après des guerres victorieuses. Le chef se trouve alors à la tête d'un groupe trop restreint, incapable de faire face aux difficultés quotidiennes, ou dont les femmes sont exposées à être ravies par des voisins plus forts, et il est obligé de renoncer à son commandement, pour se rallier, avec ses derniers fidèles, à une faction plus heureuse : la société Nambikwara est ainsi dans un perpétuel devenir ; des groupes se forment, se défont, grossissent et disparaissent et, à quelques mois de distance parfois, la composition, le nombre et la répartition des bandes deviennent méconnaissables. Toutes ces transformations s'ac-

compagnent d'intrigues et de conflits, d'ascensions et de déca-
dences, le tout se produisant à un rythme extrêmement
rapide ».

On pourrait citer aussi tous les chapitres de la thèse intitulés
« Guerre et commerce », « De la naissance à la mort ».
Tout ce qui concerne aussi l'usage des poisons, dans la thèse
et dans *Tristes tropiques* ; de même qu'il y a une guerre des
noms propres, il y a une guerre des poisons à laquelle l'ethnologue lui-même est mêlé :

> « Une délégation de quatre hommes vint me trouver et, sur
> un ton assez menaçant, me demanda de mêler du poison
> (que l'on m'apportait en même temps) au prochain plat que
> j'offrirais à A 6 ; on estimait indispensable de le supprimer
> rapidement, car, me dit-on, il est « très méchant » (kakore)
> « et ne vaut rien du tout » (aidotiene) » (p. 124).

Nous ne citerons encore qu'un passage, heureux complément
d'une description idyllique :

> « Nous avons décrit la tendre camaraderie qui préside aux
> rapports entre les sexes, et l'harmonie générale, qui règne au
> sein des groupes. Mais dès que ceux-ci s'altèrent, c'est pour
> faire place aux solutions les plus extrêmes : empoisonnements
> et assassinats... Aucun groupe sud-américain, à notre connais-
> sance, ne traduit, de façon aussi sincère et spontanée... des
> sentiments violents et opposés, dont l'expression individuelle
> semble indissociable d'une stylisation sociale qui ne les trahit
> jamais » (p. 126. Cette dernière formule n'est-elle pas appli-
> cable à tout groupe social en général ?).

2. — Nous voici reconduits à Rousseau. L'idéal qui sous-
tend en profondeur cette philosophie de l'écriture, c'est donc
l'image d'une communauté immédiatement présente à elle-même,
sans différance, communauté de la parole dans laquelle tous
les membres sont à portée d'allocution. Pour le confirmer, nous
ne nous référerons ni aux *Tristes tropiques* ni à leur écho théorique (les *Entretiens*), mais à un texte recueilli dans l'*Anthropologie structurale* et complété en 1958 par des allusions aux
Tristes tropiques. L'écriture y est définie la condition de l'*inauthenticité sociale* :

> « ... à cet égard, ce sont les sociétés de l'homme moderne
> qui devraient plutôt être définies par un caractère privatif.
> Nos relations avec autrui ne sont plus, que de façon occa-

sionnelle et fragmentaire, fondées sur une expérience globale, *cette appréhension concrète d'un sujet par un autre*. Elles résultent, pour une large part, de reconstructions indirectes, à travers des documents écrits. Nous sommes reliés à notre passé, non plus par une tradition orale qui implique un *contact vécu* avec des personnes — conteurs, prêtres, sages ou anciens —, mais par des livres *entassés* dans des bibliothèques et à travers lesquels la critique s'évertue — avec quelles difficultés — à reconstituer le visage de leurs auteurs. Et sur le plan du présent, nous communiquons avec l'immense majorité de nos contemporains par toutes sortes d'intermédiaires — documents écrits ou mécanismes administratifs — qui élargissent sans doute immensément nos contacts, mais leur confèrent en même temps un caractère d'*inauthenticité*. Celui-ci est devenu la marque même des rapports entre le citoyen et les Pouvoirs. Nous n'entendons pas nous livrer au paradoxe, et définir de façon négative l'immense révolution introduite par l'invention de l'écriture. Mais il est indispensable de se rendre compte qu'elle a retiré à l'humanité quelque chose d'essentiel, en même temps qu'elle lui apportait tant de bienfaits » (Pp. 400-402. Nous soulignons).

Dès lors, la mission de l'ethnologue comporte une signification éthique : repérer sur le terrain les « niveaux d'authenticité ». Le critère de l'authenticité, c'est la relation de « voisinage » dans les petites communautés où « tout le monde connaît tout le monde » :

« Si l'on considère avec attention les points d'insertion de l'enquête anthropologique, on constate, au contraire, qu'en s'intéressant de plus en plus à l'étude des sociétés modernes, l'anthropologie s'est attachée à y reconnaître et à y isoler des *niveaux d'authenticité*. Ce qui permet à l'ethnologue de se trouver sur un terrain familier quand il étudie un village, une entreprise, ou un « voisinage » de grande ville (comme disent les Anglo-Saxons : *neighbourhood*), c'est que tout le monde y connaît tout le monde, ou à peu près... ». « L'avenir jugera sans doute que la plus importante contribution de l'anthropologie aux sciences sociales est d'avoir introduit (d'ailleurs inconsciemment) cette distinction capitale entre deux modalités d'existence sociale : un genre de vie perçu à l'origine comme traditionnel et archaïque, qui est avant tout celui des sociétés authentiques ; et des formes d'apparition plus récente, dont le premier type n'est certainement pas absent, mais où des groupes imparfaitement et incomplètement authentiques se trouvent organisés au sein d'un système plus vaste, lui-même frappé d'inauthenticité » (pp. 402-403).

La clarté de ce texte se suffit à elle-même. « L'avenir jugera sans doute » si telle est en effet « la plus importante contribution de l'anthropologie aux sciences sociales ». Ce modèle de petite communauté à structure « cristalline », tout entière présente à soi, rassemblée dans son propre voisinage est sans doute rousseauiste.

Nous aurons à le vérifier de très près sur plus d'un texte. Pour le moment, et toujours pour les mêmes raisons, tournons-nous plutôt du côté de l'*Essai*. Rousseau y montre que la *distance* sociale, la dispersion du voisinage est la condition de l'oppression, de l'arbitraire, du vice. Les gouvernements d'oppression font tous le même geste : rompre la présence, la co-présence des citoyens, l'unanimité du «. peuple assemblé », créer une situation de dispersion, tenir les sujets épars, incapables de se sentir ensemble dans l'espace d'une seule et même parole, d'un seul et même échange persuasif. Ce phénomène est décrit dans le dernier chapitre de l'*Essai*. L'ambiguïté maintenant reconnue de cette structure est telle qu'on peut aussitôt en renverser le sens et montrer que cette co-présence est parfois aussi celle de la foule soumise à la harangue démagogique. Rousseau, lui, n'a pas manqué de donner de sa vigilance devant une telle inversion, des signes qu'il faudra bien lire. Néanmoins l'*Essai* nous met d'abord en garde contre les structures de la vie sociale et de l'information dans la machine politique moderne. C'est un éloge de l'éloquence ou plutôt de l'élocution de la parole pleine, une condamnation des signes muets et impersonnels : argent, tracts (« placards »), armes et soldats en uniforme :

> « Les langues se forment naturellement sur les besoins des hommes ; elles changent et s'altèrent selon les changements de ces mêmes besoins. Dans les anciens temps, où la persuasion tenait lieu de force publique, l'éloquence était nécessaire. A quoi servirait-elle aujourd'hui, que la force publique supplée à la persuasion ? L'on n'a besoin ni d'art ni de figure pour dire, *tel est mon plaisir*. Quels discours restent donc à faire au peuple assemblé ? des sermons. Et qu'importe à ceux qui les font de persuader le peuple, puisque ce n'est pas lui qui nomme aux bénéfices·? Les langues populaires nous sont devenues aussi parfaitement inutiles que l'éloquence. Les

sociétés ont pris leur dernière forme : on n'y change plus
rien qu'avec du canon et des écus ; et comme on n'a plus
rien à dire au peuple, sinon, *donnez de l'argent,* on le dit
avec des placards au coin des rues, ou des soldats dans les
maisons. Il ne faut assembler personne pour cela : au contraire,
il faut tenir les sujets épars ; c'est la première maxime de la
politique moderne... Chez les anciens on se faisait entendre
aisément au peuple sur la place publique ; on y parlait
tout un jour sans s'incommoder... Qu'on suppose un homme
haranguant en français le peuple de Paris dans la place
Vendôme : qu'il crie à pleine tête, on entendra qu'il crie, on
ne distinguera pas un mot... Si les charlatans des places
abondent moins en France qu'en Italie, ce n'est pas qu'en
France ils soient moins écoutés, c'est seulement qu'on ne les
entend pas si bien... Or, je dis que toute langue avec laquelle
on ne peut se faire entendre au peuple assemblé est une
langue servile : il est impossible qu'un peuple demeure libre
et qu'il parle cette langue-là » (Chap. XX, *Rapport des langues
aux gouvernements*).

Présence à soi, proximité transparente dans le face-à-face
des visages et l'immédiate portée de voix, cette détermination
de l'authenticité sociale est donc classique : rousseauiste mais
déjà héritière du platonisme, elle communique, rappelons-le,
avec la protestation anarchiste et libertaire contre la Loi, les
Pouvoirs et l'Etat en général, avec le rêve aussi des socialismes
utopiques du XIXᵉ siècle, très précisément avec celui du fourié-
risme. Dans son laboratoire, ou plutôt dans son atelier, l'ethnologue dispose donc aussi de ce rêve, comme d'une pièce ou
d'un instrument parmi d'autres. Servant le même désir obstiné
dans lequel l'ethnologue « met toujours quelque chose de soi »,
cet outil doit composer avec d'autres « moyens du bord ».
Car l'ethnologue se veut aussi freudien, marxiste (d'un
« marxisme », on s'en souvient, dont le travail critique ne serait
ni en « opposition » ni en « contradiction » avec « la critique
bouddhiste ») et il se dit même tenté par le « matérialisme
vulgaire » [30].

La seule faiblesse du bricolage — mais à ce titre, n'est-elle
pas irrémédiable ? — c'est de ne pouvoir se justifier de part
en part en son propre discours. Le déjà-là des instruments et
des concepts ne peut être défait ou ré-inventé. En ce sens, le

---

30. *Esprit,* nov. 1963, p. 652. Cf. aussi *Le cru et le cuit,* p. 35

passage du désir au discours se perd toujours dans le bricolage, il bâtit ses palais avec des gravats (« La pensée mythique... bâtit ses palais idéologiques avec les gravats d'un discours sol ancien ». *La pensée sauvage*, p. 32). Dans le meilleur des cas, le discours bricoleur peut s'avouer lui-même, avouer en soi-même son désir et sa défaite, donner à penser l'essence et la nécessité du déjà-là, reconnaître que le discours le plus radical, l'ingénieur le plus inventif et le plus systématique sont surpris, circonvenus par une histoire, un langage, etc., un *monde* (car « monde » ne veut rien dire d'autre) auquel ils doivent emprunter leurs pièces, fût-ce pour détruire l'ancienne machine (la bricole semble d'ailleurs avoir été d'abord machine de guerre ou de chasse, construite pour détruire. Et qui peut croire à l'image du paisible bricoleur ?). L'idée de l'ingénieur rompant avec tout bricolage relève de la théologie créationniste. Seule une telle théologie peut accréditer une différence essentielle et rigoureuse entre l'ingénieur et le bricoleur. Mais que l'ingénieur soit toujours une espèce de bricoleur, cela ne doit pas ruiner toute critique du bricolage, bien au contraire. Critique en quel sens ? Tout d'abord, si la différence entre bricoleur et ingénieur est en son fond théologique, le concept même du bricolage implique une déchéance et une finitude accidentelles. Or il faut abandonner cette signification techno-théologique pour penser l'originaire appartenance du désir au discours, du discours à l'histoire du monde, et le déjà-là du langage dans lequel se leurre le désir. Puis, à supposer qu'on conserve, par bricolage, l'idée de bricolage, encore faut-il savoir que tous les bricolages ne se valent pas. Le bricolage se critique lui-même.

Enfin la valeur « d'authenticité sociale » est l'un des deux pôles indispensables dans la structure de la moralité en général. L'éthique de la parole vive serait parfaitement respectable, tout utopique et atopique qu'elle est (c'est-à-dire déliée de *l'espacement* et de la différance comme écriture), elle serait respectable comme le respect lui-même si elle ne vivait pas d'un leurre et du non-respect de sa propre condition d'origine, si elle ne rêvait pas dans la parole la présence refusée à l'écriture, refusée par l'écriture. L'éthique de la parole est le *leurre* de la présence maîtrisée. Comme la bricole, le leurre désigne d'abord un stratagème de chasseur. C'est un terme de fauconnerie : « morceau de cuir rouge, dit Littré, en forme d'oiseau, qui sert pour rappeler l'oiseau de proie lorsqu'il ne revient pas droit sur le poing ». Exemple : « Son maître le rappelle et crie et se tourmente, lui présente le leurre et le poing, mais en vain (La Fontaine) ».

Reconnaître l'écriture dans la parole, c'est-à-dire la différance et l'absence de parole, c'est commencer à penser le leurre. Il n'y a pas d'éthique sans présence *de l'autre* mais aussi et par conséquent sans absence, dissimulation, détour, différance, écriture. L'archi-écriture est l'origine de la moralité comme de l'immoralité. Ouverture non-éthique de l'éthique. Ouverture violente. Comme on l'a fait pour le concept vulgaire d'écriture, il faut sans doute suspendre rigoureusement l'instance éthique de la violence pour répéter la généalogie de la morale.

Uni au mépris de l'écriture, l'éloge de la portée de voix est donc commun à Rousseau et à Lévi-Strauss. Néanmoins, dans des textes que nous devons lire maintenant, Rousseau se méfie aussi de l'illusion de la parole pleine et présente, de l'illusion de présence dans une parole qu'on croit transparente et innocente. C'est vers l'éloge du silence qu'est alors déporté le mythe de la présence pleine arrachée à la différance et à la violence du verbe. Toujours, d'une certaine manière, la « force publique » a déjà commencé à « suppléer à la persuasion ».

Il est peut-être temps de relire l'*Essai sur l'origine des langues*.

chapitre 2

« ce dangereux supplément... »

> Que de voix vont s'élever contre moi ! J'entends de loin les clameurs de cette fameuse sagesse qui nous jette incessamment hors de nous, qui compte toujours le présent pour rien, et, poursuivant sans relâche un avenir qui fuit à mesure qu'on avance, à force de nous transporter où nous ne sommes pas, nous transporte où nous ne serons jamais.
>
> *Emile ou de l'éducation.*

> Tous les papiers que j'avais rassemblés pour suppléer à ma mémoire et me guider dans cette entreprise, passés en d'autres mains, ne rentreront plus dans les miennes.
>
> *Confessions.*

Nous l'avons laissé entendre à plusieurs reprises : l'éloge de la parole vive, tel qu'il *préoccupe* le discours de Lévi-Strauss, n'est fidèle qu'à un certain motif de la pensée de Rousseau. Ce motif compose et s'organise avec son contraire : une méfiance sans cesse ranimée à l'égard de la parole dite pleine. Dans l'allocution, la présence est à la fois promise et refusée. La parole que Rousseau a élevée au-dessus de l'écriture, c'est la parole telle qu'elle devrait être ou plutôt telle qu'elle *aurait dû* être. Et nous devrons être attentif à ce mode, à ce temps qui nous rapporte à la présence dans la collocution vivante. *En fait,* Rousseau avait éprouvé le dérobement dans la parole même, dans le mirage de son immédiateté. Il l'avait reconnu et analysé avec une incomparable acuité. Nous sommes dépossédés de la présence convoitée dans le geste de langage par lequel nous tentons de nous en emparer. L'expérience du « voleur volé » que Starobinski décrit admirablement dans *L'œil vivant*, Jean-Jacques n'y est pas seulement livré dans le jeu de l'image spéculaire qui « capture son reflet et dénonce sa présence » (p. 109). Elle nous guette dès le premier mot. Le dessaisissement spéculaire qui à la fois m'institue et me déconstitue est aussi une loi du langage. Elle opère comme une puissance de mort au cœur de la parole vive : pouvoir d'autant plus redoutable qu'il ouvre autant qu'il menace la possibilité de la parole.

Ayant d'une certaine manière, disions-nous, reconnu cette puissance qui, inaugurant la parole, disloque le sujet qu'elle construit, l'empêche d'être présent à ses signes, travaille son langage de toute une écriture, Rousseau est néanmoins plus pressé de la conjurer que d'en assumer la nécessité. C'est pourquoi, tendu vers la reconstitution de la présence, il valorise et disqualifie à la fois l'écriture. A la fois : c'est-à-dire dans un mouvement divisé mais cohérent. Il faudra tenter de ne pas en manquer l'étrange unité. Rousseau condamne l'écriture comme destruction de la présence et comme maladie de la parole. Il la réhabilite dans la mesure où elle promet la réappropriation de ce dont la parole s'était laissée déposséder. Mais par quoi, sinon déjà par une écriture plus vieille qu'elle et déjà installée dans la place ?

Le premier mouvement de ce désir se formule comme une théorie du langage. L'autre gouverne l'expérience de l'écrivain. Dans les *Confessions*, au moment où Jean-Jacques tente d'expliquer comment il est devenu écrivain, il décrit le passage à l'écriture comme la restauration, par une certaine absence et par un type d'effacement calculé, de la présence déçue de soi dans la parole. Ecrire alors est le seul moyen de garder ou de reprendre la parole puisque celle-ci se refuse en se donnant. Alors s'organise une *économie des signes*. Celle-ci sera d'ailleurs aussi décevante, plus proche encore de l'essence même et de la nécessité de la déception. On ne peut s'empêcher de vouloir maîtriser l'absence et pourtant il nous faut toujours lâcher prise. Starobinski décrit la loi profonde qui commande l'espace dans lequel Rousseau doit ainsi se déplacer :

> « Comment surmontera-t-il ce malentendu qui l'empêche de s'exprimer selon sa vraie valeur ? Comment échapper aux risques de la parole improvisée ? A quel autre mode de com-

munication recourir ? Par quel autre moyen se manifester ? Jean-Jacques choisit d'être *absent* et d'*écrire*. Paradoxalement, il se cachera pour mieux se montrer, et il se confiera à la parole écrite : « J'aimerais la société comme un autre, si je n'étais sûr de me montrer non seulement à mon désavantage, mais tout autre que je ne suis. Le parti que j'ai pris *d'écrire et de me cacher* est précisément celui qui me convenait. Moi présent, on n'aurait jamais su ce que je valais » *(Confessions)*. L'aveu est singulier et mérite qu'on le souligne : Jean-Jacques rompt avec les autres, mais pour se présenter à eux dans la parole écrite. Il tournera et retournera ses phrases à loisir, protégé par la solitude » [1].

L'économie, notons-le, se signale peut-être à ceci : l'opération qui substitue l'écriture à la parole remplace aussi la présence par la valeur : au *je suis* ou au *je suis présent* ainsi sacrifié on *préfère* un *ce que* je suis ou *ce que je vaux*. « Moi présent, on n'aurait jamais su ce que je valais. » Je renonce à ma vie présente, à mon existence actuelle et concrète pour me faire reconnaître dans l'idéalité de la vérité et de la valeur. Schéma bien connu. La guerre est ici en moi, par laquelle je veux m'élever au-dessus de ma vie tout en la gardant, pour jouir de la reconnaissance, et l'écriture est bien le phénomène de cette guerre.

Telle serait donc la leçon de l'écriture dans l'existence de Jean-Jacques. L'acte d'écrire serait essentiellement — et ici de manière exemplaire — le plus grand sacrifice visant à la plus grande réappropriation symbolique de la présence. De ce point de vue, Rousseau savait que la mort n'est pas le simple dehors de la vie. La mort par l'écriture inaugure aussi la vie. « Je ne commençai de vivre que quand je me regardai comme un homme mort » *(Confessions L. VI)*. Dès lors qu'on le détermine dans le système de cette économie, le sacrifice — le « suicide littéraire » — ne se dissipe-t-il pas dans l'*apparence ?*

---

1. *La transparence et l'obstacle*, p. 154. Nous ne pouvons naturellement citer les interprètes de Rousseau que pour signaler des emprunts ou circonscrire un débat. Mais il va de soi que tout lecteur de Rousseau est aujourd'hui guidé par l'admirable édition des *Œuvres Complètes* actuellement en cours dans la « Bibliothèque de la Pléiade » et par les travaux magistraux de MM. Bouchardy, Burgelin, Candaux, Derathé, Fabre, Foucault, Gagnebin, Gouhier, Groethuysen, Guyon. Guyot, Osmont. Poulet, Raymond, Stelling-Michaud et tout particulièrement ici de Jean Starobinski.

Est-il autre chose qu'une réappropriation symbolique ? Ne renonce-t-il pas au *présent* et au *propre* pour mieux les maîtriser dans leur sens, dans la forme idéale de la vérité, de la présence du présent et de la proximité ou de la propriété du propre ? On serait obligé de conclure à la ruse et à l'apparence si l'on s'en tenait en effet à ces concepts (sacrifice, dépense, renoncement, symbole, apparence, vérité, etc.) qui déterminent ce que nous appelons ici l'économie en termes de vérité et d'apparence et à partir de l'opposition présence/absence.

Mais le travail de l'écriture et l'économie de la différance ne se laissent pas dominer par cette conceptualité classique, par cette ontologie ou cette épistémologie. Elles lui fournissent au contraire ses prémisses cachées. La différance ne *résiste* pas à l'appropriation, elle ne lui impose pas une limite extérieure. Elle a commencé par *entamer* l'aliénation et elle finit par laisser *entamée* la réappropriation. Jusqu'à la mort. La mort est le mouvement de la différance en tant qu'il est nécessairement fini. C'est dire que la différance rend possible l'opposition de la présence et de l'absence. Sans la possibilité de la différance, le désir de la présence comme telle ne trouverait pas sa respiration. Cela veut dire du même coup que ce désir porte en lui le destin de son inassouvissement. La différance produit ce qu'elle interdit, rend possible cela même qu'elle rend impossible.

Si l'on reconnaît la différance comme l'origine oblitérée de l'absence et de la présence, formes majeures du disparaître et de l'apparaître de l'étant, il resterait à savoir si l'être, avant sa détermination en absence ou en présence est déjà impliqué dans la pensée de la différance. Et si la différance comme projet de maîtrise de l'étant doit être comprise à partir du sens de l'être. Ne peut-on penser l'inverse ? Puisque le sens de l'être ne s'est jamais produit comme histoire hors de sa détermination en présence, n'a-t-il pas toujours déjà été pris dans l'histoire de la métaphysique comme époque de la présence ? C'est peut-être ce qu'a voulu écrire Nietzsche et ce qui résiste à la lecture heideggerienne : la *différence* dans son mouvement *actif* — ce qui est compris, sans l'épuiser, dans le concept de *différance* — est ce qui non seulement précède la métaphysique mais aussi déborde la pensée de l'être. Celle-ci *ne* dit *rien d'autre* que la métaphysique, même si elle l'excède et la pense comme ce qu'elle est dans sa clôture.

De l'aveuglement au supplément.

Il nous faut donc, à partir de ce schéma problématique, penser ensemble l'expérience et la théorie rousseauistes de l'écriture, l'accord et le discord qui, sous le titre de l'écriture, rapportent Jean-Jacques à Rousseau, unissant et divisant son nom propre. Du côté de l'expérience, un recours à la littérature comme réappropriation de la présence, c'est-à-dire, nous le verrons, de la nature ; du côté de la théorie, un réquisitoire contre la négativité de la lettre, en laquelle il faut lire la dégénérescence de la culture et la disruption de la communauté.

Si l'on veut bien l'entourer de toute la constellation de concepts qui font système avec lui, le mot de *supplément* paraît ici rendre compte de l'étrange unité de ces deux gestes.

Dans les deux cas, en effet, Rousseau considère l'écriture comme un moyen dangereux, un secours menaçant, la réponse critique à une situation de détresse. Quand la nature, comme proximité à soi, vient à être interdite ou interrompue, quand la parole échoue à protéger la présence, l'écriture devient nécessaire. Elle doit d'urgence *s'ajouter* au verbe. Nous avions déjà, par anticipation, reconnu une des formes de cette *addition* : la parole étant naturelle ou du moins l'expression naturelle de la pensée, la forme d'institution ou de convention la plus naturelle pour signifier la pensée, l'écriture s'y ajoute, s'y adjoint comme une image ou une représentation. En ce sens, elle n'est pas naturelle. Elle fait dériver dans la représentation et dans l'imagination une présence immédiate de la pensée à la parole. Ce recours n'est pas seulement « bizarre », il est dangereux. C'est l'addition d'une technique, c'est une sorte de ruse artificielle et artificieuse pour rendre la parole présente lorsqu'elle est en vérité absente. C'est une violence faite à la destinée naturelle de la langue :

> « Les langues sont faites pour être parlées, l'écriture ne sert que de supplément à la parole... La parole représente la pensée par des signes conventionnels, et l'écriture représente de même la parole. Ainsi l'art d'écrire n'est qu'une représentation médiate de la pensée. »

L'écriture est dangereuse dès lors que la représentation veut s'y donner pour la présence et le signe pour la chose même.

Et il y a une nécessité fatale, inscrite dans le fonctionnement même du signe, à ce que le substitut fasse oublier sa fonction de vicariance et se fasse passer pour la plénitude d'une parole dont il ne fait pourtant que *suppléer* la carence et l'infirmité. Car le concept de supplément — qui détermine ici celui d'image représentative — abrite en lui deux significations dont la cohabitation est aussi étrange que nécessaire. Le supplément s'ajoute, il est un surplus, une plénitude enrichissant une autre plénitude, le *comble* de la présence. Il cumule et accumule la présence. C'est ainsi que l'art, la *technè*, l'image, la représentation, la convention, etc., viennent en supplément de la nature et sont riches de toute cette fonction de cumul. Cette espèce de la supplémentarité détermine d'une certaine manière toutes les oppositions conceptuelles dans lesquelles Rousseau inscrit la notion de nature en tant qu'elle *devrait* se suffire à elle-même.

Mais le supplément supplée. Il ne s'ajoute que pour remplacer. Il intervient ou s'insinue *à-la-place-de* ; s'il comble, c'est comme on comble un vide. S'il représente et fait image, c'est par le défaut antérieur d'une présence. Suppléant et vicaire, le supplément est un adjoint, une instance subalterne qui *tient-lieu*. En tant que substitut, il ne s'ajoute pas simplement à la positivité d'une présence, il ne produit aucun relief, sa place est assignée dans la structure par la marque d'un vide. Quelque part, quelque chose ne peut se remplir *de soi-même,* ne peut s'accomplir qu'en se laissant combler par signe et procuration. Le signe est toujours le supplément de la chose même.

Cette deuxième signification du supplément ne se laisse pas distraire de la première. Elles sont toutes deux à l'œuvre dans les textes de Rousseau, nous aurons constamment à le vérifier. Mais l'inflexion varie d'un moment à l'autre. Chacune des deux significations s'efface à son tour ou s'estompe discrètement devant l'autre. Mais leur fonction commune se reconnaît à ceci : qu'il s'ajoute ou qu'il se substitue, le supplément est *extérieur,* hors de la positivité à laquelle il se surajoute, étranger à ce qui, pour être par lui remplacé, doit être autre que lui. A la différence du *complément,* disent les dictionnaires, le supplément est une « addition *extérieure* » (Robert).

Or la négativité du mal aura toujours selon Rousseau la forme de la supplémentarité. Le mal est extérieur à une nature, à ce qui est par nature innocent et bon. Il survient à la nature. Mais il le fait toujours sous l'espèce de la suppléance de ce qui *devrait* ne point se manquer à soi.

Ainsi, la présence, qui est toujours naturelle, c'est-à-dire, chez Rousseau plus que chez un autre, maternelle, *devrait* se suffire à elle-même. Son *essence*, autre nom de la présence, se donne à lire à travers la grille de ce conditionnel. Comme celle de la nature, « la sollicitude maternelle ne se supplée point », dit l'*Emile* [2]. Elle ne se *supplée* point, cela veut dire qu'elle n'a pas à être suppléée : elle suffit et se suffit ; mais cela veut dire aussi qu'elle est irremplaçable : ce que l'on voudrait y substituer ne l'égalerait pas, ne serait qu'un médiocre pis-aller. Cela veut dire enfin que la nature ne *se* supplée point : son supplément ne procède pas d'elle-même, ne lui est pas seulement inférieur mais autre.

Et pourtant toute l'éducation, pièce maîtresse de la pensée rousseauiste, sera décrite ou prescrite comme un système de suppléance destiné à reconstituer le plus naturellement possible l'édifice de la nature. Le premier chapitre de l'*Emile* annonce la fonction de cette pédagogie. Bien que la sollicitude maternelle ne se supplée point, « il vaut mieux que l'enfant suce le lait d'une nourrice en santé, que d'une mère gâtée, s'il avait quelque nouveau mal à craindre du même sang dont il est formé » *(ibid)*. C'est bien la culture qui doit suppléer une nature déficiente, d'une déficience qui ne peut être, par définition, qu'un accident et un écart de la nature. La culture s'appelle ici habitude : elle est nécessaire et insuffisante dès lors que la substitution des mères ne s'envisage plus « seulement par le côté physique » :

> « D'autres femmes, des bêtes même, pourront lui donner le lait qu'elle lui refuse : la sollicitude maternelle ne se supplée point. Celle qui nourrit l'enfant d'une autre au lieu du sien est une mauvaise mère : comment sera-t-elle bonne nourrice ? Elle pourra le devenir, mais lentement ; il faudra que l'habitude change la nature... » *(ibid)*.

---

2. Edition Garnier, p. 17. Nos références ne renverront aux *Œuvres Complètes* (Editions de la Pléiade) que dans les cas où le texte aura été publié dans l'un des trois tomes actuellement parus. Les autres œuvres seront citées dans l'édition Garnier. De l'*Essai sur l'origine des langues,* que nous citons d'après l'édition Belin (1817) nous indiquerons, par commodité, les numéros de chapitres.

Ici les problèmes du droit naturel, des rapports entre la nature et la société, les concepts d'aliénation, d'altérité et d'altération, s'adaptent très spontanément au problème pédagogique de la substitution des mères et des enfants :

> « De cet avantage même résulte un inconvénient qui seul devrait ôter à toute femme sensible le courage de faire nourrir son enfant par une autre, c'est celui de partager le droit de mère ou plutôt de l'aliéner ; de voir son enfant aimer une autre femme autant et plus qu'elle... » *(ibid)*.

Si, préméditant le thème de l'écriture, nous commençons par parler de la substitution des mères, c'est que, comme Rousseau le dit lui-même, « Ceci tient à plus de choses qu'on ne pense » :

> « Combien j'insisterais sur ce point, s'il était moins décourageant de rebattre en vain des sujets utiles ! Ceci tient à plus de choses qu'on ne pense. Voulez-vous rendre chacun à ses premiers devoirs ? Commencez par les mères ; vous serez étonnés des changements que vous produirez. Tout vient successivement de cette première dépravation : tout l'ordre moral s'altère ; le naturel s'éteint dans tous les cœurs... » (p. 18).

L'enfance est la première manifestation de la déficience qui, dans la nature, appelle la suppléance. La pédagogie éclaire peut-être plus crûment les paradoxes du supplément. Comment une faiblesse naturelle est-elle possible ? Comment la nature peut-elle demander des forces qu'elle ne fournit pas ? Comment un enfant en général est-il possible ?

> « Loin d'avoir des forces superflues, les enfants n'en ont pas même de suffisantes pour tout ce que leur demande la nature ; il faut donc leur laisser l'usage de toutes celles qu'elle leur donne et dont ils ne sauraient abuser. Première maxime. Il faut les aider et suppléer à ce qui leur manque, soit en intelligence, soit en force, dans tout ce qui est du besoin physique. Deuxième maxime » (p. 50).

Toute l'organisation et tout le temps de l'éducation seront réglés par ce mal nécessaire : « suppléer à ce qui manque » et remplacer la nature. Ce qu'il faut faire le moins possible et le plus tard possible. « Un des meilleurs préceptes de la bonne culture est de tout *retarder* tant qu'il est possible » (p. 274). « Laissez longtemps agir la nature, avant de

vous mêler d'agir *à sa place* » (p. 102. Nous soulignons).
Sans l'enfance, aucun supplément n'apparaîtrait jamais dans
la nature. Or le supplément est ici à la fois la chance de
l'humanité et l'origine de sa perversion. Le salut de la race
humaine :

> « On façonne les plantes par la culture, et les hommes par
> l'éducation. Si l'homme naissait grand et fort, sa taille et
> ses forces lui seraient inutiles jusqu'à ce qu'il eût appris à
> s'en servir ; elles lui seraient préjudiciables, en empêchant
> les autres de songer à l'assister ; et abandonné à lui-même,
> il mourrait de misère avant d'avoir connu ses besoins. On se
> plaint de l'état d'enfance ; on ne voit pas que la race humaine
> eût péri, si l'homme n'eût commencé par être enfant »
> (p. 67).

La menace de perversion :

> « En même temps que l'Auteur de la nature donne aux
> enfants le principe actif, il prend soin qu'il soit peu nuisible,
> en leur laissant peu de force pour s'y livrer. Mais sitôt
> qu'ils peuvent considérer les gens qui les environnent comme
> des instruments qu'il dépend d'eux de faire agir, ils s'en servent
> pour suivre leur penchant et *suppléer* à leur propre faiblesse.
> Voilà comment ils deviennent incommodes, tyrans, impérieux,
> méchants, indomptables ; progrès qui ne vient pas d'un esprit
> naturel de domination, mais qui le leur donne ; car il ne faut
> pas une longue expérience pour sentir combien il est agréable
> d'agir par les mains d'autrui, et de n'avoir besoin que de
> remuer la langue pour faire mouvoir l'univers » (p. 49. Nous
> soulignons).

Le supplément, ce sera toujours remuer la langue ou
agir par les mains d'autrui. Tout est ici rassemblé : le progrès
comme possibilité de perversion, la régression vers un mal
qui n'est pas naturel et qui tient au pouvoir de suppléance
qui nous permet de nous absenter et d'agir par procuration,
par représentation, par les mains d'autrui. Par écrit. Cette suppléance a toujours la forme du signe. Que le signe, l'image
ou le représentant deviennent forces et fassent « mouvoir l'univers », tel est le scandale.

Ce scandale est tel, et les méfaits en sont parfois si irré-
parables, que le monde semble tourner à l'envers (et nous
verrons plus loin ce que peut signifier pour Rousseau une
telle *catastrophe*) : alors la nature devient le supplément de

l'art et de la société. C'est le moment où le mal paraît incurable : « Faute de savoir se guérir, que l'enfant sache être malade : cet art supplée à l'autre, et souvent réussit beaucoup mieux ; c'est l'art de la nature » (p. 31). C'est aussi le moment où la nature maternelle, cessant d'être aimée, comme elle le devrait, pour elle-même et dans une immédiate proximité (« O nature ! O ma mère ! me voici sous ta seule garde ; il n'y a point d'homme adroit et fourbe qui s'interpose entre toi et moi ! ». *Confessions* L. XII.) devient le substitut d'un autre amour et d'un autre attachement :

> « La contemplation de la nature eut toujours un très grand attrait pour son cœur : il y trouvait un supplément aux attachements dont il avait besoin ; mais il eût laissé le supplément pour la chose, s'il en avait eu le choix, et il ne se réduisit à converser avec les plantes qu'après de vains efforts pour converser avec des humains » *(Dialogues,* p. 794).

Que la botanique devienne le supplément de la société, c'est là plus qu'une catastrophe. C'est la catastrophe de la catastrophe. Car dans la nature, la plante est ce qu'il y a de plus *naturel*. C'est la *vie* naturelle. Le minéral se distingue du végétal en ce qu'il est nature morte et utile, servile à l'industrie de l'homme. Lorsque celui-ci a perdu le sens et le goût des vraies richesses naturelles — les végétales — il fouille les entrailles de sa mère et il y risque la santé :

> « Le règne minéral n'a rien en soi d'aimable et d'attrayant ; ses richesses enfermées dans le sein de la terre semblent avoir été éloignées des regards des hommes pour ne pas tenter leur cupidité. Elles sont là comme en réserve pour servir un jour de *supplément* aux véritables richesses qui sont plus à sa portée et dont il perd le goût à mesure qu'il se corrompt. Alors il faut qu'il appelle l'industrie, la peine et le travail au secours de ses misères ; il fouille les entrailles de la terre, il va chercher dans son centre aux risques de sa vie et aux dépens de sa santé des biens imaginaires à la place des biens réels qu'elle lui offrait d'elle-même quand il savait en jouir. *Il fuit le soleil et le jour qu'il n'est plus digne de voir* » [3].

---

3. *Rêveries*. Septième promenade, (Pléiade, T. I, p. 1066-1067. Nous soulignons). On pourra objecter que l'animal représente une vie naturelle encore plus vivante que la plante, mais on ne peut le traiter que mort. « L'étude des animaux n'est rien sans l'anatomie » (p. 1068).

L'homme s'est donc ainsi crevé les yeux, il s'est aveuglé par désir de fouiller ces entrailles. Et voici l'horrible spectacle du châtiment qui suit la faute, c'est-à-dire en somme une simple substitution :

> « Il s'enterre tout vivant et fait bien ne méritant plus de vivre à la lumière du jour. Là, des carrières, des gouffres, des forges, des fourneaux, un appareil d'enclumes, de marteaux, de fumée et de feu, succèdent aux douces images des travaux champêtres. Les visages hâves de malheureux qui languissent dans les infectes vapeurs des mines, de noirs forgerons, de hideux cyclopes sont le spectacle que l'appareil des mines substitue au sein de la terre à celui de la verdure et des fleurs, du ciel azuré, des bergers amoureux et des laboureurs robustes sur sa surface » [4].

Tel est le scandale, telle la catastrophe. Le supplément est ce que ni la nature ni la raison ne peuvent tolérer. Ni la nature, notre « mère commune » (*Rêveries*, p. 1066), ni la raison raisonnable sinon raisonneuse (*De l'état de nature*, p. 478). Et n'avaient-elles pas tout fait pour éviter cette catastrophe, pour se protéger de cette violence et nous garder de cette faute fatale ? « de sorte », dit le second *Discours* précisément des mines, « qu'on dirait que la nature avait pris des précautions pour nous dérober ce fatal secret » (p. 172). Et n'oublions pas que la violence qui nous porte vers les entrailles de la terre, le moment de l'aveuglement minier, c'est-à-dire de la métallurgie, est l'origine de la société. Car selon Rousseau, nous le vérifierons souvent, l'agriculture, qui marque l'organisation de la société civile, suppose un commencement de métallurgie. L'aveuglement produit donc ce qui naît en même temps que la société : les langues, la substitution réglée des signes aux choses, l'ordre du supplément. On va *de l'aveuglement au supplément*. Mais l'aveugle ne peut

---

4. *Ibid.* Sans y chercher ici un principe de lecture, nous renvoyons, par curiosité et parmi tant d'autres exemples possibles, à ce que dit Karl Abraham du cyclope, de la peur d'être aveugle, de l'œil, du soleil, de la masturbation, etc., in *Œuvres Complètes*, trad. Ilse Barande. T. II, p. 18 sq. Rappelons que dans une séquence de la mythologie égyptienne, Seth, aidé de Thot (dieu de l'écriture ici considéré comme un frère d'Osiris) assassine Osiris par ruse (cf. Vaudier, *op. cit.*, p. 46). L'écriture, auxiliaire et supplétif qui tue d'un seul et même geste le père et la lumière. (Cf., *supra*, p. 101)

voir, en son origine, cela même qu'il produit pour suppléer sa vue. *L'aveuglement au supplément* est !a loi. Et d'abord la cécité à son concept. Il ne suffit d'ailleurs pas d'en repérer le fonctionnement pour en *voir* le sens. Le supplément n'a pas de sens et ne se donne à aucune intuition. Nous ne le faisons donc pas sortir ici de son étrange pénombre. Nous en disons la réserve.

La raison est incapable de penser cette double infraction à la nature : qu'il y ait du *manque* dans la nature et que *par là-même* quelque chose *s'ajoute* à elle. D'ailleurs on ne doit pas dire que la raison est *impuissante à penser cela* ; elle est constituée par cette impuissance. Elle est le principe d'identité. Elle est la pensée de l'identité à soi de l'être naturel. Elle ne peut même pas déterminer le supplément comme son autre, comme l'irrationnel et le non-naturel, car le supplément vient *naturellement* se mettre à la place de la nature. Le supplément est l'image et la représentation de la nature. Or l'image n'est ni dans ni hors de la nature. Le supplément est donc aussi dangereux pour la raison, pour la santé naturelle de la raison.

Supplément dangereux. Ce sont des mots dont Rousseau se sert lui-même dans les *Confessions*. Il le fait dans un contexte qui n'est différent qu'en apparence, et pour expliquer, précisément, « un état presque inconcevable à la raison » : « En un mot, de moi à l'amant le plus passionné, il n'y avait qu'une différence unique, mais essentielle, et qui rend mon état presque inconcevable à la raison » (*Pléiade*, I, p. 108).

Si nous prêtons au texte qui va suivre une valeur paradigmatique, c'est à titre provisoire et sans préjuger de ce qu'une discipline de lecture à naître y pourra rigoureusement déterminer. Aucun modèle de lecture ne nous paraît actuellement prêt à se mesurer à ce texte — que nous voudrions lire comme un *texte* et non comme un document. Nous voulons dire à s'y mesurer pleinement et rigoureusement, au-delà de ce qui rend ce texte déjà très lisible, et plus lisible qu'on ne l'a sans doute pensé jusqu'ici. Notre seule ambition sera d'en délivrer une signification dont la lecture que nous appelons ne pourra en tout cas faire l'économie : économie d'un texte écrit, circulant à travers d'autres textes, y renvoyant sans cesse, se conformant à l'élément d'une langue et à son fonctionnement réglé. Par exemple, ce qui unit le mot « supplément » à son concept n'a pas été inventé par Rousseau et l'originalité de son fonctionnement n'est ni pleinement maîtrisée par Rousseau ni simplement imposée par l'histoire et la langue, par l'histoire de la langue. Parler de l'écriture de Rousseau, c'est tenter de reconnaître ce qui échappe à ces catégories de passivité et d'activité, d'aveuglement et de responsabilité. Et l'on peut d'autant moins faire abstraction du texte écrit pour se précipiter vers le signifié qu'il *voudrait dire*, que le signifié est ici l'écriture elle-même. On a si peu à chercher une *vérité signifiée* par ces écrits (vérité métaphysique ou vérité psychologique : la vie de Jean-Jacques derrière son œuvre) que si les textes auxquels nous allons nous intéresser *veulent dire* quelque chose, c'est l'engagement et l'appartenance qui enserrent dans le même *tissu*, le même *texte*, l'existence et l'écriture. Le même ici s'appelle supplément, autre nom de la différance.

Voici l'irruption du dangereux supplément dans la nature, entre la nature et la nature, entre l'innocence naturelle comme *virginité* et l'innocence naturelle comme *pucelage* : « En un mot, de moi à l'amant le plus passionné il n'y avait qu'une différence unique, mais essentielle, et qui rend mon état presque inconcevable à la raison. » Ici, l'alinéa ne doit pas nous dissimuler que le paragraphe qui suit est destiné à expliquer la « différence unique » et l' « état presque inconcevable à la raison ». Rousseau enchaîne :

> « J'étais revenu d'Italie, non tout à fait comme j'y étais allé ; mais comme peut-être jamais à mon âge on n'en est revenu. J'en avais rapporté non ma virginité, mais mon pucelage. J'avais senti le progrès des ans ; mon tempérament inquiet s'était enfin déclaré, et sa première éruption, très involontaire, m'avait donné sur ma santé des alarmes qui peignent mieux que toute autre chose l'innocence dans laquelle j'avais vécu jusqu'alors. Bientôt rassuré j'appris ce dangereux supplément qui trompe la nature et sauve aux jeunes gens de mon humeur beaucoup de désordres aux dépens de leur santé, de leur vigueur et parfois de leur vie » (Pléiade, I, pp. 108-109).

On lit dans l'*Emile* (L. IV) : « S'il connaît une fois ce dangereux supplément, il est perdu ». Dans le même livre, il est aussi question de « suppléer en gagnant de vitesse sur l'expérience » (p. 437), et de l' « esprit » qui « supplée » les « forces physiques » (p. 183).

L'expérience de l'auto-érotisme est vécue dans l'angoisse. La masturbation ne rassure (« bientôt rassuré ») qu'à travers cette culpabilité que la tradition attache à cette pratique, obligeant les enfants à assumer la faute et à intérioriser la menace de castration qui l'accompagne toujours. La jouissance est alors vécue comme perte irrémédiable de substance vitale, comme exposition à la folie et à la mort. Elle se produit « aux dépends de leur santé, de leur vigueur et quelque fois de leur vie ». De la même manière, diront les *Rêveries,* l'homme qui « fouille les entrailles de la terre... va chercher dans son centre aux risques de sa vie et aux dépends de sa santé des biens imaginaires à la place des biens réels qu'elle lui offrait d'elle-même quand il savait en jouir ».

Et c'est bien d'imaginaire qu'il s'agit. Le supplément qui « trompe la nature » maternelle opère comme l'écriture, et comme elle il est dangereux pour la vie. Or ce danger est celui de l'image. De même que l'écriture ouvre la crise de la parole vive à partir de son « image », de sa peinture ou de sa représentation, de même l'onanisme annonce la ruine de la vitalité à partir de la séduction imaginative :

> « Ce vice que la honte et la timidité trouvent si commode, a de plus un grand attrait pour les imaginations vives ; c'est de disposer pour ainsi dire à leur gré de tout le sexe, et de faire servir à leurs plaisirs la beauté qui les tente sans avoir besoin d'obtenir son aveu ».

Le dangereux supplément, que Rousseau appelle aussi « funeste avantage », est proprement *séduisant* : il conduit le désir hors du bon chemin, il le fait errer loin des voies naturelles, le mène vers sa perte ou sa chute et c'est pourquoi il est une sorte de lapsus ou de scandale (σκάνδαλον). Il détruit ainsi la nature. Mais le scandale de la raison, c'est que rien ne semble plus naturel que cette destruction de la nature. C'est moi-même qui m'emploie à me départir de la force que la nature m'a confiée : « Séduit par ce funeste avantage, je travaillais à détruire la bonne constitution qu'avait rétablie en moi la nature et à qui j'avais donné le temps de se bien former ». On sait quelle importance l'*Emile* accorde au temps, à la maturation lente des forces naturelles. Tout l'art de la pédagogie est un calcul de la patience, laissant à l'œuvre de la nature le temps de s'accomplir, respectant son rythme et l'ordre de ses étapes. Or le dangereux supplément détruit à toute vitesse les forces que la nature a lentement constituées et accumulées. « En gagnant de vitesse » sur l'expérience naturelle, il brûle les étapes et consume l'énergie sans retour. Comme le signe, nous le vérifierons, il fait l'économie de la présence de la chose et de la durée de l'être.

Le dangereux supplément rompt avec la nature. Toute la description de cet éloignement de la nature a un *théâtre*. Les *Confessions* mettent en scène l'évocation du dangereux supplément au moment où il s'agit de rendre visible un éloignement qui n'est ni le même ni un autre : la nature s'éloigne en même temps que la mère, ou plutôt que « Maman » qui déjà signifiait la disparition de la vraie mère et s'y substituait de la manière ambiguë que l'on sait. Il s'agit donc ici de la distance entre Maman et celui qu'elle appelait « Petit » [5]. Comme dit l'*Emile,* tout le mal vient de ce que « Les femmes ont cessé d'être mères ; elles ne le seront plus ; elles ne veulent plus l'être » (p. 18). Une certaine absence, donc, d'une certaine sorte de mère. Et l'expérience dont nous parlons est faite pour réduire cette absence autant que pour la maintenir. Expérience *furtive,* expérience d'un voleur qui a besoin de l'invisibilité : à la fois que la mère soit invisible et qu'elle ne voie pas. On a souvent cité ces lignes :

> « Je ne finirais pas si j'entrais dans le détail de toutes les folies que le souvenir de cette chère Maman me faisait faire, quand je n'étais plus sous ses yeux. Combien de fois j'ai baisé mon lit en songeant qu'elle y avait couché, mes rideaux,

5. « *Petit* fut mon nom, *Maman* fut le sien, et toujours nous demeurâmes *Petit* et *Maman,* même quand le nombre des années en eut presque effacé la différence entre nous. Je trouve que ces deux noms rendent à merveille l'idée de notre ton, la simplicité de nos manières et surtout la relation de nos cœurs. Elle fut pour moi la plus tendre des mères qui jamais ne chercha son plaisir mais toujours mon bien ; et si les sens entrèrent dans mon attachement pour elle, ce n'était pas pour en changer la nature, mais pour le rendre seulement plus exquis, pour m'enivrer du charme d'avoir une maman jeune et jolie qu'il m'était délicieux de caresser ; je dis, caresser au pied de la lettre ; car jamais elle n'imagina de m'épargner les baisers ni les plus tendres caresses maternelles, et jamais il n'entra dans son cœur d'en abuser. On dira que nous avons pourtant eu à la fin des relations d'une autre espèce ; j'en conviens, mais il faut attendre ; je ne puis tout dire à la fois » (p. 106). Collage ici de cette phrase de G. Bataille : « Je suis moi-même le « petit », je n'ai de place que caché. » (*Le petit*).

tous les meubles de ma chambre en songeant qu'ils étaient à elle, que sa belle main les avait touchés, le plancher même sur lequel je me prosternais en songeant qu'elle y avait marché. Quelquefois même en sa présence il m'échappait des extravagances que le plus violent amour seul semblait pouvoir inspirer. Un jour à table, au moment qu'elle avait mis un morceau dans sa bouche, je m'écrie que j'y vois un cheveu : elle rejette le morceau sur son assiette, je m'en saisis avidement et l'avale [6]. En un mot, de moi à l'amant le plus passionné, il n'y avait qu'une différence unique, mais essentielle, et qui rend mon état presque inconcevable à la raison » etc..., Un peu plus haut, on pouvait lire : « Je ne sentais toute la force de mon attachement pour elle que quand je ne la voyais pas » (p. 107).

---

6. Ce morceau est souvent cité mais l'a-t-on jamais analysé pour lui-même ? Les éditeurs des *Confessions* dans la *Pléiade*, B. Gagnebin et M. Raymond, ont sans doute raison de se méfier, comme ils le font toujours très systématiquement, de ce qu'ils appellent la psychiatrie (note p. 1281. Cette même note recense très utilement tous les textes où Rousseau rappelle ses « folies » ou « extravagances »). Mais cette suspicion n'est légitime, nous semble-t-il, que dans la mesure où elle concerne l'abus — qui s'est sans doute jusqu'ici confondu avec l'usage — de la lecture psychanalytique, et où elle ne prescrit pas le redoublement du commentaire habituel qui a rendu ce type de texte le plus souvent illisible. Il faut distinguer ici entre les analyses souvent sommaires et imprudentes, mais parfois aussi éclairantes, du Dr René Laforgue *(Etude sur J.-J. Rousseau*, in *Revue française de psychanalyse*, T. I. 1927, p. 370 sq. et *Psychopathologie de l'échec*, p. 114 sq., 1944) qui d'ailleurs ne fait aucune place aux textes que nous venons de citer, et une interprétation qui tiendrait un compte plus rigoureux, au moins au principe, de l'enseignement de la psychanalyse. C'est là une des directions dans lesquelles sont engagées les belles et prudentes analyses de J. Starobinski. Ainsi, dans *L'œil vivant*, la phrase qui vient de nous arrêter est réinscrite dans toute une série d'exemples de substitutions analogues, empruntés pour la plupart à la *Nouvelle Héloïse* : celui-ci par exemple, entre autres « fétiches érotiques » : « Toutes les parties de ton habillement éparses présentent à mon ardente imagination celles de toi-même qu'elles recèlent : cette coiffure légère que parent de grands cheveux blonds qu'elle feint de couvrir ; cet heureux fichu contre lequel une fois au moins je n'aurai point à murmurer ; ce déshabillé élégant et simple qui marque si bien le goût de celle qui le porte ; ces mules si mignonnes qu'un pied souple remplit sans peine ; ce corps si délié qui touche et embrasse... Quelle taille enchanteresse ! au devant deux légers contours... O spectacle de volupté ! la baleine a cédé à

La chaîne des suppléments.

La découverte du dangereux supplément sera ensuite citée *parmi* ces « folies » mais elle n'en garde pas moins un privilège et Rousseau l'évoque après les autres et comme une sorte d'explication de l'état inconcevable à la raison. Car il ne s'agit pas de dériver la jouissance totale vers un substitut particulier mais cette fois de l'éprouver ou de la mimer elle-même *directement et en totalité.* Il ne s'agit plus de baiser le lit, le plancher, les rideaux, les meubles, etc., ni même d' « avaler » le « morceau qu'elle avait mis dans sa bouche », mais « de disposer à son gré de tout le sexe ».

----

la force de l'impression... Empreintes délicieuses, que je vous baise mille fois ! » (pp. 115-116).
Mais la singularité de ces substitutions et l'articulation de ces déplacements retiennent-elles assez l'attention de l'interprète ? Nous nous demandons si, par souci de réagir contre une psychanalyse réductrice, causaliste, dissociative, Starobinski ne fait pas en général trop crédit à une psychanalyse totalitaire, de style phénoménologique ou existentiel. Celle-ci, à diffuser la sexualité dans la totalité du comportement, risque peut-être d'estomper les clivages, les différences, les déplacements, les fixations de toute sorte qui structurent cette totalité. Le lieu ou les lieux de la sexualité ne disparaissent-ils pas dans l'analyse d'un comportement global, telle que la recommande Starobinski : « Le comportement érotique n'est pas une donnée fragmentaire : il est une manifestation de l'individu total, et c'est comme tel qu'il doit être analysé. Que ce soit pour le négliger ou pour en faire un sujet d'étude privilégié, on ne peut limiter l'exhibitionnisme à la « sphère » sexuelle : la personnalité entière s'y révèle, avec quelques-uns de ses « choix existentiels » fondamentaux ». *(La transparence et l'obstacle,* pp. 210-211. Une note nous renvoie à la *Phénoménologie de la perception* de Merleau-Ponty). Et ne risque-t-on pas ainsi de déterminer le pathologique de manière très classique, comme « excès » pensé dans des catégories « existentielles » : « Dans la perspective d'une analyse globale, il apparaîtra que certaines données premières de la conscience constituent à la fois la source de la pensée spéculative de Rousseau, et la source de sa folie. Mes ces données-source ne sont pas morbides par elles-mêmes. C'est seulement parce qu'elles sont vécues d'une manière excessive, que la maladie se déclare et se développe... Le développement morbide réalisera la mise en évidence caricaturale d'une question « existentielle » fondamentale que la conscience n'a pas été capable de dominer » (p. 253).

Nous disions que la scène de ce théâtre n'était pas seulement un décor au sens où on l'entend trop souvent : un ensemble d'accessoires. La disposition topographique de l'expérience n'est pas indifférente. Jean-Jacques est dans la maison de Mme de Warens : assez près de *Maman* pour la voir et pour en nourrir son imagination mais avec la possibilité de la cloison. C'est au moment où la mère disparaît que la suppléance devient possible et nécessaire. Le jeu de la présence ou de l'absence maternelle, cette alternance de la perception et de l'imagination doit correspondre à une organisation de l'espace ; le texte enchaîne ainsi :

« Qu'on ajoute à cette disposition le local de ma situation présente, logé chez une jolie femme, caressant son image au fond de mon cœur, la voyant sans cesse dans la journée ; le soir entouré d'objets qui me la rappellent, couché dans un lit où je sais qu'elle a couché. Que de stimulants ! Tel lecteur qui se les représente me regarde déjà comme à demi mort. Tout au contraire ; ce qui devait me perdre fut précisément ce qui me sauva, du moins pour un temps. Enivré du charme de vivre auprès d'elle, du désir ardent d'y passer mes jours, absente ou présente je voyais toujours en elle une tendre mère, une sœur chérie, une délicieuse amie et rien de plus... elle était pour moi la seule femme qui fût au monde, et l'extrême douceur des sentiments qu'elle m'inspirait ne laissant pas à mes sens le temps de s'éveiller pour d'autres, me garantissait d'elle et de tout son sexe ».

Cette expérience n'a pas été un événement marquant une période archaïque ou adolescente. Elle n'a pas seulement construit ou soutenu, telle une fondation enfouie, un édifice de significations. Elle est restée une obsession active dont le « présent » est sans cesse réactivé et constitué en retour, jusqu'à la fin de la « vie » et du « texte » de Jean-Jacques Rousseau. Un peu plus tard, un peu plus bas dans le texte des *Confessions* (livre IV) [7], « une petite anecdote assez difficile à dire » nous est racontée. La rencontre d'un homme « sujet au même vice ». Jean-Jacques s'enfuit terrifié, « aussi tremblant » que s'il venait de « commettre un crime ». « Ce souvenir m'en guérit pour longtemps ».

Pour longtemps ? Cet onanisme qui permet de s'affecter soi-

7. P. 165.

même en se donnant des présences, en convoquant des beautés absentes, Rousseau ne cessera jamais d'y recourir et de s'en accuser. Il restera à ses yeux le modèle du vice et de la perversion. En s'affectant soi-même d'une autre présence, on *s'altère* soi-même. Or Rousseau ne veut ni ne peut penser que cette altération ne survient pas au moi, qu'elle en est l'origine même. Il doit la considérer comme un mal contingent venant du dehors affecter l'intégrité du sujet. Mais il ne peut renoncer à ce qui lui restitue immédiatement l'autre présence désirée ; pas plus qu'on ne peut renoncer au langage. C'est pourquoi, à cet égard aussi, comme il le dit dans les *Dialogues* (p. 800), « jusqu'à la fin de sa vie il ne cessera d'être un vieux enfant ».

Restitution de la présence par le langage, restitution à la fois symbolique et immédiate. Il faut penser cette contradiction. Expérience de restitution immédiate parce qu'elle *se passe,* en tant qu'expérience, en tant que conscience, *de passer par le monde.* Le touchant est touché, l'auto-affection se donne pour autarcie pure. Si la présence qu'elle se donne alors est le symbole substitutif d'une autre présence, celle-ci n'a jamais pu être désirée « en personne » avant ce jeu de substitution et cette expérience symbolique de l'auto-affection. La chose même n'apparaît pas hors du système symbolique qui n'existe pas sans la possibilité de l'auto-affection. Expérience de restitution *immédiate,* aussi, parce qu'elle *n'attend pas.* Elle est satisfaite sur-le-champ et dans l'instant. Si elle attend, ce n'est pas parce que l'autre fait attendre. La jouissance semble alors n'être plus différée. « Pourquoi se donner tant de peine, dans l'espoir éloigné d'un succès si pauvre, si incertain, tandis qu'on peut, dès l'instant même... » *(Dialogues).*

Mais ce qui n'est plus différé est aussi absolument différé. La présence qui nous est ainsi livrée au présent est une chimère. L'auto-affection est une pure spéculation. Le signe, l'image, la représentation, qui viennent suppléer la présence absente sont des illusions qui donnent le change. A la culpabilité, à l'angoisse de mort et de castration s'ajoute ou plutôt s'assimile l'expérience de la frustration. *Donner le change* : qu'on l'entende en n'importe quel sens, cette expression décrit bien le recours au supplément. Or pour nous expliquer son « dégoût pour les filles publiques », Rousseau nous dit qu'à Venise, à trente et un ans, le « penchant qui a modifié toutes

[ses] passions » (*Confessions*, p. 41) [8] n'a pas disparu : « Je n'avais pas perdu la funeste habitude de donner le change à mes besoins » (p. 316).

La jouissance de la *chose même* est ainsi travaillée, dans son acte et dans son essence, par la frustration. On ne peut donc dire qu'elle ait une essence ou un acte (*eidos, ousia, energeia*, etc.). S'y promet en s'y dérobant, s'y donne en s'y déplaçant quelque chose qu'on ne peut même appeler rigoureusement présence. Telle est la contrainte du supplément, telle est, excédant tout le langage de la métaphysique, cette structure « presque inconcevable à la raison ». *Presque* inconcevable : la simple irrationalité, le contraire de la raison sont moins irritants et déroutants pour la logique classique. Le supplément rend fou parce qu'il n'est ni la présence ni l'absence et qu'il entame dès lors et notre plaisir et notre virginité. « ... l'abstinence et la jouissance, le plaisir et la sagesse, m'ont également échappé » (*Confessions,* p. 12).

Les choses ne sont-elles pas assez compliquées ? Le symbolique est l'immédiat, la présence est l'absence, le non-différé est différé, la jouissance est menace de mort. Mais il faut encore ajouter un trait à ce système, à cette étrange économie du supplément. D'une certaine manière, il était déjà lisible. Menace terrifiante, le supplément est aussi la première et plus

---

8. Dans ces pages célèbres du premier livre des *Confessions,* Rousseau rapproche les premières pratiques de la lecture (« lectures dérobées ») de ses premières découvertes de l'auto-érotisme. Non que des « livres obscènes et licencieux » l'y aient encouragé. Bien au contraire et « le hasard seconda si bien mon humeur pudique, que j'avais plus de trente ans avant que j'eusse jeté les yeux sur aucun de ces dangereux livres qu'une belle Dame de par le monde trouve incommodes, en ce qu'on ne peut, dit-elle, les lire que d'une main » (p. 40). Sans ces « dangereux livres », Jean-Jacques se donne d'autres dangers. On connaît la suite du paragraphe qui se clôt ainsi : « Il me suffit, quant à présent, d'avoir marqué l'origine et la première cause d'un penchant qui a modifié toutes mes passions, et qui, les contenant par elles-mêmes, m'a toujours rendu paresseux à faire, par trop d'ardeur à désirer » (p. 41). L'intention et la lettre de ce passage sont à rapprocher d'une autre page des *Confessions* (p. 444. Cf. aussi la note des éditeurs). Et de celle dans laquelle nous découpons ces lignes : « Car lire en mangeant fut toujours ma fantaisie au défaut d'un tête-à-tête. C'est le supplément de la société qui me manque. Je dévore alternativement une page et un morceau, c'est comme si mon livre dînait avec moi » (p. 269).

sûre protection : contre cette menace elle-même. C'est pourquoi il est impossible d'y renoncer. Et l'auto-affection sexuelle, c'est-à-dire l'auto-affection en général, ne commence ni ne finit avec ce que l'on 'croit pouvoir circonscrire sous le nom de masturbation. Le supplément n'a pas seulement le pouvoir de *procurer* une présence absente à travers son image : nous la procurant par procuration de signe, il la tient à distance et la maîtrise. Car cette présence est à la fois désirée et redoutée. Le supplément transgresse et à la fois respecte l'interdit. C'est ce que permet aussi l'écriture comme supplément à la parole ; mais déjà aussi la parole comme écriture en général. Son économie nous expose et nous protège à la fois selon le jeu des forces et des différences de forces. Ainsi, le supplément est dangereux en ce qu'il nous menace de mort, mais il ne l'est point autant, pense ici Jean-Jacques Rousseau, que l' « habitation des femmes ». La jouissance *elle-même*, sans symbole ni supplétif, celle qui nous accorderait (à) la présence pure elle-même, si quelque chose de tel était possible, ne serait qu'un autre nom de la mort. Rousseau le dit :

> « Jouir ! Ce sort est-il fait pour l'homme ? Ah ! si jamais une seule fois en ma vie j'avais goûté dans leur plénitude toutes les délices de l'amour, je n'imagine pas que ma frêle existence y eût pu suffire, je serais mort sur le fait » (*Confessions* L. 8).

Si l'on s'en tient à l'évidence universelle, à la valeur nécessaire et *a priori* de cette proposition en forme de soupir, il faut aussitôt reconnaître que l' « habitation des femmes », l'hétéro-érotisme, ne peut être vécu (effectivement, réellement, comme on croit pouvoir dire) qu'à pouvoir accueillir en soi sa propre protection supplémentaire. C'est dire qu'entre l'auto-érotisme et l'hétéro-érotisme, il n'y a pas une frontière mais une distribution économique. C'est à l'intérieur de cette règle générale que se découpent les différences. Ainsi celle de Rousseau. Et avant de tenter, ce que nous ne prétendons pas faire ici, de cerner la pure singularité de l'économie ou de l'écriture de Rousseau, il faut prudemment relever et articuler entre elles toutes les nécessités structurales ou essentielles, à leurs diverses hauteurs de généralité.

C'est à partir d'une certaine représentation déterminée de l' « habitation des femmes » que Rousseau a dû recourir toute sa vie à ce type de supplément dangereux qu'on appelle masturbation et qu'on ne peut dissocier de son activité d'écrivain. Jusqu'à la fin. Thérèse — la Thérèse dont nous pouvons parler, Thérèse dans le texte, celle dont le nom et la « vie » appartiennent à l'écriture que nous lisons — l'a éprouvé à ses dépens. Dans le livre XII des *Confessions*, au moment où « il faut dire tout », la « double raison » de certaines « résolutions » nous est confiée :

> « Il faut dire tout : je n'ai dissimulé ni les vices de ma pauvre Maman ni les miens ; je ne dois pas faire plus de grâce à Thérèse, et quelque plaisir que je prenne à rendre honneur à une personne qui m'est chère, je ne veux pas non plus déguiser ses torts si tant est même qu'un changement involontaire dans les affections du cœur soit un vrai tort. Depuis longtemps je m'apercevais de l'attiédissement du sien... Je retombai dans le même inconvénient dont j'avais senti l'effet auprès de Maman, et cet effet fut le même auprès de Thérèse : n'allons pas chercher des perfections hors de la nature ; il serait le même auprès de quelque femme que ce fût... Ma situation, cependant, était alors la même, et pire encore par l'animosité de mes ennemis, qui ne cherchaient qu'à me prendre en faute. Je craignis la récidive, et n'en voulant pas courir le risque j'aimais mieux me condamner à l'abstinence que d'exposer Thérèse à se voir derechef dans le même cas. J'avais d'ailleurs remarqué que l'habitation des femmes empirait sensiblement mon état. Cette double raison m'avait fait former des résolutions que j'avais quelquefois assez mal tenues ; mais dans lesquelles je persistais avec plus de constance depuis trois ou quatre ans » (p. 595).

Dans le *Manuscrit de Paris*, après « empirait sensiblement mon état ! », on peut lire : « le vice équivalent dont je n'ai jamais pu bien me guérir m'y paraissait moins contraire. Cette double raison [9]... »

Cette perversion consiste à préférer le signe et me tient à l'abri de la dépense mortelle. Certes. Mais cette économie apparemment égoïste fonctionne aussi dans tout un système de représentation morale. L'égoïsme est racheté par la culpabilité. Celle-ci détermine l'auto-érotisme comme déperdition fatale et blessure de soi par soi. Mais comme je ne fais ainsi de mal qu'à moi-même, cette perversion n'est pas vraiment condam-

---

9. Voir la note des éditeurs, p. 1569.

nable. Rousseau l'explique dans plus d'une lettre. Ainsi : « A cela près et des vices qui n'ont jamais fait de mal qu'à moi, je puis exposer à tous les yeux une vie irréprochable dans tout le secret de mon cœur » (à M. de Saint-Germain, 26-2-70). « J'ai de grands vices, mais ils n'ont jamais fait de mal qu'à moi » (à M. Le Noir, 15-1-72 [10]).

Jean-Jacques n'a pu chercher ainsi un supplément à Thérèse qu'à une condition : que le système de la supplémentarité en général fût déjà ouvert dans sa possibilité, que le jeu des substitutions fût depuis longtemps engagé et que *d'une certaine manière Thérèse elle-même fût déjà un supplément.* Comme Maman l'était déjà d'une mère inconnue, et comme la « vraie mère » elle-même, à laquelle s'arrêtent les « psychanalyses » connues du cas Jean-Jacques Rousseau, l'eût aussi été, d'une certaine manière, dès la première trace, et même si elle n'était pas « vraiment » morte en donnant naissance. Voici la chaîne des suppléments. Le nom de Maman en désigne déjà un :

> « Ah, ma Thérèse ! je suis trop heureux de te posséder sage et saine, et de ne pas trouver ce que je ne cherchais pas. [Il s'agit du « pucelage », que Thérèse vient d'avouer avoir, innocemment et par accident, perdu.] Je n'avais cherché d'abord qu'à me donner un amusement. Je vis que j'avais plus fait et que je m'étais donné une compagne. Un peu d'habitude avec cette excellente fille, un peu de réflexion sur ma situation me firent sentir qu'en ne songeant qu'à mes plaisirs j'avais beaucoup fait pour mon bonheur. Il fallait *à la place* de l'ambition éteinte un sentiment vif qui *remplit* mon cœur. Il fallait, pour tout dire, un successeur à Maman ; puisque je ne devais plus vivre avec elle il me fallait quelqu'un qui vécût avec son élève, et en qui je trouvasse la simplicité, la docilité de cœur qu'elle avait trouvée en moi. Il fallait que la douceur de la vie privée et domestique me *dédommageât* du sort brillant auquel je renonçais. Quand j'étais absolument seul mon cœur était vide, mais il n'en fallait qu'un pour le *remplir.* Le sort m'avait ôté, m'avait aliéné du moins en partie, celui pour lequel la nature m'avait fait. Dès lors j'étais seul, car *il n'y eut jamais pour moi d'intermédiaire entre tout et rien. Je trouvais dans Thérèse le supplément dont j'avais besoin* » [11].

---

10. Voir aussi les *Confessions* (p. 109, note des éditeurs).
11. Pp. 331-332 (Nous soulignons.) Starobinski (*La transparence*

A travers cette séquence de suppléments s'annonce une nécessité : celle d'un enchaînement infini, multipliant inéluctablement les médiations supplémentaires qui produisent le sens de cela même qu'elles diffèrent : le mirage de la chose même, de la présence immédiate, de la perception originaire. L'immédiateté est dérivée. Tout commence par l'intermédiaire, voilà ce qui est « inconcevable à la raison ».

L'exorbitant. Question de méthode.

« Jamais pour moi d'intermédiaire entre tout et rien ». L'intermédiaire, c'est le milieu et c'est la médiation, le terme moyen entre l'absence totale et la plénitude absolue de la présence. On sait que la médiateté est le nom de tout ce que Rousseau a voulu opiniâtrement effacer. Cette volonté s'est exprimée de manière délibérée, aiguë, thématique. Elle n'a pas à être déchiffrée. Or Jean-Jacques la rappelle ici au moment même où il est en train d'épeler les suppléments qui se sont enchaînés pour remplacer une mère ou une nature. Et le supplément tient ici le milieu entre l'absence et la présence totales. Le jeu de la substitution comble et marque un manque déterminé. Mais Rousseau enchaîne comme si le recours au supplément — ici à Thérèse — allait apaiser son impatience devant l'intermédiaire : « Dès lors j'étais seul, car il n'y eut jamais pour moi d'intermédiaire entre tout et rien. Je trouvais dans Thérèse le supplément dont j'avais besoin ». La virulence de ce concept est ainsi apaisée, comme si on avait pu l'*arraisonner,* le domestiquer, l'apprivoiser.

Cela pose la question de l'usage du mot « supplément » : de la situation de Rousseau à l'intérieur de la langue et de la logique qui assurent à ce mot ou à ce concept des ressources assez *surprenantes* pour que le sujet présumé de la phrase dise toujours, se servant de « supplément », plus, moins ou autre chose que ce qu'il *voudrait dire*. Cette question n'est donc pas seulement celle de l'écriture de Rousseau mais aussi de notre lecture. Nous devons commencer par tenir un compte

---

et l'obstacle, p. 221) et les éditeurs des *Confessions* (p. 332, note 1) rapprochent justement l'usage du mot *supplément* de celui qui en est fait p. 109 (« supplément dangereux »).

rigoureux de cette *prise* ou de cette *surprise* : l'écrivain écrit *dans* une langue et *dans* une logique dont, par définition, son discours ne peut dominer absolument le système, les lois et la vie propres. Il ne s'en sert qu'en se laissant d'une certaine manière et jusqu'à un certain point gouverner par le système. Et la lecture doit toujours viser un certain rapport, inaperçu de l'écrivain, entre ce qu'il commande et ce qu'il ne commande pas des schémas de la langue dont il fait usage. Ce rapport n'est pas une certaine répartition quantitative d'ombre et de lumière, de faiblesse ou de force, mais une structure signifiante que la lecture critique doit *produire*.

Que veut dire ici produire ? En tentant de l'expliquer, nous voudrions amorcer une justification de nos principes de lecture. Justification, on va le voir, toute négative, dessinant par exclusion un espace de lecture que nous ne remplissons pas ici : une tâche de lecture.

Produire cette structure signifiante ne peut évidemment consister à reproduire, par le redoublement effacé et respectueux du commentaire, le rapport conscient, volontaire, intentionnel, que l'écrivain institue dans ses échanges avec l'histoire à laquelle il appartient grâce à l'élément de la langue. Sans doute ce moment du commentaire redoublant doit-il avoir sa place dans la lecture critique. Faute de la reconnaître et de respecter toutes ses exigences classiques, ce qui n'est pas facile et requiert tous les instruments de la critique traditionnelle, la production critique risquerait de se faire dans n'importe quel sens et s'autoriser à dire à peu près n'importe quoi. Mais cet indispensable garde-fou n'a jamais fait que *protéger,* il n'a jamais *ouvert* une lecture.

Et pourtant, si la lecture ne doit pas se contenter de redoubler le texte, elle ne peut légitimement transgresser le texte vers autre chose que lui, vers un référent (réalité métaphysique, historique, psycho-biographique, etc.) ou vers un signifié hors texte dont le contenu pourrait avoir lieu, aurait pu avoir lieu hors de la langue, c'est-à-dire, au sens que nous donnons ici à ce mot, hors de l'écriture en général. C'est pourquoi les considérations méthodologiques que nous risquons ici sur un exemple sont étroitement dépendantes des propositions générales que nous avons élaborées plus haut, quant à l'absence du référent ou du signifié transcendantal. *Il n'y a pas de hors-texte.* Et cela non parce que la vie de Jean-Jacques ne nous intéresse pas d'abord, ni l'existence de Maman ou de Thérèse *elles-mêmes*, ni parce que nous n'avons accès à leur existence dite « réelle » que dans le texte et que nous n'avons aucun moyen de faire autrement, ni aucun droit de négliger cette limitation. Toutes les raisons de ce type seraient déjà suffisantes, certes, mais il en est de plus radicales. Ce que nous avons tenté de démontrer en suivant le fil conducteur du « supplément dangereux », c'est que dans ce qu'on appelle la vie réelle de ces existences « en chair et en os », au-delà de ce qu'on croit pouvoir circonscrire comme l'œuvre de Rousseau, et derrière elle, il n'y a jamais eu que de l'écriture ; il n'y a jamais eu que des suppléments, des significations substitutives qui n'ont pu surgir que dans une chaîne de renvois différentiels, le « réel » ne survenant, ne s'ajoutant qu'en prenant sens à partir d'une trace et d'un appel de supplément, etc. Et ainsi à l'infini car nous avons lu, *dans le texte,* que le présent absolu, la nature, ce que nomment les mots de « mère réelle », etc., se sont toujours déjà dérobés, n'ont jamais existé ; que ce qui ouvre le sens et le langage, c'est cette écriture comme disparition de la présence naturelle.

Bien qu'elle ne soit pas un commentaire, notre lecture doit être interne et rester dans le texte. C'est pourquoi, malgré quelques apparences, le repérage du mot *supplément* n'est ici rien moins que psychanalytique, si l'on entend par là une interprétation nous transportant hors de l'écriture vers un signifié psycho-biographique ou même vers une structure psychologique générale qu'on pourrait séparer en droit du signifiant. Cette dernière méthode a pu ici ou là s'opposer au commentaire redoublant et traditionnel : on pourrait montrer qu'elle compose en vérité facilement avec lui. *La sécurité avec laquelle le commentaire considère l'identité à soi du texte, la confiance avec laquelle il en découpe le contour, va de pair avec la tranquille assurance qui saute par-dessus le texte vers son contenu présumé, du côté du pur signifié.* Et de fait, dans le cas de Rousseau, des études psychanalytiques du type de celle du Dr Laforgue ne transgressent le texte qu'après l'avoir lu selon les méthodes les plus courantes. La lecture du « symptôme » littéraire est la plus banale, la plus scolaire, la plus naïve. Et une fois que l'on s'est ainsi rendu aveugle au tissu même du « symptôme », à sa texture propre, on l'excède allègrement vers un signifié psycho-biographique dont le lien avec le signifiant littéraire devient alors parfaitement extrinsèque et contingent. On reconnaît l'autre face du même geste lorsque, dans des ouvrages généraux sur Rousseau, dans un ensemble de forme classique qui se donne pour une synthèse restituant fidèlement, par commentaire et recueil de thèmes, l'ensemble de l'œuvre et de la pensée, on rencontre un chapitre d'allure biographique et psychanalytique sur le « problème de la sexualité chez Rousseau », avec, en appendice, un renvoi au dossier médical de l'auteur.

S'il nous paraît impossible au principe de séparer, par interprétation ou commentaire, le signifié du signifiant, et de détruire ainsi l'écriture par l'écriture qu'est encore la lecture, nous croyons néanmoins que cette impossibilité s'articule historiquement. Elle ne limite pas de la même façon, au même degré et selon les mêmes règles, les tentatives de déchiffrement. Il faut ici tenir compte de l'histoire du texte en général. Quand nous parlons de l'écrivain et du surplomb de la langue auquel il est soumis, nous ne pensons pas seulement à l'écrivain dans la littérature. Le philosophe, le chroniqueur, le théoricien en général, et à la limite tout écrivant est ainsi surpris. Mais, dans chaque cas, l'écrivant est inscrit dans un système textuel déterminé. Même s'il n'y a jamais de signifié pur, il y a des rapports différents quant à ce qui du signifiant *se donne* comme strate irréductible de signifié. Par exemple, le texte philosophique, bien qu'il soit en fait toujours écrit, comporte, précisément comme sa spécificité philosophique, le projet de s'effacer devant le contenu signifié qu'il transporte et en général enseigne. La lecture doit tenir compte de ce propos, même si, en dernière analyse, elle entend faire apparaître son échec. Or toute l'histoire des textes, et en elle l'histoire des formes littéraires en Occident, doit être étudiée de ce point de vue. A l'exception d'une pointe ou d'un point de résistance qui ne s'est reconnu comme tel que très tard, l'écriture littéraire s'est presque toujours et presque partout, selon des modes et à travers des âges très divers, prêtée d'elle-même à cette lecture *transcendante,* à cette recherche du signifié que nous mettons ici en question, non pour l'annuler mais pour la comprendre dans un système auquel elle est aveugle. La littérature philosophique n'est qu'un exemple dans cette histoire mais il est parmi les plus significatifs. Et il nous intéresse particulièrement dans le cas de Rousseau. Qui à la fois et pour des raisons profondes a produit une littérature philosophique à laquelle appartiennent le *Contrat social* et la *Nouvelle Héloïse,* et a choisi d'exister par l'écriture littéraire : par une écriture qui ne s'épuiserait pas dans le message — philosophique ou autre — qu'elle pourrait, comme on dit, délivrer. Et ce que Rousseau a dit, comme philosophe ou comme psychologue, de l'écriture en général, ne se laisse pas séparer du système de sa propre écriture. Il faut en tenir compte.

Ce qui pose de redoutables problèmes. Problèmes de découpage en particulier. Donnons-en trois exemples.

1. Si le trajet que nous avons suivi dans la lecture du « supplément » n'est pas simplement psychanalytique, c'est sans doute parce que la psychanalyse habituelle de la littérature commence par mettre entre parenthèses le signifiant littéraire comme tel. C'est sans doute aussi parce que la théorie psychanalytique elle-même est pour nous un ensemble de textes appartenant à notre histoire et à notre culture. Dans cette mesure, si elle marque notre lecture et l'écriture de notre interprétation, elle ne le fait pas comme un principe ou une vérité qu'on pourrait soustraire au système textuel que nous habitons pour l'éclairer en toute neutralité. D'une certaine manière, nous sommes *dans* l'histoire de la psychanalyse comme nous sommes *dans* le texte de Rousseau. De même que Rousseau puisait dans une langue qui était déjà là — et qui se trouve être, dans une certaine mesure, la nôtre, nous assurant ainsi une certaine lisibilité minimale de la littérature française — de même nous circulons aujourd'hui dans un certain réseau de significations marquées par la théorie psychanalytique, quand bien même nous ne la maîtrisons pas et même si nous sommes assurés de ne jamais pouvoir la maîtriser parfaitement.

Mais c'est pour une autre raison qu'il ne s'agit pas ici d'une psychanalyse, fût-elle balbutiante, de Jean-Jacques Rousseau. Une telle psychanalyse devrait avoir déjà repéré toutes les structures d'appartenance du texte de Rousseau, tout ce qui ne lui est pas propre pour être, en raison du surplomb et du déjà-là de la langue ou de la culture, habité plutôt que produit par l'écriture. Autour du point d'originalité irréductible de cette écriture s'organisent, s'enveloppent et se recoupent une immense série de structures, de totalités historiques de tous ordres. A supposer que la psychanalyse puisse en droit venir à bout de leur découpage et de leur interprétation, à supposer qu'elle rende compte de toute l'histoire de la méta-physique occidentale qui entretient avec l'écriture de Rousseau des rapports d'habitation, il faudrait encore qu'elle élucide la loi de sa propre appartenance à la métaphysique et à la cul-ture occidentale. Ne poursuivons pas dans ce sens. Nous avons déjà mesuré la difficulté de la tâche et la part d'échec dans notre interprétation du supplément. Nous sommes sûrs que quelque chose d'irréductiblement rousseauiste y est capturé mais nous avons, emporté, en même temps, une masse encore bien informe de racines, de terreau et de sédiments de toute sorte.

2. A supposer même qu'on puisse rigoureusement isoler l'œuvre de Rousseau et l'articuler dans l'histoire en général, puis dans l'histoire du signe « supplément », il faudrait encore tenir compte de bien d'autres possibilités. En suivant les appa-ritions du mot « supplément » et du ou des concepts corres-pondants, on parcourt un certain trajet à l'intérieur du texte de Rousseau. Ce trajet nous assurera, certes, l'économie d'une synopsis. Mais d'autres trajets ne sont-ils pas possibles ? Et tant que la totalité des trajets n'est pas effectivement épuisée, comment justifier celui-ci ?

3. Dans le texte de Rousseau, après avoir indiqué, par anti-cipation et en prélude, la fonction du signe « supplément », nous nous apprêtons à privilégier, d'une manière que certains ne manqueront pas de juger exorbitante, certains textes, comme l'*Essai sur l'origine des langues* et d'autres fragments sur la théorie du langage et de l'écriture. De quel droit ? Et pour-quoi ces textes courts, publiés pour la plupart après la mort de l'auteur, difficilement classables, d'une date et d'une ins-piration incertaines ?

A toutes ces questions et à l'intérieur de la logique de leur système, il n'y a pas de réponse satisfaisante. Dans une cer-taine mesure et malgré les précautions théoriques que nous formulons, notre choix est en effet *exorbitant*.

Mais qu'est-ce que l'exorbitant ?

Nous voulions atteindre le point d'une certaine extériorité par rapport à la totalité de l'époque logocentrique. A partir de ce point d'extériorité, une certaine déconstruction pourrait être entamée de cette totalité, qui est aussi un chemin tracé, de cet orbe *(orbis)* qui est aussi orbitaire *(orbita)*. Or le pre-mier geste de cette sortie et de cette déconstruction, bien qu'il soit soumis à une certaine nécessité historique, ne peut pas se donner des assurances méthodologiques ou logiques intra-orbitaires. A l'intérieur de la clôture, on ne peut juger son style qu'en fonction d'oppositions reçues. On dira que ce style est empiriste et d'une certaine manière on aura raison. La *sortie* est radicalement empiriste. Elle procède à la manière d'une pensée errante sur la possibilité de l'itinéraire et de la méthode. Elle s'affecte de non-savoir comme de son avenir et délibérément *s'aventure.* Nous avons défini nous-même la forme et la vulnérabilité de cet empirisme. Mais ici le concept d'empirisme se détruit lui-même. Excéder l'orbe métaphysique est une tentative pour sortir de l'ornière *(orbita),* pour penser le tout des oppositions conceptuelles classiques, en particulier celle dans laquelle est prise la valeur d'empirisme : l'opposition de la philosophie et de la non-philosophie, autre nom de l'empirisme, de cette incapacité à soutenir soi-même jusqu'au bout la cohérence de son propre discours, de se produire comme vérité au moment où l'on ébranle la valeur de vérité, d'échapper aux contradictions internes du scepticisme, etc. *La pensée de cette opposition historique entre la philosophie et l'empirisme n'est pas simplement empirique et on ne peut la qualifier ainsi sans abus et méconnaissance.*

Spécifions ce schéma. Qu'en est-il de l'exorbitant dans la lecture de Rousseau ? Sans doute Rousseau, nous l'avons déjà suggéré, n'a-t-il de privilège que très relatif dans l'histoire qui nous intéresse. Si nous voulions simplement le situer dans cette histoire, sans doute l'attention que nous lui accordons serait-elle disproportionnée. Mais il ne s'agit pas de cela. Il s'agit de reconnaître une articulation décisive de l'époque logocentrique. Pour cette reconnaissance, Rousseau nous a paru être un très bon révélateur. Cela suppose évidemment que nous ayons déjà amorcé la sortie, déterminé la répression de l'écriture comme opération fondamentale de l'époque, lu un certain nombre de textes mais non tous les textes, un certain nombre de textes de Rousseau mais non tous les textes de Rousseau. Cet aveu d'empirisme ne peut se soutenir que par la vertu de la question. L'ouverture de la question, la sortie hors de la clôture d'une évidence, l'ébranlement d'un système d'oppositions, tous ces mouvements ont nécessairement la forme de l'empirisme et de l'errance. Ils ne peuvent être en tout cas décrits, *quant aux normes passées,* que sous cette forme.

Aucune autre trace n'est disponible, et comme ces questions errantes ne sont pas des commencements absolus de part en part, elles se laissent effectivement atteindre, sur toute une surface d'elles-mêmes, par cette description qui est aussi une critique. Il faut commencer *quelque part où nous sommes* et la pensée de la trace, qui ne peut pas ne pas tenir compte du flair, nous a déjà enseigné qu'il était impossible de justifier absolument un point de départ. *Quelque part où nous sommes* : en un texte déjà où nous croyons être.

Rétrécissons encore l'argumentation. Le thème de la supplémentarité n'est sans doute, à certains égards, qu'un thème parmi d'autres. Il est dans une chaîne, porté par elle. Peut-être pourrait-on lui substituer autre chose. *Mais il se trouve qu'il décrit la chaîne elle-même, l'être-chaîne d'une chaîne textuelle, la structure de la substitution, l'articulation du désir et du langage, la logique de toutes les oppositions conceptuelles prises en charge par Rousseau,* et en particulier le rôle et le fonctionnement, dans son système, du concept de nature. Il nous dit dans le texte ce qu'est un texte, dans l'écriture ce qu'est l'écriture, dans l'écriture de Rousseau le désir de Jean-Jacques, etc. Si nous considérons, selon le propos axial de cet essai, qu'il n'y a rien hors du texte, notre ultime justification serait donc la suivante : le concept de supplément et la théorie de l'écriture désignent, comme on dit si souvent aujourd'hui, *en abyme,* la textualité elle-même dans le texte de Rousseau. Et nous verrons que l'abîme n'est pas ici un accident, heureux ou malheureux. Toute une théorie de la nécessité structurelle de l'abîme se constituera peu à peu dans notre lecture ; le procès indéfini de la supplémentarité a toujours déjà *entamé* la présence, y a toujours déjà inscrit l'espace de la répétition et du dédoublement de soi. La représentation *en abyme* de la présence n'est pas un accident de la présence ; le désir de la présence naît au contraire de l'abîme de la représentation, de la représentation de la représentation, etc. Le supplément lui-même est bien, à tous les sens de ce mot, exorbitant.

Rousseau inscrit donc la textualité dans le texte. Mais son opération n'est pas simple. Elle ruse avec un geste d'effacement ; et les relations stratégiques comme les rapports de force entre les deux mouvements forment un dessin complexe. Celui-ci nous paraît se représenter dans le maniement du concept de supplément. Rousseau ne peut l'utiliser à la fois dans toutes ses virtualités de sens. La manière dont il le détermine et, le faisant, se laisse déterminer par cela même qu'il en exclut, le sens dans lequel il l'infléchit, ici comme addition, là comme substitut, tantôt comme positivité et extériorité du mal, tantôt comme heureux auxiliaire, tout cela ne traduit ni une passivité ni une activité, ni une inconscience ni une lucidité de l'auteur. La lecture doit non seulement abandonner ces catégories — qui sont aussi, rappelons-le au passage, des catégories fondatrices de la métaphysique — mais produire la loi de ce rapport au concept de supplément. Il s'agit bien d'une production car on ne redouble pas simplement ce que Rousseau pensait de ce rapport. Le concept de supplément est une sorte de tache aveugle dans le texte de Rousseau, le non-vu qui ouvre et limite la visibilité. Mais la production, si elle tente de donner à voir le non-vu, ne sort pas ici du texte. Elle n'a d'ailleurs jamais cru le faire que par illusion. Elle est contenue dans la transformation de la langue qu'elle désigne, dans les échanges réglés entre Rousseau et l'histoire. Or nous savons que ces échanges ne passent que par la langue et par le texte, au sens infrastructurel que nous reconnaissons maintenant à ce mot. Et ce que nous appelons la production est nécessairement un texte, le système d'une écriture et d'une lecture dont nous savons *a priori*, mais seulement maintenant, et d'un savoir qui n'en est pas un, qu'elles s'ordonnent autour de leur propre tache aveugle.

genèse et structure de l'*Essai sur l'origine des langues*

I. LA PLACE DE L'ESSAI

Qu'en est-il de la voix dans la logique du supplément ? dans ce qu'il faudrait peut-être appeler sa « graphique » ?

Dans la chaîne des suppléments, il était difficile de séparer l'écriture de l'onanisme. Ces deux suppléments ont au moins en commun d'être dangereux. Ils transgressent un interdit et sont vécus dans la culpabilité. Mais, selon l'économie de la différance, ils confirment l'interdit qu'ils transgressent, contournent un danger et réservent une dépense. Malgré eux mais aussi grâce à eux, nous sommes autorisés à voir le soleil, à mériter la lumière qui nous retient à la surface de la mine.

Quelle culpabilité s'attache-t-elle à ces deux expériences ? Quelle culpabilité fondamentale s'y trouve-t-elle fixée ou déportée ? Ces questions ne peuvent être élaborées en leur lieu propre que si l'on a préalablement décrit la superficie structurelle et « phénoménologique » de ces deux expériences, et d'abord leur espace commun.

Dans les deux cas, la possibilité de l'auto-affection se manifeste comme telle : elle laisse une trace de soi dans le monde. La résidence mondaine d'un signifiant devient inexpugnable. L'écrit reste et l'expérience du touchant-touché admet le monde en tiers. L'extériorité de l'espace y est irréductible. Dans la structure générale de l'auto-affection, dans le se-donner-une-présence ou une jouissance, l'opération du touchant-touché accueille l'autre dans la mince différence qui sépare l'agir du pâtir. Et le dehors, la surface exposée du corps, signifie, marque à jamais la division qui travaille l'auto-affection.

Or l'auto-affection est une structure universelle de l'expérience. Tout vivant est en puissance d'auto-affection. Et seul un être capable de symboliser, c'est-à-dire de s'auto-affecter, peut se laisser affecter par l'autre en général. L'auto-affection est la condition d'une expérience en général. Cette possibilité — autre nom de la « vie » — est une structure générale articulée par l'histoire de la vie et donnant lieu à des opérations complexes et hiérarchisées. L'auto-affection, le quant-à-soi ou le pour-soi, la subjectivité gagne en puissance et en maîtrise de l'autre à mesure que son pouvoir de répétition *s'idéalise*. L'idéalisation est ici le mouvement par lequel l'extériorité sensible, celle qui m'affecte ou me sert de signifiant, se soumet à mon pouvoir de répétition, à ce qui m'apparaît dès lors comme ma spontanéité et m'échappe de moins en moins.

C'est à partir de ce schéma qu'il faut entendre la voix. Son système requiert qu'elle soit immédiatement entendue de celui qui l'émet. Elle produit un signifiant qui semble ne pas tomber dans le monde, hors de l'idéalité du signifié, mais rester abrité, au moment même où il atteint le système audio-phonique de l'autre, dans l'intériorité pure de l'auto-affection. Elle ne tombe pas dans l'extériorité de l'espace et dans ce qu'on appelle le monde, qui n'est rien d'autre que le dehors de la voix. Dans la parole dite « vive », l'extériorité spatiale du signifiant paraît absolument réduite [1]. C'est à partir de cette possibilité qu'il faut poser le problème du cri — de ce qu'on a toujours exclu, du côté de l'animalité ou de la folie, comme le mythe du cri inarticulé — et de la voix dans l'histoire de la vie.

Le colloque est donc une communication entre deux origines absolues qui, si l'on peut risquer cette formule, s'auto-affectent réciproquement, répétant en écho immédiat l'auto-affection produite par l'autre. L'immédiateté est ici le mythe de la conscience. La voix et la conscience de voix — c'est-à-dire la conscience tout court comme présence à soi — sont le phénomène d'une auto-affection vécue comme suppression de la différance. Ce *phénomène*, cette suppression présumée de la différance, cette réduction vécue de l'opacité du signifiant sont l'origine de ce qu'on appelle la présence. Est *présent* ce qui n'est pas assujetti au processus de la différance. Le présent est ce à partir de quoi on croit pouvoir penser le temps.

---

1. Cf. *La voix et le phénomène*.

en effaçant la nécessité inverse : penser le présent à partir du temps comme différance.

Cette structure très formelle est impliquée par toutes les analyses des investissements du système de l'oralité et du système audio-phonique en général, si riche et si divers qu'en soit le champ.

Dès lors que la non-présence vient à être ressentie dans la voix elle-même — et elle est au moins pressentie dès le seuil de l'articulation et de la diacriticité — l'écriture est en quelque sorte fissurée dans sa valeur. D'un côté, nous l'avons vu, elle est l'effort pour se réapproprier symboliquement la présence. De l'autre, elle consacre la dépossession qui avait déjà disloqué la parole. Dans les deux sens, on peut dire que, d'une manière ou d'une autre, elle avait déjà commencé à travailler la parole « vive », l'exposant à la mort dans le signe. Mais le signe supplémentaire n'expose pas à la mort en affectant une présence à soi déjà possible. L'*auto*-affection constitue le même *(auto)* en le divisant. La privation de la présence est la condition de l'expérience, c'est-à-dire de la présence.

En tant qu'il *met en jeu* la présence du présent et la vie du vivant, le mouvement du langage n'a pas seulement, on s'en doute, un rapport d'analogie avec l'auto-affection « sexuelle ». Il se confond avec elle en totalité même si cette totalité est fortement articulée et différenciée. Vouloir les distinguer, tel est le vœu logocentrique par excellence. Sa dernière ressource consisterait à dissoudre la sexualité dans la généralité transcendantale de la structure « touchant-touché », telle que pourrait la décrire une certaine phénoménologie. Cette dissociation est celle-là même par laquelle on voudrait discerner la parole de l'écriture. De même que le « funeste avantage » de l'auto-affection sexuelle commence bien avant ce qu'on croit pouvoir circonscrire sous le nom de masturbation (organisation de gestes dits pathologiques et fautifs, réservés à quelques enfants ou adolescents), de même la menace supplémentaire de l'écriture est plus vieille que ce que l'on croit pouvoir élever sous le nom de parole.

La métaphysique consiste dès lors à exclure la non-présence en déterminant le supplément comme *extériorité simple,* comme pure addition ou pure absence. C'est à l'intérieur de la structure de la supplémentarité que s'opère le travail d'exclusion. Le paradoxe, c'est qu'on annule l'addition en la considérant comme une pure addition. *Ce qui s'ajoute n'est rien puisqu'il s'ajoute à une présence pleine à laquelle il est extérieur.* La parole vient s'ajouter à la présence intuitive (de l'étant, de l'essence, de l'*eidos,* de l'*ousia,* etc.) ; l'écriture vient s'ajouter à la parole vive et présente à soi ; la masturbation vient s'ajouter à l'expérience sexuelle dite normale ; la culture vient s'ajouter à la nature, le mal à l'innocence, l'histoire à l'origine, etc.

Le concept d'origine ou de nature n'est donc que le mythe de l'addition, de la supplémentarité annulée d'être purement additive. C'est le mythe de l'effacement de la trace, c'est-à-dire d'une différance originaire qui n'est ni absence ni présence, ni négative ni positive. La différance originaire est la supplémentarité comme *structure.* Structure veut dire ici la complexité irréductible à l'intérieur de laquelle on peut seulement infléchir ou déplacer le jeu de la présence ou de l'absence : ce dans quoi la métaphysique peut se produire mais qu'elle ne peut penser.

Que cet effacement de la trace se soit porté, de Platon à Rousseau et à Hegel, sur l'écriture au sens étroit, c'est là un déplacement dont on perçoit peut-être maintenant la nécessité. L'écriture est un représentant de la trace en général, elle n'est pas la trace elle-même. *La trace elle-même n'existe pas.* (Exister, c'est être, être un étant, un étant-présent, *to on.*) Ce déplacement laisse donc enfoui, d'une certaine manière, le lieu de la décision, mais il le désigne très sûrement.

L'écriture, mal politique et mal linguistique.

Le désir désire l'extériorité de la présence et de la non-présence. Cette extériorité est une matrice. Parmi tous ses représentants (extériorité de la nature et de ses autres, du bien et du mal, de l'innocence et de la perversité, de la conscience et de la non-conscience, de la vie et de la mort, etc.), il en est un qui requiert maintenant une attention particulière. Il va nous introduire à l'*Essai sur l'origine des langues.* C'est l'extériorité de la maîtrise et de la servitude ou de la liberté et de la non-liberté. Parmi tous ces représentants, l'extériorité de la liberté et de la non-liberté a peut-être un privilège. Il rassemble plus clairement que d'autres l'historique (le politique, l'économique, le technique) et le métaphysique. Heidegger a résumé l'histoire de la métaphysique en répétant ce qui faisait de la liberté la condition de la présence, c'est-à-dire de la vérité [2]. Et la voix se donne toujours comme la meilleure expression de la liberté. Elle est d'elle-même le langage en liberté et la liberté de langage, le franc-parler qui n'a pas à emprunter ses signifiants à l'extériorité du monde, et qui semble donc n'en pouvoir être dépossédé. Les êtres les plus enchaînés et les plus démunis ne disposent-ils pas encore de cette spontanéité intérieure qu'est la voix ? Ce qui est vrai du citoyen l'est d'abord de ces êtres nus et offerts à la puissance d'autrui : les nouveau-nés. « Les premiers dons qu'ils reçoivent de vous sont des chaînes ; les premiers traitements qu'ils éprouvent sont des tourments. *N'ayant rien de libre que la voix,* comment ne s'en serviraient-ils pas pour se plaindre ? » (*Emile,* p. 15. Nous soulignons).

L'*Essai sur l'origine des langues* oppose la voix à l'écriture comme la présence à l'absence et la liberté à la servitude. Ce sont à peu près les derniers mots de l'*Essai* : « Or je dis que toute langue avec laquelle on ne peut pas se faire entendre au peuple assemblé est une langue servile ; il est impossible qu'un peuple demeure libre et qu'il parle cette langue-là » (chap. XX). C'est par cette phrase que nous avions repris pied sur une terre rousseauiste que nous avions à peine quittée, lors du détour par l'idéologie lévi-straussienne du *neighbourhood*, des « petites communautés où tout le monde connaît tout le monde » et où personne ne se tient hors de portée de voix : idéologie classique à partir de laquelle l'écriture prenait le statut d'une triste fatalité venant fondre sur l'innocence naturelle et interrompant l'âge d'or de la parole présente et pleine.

Rousseau concluait ainsi :

> « Je finirai ces réflexions superficielles, mais qui peuvent en faire naître de plus profondes, par le passage qui me les a suggérées. « *Ce serait la matière d'un examen assez philosophique, que d'observer dans le fait, et de montrer par des exemples, combien le caractère, les mœurs et les intérêts*

---

2. Il faudrait citer ici in extenso *De l'essence du fondement* et *De l'essence de la vérité,* et notamment tout ce qui y fait communiquer les notions de *Polis,* d'*Agathon* et d'*Aletheia.*

d'un peuple influent sur sa langue » (*Remarques sur la grammaire générale et raisonnée, par M. Duclos, p. 2*).

Le *Commentaire* [3] de Duclos semble avoir été en effet, avec l'*Essai sur l'origine des connaissances humaines* de Condillac (1746), l'une des « sources » majeures de l'*Essai sur l'origine des langues.* Et l'on pourrait même être tenté de considérer l'*Essai* de Rousseau comme l'accomplissement du programme « philosophique » assigné par Duclos. Celui-ci regrette

> « le penchant que nous avons à rendre notre langue molle, efféminée et monotone. Nous avons raison d'éviter la rudesse dans la prononciation, mais je crois que nous tombons trop dans le défaut opposé. Nous prononcions autrefois beaucoup plus de diphtongues qu'aujourd'hui ; elles se prononçaient dans les temps des verbes, tels que j'avois, j'aurois, et dans plusieurs noms, tels que François, Anglois, Polonois, au lieu que nous prononçons aujourd'hui j'avès, j'aurès, Francès, Anglès, Polonès. Cependant ces diphtongues mettaient de la force et de la variété dans la prononciation, et la sauvoient d'une espèce de monotonie qui vient, en partie, de notre multitude d'*e* muets » [4].

La dégradation de la langue est le symptôme d'une dégradation sociale et politique (thème qui deviendra très fréquent dans la deuxième moitié du XVIIIe siècle) ; elle a son origine dans l'aristocratie et dans la capitale. Duclos annonce très précisément des thèmes rousseauistes lorsqu'il poursuit ainsi : « Ce qu'on appelle parmi nous la *société,* et que les anciens

---

3. Nous nous référerons à l'édition suivante : *Grammaire générale et raisonnée de Port-Royal, par* Arnaud *et* Lancelot ; *Précédée· d'un Essai sur l'origine et les progrès de la Langue française, par* M. Petitot, *et suivie du Commentaire de M. Duclos,* auquel on a ajouté des notes. Perlet An XI.-1803.

4. P. 396. L'écho le plus précis de ce texte se trouve, en dehors de l'*Essai,* dans les notes groupées dans l'édition de la Pléiade sous le titre *Prononciation* (T. II, p. 1248) et, dans l'édition Streickeisen-Moultou, sous le titre *Fragment d'un Essai sur les langues.* Rousseau lie dans sa critique la dégradation des mœurs, la corruption de la prononciation et le progrès de l'écriture. Il cite même des exemples d'altérations auxquels il a eu le triste privilège d'assister, et qui sont dus à un « vice de prononciation dans l'organe, ou dans l'accent, ou dans l'habitude ». « Mots dont j'ai vu changer la prononciation : Charolois — Charolès, secret — segret, persécuter — perzecuter, etc. » Tous ces thèmes renvoient aussi à l'abbé Du Bos, *Réflexions critiques sur la poésie et sur la peinture* (1719).

n'auroient appelé que *coterie*, décide aujourd'hui de la langue et des mœurs. Dès qu'un mot est quelque temps en usage chez *le peuple des gens du monde*, la prononciation s'en amollit » [5]. Duclos juge aussi intolérable la mutilation ainsi infligée aux mots, les altérations et surtout les raccourcissements ; il ne faut surtout pas *couper* les mots :

> « Cette nonchalance dans la prononciation, qui n'est pas incompatible avec l'impatience de s'exprimer, nous fait altérer jusqu'à la nature des mots, en les coupant de façon que le sens n'en est plus reconnoissable. On dit, par exemple, aujourd'hui proverbialement, en dépit de lui et de *ses dens,* au lieu de *ses aidans.* Nous avons plus qu'on ne croit de ces mots raccourcis ou altérés par l'usage. Notre langue deviendra insensiblement plus propre pour la conversation que pour la tribune, et la conversation donne le ton à la chaire, au barreau et au théâtre ; au lieu que chez les Grecs et chez les Romains, la tribune ne s'y asservissait pas. Une prononciation soutenue et une prosodie fixe et distincte, doivent se conserver particulièrement chez des peuples qui sont obligés de traiter publiquement des matières intéressantes pour tous les auditeurs, parce que, toutes choses égales d'ailleurs, un orateur dont la prononciation est ferme et variée, doit être entendu de plus loin qu'un autre... »

L'altération de la langue et de la prononciation serait donc inséparable de la corruption politique. Le modèle politique qui inspire ainsi Duclos, c'est la démocratie de style athénien ou romain. La langue est la propriété du peuple. Ils tiennent l'un de l'autre leur unité. Car s'il y a un corpus de la langue, un système de la langue, c'est dans la mesure où le peuple est assemblé et réuni « en corps » : « C'est un peuple en corps qui fait une langue... Un peuple est donc le maître absolu de la langue *parlée*, et c'est un empire qu'il exerce sans s'en apercevoir » [6]. Pour déposséder le peuple de sa maîtrise de la

---

5. P. 397.
6. P. 421. « C'est un peuple en corps qui fait une langue. C'est par le concours d'une infinité de besoins, d'idées, et de causes physiques et morales, variées et combinées durant une succession de siècles, sans qu'il soit possible de reconnaître l'époque des changements, des altérations ou des progrès. Souvent le caprice décide ; quelquefois c'est la métaphysique la plus subtile, qui échappe à la réflexion et à la connaissance de ceux mêmes qui en sont les

langue et ainsi de sa maîtrise de soi, il faut donc suspendre le *parlé* de la langue. L'écriture est le processus même de la dispersion du peuple réuni en corps et le commencement de son asservissement : « Le corps d'une nation a seul droit sur la langue *parlée*, et les écrivains ont droit sur la langue *écrite* : *Le peuple, disait Varron, n'est pas le maître de l'écriture comme de la parole* » (p. 420).

Cette unité du mal politique et du mal linguistique appelle donc un « examen philosophique ». A cet appel, Rousseau répond déjà par l'*Essai*. Mais on reconnaîtra encore beaucoup plus tard, sous sa forme la plus aiguë, la problématique de Duclos. La difficulté de la pédagogie du langage et de l'enseignement des langues étrangères, c'est, dira l'*Emile*, qu'on ne peut séparer le signifiant du signifié et qu'en changeant les mots on change les idées, de telle sorte que l'enseignement d'une langue transmet en même temps toute une culture nationale sur laquelle le pédagogue n'a aucun contrôle, qui lui résiste comme le déjà-là précédant la formation, l'institution précédant l'instruction.

> « On sera surpris que je compte l'étude des langues au nombre des inutilités de l'éducation... Je conviens que si l'étude des langues n'était que celle des mots, c'est-à-dire des figures ou des sons qui les expriment, cette étude pourrait convenir aux enfants : mais les langues, en changeant les signes, modifient aussi les idées qu'ils représentent. Les têtes se forment sur les langages, les pensées prennent la teinte des idiomes. La raison seule est commune, l'esprit en chaque langue a sa forme particulière ; différence qui pourrait bien être en partie la cause ou l'effet des caractères nationaux ; et, ce qui paraît confirmer cette conjecture est que, chez toutes les nations du monde, la langue suit les vicissitudes des mœurs, et se conserve ou s'altère comme elles » (p. 105).

Et toute cette théorie de l'enseignement des langues repose sur une distinction rigoureuse entre la chose, le sens (ou idée) et le signe ; on dirait aujourd'hui entre le référent, le signifié et le signifiant. Si le représentant peut avoir une efficace, parfois néfaste, sur le représenté, et si l'enfant ne doit et ne peut

---

auteurs... L'écriture (je parle de celle des sons) n'est pas née, comme le langage, par une progression lente et insensible : elle a été bien des siècles avant de naître ; mais elle est née tout-à-coup. comme la lumière. »

« apprendre à parler qu'une langue », c'est que « chaque chose peut avoir pour lui mille signes différents ; mais chaque idée ne peut avoir qu'une forme » *(ibid)*.

Lancée par Duclos, l'invitation à l' « examen philosophique » de cette question a donc longtemps cheminé en Rousseau. Elle avait été formulée dans le *Commentaire* en 1754. Elle est citée dans la conclusion de l'*Essai* ; mais d'autres passages du *Commentaire* sont évoqués ailleurs, notamment au chapitre VII. Est-ce que ces citations, qui n'ont donc pas pu être antérieures à la publication du second *Discours (Discours sur l'origine et les fondements de l'inégalité parmi les hommes)* daté aussi de 1754, nous livrent quelque certitude quant à la date de rédaction de l'*Essai* ? Et dans quelle mesure peut-on lier ce problème chronologique au problème systématique de ce qu'on appelle l'état de la pensée de l'auteur ? L'importance que nous reconnaissons à cet ouvrage nous interdit de négliger cette question.

Sur la date de composition de ce texte peu connu et publié après la mort de Rousseau, les interprètes et les historiens les plus autorisés se sont rarement mis d'accord. Et quand ils l'ont fait, c'est en général pour des raisons différentes. L'enjeu dernier de ce problème est évident : peut-on parler d'une œuvre de la maturité ? Son contenu s'accorde-t-il avec celui du second *Discours* et des œuvres ultérieures ?

Dans ce débat, les arguments externes se mêlent toujours aux arguments internes. Il dure depuis plus de soixante-dix ans et il a connu deux phases. Si nous commençons par rappeler la plus récente, c'est d'abord parce qu'elle se déroule un peu comme si la phase antérieure n'avait pas mis un point que nous croyons final à l'aspect externe du problème. Mais c'est aussi parce qu'elle renouvelle d'une certaine manière la forme du problème interne.

Le débat actuel : l'économie de la Pitié.

Les citations de Duclos ne sont pas les seuls indices qui permettent aux commentateurs modernes de conclure que l'*Essai* est postérieur au second *Discours* ou qu'il en est tout au plus contemporain. B. Gagnebin et M. Raymond rappellent dans

243

l'édition des *Confessions* [7] que « l'*Essai sur l'origine des langues* a paru pour la première fois dans un volume de *Traités sur la musique* de J.-J. Rousseau que publia Du Peyrou à Genève, en 1781, d'après le manuscrit qu'il détenait et qu'il a légué à la Bibliothèque de Neuchâtel (N° 7835) ». Les éditeurs des *Confessions* attirent l'attention sur ce « très remarquable opuscule, trop peu lu » et s'appuient sur les citations de Duclos pour le situer après le second *Discours*. « Enfin, ajoutent-ils, la matière même de l'*Essai* suppose des connaissances et une maturité de pensée que Rousseau n'avait pas acquises en 1750 ». C'est aussi l'avis de R. Derathé [8], du moins en ce qui concerne les chapitres IX et X qui sont parmi les plus importants et qui, expliquant la « Formation des langues méridionales » et la « Formation des langues du nord », développent des thèmes fort apparentés à ceux du second *Discours*.

N'est-il pas vraisemblable — et tentant d'imaginer — que Rousseau ait pu étaler la rédaction de ce texte sur plusieurs années ? Ne pourrait-on alors y relever diverses strates de sa réflexion ? Les citations de Duclos n'auraient-elles pu être introduites assez tard ? Certains chapitres importants n'auraient-ils pu être composés, complétés ou remaniés en même temps que le second *Discours* ou même après lui ? Cela concilierait les interprétations et donnerait une certaine autorité à l'hypothèse de ceux qui aujourd'hui placent le projet, sinon toute la rédaction, de l'*Essai* bien avant 1754. Vaughan considère ainsi, pour des raisons externes, que l'*Essai* a été projeté avant le second *Discours* et même avant le premier *Discours* (1750) [9]. Il se rattache en effet très étroitement aux écrits sur la musique. Son titre complet le dit bien : *Essai sur l'origine des langues, où il est parlé de la Mélodie, et de l'Imitation musicale.* Or on sait que les écrits sur la musique répondent à une inspiration très précoce. En 1742, Rousseau lit à l'Académie des Sciences son *Projet concernant de nouveaux signes pour la musique.* En 1743 paraît la *Dissertation sur la musique moderne.* En 1749, année de composition du premier *Discours*. Rousseau écrit, à la demande de d'Alembert, les articles sur la

_____

7. *Pléiade* (T. I. p. 560, n° 3).

8. *Le rationalisme de Rousseau*, 1948, pp. 17-18. *Rousseau et la science politique de son temps*, 1950, p. 146.

9. *Political writings*, I, 10, Cf. aussi Hendel. *J.-J. Rousseau moralist.* T. I. p. 66 sq.

musique pour l'*Encyclopédie*. C'est à partir de ces articles qu'il composera le *Dictionnaire de musique* auquel l'*Essai* a été soudé lors de sa première publication. Ne peut-on dès lors imaginer que l'*Essai* a été entrepris à cette époque, même si, sa rédaction se prolongeant durant plusieurs années, Rousseau en a modifié jusqu'en 1754 certaines intentions et certains chapitres jusqu'à songer à faire de l'*Essai,* comme il le dit dans une « Préface [10] », une pièce du second *Discours* ?

Pourtant, malgré la commodité et la vraisemblance de cette conjecture conciliante, il reste un point sur lequel, pour des raisons internes et systématiques, il est difficile d'effacer le désaccord en distribuant à chaque hypothèse sa période et sa part de vérité. Il faut ici prendre parti.

Il s'agit du contenu philosophique du chapitre IX « Formation des langues méridionales. ». C'est au sujet de ce chapitre fondamental que R. Derathé et J. Starobinski se séparent. Ils ne se sont certes jamais opposés directement sur ce point. Mais ils lui consacrent l'un et l'autre une note [11] et cette confrontation doit nous aider à éclairer notre problème.

Que l'*Essai* soit une pièce destinée au second *Discours,* c'est là, selon Derathé, l'hypothèse « la plus vraisemblable, du moins en ce qui concerne les chapitres IX et X... qui témoignent des mêmes préoccupations que le *Discours sur l'inégalité* ».

Or, c'est précisément dans le chapitre IX que Starobinski relève une affirmation qui lui paraît incompatible avec l'intention du second *Discours*. Il en conclut que la pensée de Rousseau a évolué. Et elle n'a pu le faire que de l'*Essai* au *Discours* puisque la doctrine ne variera plus, semble-t-il, sur le point considéré, après 1754. L'*Essai* serait donc antérieur, systématiquement et historiquement, au second *Discours*. Et cela apparaîtrait à l'examen du statut qu'il reconnaît ici et là à ce sentiment fondamental qu'est selon lui la *pitié*. En un mot, le *Discours* en fait une affection ou une vertu *naturelle,* précédant l'usage de la réflexion, alors que dans l'*Essai*, Rousseau semble juger nécessaire qu'elle soit préalablement *éveillée* — laissons pour l'instant toute son indétermination à ce mot — par le jugement.

---

10. Cf. *infra.*, p. 277
11. Nous avons déjà cité celle de Derathé. Cf. aussi J. Starobinski, édition du second *Discours* dans la « Pléiade », p. 154, note 2.

Rappelons d'abord la doctrine du *Discours,* puisqu'elle ne donne lieu à aucun désaccord. Rousseau y affirme sans ambiguïté que la pitié est plus vieille que le travail de la raison et de la réflexion. C'est là une condition de son universalité. Et l'argument ne pouvait pas ne pas viser Hobbes :

> « Je ne crois pas avoir aucune contradiction à craindre, en accordant à l'homme la seule vertu *Naturelle* qu'ait été forcé de reconnaître le Détracteur le plus outré des vertus humaines [12]. Je parle de la Pitié, disposition convenable à des êtres aussi faibles, et sujets à autant de maux que nous le sommes ; vertu d'autant plus universelle et d'autant plus utile à l'homme, qu'elle *précède en lui l'usage de toute réflexion,* et si Naturelle que les Bêtes mêmes en donnent quelquefois des signes sensibles. »

Et après en avoir donné des exemples, dans l'ordre humain et dans l'ordre animal, mais renvoyant presque toujours aux rapports de la Mère et de l'Enfant, Rousseau poursuit :

> « Tel est le pur mouvement de la Nature, *antérieur à toute réflexion :* telle est la force de la pitié naturelle, que les mœurs les plus dépravées ont encore peine à détruire... Mandeville a bien senti qu'avec toute leur morale les hommes n'eussent jamais été que des monstres, si la Nature ne leur eût donné la pitié à l'appui de la raison... » « Il est donc bien certain que la pitié est un sentiment naturel, qui modérant dans chaque individu l'activité de l'amour de soi-même, concourt à la conservation mutuelle de toute l'espèce. C'est elle, qui nous porte *sans réflexion* au secours de ceux que nous voyons souffrir : c'est elle qui, dans l'état de Nature, *tient lieu* de Loi, de mœurs et de vertu, avec cet avantage que nul n'est tenté de désobéir à sa *douce voix* [13]. »

---

12. Il s'agit de Mandeville. Voir la note de Starobinski à l'édition du *Discours* dans l'édition de la « Pléiade », à laquelle nous nous référons ici (T. III, p. 154. Nous soulignons).
13. Nous soulignons. Les exemples choisis par Rousseau ne nous sont pas indifférents : « Sans parler de la tendresse des Mères pour leurs petits, et des périls qu'elles bravent, pour les en garantir, on observe tous les jours la répugnance qu'ont les Chevaux à fouler aux pieds un Corps vivant ; Un animal ne passe point sans inquiétude auprès d'un animal mort de son Espèce : Il y en a même qui leur donnent une sorte de sépulture ; Et les tristes mugissements du Bétail entrant dans une Boucherie, annoncent l'impression qu'il reçoit de l'horrible spectacle qui le frappe. On voit avec

Marquons ici une pause avant de reprendre le fil du débat. Considérons encore le système des métaphores. La pitié naturelle, qui s'illustre de manière archétypique dans le rapport de la mère à l'enfant et en général dans le rapport de la vie à la mort, commande comme une douce voix. Dans la métaphore de cette douce voix se transportent à la fois la présence de la mère et celle de la nature. Que cette douce voix soit celle de la nature et de la mère, cela se reconnaît aussi à ce qu'elle est, comme le signale toujours la métaphore de la voix chez Rousseau, une loi. « Nul n'est tenté d'y désobéir » à la fois parce qu'elle est douce et parce que, étant naturelle, absolument originelle, elle est aussi inexorable. Cette loi maternelle est une voix. La pitié est une voix. La voix est toujours, dans son essence, le passage de la vertu et de la bonne passion. Par opposition à l'écriture, qui est *sans pitié*. Or l'ordre de la pitié « tient lieu de loi », il supplée la loi, entendons la loi instituée. Mais comme la loi d'institution est aussi le supplément de la loi naturelle lorsque celle-ci vient à manquer, on voit bien que seul le concept de supplément permet de penser ici le rapport entre la nature et la loi. Ces deux termes n'ont de sens qu'à l'intérieur de la structure de supplémentarité. L'autorité de la loi non-maternelle n'a de sens qu'à se subsituer à l'autorité de la loi naturelle, à la « douce voix » à laquelle il a bien fallu être « tenté de désobéir ». L'ordre sans pitié auquel on accède lorsque la douce voix cesse de se faire entendre, est-ce tout simplement, comme nous le laissions imaginer à l'instant, l'ordre de l'écriture ? Oui et non. Oui, dans la mesure où l'on lit l'écriture à la lettre, ou on la lie à la lettre. Non dans la mesure où l'on entend l'écriture dans sa métaphore. Alors on peut dire que la loi naturelle, la douce voix de la pitié n'est

---

plaisir l'auteur de la *Fable des abeilles,* forcé de reconnaître l'homme pour un Etre compatissant et sensible, sortir dans l'exemple qu'il en donne, de son style froid et subtil, pour nous offrir la pathétique image d'un homme enfermé qui aperçoit au dehors une Bête féroce, arrachant un Enfant du sein de sa Mère, brisant sous sa dent meurtrière les faibles membres, et déchirant de ses ongles les entrailles de cet Enfant. Quelle affreuse agitation n'éprouve point ce témoin d'un événement auquel il ne prend aucun intérêt personnel ? Quelles angoisses ne souffre-t-il pas à cette vue, de ne pouvoir porter aucun secours à la Mère évanouie, ni à l'Enfant expirant ? Tel est le pur mouvement de la Nature, antérieur à toute réflexion... »

pas seulement proférée par une instance maternelle, elle est inscrite dans nos cœurs par Dieu. Il s'agit alors de l'écriture naturelle, l'écriture du cœur, que Rousseau oppose à l'écriture de la raison. Seule cette dernière est sans pitié, seule elle transgresse l'interdit qui, sous le nom d'affection naturelle, lie l'enfant à la mère et protège la vie contre la mort. Transgresser la loi et la voix de la pitié, c'est remplacer l'affection naturelle par la passion pervertie. Or la première est bonne parce qu'elle est inscrite dans nos cœurs par Dieu. C'est ici que nous rencontrons cette écriture, divine ou naturelle, dont nous avions plus haut situé le déplacement métaphorique. Dans l'*Emile,* décrivant ce qu'il appelle la « seconde naissance », Rousseau écrira :

> « Nos passions sont les principaux instruments de notre conservation : c'est donc une entreprise aussi vaine que ridicule de vouloir les détruire ; c'est contrôler la nature, c'est réformer l'ouvrage de Dieu. Si Dieu disait à l'homme d'anéantir les passions qu'il lui donne, Dieu voudrait et ne voudrait pas ; il se contredirait lui-même. Jamais il n'a donné cet ordre insensé, rien de pareil n'est écrit dans le cœur humain ; et ce que Dieu veut qu'un homme fasse, il ne le lui fait pas dire par un autre homme, il le lui dit lui-même, il l'écrit au fond de son cœur » (pp. 246-247).

La passion absolument primitive, celle que Dieu ne peut nous commander d'anéantir sans se contredire lui-même, c'est l'amour de soi. On sait que Rousseau le distingue de l'amour-propre qui en est la forme corrompue. Or, si la source de toutes les passions est naturelle, toutes les passions ne le sont pas. « Mille ruisseaux étrangers l'ont grossie » *(ibid)*. Ce qui nous importe ici, quant au statut de la pitié, racine de l'amour d'autrui, c'est qu'elle n'est ni la source elle-même, ni un flux passionnel dérivé, une passion acquise parmi d'autres. Elle est la *première dérivation* de l'amour de soi. Elle est *presque* primitive et c'est dans la différence entre la proximité et l'identité absolues que se loge toute la problématique de la pitié. « Le premier sentiment d'un enfant est de s'aimer lui-même ; et le second, qui dérive du premier, est d'aimer ceux qui l'approchent » (p. 248). Cette dérivation est ensuite démontrée : elle est moins un éloignement et une interruption de l'amour de soi que la première et la plus nécessaire de ses conséquences. Si la pitié modère « l'activité de l'amour de soi » (second *Discours,* p. 156), c'est peut-être moins en s'y opposant [14] qu'en l'exprimant de manière détournée, en la différant, puisque cette modération « concourt à la conversation mutuelle de l'espèce » *(ibid)*.

Il faut encore comprendre comment et pourquoi la pitié, elle-même suppléée par la loi et la société, peut aussi jouer le rôle de suppléant. Pourquoi devient-elle, à un moment donné ou depuis toujours, le tenant-lieu de la culture, ce qui « dans l'état de nature, tient lieu de lois, de mœurs et de vertu ? » Contre quel analogon d'elle-même, contre quelle dépravation nous garde-t-elle, qui lui soit assez ressemblante mais aussi assez autre pour que la substitution ait lieu ?

Est-ce un hasard si, comme tel autre supplément, le sentiment naturel et préréflexif de la pitié, qui « concourt à la conservation mutuelle de l'espèce », nous protège, entre autres menaces de mort, de l'amour ? Est-ce un hasard si la pitié protège l'homme *(homo)* de sa destruction par la fureur de l'amour, dans la mesure où elle protège l'homme *(vir)* de sa destruction par la fureur de la femme ? Ce que veut dire l'inscription de Dieu, c'est que la pitié — qui lie l'enfant à la mère et la vie à la nature — doit nous garder de la passion amoureuse qui lie le devenir-homme de l'enfant (la « seconde naissance ») au devenir-femme de la mère. Ce devenir est la grande substitution. La pitié garde l'humanité de l'homme et la vie du vivant dans la mesure où elle sauve, nous allons le voir, la virilité de l'homme et la masculinité du mâle.

En effet, si la pitié est naturelle, si ce qui nous porte à nous identifier à autrui est un mouvement inné, l'amour, en revanche, la passion amoureuse n'a rien de naturel. C'est un produit de l'histoire et de la société.

> « Parmi les passions qui agitent le cœur de l'homme, il en est une ardente, impétueuse, qui rend un sexe nécessaire à l'autre ; passion terrible qui brave tous les dangers, renverse tous les obstacles, et qui, dans ses fureurs, semble propre à détruire le Genre-humain, qu'elle est destinée à conserver.

---

14. Nous nous demandons si l'on peut sur ce point opposer, comme le fait R. Derathé, la doctrine de l'*Emile* et celle du second *Discours* (« ... dans l'*Emile* la pitié devient un sentiment dérivé de l'amour de soi alors que le second *Discours* opposait ces deux principes l'un à l'autre... » *Le rationalisme de J.-J. Rousseau*, pp. 99-100).

> Que deviendront les hommes en proie à cette rage effrénée et brutale, sans pudeur, sans retenue, et se disputant chaque jour leurs amours au prix de leur sang ? » *Discours*, p. 157.

Il faut lire derrière ce tableau sanglant, en sous-impression, *l'autre scène* : celle qui, tout à l'heure, à l'aide des mêmes couleurs, exhibait un monde de chevaux morts, de bêtes féroces et d'enfants arrachés au sein maternel.

La passion amoureuse est donc la perversion de la pitié naturelle. A la différence de celle-ci, elle limite notre attachement à un être unique. Comme toujours chez Rousseau, le mal y a la forme de la détermination, de la comparaison et de la *préférence*. C'est-à-dire de la différence. Cette invention de la culture dénature la pitié, en dévoie le mouvement spontané qui la porterait instinctivement et indistinctement vers tout vivant, quelle qu'en soit l'espèce et quel qu'en soit le sexe. La jalousie qui marque l'intervalle entre la pitié et l'amour n'est pas seulement une création de la culture, dans notre société. En tant que ruse de la comparaison, elle est un stratagème de la féminité, un arraisonnement de la nature par la femme. Ce qu'il y a de culturel et d'historique dans l'amour est au service de la féminité : fait pour asservir l'homme à la femme. C'est « un sentiment factice ; né de l'usage de la société, et célébré par les femmes avec beaucoup d'habileté et de soin pour établir leur empire, et rendre dominant le sexe qui devrait obéir » (p. 158). Et l'*Emile* dira qu' « il est dans l'ordre de la nature que la femme obéisse à l'homme » (p. 517). Et Rousseau décrit ici la lutte entre l'homme et la femme selon le schéma et dans les termes mêmes de la dialectique hégélienne du maître et de l'esclave, ce qui n'éclaire pas seulement son texte mais aussi la *Phénoménologie de l'esprit* :

> « Quand donc il la prend dans un rang inférieur, l'ordre naturel et l'ordre civil s'accordent et tout va bien. C'est le contraire quand, s'alliant au-dessus de lui, l'homme se met dans l'alternative de blesser son droit ou sa reconnaissance, et d'être ingrat ou méprisé. Alors la femme, prétendant à l'autorité, se rend le tyran de son chef ; et le maître, devenu l'esclave, se trouve la plus ridicule et la plus misérable des créatures. Tels sont ces malheureux favoris que les rois de l'Asie honorent et tourmentent de leur alliance, et qui, dit-on, pour coucher avec leurs femmes, n'osent entrer dans le lit que par le pied »*(ibid.).*

La perversion historique [15] s'introduit par une double substitution : substitution du commandement politique au gouvernement domestique, et de l'amour moral à l'amour physique. Il est naturel que la femme gouverne la maison et Rousseau lui reconnaît pour cela un « talent naturel » ; mais elle doit le faire sous l'autorité du mari, « comme un ministre dans l'Etat, en se faisant commander ce qu'elle veut faire » :

> « Je m'attends que beaucoup de lecteurs, se souvenant que je donne à la femme un talent naturel pour gouverner l'homme, m'accuseront ici de contradiction : ils se tromperont pourtant. Il y a bien de la différence entre s'arroger le droit de commander, et gouverner celui qui commande. L'empire de la femme est un empire de *douceur*, d'adresse et de complaisance ; ses *ordres sont des caresses*, ses menaces sont des pleurs. Elle doit régner dans la maison comme un ministre dans l'Etat, en se faisant commander ce qu'elle veut faire. En ce sens il est constant que les meilleurs ménages sont ceux où la femme a le plus d'autorité : mais quand elle méconnaît la *voix* du chef, qu'elle veut usurper ses droits et commander elle-même, il ne résulte jamais de ce désordre que misère, scandale et déshonneur ». (*Ibid.* Nous soulignons.)

Dans la société moderne, l'ordre a donc été renversé par la femme et telle est la forme même de l'usurpation. Cette substitution n'est pas un abus parmi d'autres. C'est le paradigme de la violence et de l'anomalie politique. Comme le mal linguistique dont nous parlions plus haut — et nous les verrons directement reliés tout à l'heure — cette substitution est un mal politique. La *Lettre à M. d'Alembert* le dit bien :

> « ... ne voulant plus offrir de séparation, faute de pouvoir se rendre hommes, les femmes nous rendent femmes. Cet inconvénient, qui dégrade l'homme, est très grand par-

---

15. On sait que Rousseau avait projeté de consacrer un ouvrage au rôle des femmes dans l'histoire. Il s'agissait pour lui, semble-t-il, autant de restaurer une vérité historique (l'importance du rôle de la femme, que l'histoire des hommes a délibérément dissimulée) que de rappeler le caractère parfois néfaste de ce rôle, en faisant « quelques observations sur les grands hommes qui se sont laissés gouverner par les femmes. Thémistocle. Antoine, etc. Fulvie femme d'Antoine excite la guerre pour n'avoir pu être aimée de César. » Cf. *Sur les femmes* et *Essai sur les événements importants dont les femmes ont été la cause secrète*. (Pléiade. II, pp. 1254-1257).

tout ; mais c'est surtout dans les Etats comme le nôtre qu'il importe de le prévenir. Qu'un monarque gouverne des hommes ou des femmes, cela lui doit être assez indifférent, pourvu qu'il soit obéi ; mais dans une république, il faut des hommes [16]. »

La moralité de ce propos, c'est que les femmes elles-mêmes gagneraient à ce que la république restaure l'ordre naturel. Car dans une société perverse, l'homme méprise la femme à laquelle il doit obéir : « Lâchement dévoués aux volontés du sexe que nous devrions protéger et non servir, nous avons appris à le mépriser en lui obéissant, à l'outrager par nos soins railleurs. » Et Paris, coupable des dégradations de la langue est encore incriminé : « Et chaque femme de Paris rassemble dans son appartement un sérail d'hommes plus femmes qu'elle, qui savent rendre à la beauté toutes sortes d'hommages, hors celui du cœur dont elle est digne. » *(Ibid.)*

L'image « naturelle » de la femme, telle que la reconstitue Rousseau, se dessine peu à peu : exaltée par l'homme mais soumise à lui, elle doit gouverner sans être la maîtresse. On doit la *respecter,* c'est-à-dire l'aimer à une distance suffisante pour que les forces — les nôtres et celles du corps politique — n'en soient pas entamées. Car nous risquons notre « *constitution* » non seulement à « habiter les femmes » (au lieu de les contenir dans le gouvernement domestique) mais aussi à régler notre société sur la leur. « Ils [les hommes] se sentent autant et plus qu'elles de leur trop intime commerce : elles n'y perdent que leurs mœurs, et nous y perdons à la fois nos mœurs et notre constitution » (p. 204). La partie n'est donc pas égale et c'est peut-être la signification la plus profonde du jeu de la supplémentarité.

Cela nous conduit directement à l'autre forme de la perversion substitutive : celle qui ajoute l'amour moral à l'amour physique. Il y a un naturel de l'amour : il sert à la procréation et à la conservation de l'espèce. Ce que Rousseau appelle « le physique de l'amour » est, comme son nom l'indique, naturel ; ainsi soudé au mouvement de la pitié. Le désir n'est

---

16. Ed. Garnier, p. 204. On lira aussi toute la note 1 : l'auteur s'y étonne que « telle plaisanterie, dont on voit assez l'application, ait été prise en France au pied de la lettre par des gens d'esprit ».

pas la pitié, certes, mais il est comme elle, selon Rousseau, pré-réflexif. Or il faut « distinguer le moral du Physique dans l'amour » (second *Discours*, p. 157). Dans le « moral » qui se substitue au naturel, dans l'institution, l'histoire, la culture, grâce à l'usage social, la perfidie féminine s'emploie à arraisonner le désir naturel, à en capter l'énergie pour la lier à un seul être. Celui-ci s'assure ainsi une maîtrise usurpée :

> « Le Physique est ce désir général qui porte un sexe à s'unir à l'autre ; le moral est ce qui détermine ce désir et le fixe sur un seul objet exclusivement, ou qui du moins lui donne pour cet objet préféré un plus grand degré d'énergie » (p. 158).

L'opération de la féminité — et cette féminité, ce principe féminin peut aussi bien être à l'œuvre chez les femmes que chez ceux que la société appelle les hommes et que, dit Rousseau, « les femmes rendent femmes » — consiste donc à capturer l'énergie en l'attachant à un seul thème, à une seule représentation.

Telle est l'histoire de l'amour. En elle se réfléchit l'histoire tout court comme dénaturation : ce qui s'ajoute à la nature, le supplément moral, déplace, par substitution, la force de la nature. En ce sens le supplément n'est rien, il n'a aucune énergie propre, aucun mouvement spontané. C'est un organisme parasitaire, une imagination ou une représentation qui détermine et oriente la force du désir. On ne pourra jamais expliquer à partir de la nature et de la force naturelle que quelque chose comme la différence d'une *préférence* puisse, sans force propre, forcer la force. Un tel étonnement donne tout son élan et toute sa forme à la pensée de Rousseau.

Ce schéma est déjà une interprétation de l'histoire par Rousseau. Mais cette interprétation se prête à son tour à une interprétation seconde où se marque une certaine hésitation. Rousseau semble osciller entre deux lectures de cette histoire. Et le sens de cette oscillation doit être ici reconnu. Il éclairera encore plus d'une fois notre analyse. Tantôt la substitution perverse est décrite comme l'origine de l'histoire, comme l'historicité elle-même et le premier écart par rapport au désir naturel. Tantôt elle apparaît comme une dépravation historique *dans* l'histoire, non pas simplement une corruption dans la forme de la supplémentarité mais une corruption supplémentaire. C'est ainsi qu'on peut lire les descriptions d'une société historique dans laquelle la femme tient sa place, reste à sa place, occupe son lieu naturel, comme l'objet d'un amour non corrompu :

> « Les anciens passaient presque leur vie en *plein air,* ou vaquant à leurs affaires, ou réglant celles de l'Etat sur la place publique, ou se promenant à la campagne, dans les jardins, au bord de la mer, à la pluie, au soleil et presque toujours tête nue. A tout cela point de femmes ; mais on savait bien les trouver au besoin, et nous ne voyons point par leurs écrits et par les échantillons de leurs conversations qui nous restent, que l'esprit, ni le goût, ni l'amour même, perdissent rien à cette réserve ». *Lettre à M. d'Alembert,* p. 204. Nous soulignons.)

Mais y a-t-il une différence entre la corruption dans la forme de la supplémentarité et la corruption supplémentaire ? Le concept de supplément est peut-être ce qui nous permet de penser ensemble ces deux interprétations de l'interprétation. Dès la première sortie hors de la nature, le jeu historique — comme supplémentarité — comporte en lui-même le principe de sa propre dégradation de soi, de la dégradation supplémentaire, de la dégradation de la dégradation. L'accélération, la précipitation de la perversion dans l'histoire est impliquée dès le début par la perversion historique elle-même.

Mais le concept de supplément, considéré, comme nous l'avons déjà fait, en tant que concept *économique,* doit nous permettre de dire en même temps le contraire sans contradiction. La logique du supplément — qui n'est pas la logique de l'identité — fait que, simultanément, l'accélération du mal trouve sa compensation et son garde-fou historiques. L'histoire précipite l'histoire, la société corrompt la société, mais le mal qui les abîme l'une et l'autre a aussi son supplément naturel : l'histoire et la société produisent leur propre résistance à l'abîme.

Ainsi, par exemple, le « moral » de l'amour est immoral : captateur et destructeur. Mais de même qu'on peut garder la présence en la différant, de même qu'on peut différer la dépense, retarder l' « habitation » mortelle de la femme par cette autre puissance de mort qu'est l'auto-érotisme, de même, selon cette économie de la vie ou de la mort, la société peut mettre un garde-fou moral à l'abîme de l' « amour moral ». La morale de la société peut en effet différer ou affaiblir la captation d'énergie en imposant à la femme la vertu de *pudeur.* Dans la pudeur, ce produit du raffinement social, c'est en vérité la sagesse naturelle, l'économie de la vie qui contrôle la culture par la culture. (Tout le discours de Rousseau, notons-le au passage, trouve ici son propre champ d'exercice). Comme les femmes trahissent la morale naturelle du désir physique, la société invente alors — mais c'est une ruse de la nature — l'impératif moral de la pudeur qui limite l'immoralité. C'est-à-dire la moralité car l' « amour moral » n'a jamais été immoral que de menacer la vie de l'homme. Le thème de la pudeur a plus d'importance qu'on ne croit dans la *Lettre à M. d'Alembert*. Mais il est capital dans l'*Emile,* en particulier dans ce *Livre cinquième* qu'il faudrait suivre ici ligne à ligne. La pudeur y est bien définie un supplément de la vertu naturelle. Il s'agit bien de savoir si les hommes vont se laisser « traîner à la mort » (p. 447) par le nombre et l'intempérance des femmes. Leurs « désirs illimités » n'ont pas en effet cette sorte de frein naturel qu'on rencontre chez les femelles des animaux. Chez ces dernières,

> « le besoin satisfait, le désir cesse ; elles ne repoussent plus le mâle par feinte, mais tout de bon : elles font tout le contraire de ce que faisait la fille d'Auguste ; elles ne reçoivent plus de passagers quand le navire a sa cargaison... l'instinct les pousse et l'instinct les arrête. *Où sera le supplément de cet instinct négatif dans les femmes, quand vous leur aurez ôté la pudeur* ? Attendre qu'elles ne se soucient plus des hommes, c'est attendre qu'ils ne soient plus bons à rien. (Nous soulignons.) Et ce supplément est bien l'économie de la vie des hommes : « Leur intempérance naturelle conduirait les hommes à la mort ; parce qu'elle contient leurs désirs, la pudeur est la vraie morale des femmes. »

Il se confirme bien que le concept de nature et tout le système qu'il commande ne peuvent être pensés que sous la catégorie irréductible du supplément. Bien que la pudeur vienne suppléer le manque d'un frein instinctif et naturel, elle n'en est pas moins, en tant que supplément, et toute morale qu'elle est, naturelle. Ce produit culturel a une origine et une finalité naturelles. C'est Dieu qui l'a inscrit dans la créature : « L'Etre suprême a voulu faire en tout honneur à l'espèce humaine : en donnant à l'homme des penchants sans mesure, il lui donne en même temps la loi qui les règle, afin qu'il soit libre et se commande à lui-même ; en le livrant à des passions immodérées, il joint à ces passions la raison pour les gouverner ; en livrant la femme à des désirs illimités, il joint à ces désirs la pudeur pour les contenir. » Dieu donne donc la *raison* en supplément des penchants naturels. La raison est donc à la fois dans la nature et en supplément de la nature ; c'est une ration supplémentaire. Ce qui suppose que la nature puisse parfois se manquer à elle-même ou, ce qui n'est pas différent, s'excéder elle-même. Et Dieu ajoute même en *prime (praemium)*, en récompense, un supplément au supplément : « Pour surcroît, poursuit Rousseau, il ajoute encore une récompense actuelle au bon usage de ses facultés, savoir le goût qu'on prend aux choses honnêtes lorsqu'on en fait la règle de ses actions. Tout cela vaut bien, ce me semble, l'instinct des bêtes. »

En se laissant conduire par ce schème, il faudrait relire tous les textes décrivant la culture comme altération de la nature : dans les sciences, les arts, les spectacles, les masques, la littérature, l'écriture. Il faudrait les reprendre dans le filet de cette structure de l' « amour moral », comme guerre des sexes et comme enchaînement de la force du désir par le principe féminin. N'opposant pas seulement les hommes aux femmes mais les hommes aux hommes, cette guerre est historique. Elle n'est pas un phénomène naturel ou biologique. Comme chez Hegel, elle est une guerre des consciences et des désirs, non des besoins ou désirs naturels. A quoi le reconnaît-on ? En particulier à ce qu'elle ne peut s'expliquer par la rareté des femelles ou par « les intervalles exclusifs durant lesquels la femelle refuse constamment l'approche du mâle », ce qui, note Rousseau,

> « revient à la première cause ; car si chaque femelle ne souffre le mâle que durant deux mois de l'année, c'est à cet égard comme si le nombre des femelles était moindre des cinq sixièmes : Or, aucun de ces deux cas n'est applicable à l'espèce humaine où le nombre des femelles surpasse généralement celui des mâles, et où l'on n'a jamais observé que même parmi les Sauvages les femelles aient, comme celles des autres espèces, des temps de chaleur et d'exclusion [17]. »

L' « amour moral » n'ayant aucun fondement biologique, il

---

17. *Second Discours*, p. 159. Sur les rapports de ces thèmes avec des thèmes opposés ou apparentés de Voltaire, Buffon ou Pufendorf, voir les notes de l'édition de la « Pléiade » pp. 158-159.

naît donc du pouvoir de l'imagination. Toute la dépravation
de la culture, comme mouvement de la différence et de la préférence, a donc rapport avec la possession *des* femmes. Il s'agit
toujours de savoir qui aura les femmes mais aussi ce qu'auront
les femmes. Et quel prix sera payé dans ce calcul des forces.
Or selon le principe de l'accélération ou de la capitalisation
que nous avons reconnu à l'instant, ce qui ouvre le mal est
aussi ce qui précipite vers le pire. Rousseau pourrait dire
comme Montaigne « nos mœurs penchent d'une merveilleuse
inclination vers l'empirement » (*Essais*, 1. 82). Ainsi l'écriture,
ici la littéraire, fait système avec l'amour moral. Elle apparaît
en même temps que lui. Mais l'amour moral dégrade encore
l'écriture. Il l'énerve comme il énerve l'homme. Il provoque

> « ces foules d'ouvrages éphémères qui naissent journelle-
> ment, n'étant faits que pour amuser des femmes, et n'ayant
> ni force ni profondeur, volent tous de la toilette au comp-
> toir. C'est le moyen de récrire incessamment les mêmes et
> de les rendre toujours nouveaux. On m'en citera deux ou
> trois qui serviront d'exception ; mais moi j'en citerai cent
> mille qui confirmeront la règle. C'est pour cela que la plu-
> part des productions de notre âge passeront avec lui ; et la
> postérité croira qu'on fit bien peu de livres dans ce même
> siècle où l'on en fait tant [18]. »

18. *Lettre à M. d'Alembert*, pp. 206-207. Voir aussi la note
de la p. 206. Elle commence ainsi : « Les femmes en général
n'aiment aucun art, ne se connaissent à aucun et n'ont aucun
génie... » « Dans l'union des sexes... l'un doit être actif et fort,
l'autre passif et faible. » (*Emile*, p. 446.)
N'est-il pas remarquable que Nietzsche, partageant en somme
cette conception de la féminité, de la dégradation de la culture et
de la généalogie de la morale comme asservissement à l'esclave, ait
haï Rousseau ? N'est-il pas remarquable qu'il l'ait considéré comme
le représentant éminent de la morale des esclaves ? N'est-il pas
remarquable qu'il ait vu dans la pitié, précisément, la véritable
subversion de la culture et la forme de l'asservissement des maîtres ?
Il y aurait beaucoup à dire dans cette voie. Elle nous conduirait
en particulier à comparer les modèles rousseauiste et nietzschéen
de la féminité : la domination ou la séduction sont également
redoutées, qu'elles prennent, alternativement ou simultanément, la
forme de la douceur affadissante, amollissante, ou celle de la fureur
destructrice ou dévoratrice. On se tromperait à interpréter ces
modèles comme des affirmations *simples* de la virilité. Novalis
avait peut-être vu plus profondément et au-delà de ce que Rousseau
appelle lui-même, au début des *Confessions* (p. 12), son « carac-

Ce détour nous a-t-il beaucoup éloigné de notre préoccupation initiale ? En quoi nous aide-t-il à préciser la situation de l'*Essai* ?

Nous venons de vérifier que, compris avec tout le système des oppositions qu'il soutient, le concept de pitié naturelle est fondamental. Et pourtant, selon Starobinski, il serait absent, voire exclu, de l'*Essai sur l'origine des langues*. Et l'on ne pourrait pas ne pas tenir compte de ce fait pour lui assigner une place dans l'histoire et dans l'architectonique de la pensée de Rousseau :

> « L'importance de l'élan spontané de la pitié, fondement irraisonné de la morale, a été indiqué par Rousseau dès la Préface du *Discours* ; cf. p. 126 et n. 1. Dans cette partie du *Discours,* puis dans l'*Emile,* Rousseau ne cesse d'affirmer que la pitié est une vertu qui « précède l'usage de toute réflexion ». Tel est l'état définitif de la pensée de Rousseau à ce sujet. Or l'*Essai sur l'origine des langues,* ch. IX, formule sur ce point des idées assez différentes, ce qui permettrait peut-être d'attribuer à ce texte (ou tout au moins à ce chapitre) une date antérieure à la mise au point du *Discours sur l'origine de l'inégalité.* Dans l'*Essai,* Rousseau n'admet pas la possibilité d'un élan de sympathie irréfléchie, et paraît plus enclin à soutenir l'idée hobbienne de la guerre de tous contre tous : « Ils n'étaient liés par aucune idée de fraternité commune ; et, n'ayant aucun arbitre que la force, ils se croyaient ennemis les uns des autres... Un homme abandonné seul sur la face de la terre, à la merci du genre humain, devait être un animal féroce... Les affections sociales ne se développent en nous qu'avec nos lumières. La pitié, bien que naturelle au cœur de l'homme, resterait éternellement inactive sans l'imagination qui la met en jeu. Comment nous laissons-nous émouvoir à la pitié ? En nous transportant hors de nous-mêmes ; en nous identifiant avec l'être souffrant. Nous ne souffrons qu'autant que nous jugeons qu'il souffre... Celui qui n'a jamais réfléchi ne peut être ni clément, ni juste, ni pitoyable ; il ne peut pas non plus être méchant et vindicatif. » Cette conception plus intellectualiste de la pitié se rapproche de la pensée de Wollaston... »

---

tère efféminé » : « Les *philosophèmes* de Rousseau sont absolument parlant une philosophie féminine ou une théorie de la féminité. » *Encyclopédie* tr. M. de Gandillac (éd. de *Minuit,* p. 361).

Ces affirmations extraites de l'*Essai* et alléguées par Starobinski sont-elles incompatibles avec les thèses du *Discours* et
de l'*Emile* ? Il ne le semble pas. Au moins pour trois sortes de
raisons :

A. Rousseau fait d'abord dans l'*Essai* une concession qui
assure son logement à toute la théorie dite « ultérieure » de
la pitié. Il écrit : « La pitié, bien que naturelle au cœur de
l'homme... » Il reconnaît ainsi que la pitié est une vertu innée,
spontanée, pré-réflexive. Ce sera la thèse du *Discours* et de
l'*Emile*.

B. Ce sans quoi cette pitié « naturelle au cœur de l'homme »
resterait endormie, « inactive », ce n'est pas la raison, mais
l' « imagination » qui « la met en jeu ». Selon le second *Discours,* la raison et la réflexion risque d'étouffer ou d'altérer la
pitié naturelle. La raison réfléchissante n'est pas contemporaine de la pitié. L'*Essai* ne dit pas le contraire. La pitié ne
s'éveille pas avec la raison mais avec l'imagination qui l'arrache
à son inactualité ensommeillée. Or non seulement Rousseau distingue, comme il va de soi, entre imagination et raison mais
il fait de cette différence le nerf de toute sa pensée.

L'imagination y a certes une valeur dont l'ambiguïté a souvent été reconnue. Si elle peut nous dévoyer, c'est d'abord parce
qu'elle ouvre la possibilité du progrès. Elle *entame* l'histoire.
Sans elle la perfectibilité serait impossible, qui constitue aux
yeux de Rousseau, on le sait, le seul trait absolument distinctif
de l'humanité. Bien que les choses soient fort complexes quand
il s'agit de la raison selon Rousseau [19], on peut dire que,
à certains égards, la raison, en tant qu'entendement et faculté
de former des idées, est moins propre à l'homme que ne le
sont l'imagination et la perfectibilité. Nous avons déjà noté
en quel sens la raison pouvait être dite naturelle. On peut aussi
remarquer d'un autre point de vue que les animaux, quoique
doués d'intelligence, ne sont pas perfectibles. Ils sont dépourvus
de cette imagination, de ce pouvoir d'anticipation qui excède la
donnée sensible et présente vers l'inaperçu :

> « Tout animal a des idées, puisqu'il a des sens, il combine
> même ses idées jusqu'à un certain point, et l'homme ne diffère
> à cet égard de la Bête que du plus au moins : Quelques

---

19. Cf. R. Derathé, *Le rationalisme de Rousseau,* en particulier,
p. 30 sq.

Philosophes ont même avancé qu'il y a plus de différence de tel homme à tel homme que de tel homme à telle bête ; Ce n'est donc pas tant l'entendement qui fait parmi les animaux la distinction spécifique de l'homme que sa qualité d'agent libre. » (Second *Discours*, p. 141.)

La liberté est donc la perfectibilité. « Il y a une autre qualité très spécifique qui les distingue [l'homme et l'animal], et sur laquelle il ne peut y avoir de contestation, c'est la faculté de se perfectionner » (p. 142).

Or l'imagination est à la fois la condition de la perfectibilité — elle est la liberté — et ce sans quoi la pitié ne s'éveillerait ni ne s'exercerait dans l'ordre humain. Elle active et excite un pouvoir virtuel.

1. L'imagination inaugure la liberté et la perfectibilité parce que la sensibilité, aussi bien que la raison intellectuelle, remplies et assouvies par la présence du perçu, sont épuisées par un concept fixiste. L'animalité n'a pas d'histoire parce que la sensibilité et l'entendement sont, dans leur racine, des fonctions de passivité. « Comme la raison a peu de force, l'intérêt seul n'en a pas tant qu'on croit. L'imagination seule est active et l'on n'excite les passions que par l'imagination » *(Lettre au prince de Würtemberg*, 10.11.63). Conséquence immédiate : la raison, fonction de l'intérêt et du besoin, faculté technique et calculatrice, n'est pas l'origine du langage, qui est aussi le propre de l'homme et sans lequel non plus il n'y aurait pas de perfectibilité. La langage naît de l'imagination qui suscite ou en tout cas excite le sentiment ou la passion. Cette affirmation qui sera sans cesse répétée ouvre déjà l'*Essai* : « La parole distingue l'homme entre les animaux. » Premiers mots du chapitre II : « Il est donc à croire que les besoins dictèrent les premiers gestes, et que les premières passions arrachèrent les premières voix. »

Nous voyons donc se dessiner deux séries : 1. animalité, besoin, intérêt, geste, sensibilité, entendement, raison, etc. 2. humanité, passion, imagination, parole, liberté, perfectibilité, etc.

Il apparaîtra peu à peu que, sous la complexité des liens qui se nouent dans les textes de Rousseau entre ces termes et qui requièrent les analyses les plus minutieuses et les plus prudentes, ces deux séries se rapportent toujours l'une à l'autre selon la structure de la supplémentarité. Tous les noms de la deuxième série sont des déterminations métaphysiques — et

donc héritées, aménagees avec une cohérence laborieuse et relative — de la *différance supplémentaire.*

Différance dangereuse, bien entendu. Car nous avons omis
le maître-nom de la série supplémentaire : la mort. Ou plutôt,
car la mort n'est rien, le rapport à la mort, l'anticipation
angoissée de la mort. Toutes les possibilités de la série supplémentaire, qui ont entre elles des rapports de substitution métony-
mique, nomment indirectement le danger lui-même, l'horizon et
la source de tout danger déterminé, l'abîme à partir duquel
s'annoncent toutes les menaces. Ne soyons donc pas surpris
lorsque, dans le second *Discours,* la notion de perfectibilité
ou de liberté est exposée en même temps que le savoir de la
mort. Le propre de l'homme s'annonce à partir de la double
possibilité de la liberté et de l'anticipation expresse de la mort.
La différence entre le désir humain et le besoin animal, entre
le rapport à la femme et le rapport à la femelle, c'est la
crainte de la mort :

> « Les seuls biens qu'il [l'animal] connaisse dans l'Univers
> sont la nourriture, une femelle et le repos ; les seuls maux
> qu'il craigne, sont la douleur et la faim. Je dis la douleur,
> et non la mort ; car jamais l'animal ne saura ce que
> c'est que mourir, et la connaissance de la mort, et
> de ses terreurs, est une des premières acquisitions que
> l'homme ait faites, en s'éloignant de la condition ani-
> male. » (Second *Discours,* p. 143.) De même l'*enfant* devient
> homme en s'ouvrant au « sentiment de la mort » (*Emile,*
> p. 20).

Si l'on se déplace tout au long de la série supplémentaire,
on voit que l'imagination appartient à la même chaîne de significations que l'anticipation de la mort. L'imagination est dans
son fond le rapport à la mort. L'image est la mort. Proposition
qu'on peut définir ou indéfinir ainsi : *l'*image est *une* mort ou
la mort est *une* image. L'imagination est le pouvoir, pour la
vie, de s'affecter elle-même de sa propre re-présentation. L'image
ne peut re-présenter et ajouter le représentant au représenté que
dans la mesure où la présence du représenté est déjà pliée sur
soi dans le monde, dans la mesure où la vie renvoie à soi
comme à son propre manque, à sa propre demande de supplément. La présence du représenté se constitue grâce à l'addition
à soi de ce rien qu'est l'image, l'annonce de sa dépossession
dans son propre représentant et dans sa mort. Le *propre* du

sujet n'est que le mouvement de cette expropriation représentative. En ce sens l'imagination, comme la mort, est *représentative et supplémentaire*. N'oublions pas que ce sont là des qualités que Rousseau reconnaît expressément à l'écriture.

L'imagination, la liberté, la parole appartiennent donc à la même structure que le rapport à la mort (disons plutôt rapport qu'anticipation : à supposer qu'il y ait un être-devant la mort, il n'est pas nécessairement rapport à un avenir plus ou moins éloigné sur une ligne ou un horizon du temps. Il est une structure de la présence). Comment la pitié et l'identification à la souffrance d'autrui y interviennent-elles ?

2. L'imagination, disions-nous, est ce sans quoi la pitié naturelle ne se laisserait pas exciter. Rousseau le dit clairement dans l'*Essai,* mais contrairement à ce que semble impliquer la formulation très prudente de Starobinski, il le dit aussi ailleurs, invariablement. La pitié ne cesse jamais d'être à ses yeux un sentiment naturel ou une vertu innée que seule l'imagination a pouvoir de réveiller ou de révéler. Notons-le au passage : toute la théorie rousseauiste du théâtre fait aussi communiquer dans la représentation le pouvoir d'identification — la pitié — avec la faculté de l'imagination. Si l'on songe maintenant que Rousseau donne le nom de *terreur* à la crainte de la mort *(Discours,* p. 143), on tient d'ensemble tout le système qui organise les concepts de terreur et de pitié d'une part, de scène tragique, de représentation, d'imagination et de mort d'autre part. On comprend alors sur cet exemple l'ambivalence du pouvoir d'imaginer : il ne surmonte l'animalité et ne suscite la passion humaine qu'en ouvrant la scène et l'espace de la représentation théâtrale. Il inaugure la perversion dont la possibilité est elle-même inscrite dans la notion de perfectibilité.

Le schéma sur lequel la pensée de Rousseau n'a jamais varié serait donc le suivant : la pitié est innée, mais dans sa pureté naturelle, elle n'est pas propre à l'homme, elle appartient au vivant en général. Elle est « si naturelle que les bêtes mêmes en donnent quelquefois des signes sensibles ». Cette pitié ne s'éveille à soi dans l'humanité, n'accède à la passion, au langage et à la représentation, ne produit l'identification à l'autre comme autre moi qu'avec l'imagination. L'imagination est le devenir-humain de la pitié.

C'est bien la thèse de l'*Essai* : « La pitié, bien que naturelle au cœur de l'homme, resterait éternellement inactive sans l'imagination qui la met en jeu. » Cet appel à l'activation ou à l'actualisation par l'imagination est si peu en contradiction avec les autres textes que l'on peut suivre partout, dans l'œuvre de Rousseau, une théorie de l'*innéité* comme *virtualité* ou de la naturalité comme potentialité sommeillante [20]. Théorie peu originale, certes, mais dont le rôle organisateur est ici indispensable. Elle commande de penser la nature non pas comme un donné, comme une présence actuelle, mais comme une *réserve*. Ce concept est lui-même déroutant : on peut le déterminer comme actualité cachée, dépôt dissimulé, mais aussi comme réserve de puissance indéterminée. De sorte que l'imagination, qui fait sortir le pouvoir de sa réserve, est à la fois bénéfique et maléfique. « Enfin tel est en nous l'empire de l'imagination et telle en est l'influence, que d'elle naissent non seulement les vertus et les vices, mais les biens et les maux... » *(Dialogues,* pp. 815-816). Et si « certains pervertissent l'usage de cette faculté consolatrice » *(ibid),* c'est encore par le pouvoir de l'imagination. Echappant à toute influence réelle et extérieure, faculté des signes et des apparences, l'imagination se pervertit elle-même. Elle est le sujet de la perversion. Elle éveille la faculté virtuelle mais elle la transgresse aussitôt. Elle met au jour la puissance qui se réservait mais, en lui montrant son au-delà, en la « devançant », elle lui signifie son impuissance. Elle anime la faculté de jouir mais elle inscrit une différence entre le désir et la puissance. Si nous désirons au-delà de notre pouvoir de satisfaction, l'origine de ce surplus et de cette différence se nomme imagination. Cela nous permet de déterminer une fonction du concept de nature ou de primitivité : c'est l'équilibre entre la réserve et le désir. Equilibre impossible

---

20. R. Derathé rappelle que « Durkheim est... le premier à avoir signalé l'importance de cette notion de faculté virtuelle chez Rousseau ». *Le rationalisme de Rousseau.* p. 13. Cf. Durkheim, *Le Contrat social, histoire du livre.* R.M.M. Janv.-fév. 1918. La plupart des contradictions systématiques de Rousseau seraient effacées par l'appel à ce concept de faculté virtuelle qui opère comme une soudure à tous les points de rupture, et d'abord aux points où la société brise — et s'articule — avec la nature. Cf. Derathé, *Rousseau et la science politique de son temps,* p. 148. Il est remarquable que ce thème de la *virtualité* soit si souvent méconnu, chez quelque auteur qu'il apparaisse. Cette méconnaissance est au centre de la problématique des idées innées, et du rapport de Locke à Leibniz ou de Leibniz à Descartes.

puisque le désir ne peut s'éveiller et sortir de sa réserve que par l'imagination qui rompt aussi l'équilibre. Cet impossible — autre nom de la nature — reste donc une limite. L'éthique selon Rousseau, la « sagesse humaine », « la route du vrai bonheur » consistent donc à se tenir au plus proche de cette limite, et à « diminuer l'excès des désirs sur les facultés ».

> « C'est ainsi que la nature, qui fait tout pour le mieux, l'a d'abord institué. Elle ne lui donne immédiatement que les désirs nécessaires à sa conservation et les facultés suffisantes pour les satisfaire. Elle a mis toutes les autres comme en réserve au fond de son âme, pour s'y développer au besoin. Ce n'est que dans cet état primitif que l'équilibre du pouvoir et du désir se rencontre, et que l'homme n'est pas malheureux. *Sitôt que ces facultés virtuelles se mettent en action, l'imagination, la plus active de toutes, s'éveille et les devance.* C'est l'imagination qui étend pour nous la mesure des possibles, soit en bien, soit en mal, et qui, par conséquent, excite et nourrit les désirs par l'espoir de les satisfaire. Mais l'objet qui paraissait d'abord sous la main fuit plus vite qu'on ne peut le poursuivre... Ainsi l'on s'épuise sans arriver au terme ; et plus nous gagnons sur la jouissance, plus le bonheur s'éloigne de nous. Au contraire, plus l'homme est resté près de sa condition naturelle, *plus la différence de ses facultés à ses désirs est petite,* et moins par conséquent il est éloigné d'être heureux... Le monde réel a ses bornes, le monde imaginaire est infini ; ne pouvant élargir l'un, rétrécissons l'autre ; car c'est de leur seule différence que naissent toutes les peines qui nous rendent vraiment malheureux. » *(Emile, p. 64. Nous soulignons.)*

On aura remarqué :

1. que l'imagination, origine de la différence entre la puissance et le désir, est bien déterminée comme *différance* : de ou dans la présence ou la jouissance ;

2. que le rapport à la nature est défini en termes de distance négative. Il ne s'agit ni de partir de la nature, ni de la rejoindre, mais de réduire son « éloignement ».

3. que l'imagination qui excite les autres facultés virtuelles n'en est pas moins elle-même une faculté virtuelle : « la plus active de toutes ». Si bien que ce pouvoir de transgresser la nature est lui-même dans la nature. Il appartient au fonds naturel. Mieux : nous verrons qu'il tient la réserve en réserve. Cet être-dans-la-nature a donc le mode d'être étrange du supplément.

Désignant à la fois l'excès et le manque de la nature *dans* la nature. C'est sur la signification de l'*être-dans* que nous repérons ici, comme sur un exemple parmi d'autres, le tremblement d'une logique classique.

En tant qu'elle est « la plus active de toutes » les facultés, l'imagination ne peut être éveillée par aucune faculté. Quand Rousseau dit qu'elle « s'éveille », il faut l'entendre en un sens fortement réfléchi. L'imagination ne doit qu'à elle-même de pouvoir *se donner le jour*. Elle ne crée rien puisqu'elle est imagination. Mais elle ne reçoit rien qui lui soit étranger ou antérieur. Elle n'est pas affectée par le « réel ». Elle est pure auto-affection. Elle est l'autre nom de la différance comme auto-affection [21].

C'est à partir de cette possibilité que Rousseau désigne l'homme. L'imagination inscrit l'animal dans la société humaine. Elle le fait accéder au genre humain. Le paragraphe de l'*Essai* dont nous étions parti se clôt ainsi : « Celui qui n'imagine rien ne sent que lui-même ; il est seul au milieu du genre humain. » Cette solitude ou cette non-appartenance au genre humain tient à ce que la souffrance reste muette et close sur elle-même. Ce qui signifie d'une part qu'elle ne peut s'ouvrir, par l'éveil de la pitié, à la souffrance de l'autre comme autre ; et d'autre part qu'elle ne peut s'excéder elle-même vers la mort. L'animal a bien une faculté virtuelle de pitié, mais il n'imagine ni la souffrance de l'autre *comme tel* ni le passage de la souffrance *à la mort*. C'est là une seule et même limite. Le rapport à l'autre et le rapport à la mort sont une seule et même ouverture. Ce qui manquerait à ce que Rousseau appelle l'animal, c'est de vivre sa souffrance comme souffrance d'un autre et comme menace de mort.

Pensé dans son rapport caché à la logique du supplément, le concept de virtualité (comme toute la problématique de la puissance et de l'acte) a sans doute pour fonction, chez Rousseau

---

21. Naturellement, le lieu se signale ici d'une réflexion qui associerait Kant et Rousseau autrement qu'au chapitre de la moralité. Toute la chaîne qui fait communiquer le mouvement de la temporalisation et le schématisme de l'imagination, la sensibilité pure et l'auto-affection du présent par lui-même, tout ce que la lecture de Heidegger a fortement répété dans *Kant et le problème de la métaphysique* pourrait, selon une voie prudemment reconnue, reconduire aussi en terre rousseauiste.

en particulier et dans la métaphysique en général, de prédéterminer systématiquement le devenir comme production et développement, évolution ou histoire, en substituant l'accomplissement d'une *dynamis* à la substitution d'une trace, l'histoire pure au jeu pur, et, comme nous le notions plus haut, une soudure à une rupture. Or le mouvement‚de la supplémentarité semble échapper à cette alternative et permettre de la penser.

C. Rousseau vient donc d'évoquer l'éveil de la pitié par l'imagination, c'est-à-dire par la représentation et la réflexion, au double mais en vérité au seul sens de ces mots. Or dans le même chapitre, il nous interdit de considérer qu'avant l'actualisation de la pitié par l'imagination, l'homme soit méchant et belliqueux. Rappelons l'interprétation de Starobinski : « Dans l'*Essai*, Rousseau n'admet pas la possibilité d'un élan de sympathie irréfléchie, et paraît plus enclin à soutenir l'idée hobbienne de la guerre de tous contre tous :

> « Ils n'étaient liés par aucune idée de fraternité commune ; et n'ayant aucun arbitre que la force, ils se croyaient ennemis les uns des autres... Un homme abandonné seul sur la face de la terre, à la merci du genre humain, devait être un animal féroce ».

Rousseau ne dit pas « ils étaient ennemis les uns des autres » mais « ils se croyaient ennemis les uns des autres ». Nous devons considérer cette nuance et nous avons, semble-t-il, le droit de le faire. L'hostilité primitive naît d'une illusion primitive. Cette première *opinion* tient à une croyance égarée, née de l'isolement, de la faiblesse, de la déréliction. Que ce soit là une simple opinion et déjà une illusion, c'est ce qui apparaît nettement dans ces trois phrases que nous ne devons pas omettre :

> « ... Ils se croyaient ennemis les uns des autres. *C'étaient leur faiblesse et leur ignorance qui leur donnaient cette opinion. Ne connaissant rien, ils craignaient tout ; ils attaquaient pour se défendre.* Un homme abandonné seul... » (Nous soulignons.)

La férocité n'est donc pas belliqueuse mais craintive. Surtout, elle est incapable de déclarer la guerre. Elle est le caractère de l'animal (« animal féroce »), du vivant isolé qui, faute d'avoir été éveillé à la pitié par l'imagination, ne participe pas encore à la socialité et au genre humain. Cet animal, soulignons-le,

« était *prêt* à faire aux autres tout le mal qu'il *craignait* d'eux. *La crainte et la faiblesse sont les sources de la cruauté.* » La cruauté n'est pas une méchanceté positive. La disposition à faire le mal ne trouve ici sa ressource que dans l'autre, dans la représentation illusoire du mal que l'autre *semble* disposé à me faire.

N'est-ce pas déjà une raison suffisante pour écarter la ressemblance avec la théorie hobbienne d'une guerre naturelle que l'imagination et la raison ne feraient qu'organiser dans une sorte d'économie de l'agressivité ? Mais le texte de Rousseau est encore plus clair. Dans l'*Essai,* le paragraphe qui nous retient comporte une autre proposition qui nous interdit aussi de considérer le moment de la pitié ensommeillée comme le moment de la méchanceté belliqueuse, comme un moment « hobbien ». Comment Rousseau décrit-il en effet le moment (réel ou mythique, peu importe, ici du moins), l'instance structurelle de la pitié ensommeillée ? Qu'en est-il selon lui du moment où le langage, l'imagination, le rapport à la mort, etc., sont encore *réservés* ?

A ce moment, dit-il, « celui qui n'a jamais réfléchi ne peut être ni clément, ni juste, ni pitoyable ». Certes. Mais cela ne veut pas dire qu'il soit alors injuste et impitoyable. Il se tient simplement en-deçà de cette opposition de valeurs. Car Rousseau enchaîne aussitôt : « Il ne peut pas non plus être méchant et vindicatif. Celui qui n'imagine rien ne sent que lui-même ; il est seul au milieu du genre humain. »

Dans cet « état », les oppositions qui ont cours chez Hobbes n'ont encore ni sens ni valeur. Le système d'appréciation dans lequel se déplace la philosophie politique n'a encore aucune chance de fonctionner. Et l'on voit mieux ainsi dans quel élément (neutre, nu et dépouillé), il entre en jeu. On peut ici parler indifféremment de bonté ou de méchanceté, de paix ou de guerre : ce sera chaque fois aussi vrai que faux, toujours impertinent. Ce que Rousseau met ainsi à nu, c'est l'origine neutre de toute conceptualité éthico-politique, de son champ d'objectivité ou de son système axiologique. Il faut donc neutraliser toutes les oppositions qui sillonnent la philosophie classique de l'histoire, de la culture et de la société. Avant cette neutralisation, ou cette réduction, la philosophie politique procède dans la naïveté d'évidences acquises et survenues. Et elle risque sans cesse de « commettre la faute de ceux qui, raisonnant sur l'état de nature, y transportent les idées prises dans la société... ». (Second *Discours*, p. 146.)

La réduction qu'opère l'*Essai* a un style particulier. Rousseau y neutralise les oppositions en les raturant ; et il les rature en affirmant à la fois des valeurs contradictoires. Ce procédé est utilisé avec cohérence et fermeté, précisément dans le chapitre IX :

> « De là les contradictions apparentes qu'on voit entre les pères des nations ; tant de naturel et tant d'inhumanité ; des mœurs si féroces et des cœurs si tendres... Ces temps de barbarie étaient le siècle d'or, non parce que les hommes étaient unis, mais parce qu'ils étaient séparés... Les hommes, si l'on veut, s'attaquaient dans la rencontre, mais ils se rencontraient rarement. Partout régnait l'état de guerre, et toute la terre était en paix [22]. »

Privilégier l'un des deux termes, croire par exemple que régnait vraiment et seulement l'état de guerre, telle fut donc l'erreur de Hobbes qui redouble étrangement l' « opinion » illusoire des premiers « hommes » qui « se croyaient ennemis les uns des autres ». Ici encore, aucune différence entre l'*Essai* et le *Discours*. La réduction opérée dans l'*Essai* sera confirmée dans le *Discours,* précisément au cours d'une critique de Hobbes. Ce qui est reproché à ce dernier, c'est bien de conclure trop vite, de ce que les hommes ne sont pas naturellement éveillés à la pitié, ni « liés par aucune idée de fraternité commune », qu'ils sont dès lors méchants et belliqueux. Nous ne pouvons pas lire l'*Essai* comme Hobbes l'aurait peut-être interprété par précipitation. Nous ne pouvons pas conclure de la non-bonté à la méchanceté. L'*Essai* le dit, le *Discours* le confirme, à supposer que celui-ci vienne après celui-là :

> « N'allons pas surtout conclure avec Hobbes que pour n'avoir aucune idée de la bonté, l'homme soit naturellement méchant, qu'il soit vicieux parce qu'il ne connaît pas la vertu, ... Hobbes n'a pas vu que la même cause qui empêche les Sauvages d'user de leur raison, comme le prétendent nos Juriscon-

---

22. L'*Essai* ne laisse donc pas plus croire à la guerre originelle qu'à l'âge d'or. De ces deux points de vue, l'*Essai* est accordé aux grandes thèses rousseauistes. Dans le manuscrit de Genève (première version du *Contrat Social* qui daterait de 1756), Rousseau écrit que « l'âge d'or fut toujours un état étranger à la race humaine ».

sultes, les empêche en même temps d'abuser de leurs facultés, comme il le prétend lui-même ; de sorte qu'on pourrait dire que les Sauvages ne sont pas méchants précisément, parce qu'ils ne savent pas ce que c'est qu'être bons ; car ce n'est ni le développement des lumières, ni le frein de la Loi, mais le calme des passions et l'ignorance du vice qui les empêche de mal faire ; *tanto plus in illis proficit vitiorum ignoratio, quam in his cognitio virtutis* [23]. »

On reconnaît encore à d'autres indices que l'économie de la pitié ne varie pas de l'*Essai* aux grandes œuvres. Lorsque la pitié s'éveille par l'imagination et la réflexion, lorsque la présence sensible est excédée par son image, nous pouvons imaginer et juger que l'autre sent et souffre. Et pourtant nous ne pouvons alors — ni ne devons — *éprouver simplement* la souffrance d'autrui *elle-même*. La pitié selon Rousseau exclut que le mouvement d'identification soit simple et entier. En apparence pour deux raisons, en vérité pour une seule et même raison profonde. Il s'agit encore d'une certaine *économie*.

1. Nous ne pouvons ni ne devons ressentir immédiatement et absolument la souffrance d'autrui parce qu'une telle identification ou intériorisation serait dangereuse et destructrice. C'est pourquoi l'imagination, la réflexion et le jugement qui éveillent la pitié sont aussi ce qui en limite le pouvoir et tiennent la souffrance de l'autre à une certaine distance. On reconnaît cette souffrance comme ce qu'elle est, on plaint autrui, mais on se garde et tient le mal en respect. Cette doctrine — qu'on pourrait faire encore communiquer avec la théorie de la représentation théâtrale — est articulée et dans l'*Essai* et dans l'*Emile*. Le paradoxe du rapport à l'autre y est clairement énoncé : plus on s'identifie à l'autre, mieux l'on ressent sa souffrance comme *la sienne* : la nôtre est celle de l'autre. Celle de l'autre, comme ce qu'elle est, doit bien rester celle de l'autre. Il n'y a d'identification authentique que dans une certaine non-identification, etc. L'*Essai* :

« Comment nous laissons-nous émouvoir à la pitié ? En nous transportant hors de nous-mêmes ; en nous identifiant

---

23. Pp. 153-154. Cf. aussi p. 152 et le fragment sur l'*état de nature* : « Tant que les hommes gardèrent leur première innocence, ils n'eurent pas besoin d'autre guide que la voix de la nature ; tant qu'ils ne devinrent pas méchants, ils furent dispensés d'être bons » (p. 476).

avec l'être souffrant. Nous ne souffrons qu'autant que nous jugeons qu'il souffre ; ce n'est pas dans nous, c'est dans lui que nous souffrons. »

L'*Emile* :

« Il partage les peines de ses semblables ; mais ce partage est volontaire et doux. Il jouit à la fois de la pitié qu'il a pour leur maux, et du bonheur qui l'en exempte ; il se sent dans cet état de force qui nous étend au-delà de nous, et nous fait porter ailleurs l'activité superflue à notre bien-être. Pour plaindre le mal d'autrui, sans doute il faut le connaître, mais il ne faut pas le sentir » (p. 270).

Nous ne devons donc pas nous laisser détruire par l'identification à autrui. L'économie de la pitié et de la moralité doit toujours se laisser contenir dans les limites de l'amour de soi, d'autant plus que seul ce dernier peut nous éclairer sur le bien d'autrui. C'est pourquoi la maxime de la bonté naturelle « *Fais à autrui comme tu veux qu'on te fasse* » doit être tempérée par cette autre maxime, « bien moins parfaite, mais plus utile peut-être que la précédente : « *Fais ton bien avec le moindre mal d'autrui qu'il est possible.* » (Second *Discours*, p. 156.) Celle-ci est mise « *au lieu* » de celle-là.

2. De plus l'identification par intériorisation ne serait pas morale.

a) Elle ne reconnaîtrait pas la souffrance comme souffrance de l'autre. La moralité, le respect de l'autre, suppose donc une certaine non-identification. Ce paradoxe de la pitié comme rapport à l'autre, Rousseau le fait aussi apparaître comme paradoxe de l'imagination et du temps, c'est-à-dire de la *comparaison*. Ce concept, si important dans la pensée de Rousseau, est au centre du chapitre IX de l'*Essai* et il intervient dans l'explication de la pitié.

Dans l'expérience de la souffrance comme souffrance de l'autre, l'imagination est indispensable dans la mesure où elle nous ouvre à une certaine non-présence dans la présence : la souffrance d'autrui est vécue par comparaison, comme notre souffrance non-présente, passée ou à venir. Et la pitié serait impossible hors de cette structure liant l'imagination, le temps et l'autre, comme une seule et même ouverture à la non-présence :

« Pour plaindre le mal d'autrui, sans doute il faut le connaître, mais il ne faut pas le sentir. Quand on a souffert, ou qu'on craint de souffrir, on plaint ceux qui souffrent ; mais tandis qu'on souffre, on ne plaint que soi » *(Emile,* p. 270).

Un peu plus haut, Rousseau avait éclairé cette unité de la pitié et de l'expérience du temps dans la mémoire ou l'anticipation, dans l'imagination et la non-perception en général :

> « Le sentiment physique de nos maux est plus borné qu'il ne semble ; mais c'est par la mémoire qui nous en fait sentir la continuité, c'est par l'imagination qui les étend sur l'avenir, qu'ils nous rendent vraiment à plaindre. Voilà, je pense, une des causes qui nous endurcissent plus aux maux des animaux qu'à ceux des hommes, quoique la sensibilité commune dût également nous identifier avec eux. On ne plaint guère un cheval de charretier dans son écurie, parce qu'on ne présume pas qu'en mangeant son foin il songe aux coups qu'il a reçus et aux fatigues qui l'attendent » (p. 264).

b) L'identification pure et simple serait immorale parce qu'elle resterait empirique et ne se produirait pas dans l'élément du concept, de l'universalité et de la formalité. La condition de la moralité, c'est qu'à travers la souffrance unique d'un être unique, à travers sa présence et son existence empiriques, l'humanité se donne à plaindre. Tant que cette condition n'est pas remplie, la pitié risque de devenir injuste. L'imagination et la temporalité ouvrent donc le règne du concept et de la loi. On pourrait dire que pour Rousseau déjà, le concept — qu'il appellerait aussi comparaison — *existe* comme temps. Celui-ci en est, comme dira Hegel, le *Dasein.* La pitié est contemporaine de la parole et de la représentation.

> « Pour empêcher la pitié de dégénérer en faiblesse, il faut donc la généraliser et l'étendre sur tout le genre humain. Alors on ne s'y livre qu'autant qu'elle est d'accord avec la justice, parce que, de toutes les vertus, la justice est celle qui concourt le plus au bien commun des hommes. Il faut par raison, par amour pour nous, avoir pitié de notre espèce encore plus que de notre prochain ; et c'est une très grande cruauté envers les hommes que la pitié pour les méchants [24] » (pp. 303-304).

---

24. L'unité littérale de cette doctrine de la pitié se confirme encore si l'on met côte à côte ces quatre passages : « La pitié, bien que naturelle au cœur de l'homme, resterait éternellement **inactive**

Il n'y a donc pas d'évolution sur ce point dans la pensée de Rousseau. On n'en peut, semble-t-il, tirer argument *interne* pour conclure à une précocité ou à une antériorité philosophiques de l'*Essai*. Pour l'instant, le champ des hypothèses externes en est d'autant libéré, même si nous nous réservons la possibilité de soulever, le moment venu, d'autres problèmes internes.

*Le premier débat et la composition de l'*Essai.

Pour traiter du problème externe, nous disposons, outre les citations de Duclos, de certaines déclarations de Rousseau lui-même. Et d'abord d'un important passage des *Confessions*. On

---

sans l'imagination qui la met en jeu. Comment nous laissons-nous émouvoir à la pitié ? En nous transportant hors de nous-même ; en nous identifiant avec l'être souffrant. Nous ne souffrons qu'autant que nous jugeons qu'il souffre ; ce n'est pas dans nous, c'est dans lui que nous souffrons. » *(Essai).*

« Ainsi naît la pitié, premier sentiment relatif qui touche le cœur humain selon l'ordre de la nature. Pour devenir sensible et pitoyable, il faut que l'enfant sache qu'il y a des êtres semblables à lui qui souffrent ce qu'il a souffert, qui sentent les douleurs qu'il a senties, et d'autres dont il doit avoir l'idée, comme pouvant les sentir aussi. En effet, comment nous laissons-nous émouvoir à la pitié, si ce n'est en nous transportant hors de nous et nous identifiant avec l'animal souffrant, en quittant, pour ainsi dire, notre être pour prendre le sien ? Nous ne souffrons qu'autant que nous jugeons qu'il souffre ; ce n'est pas dans nous, c'est dans lui que nous souffrons. Ainsi nul ne devient sensible que quand son imagination s'anime et commence à le transporter hors de lui. » *(Emile,* p. 261.)

« Qu'on songe combien ce transport suppose de connaissances acquises. Comment imaginerai-je des maux dont je n'ai nulle idée ? Comment souffrirais-je en voyant souffrir un autre, si je ne sais pas même qu'il souffre, si j'ignore ce qu'il y a de commun entre lui et moi ? Celui qui n'a jamais réfléchi ne peut être ni clément, ni juste, ni pitoyable ; il ne peut pas non plus être méchant et vindicatif. Celui qui n'imagine rien ne sent que lui-même ; il est seul au milieu du genre humain. » *(Essai.)*

« Exposer les moyens propres à maintenir dans l'ordre de la nature, c'est dire assez comment il en peut sortir. Tant que sa sensibilité reste bornée à son individu, il n'y a rien de moral dans ses actions ; ce n'est que quand elle commence à s'étendre hors de lui, qu'il prend d'abord les sentiments, ensuite les notions du bien et du mal, qui le constituent véritablement homme et partie intégrante de son espèce. » *(Emile,* p. 257.)

peut au moins en conclure que, dans l'esprit de Rousseau, l'*Essai*, primitivement conçu comme un appendice au second *Discours*, se détachait en tout cas nettement des premiers écrits sur la musique. Nous sommes alors en 1761 :

> « Outre ces deux livres et mon *Dictionnaire de Musique*, auquel je travaillais toujours de temps en temps, j'avais quelques autres écrits de moindre importance, tous en état de paraître et que je me proposais de donner encore, soit séparément, soit avec mon recueil général si je l'entreprenais jamais. Le principal de ces écrits dont la plupart sont encore en manuscrit dans les mains de Du Peyrou, était un *Essai sur l'origine des langues* que je fis lire à M. de Malesherbes et au chevalier de Lorenzy, qui m'en dit du bien. Je comptais que toutes ces productions rassemblées me vaudraient au moins tous frais faits un capital de huit à dix mille francs, que voulais placer en rente viagère tant sur ma tête que sur celle de Thérèse ; après quoi nous irions, comme je l'ai dit, vivre ensemble au fond de quelque Province... » (P. 560.)

Malesherbes lui avait conseillé de publier l'*Essai* à part [25]. Tout cela se passe à l'époque de la publication de l'*Emile*, en 1761.

Du point de vue externe, le problème paraît donc simple et nous pouvons le considérer comme clos depuis près d'un demi-siècle, par Masson, dans un article de 1913 [26]. La polémique avait été ouverte par Espinas [27]. S'attachant à ce qu'il considérait comme des contradictions à l'intérieur de la pensée de Rousseau, il insistait déjà sur ce qui lui semblait opposer le second *Discours* à l'*Essai* et même à l'article *Economie politique* de l'*Encyclopédie* (article qui pose des problèmes analogues de datation et de rapports internes au second *Discours*). Ainsi, par exemple, le *Discours,* qui commence par « écarter tous les faits » pour décrire une structure ou une genèse idéales, serait incompatible avec l'*Essai* qui fait un certain appel à la Genèse, nomme Adam, Caïn, Noé, et manie un certain contenu factuel qui est aussi bien celui de l'histoire que celui du mythe. Bien entendu, il faudra étudier soigneusement l'usage que Rous-

---

25. Cf. les notes 3 et 4 des éditeurs des *Confessions* dans la « Pléiade », p. 560.

26. *Questions de chronologie rousseauiste, Annales Jean-Jacques Rousseau,* IX, 1913, p. 37.

27. *Revue de l'enseignement supérieur,* 1895.

seau fait de ce contenu factuel et si, s'en servant comme d'index de lecture ou d'exemples conducteurs, il ne les neutralise pas déjà en tant que faits, ce qu'il s'autorise à faire aussi dans le *Discours* : notamment dans les notes du *Discours* parmi lesquelles l'*Essai*, nous le savons, était peut-être destiné à prendre place.

Quoi qu'il en soit, de cette prétendue contradiction, Espinas ne concluait pas, comme le fera Starobinski, à l'antériorité de l'*Essai*. Tenant compte des citations de Duclos, il en tire la conclusion inverse : l'*Essai* serait postérieur au *Discours* [28]

---

28. C'était aussi la conclusion de H. Baudouin (*La vie et les œuvres de Jean-Jacques Rousseau,* Paris, 1891). La page qu'il consacre à l'*Essai* laisse entrevoir ce que pouvait être alors la lecture de Rousseau et notamment de l'*Essai,* et permet de mesurer le chemin à parcourir : « Entre le *Discours sur les Sciences* et le *Discours sur l'inégalité,* on doit placer l'*Essai sur l'Origine des langues.* Rousseau lui donna aussi le titre d'Essai sur le *Principe de la mélodie.* Il y traite également en effet du langage et de la musique ; ce qui ne l'empêche pas d'y parler beaucoup aussi de la société et de ses origines... La date où il fut composé n'est même pas parfaitement connue ; mais elle est suffisamment indiquée par le contexte. Les passages où Rousseau y parle du rôle pernicieux des arts et des sciences montrent que son opinion était alors arrêtée sur ce point ; or on sait qu'il hésitait encore au moment de composer son discours. Il ne fit donc l'*Essai* que postérieurement. D'un autre côté, il est facile de voir qu'il n'avait pas encore sur la société les idées radicales qu'il professa dans son livre sur l'*Inégalité* (La citation de la *Lettre sur les spectacles,* dans une note du ch. 1er, n'est pas une objection bien sérieuse. Rien de plus simple, en effet, qu'une note ajoutée après coup). Tel qu'il est, l'*Essai* offre un mélange assez singulier de vrai et de faux, de retenue et d'audace. La méthode y est constamment hypothétique, les preuves nulles, les doctrines sur la société pour le moins médiocres. Souvent on se croirait en pleine *Inégalité* : même style, même coupe de phrase, mêmes procédés d'examen, même enchaînement de raisonnements et d'idées. Mais au milieu de tout cela, il y a de telles réserves dans les conclusions, un tel respect pour l'Ecriture Sainte et la tradition, une telle foi dans la Providence, une telle horreur pour les philosophes matérialistes que, pour ainsi dire, on se sent désarmé. En somme, donc, Rousseau a fait ici une œuvre de transition, qui présage le mal, plutôt qu'elle ne le produit au grand jour. Le bien qu'il y a mis eût pu le ramener à des idées plus saines, s'il en avait su tirer parti ; malheureusement aussi il y a déposé le germe des erreurs qu'il développa plus tard dans ses ouvrages subséquents. Exemple mémorable du soin qu'on doit apporter à bien orienter, en quelque sorte, son talent et sa vie, et du chemin que peut faire un principe poussé à ses conséquences extrêmes par une logique à outrance. » (T. I, pp. 323-324.)

Lanson conteste alors cette interprétation [29]. Mais toujours à partir des mêmes prémisses : le *désaccord* entre l'*Essai* et les œuvres majeures. Or pour des raisons philosophiques qui constituent le véritable enjeu de ce débat et lui donnent toute son animation, Lanson veut à tout prix sauver l'unité de la pensée de Rousseau, telle qu'elle s'accomplirait dans sa « maturité [30] ». Il doit donc rejeter l'*Essai* parmi les œuvres de jeunesse :

> « L'*Essai sur l'origine des langues* est certainement en contradiction avec le *Discours sur l'inégalité*. Mais quelles preuves a M. Espinas pour placer celui-là chronologiquement après celui-ci, et tout près de lui ? Quelques citations faites par Rousseau d'un ouvrage de Duclos paru en 1754. Quelle valeur a l'argument puisqu'on sait d'ailleurs que le texte de l'*Essai* a été remanié par Rousseau une ou deux fois au moins ? Les citations de Duclos ont pu entrer seulement dans une de ces reprises. J'ai pour ma part lieu de croire sur certains indices positifs que l'*Essai sur l'origine des langues* date d'une époque où les vues systématiques de Rousseau n'étaient pas formées, et que sous son titre primitif *(Essai sur le principe de la mélodie)*, il répondait à l'ouvrage de Rameau intitulé *Démonstration du principe de l'harmonie* (1749-1750). Par sa matière et sa teneur, l'*Essai* sort du même courant de pensée qui se retouve dans l'*Essai* de Condillac *sur l'origine des connaissances humaines* (1746) et dans la

---

29. « L'unité de la pensée de Jean-Jacques Rousseau », in *Annales*, VIII, 1912, p. 1.

30. « Voilà comment m'apparaît l'œuvre de Rousseau : très diverse, tumultueuse, agitée de toute sorte de fluctuations, et pourtant, à partir d'un certain moment, continue et constante en son esprit dans ses directions successives... » Et opposant l'*écrivain ou l'homme*, « rêveur et timide », à l'*œuvre* qui « vit de sa vie indépendante », agissant par « ses propriétés intrinsèques » et « toute chargée d'explosifs révolutionnaires », conduisant aussi bien à « l'anarchie » qu'au « despotisme social », Lanson conclut : « Ce contraste de l'œuvre et de l'homme, qu'on appellera contradiction, si l'on veut, il ne faut pas essayer de voiler ceia : car cela, c'est Rousseau même. » Est-il encore nécessaire de le préciser : ce qui nous intéresse chez Rousseau, et ici chez Lanson, c'est ce que s'obstine à voiler ce dévoilement « critique » de la « contradiction » entre l'homme et l'œuvre. Qu'est-ce qu'on nous cache sous ce « Rousseau même », en nous faisant la concession d'une certaine division intestine ? Où et quand s'est-on assuré qu'il devait y avoir quelque chose qui répondît à la proposition « cela, c'est Rousseau même » ?

> *Lettre* de Diderot *sur les sourds et muets* (1750-1751). Je
> placerais donc volontiers la rédaction de l'*Essai* de Rousseau,
> au plus tard, en 1750, entre la rédaction et le succès du
> premier *Discours.* »

Il est difficile de considérer les citations de Duclos comme
des insertions tardives. Même si en fait elles l'étaient, en tant
que citations, la lecture du *Commentaire sur la Grammaire
générale* semble avoir profondément marqué, voire inspiré le tout
de l'*Essai.* Quant aux rapports avec Condillac et avec Diderot,
ils ne se sont pas limités, et de loin, à ce seul ouvrage.

C'est pourquoi, sur ce problème de chronologie dont il est
difficile, nous le voyons, de délimiter l'aspect externe, la réponse
de Masson à Lanson nous paraît définitivement convaincante [31].
Nous devons en extraire un long fragment.

Rappelant l'argumentation de Lanson, Masson écrit :

> « Ces arguments sont très habiles et presque convaincants ;
> mais peut-être ne se sont-ils présentés à M. Lanson que dans
> son désir de ne pas trouver Rousseau en « contradiction »
> avec lui-même. Si l'*Essai* ne semblait pas « contredire » le
> second *Discours,* qui sait si M. Lanson en reculerait aussi
> loin la rédaction primitive ? Je ne veux pas ici examiner les
> rapports internes de l'*Essai* et de l'*Inégalité* ; à mon avis, la
> « contradiction » n'est pas aussi « certaine » que le juge
> M. Lanson entre les deux autres ouvrages. Je me bornerai à
> deux remarques extérieures, mais qui me paraissent décisives.
> 1.) Le manuscrit de l'*Essai sur l'origine des langues* se trouve
> aujourd'hui encore à la Bibliothèque de Neuchâtel, sous le
> n° 7835 (cinq cahiers brochés, de 150 × 230 mm, reliés avec
> faveur bleue). D'une très belle écriture, visiblement destiné
> à l'impression, il porte à sa première page : Par J.-J. Rousseau,
> Citoyen de Genève. C'est sans doute, la copie que transcrivit
> Jean-Jacques en 1761, quand il songea un instant à utiliser
> cet ouvrage pour répondre à « ce Rameau qui continuait à
> le tarabuster vilainement » (Lettre à Malesherbes, du 25.9.61).
> Plus tard, très vraisemblablement à Motiers, comme nous
> verrons, il reprit cette copie, pour la réviser et y faire
> quelques additions ou corrections, facilement reconnaissables,
> car l'encre et l'écriture sont toutes différentes. Ces variantes
> mériteraient d'être relevées, si j'étudiais l'*Essai* en lui-

---

31. Tel fut aussi l'avis de Lanson qui finit par se ranger à l'opinion de Masson.

même [32] ; mais je retiens seulement les corrections qui nous apportent des renseignements chronologiques. Dans la copie de 1761, le texte forme un tout : ce n'est qu'une seule dissertation ; la division en chapitres a été introduite dans la révision de Motiers. Par conséquent, ce n'est pas seulement au chapitre XX, mais à tout l'*Essai* que s'appliquent ces dernières lignes de l'ouvrage : « Je finirai ces réflexions superficielles, mais qui peuvent en faire naître de plus profondes, par le passage qui me les a suggérées : *Ce serait la matière d'un examen assez philosophique que d'observer dans le fait, de montrer par des exemples, combien le caractère, les mœurs et les intérêts d'un peuple influent sur sa langue...* » Ce « passage » est extrait du livre de Duclos, *Remarques sur la grammaire générale et raisonnée*, p. 11, qui parut dans la première moitié de 1754. 2) Nous avons encore un témoignage plus formel de Rousseau lui-même. Aux environs de 1763, il songea à réunir dans un petit volume trois opuscules qu'il avait en portefeuille, savoir : *L'imitation théâtrale*, l'*Essai sur l'origine des langues*, *Le Lévite d'Ephraïm*. Ce recueil n'a pas vu le jour, mais il nous reste un projet de préface dans un de ses cahiers de brouillons (Mss de Neuchâtel, n° 7887 F°ˢ 104-105). De cette préface, je néglige ce qui concerne l'*Imitation thétrale* et le *Lévite*, et je publie le paragraphe concernant l'*Essai* [33] : « Le second morceau ne fut aussi d'abord qu'un fragment du *Discours sur l'inégalité*, que j'en retranchai comme trop long et hors de place. Je le repris [Rousseau avait d'abord écrit : je l'achevai] à l'occasion des *Erreurs de M. Rameau sur la musique* — ce titre qui

---

32. Remarquer, en particulier, que la grande note du chapitre VII a été ajoutée et que tout le chapitre VI [*S'il est probable qu'Homère ait su écrire*] a été considérablement remanié. Dans la première rédaction, Rousseau considérait comme très probable qu'Homère ne connaissait pas l'écriture (pp. 29-30 du mss.). En relisant son texte, il a barré ce passage et ajouté en marge : « N.B. Ceci est une bêtise qu'il faut ôter, puisque l'histoire de Bellérophon, dans l'*Iliade* même, prouve que l'art d'écrire était en usage du temps de l'auteur, mais cela n'empêcherait pas que son ouvrage ne fût chanté plutôt qu'écrit ». (Note de Masson. L'examen du manuscrit nous a paru moins fécond que ne le laisse ici entendre Masson.)

33. « Je publie le dernier texte auquel Rousseau semble s'être provisoirement arrêté, car la préface reste inachevée... Cette préface a déjà été publiée par A. Jansens, dans son *J.-J. Rousseau als Musiker*, Berlin 1884, pp. 472-473, mais avec les nombreuses lacunes et fautes de lecture qui caractérisent la plupart de ses publications de textes. » (Extrait des notes de Masson.)

est parfaitement rempli par l'ouvrage qui le porte, aux deux mots près que j'ai retranchés [dans l'*Encyclopédie*]. Cependant, retenu par le ridicule de disserter sur les langues quand on en sait à peine une, et d'ailleurs, peu content de ce morceau, j'avais résolu de le supprimer comme indigne de l'attention du public. Mais un magistrat illustre, qui cultive et protège les lettres [Malesherbes] en a pensé plus favorablement que moi ; je soumets avec plaisir, comme on peut bien croire, mon jugement au sien, et j'essaie à la faveur des autres écrits de faire passer celui que je n'eusse peut-être osé risquer seul. » Il ne semble pas qu'aucune preuve de critique interne puisse tenir contre ce témoignage de Rousseau. L'*Essai* sur les langues a donc été primitivement en 1754, une longue note du second *Discours* ; en 1761, il est devenu une dissertation indépendante, augmentée et corrigée pour en faire une riposte à Rameau. Enfin, en 1763, cette dissertation, revue une dernière fois, a été divisée en chapitres. »

II. L'IMITATION

Nous voici naturellement conduit au problème de la *composition* de l'*Essai* : non plus seulement du temps de sa rédaction mais de l'espace de sa structure. Rousseau a donc tardivement divisé son texte en chapitres. Quel schéma l'a-t-il alors guidé ? L'architecture doit trouver sa raison dans l'intention profonde de l'*Essai*. C'est à ce titre qu'elle nous intéresse. Encore ne faut-il pas confondre le sens de l'architecture avec le déclaré de l'intention.

Vingt chapitres de longueur fort inégale. Une inquiétude *semble* animer toute la réflexion de Rousseau et lui donner ici sa véhémence : elle concernerait *d'abord* l'origine et la dégénérescence de la musique. Or les chapitres qui concernent la musique, son apparition et sa décadence, sont compris entre le chapitre XII « Origine de la musique et ses rapports » et le chapitre XIX « Comment la musique a dégénéré ». Si l'on veut bien admettre que la destinée de la musique soit la préoccupation majeure de l'*Essai,* il faut expliquer que les chapitres qui la concernent directement occupent à peine le tiers de l'ouvrage (un peu plus si l'on considère le nombre des chapitres, un peu moins si l'on considère le nombre de pages) et qu'il n'en soit pas question ailleurs. Quelle que soit l'histoire de la rédaction, l'unité de la composition n'en est pas moins évidente et aucun développement n'est ici hors d'œuvre.

L'intervalle et le supplément.

Les onze premiers chapitres ont pour thèmes la genèse et la dégénérescence du langage, les rapports entre parole et écriture, la différence dans la formation des langues du Nord et des langues du Midi. Pourquoi faut-il traiter de ces problèmes avant de proposer une théorie de la musique ? Pour plusieurs sortes de raisons.

1. Il n'y a pas de musique avant le langage. La musique naît de la voix et non du son. Aucune sonorité pré-linguistique ne peut, selon Rousseau, ouvrir le temps de la musique. A l'origine il y a le chant.

Cette proposition est absolument nécessaire dans la systématique de Rousseau. Si la musique s'éveille dans le chant, si elle est d'abord proférée, *vociférée*, c'est que, comme toute parole, elle naît dans la passion. C'est-à-dire dans la transgression du besoin par le désir et l'éveil de la pitié par l'imagination. Tout procède de cette distinction inaugurale : « Il est donc à croire que les besoins dictèrent les premiers gestes, et que les passions arrachèrent les premières voix. »

Si la musique suppose la voix, elle se forme en même temps que la société humaine. Parole, elle requiert que l'autre me soit présent comme autre dans la compassion. Les animaux, dont la pitié n'est pas éveillée par l'imagination, n'ont pas rapport à l'autre comme tel. C'est pourquoi il n'y a pas de musique animale. On ne parlerait ainsi de chant animal que par lâcheté de vocabulaire et projection anthropomorphique. La différence entre le regard et la voix est la différence entre l'animalité et l'humanité. En transgressant l'espace, en maîtrisant le dehors, en mettant les âmes en communication, la voix transcende l'animalité naturelle. C'est-à-dire une certaine mort signifiée par l'espace. L'extériorité est inanimée. Les arts de l'espace portent la mort en eux et l'*animalité* reste la face *inanimée* de la *vie*. Le chant présente la vie à elle-même. En ce sens, il est plus *naturel* à l'homme mais plus étranger à la nature qui est en soi nature morte. On voit ici quelle différence — à la fois intérieure et extérieure — divise les significations de nature, de vie, d'animalité, d'humanité, d'art, de parole et de chant. L'animal, qui, nous l'avons vu, n'a pas rapport à la mort, est du côté de la mort. La parole, en revanche, est parole *vive* alors qu'elle institue le rapport à la mort, etc. C'est la présence en général qui se divise ainsi. « On voit par-là que la peinture est plus près de la nature, et que la musique tient plus à l'art humain. On sent aussi que l'une intéresse plus que l'autre, précisément parce qu'elle rapproche plus l'homme de l'homme et nous donne quelque idée de nos semblables. La peinture est souvent morte et inanimée ; elle vous peut transporter au fond d'un désert : mais sitôt que des signes vocaux frappent votre oreille, ils vous annoncent un être semblable à vous ; ils sont, pour ainsi dire, les organes de l'âme ; et s'ils vous peignent aussi la solitude, ils vous disent que vous n'y êtes pas seul. Les oiseaux sifflent, l'homme seul chante ; et l'on ne peut entendre ni chant ni symphonie, sans se dire à l'instant, Un autre être sensible est ici. » (Chap.XVI.)

Le chant est l'orient de la musique mais il ne se résume pas plus à la voix que celle-ci au bruit. Dans le *Dictionnaire de musique,* Rousseau avoue son embarras à l'article *chant.* Si le chant est bien « une sorte de modification de la voix humaine », il est bien difficile de lui assigner une modalité absolument propre. Après avoir proposé le *« calcul des intervalles »,* Rousseau avance le critère fort équivoque de la *« permanence »,* puis celui de la mélodie comme *« imitation... des accents de la voix parlante et passionnante ».* La difficulté tient à ce qu'il faut trouver ici les concepts d'une description interne et systématique. Pas plus que la voix [34], le chant ne livre son essence à une description anatomique. Mais les intervalles vocaux sont aussi étrangers au système des intervalles musicaux. Rousseau hésite donc, dans le *Dictionnaire* autant que dans l'*Essai,* entre deux nécessités : marquer la différence entre le système des intervalles vocaux et celui des intervalles musicaux, mais réserver aussi dans la voix originelle toutes les ressources du chant. La notion d'*imitation* réconcilie ces deux exigences dans l'ambiguïté. Le premier chapitre de l'*Essai* répond en partie à ce passage de l'article *chant :*

> « Il est très difficile de déterminer en quoi la voix qui forme la parole diffère de la voix qui forme le *chant.* Cette différence est sensible, mais on ne voit pas bien clairement en quoi elle consiste ; et, quand on veut le chercher, on ne le trouve pas. M. Dodard a fait des observations anatomiques, à la faveur desquelles il croit, à la vérité, trouver dans les différentes situations du larynx la cause de ces deux sortes

---

34. A propos de la distinction entre langage animal et langage humain, que l'*Essai* égale à la distinction entre non-perfectibilité et perfectibilité, on peut lire ceci : « Cette seule distinction paraît mener loin : on l'explique, dit-on, par la différence des organes. Je serais curieux de voir cette explication » (Fin du chapitre I.)

de voix ; mais je ne sais si ces observations, ou les conséquences qu'il en tire, sont bien certaines. Il semble ne manquer
aux sons qui forment la parole que la *permanence* pour
former un véritable *chant* : il paraît aussi que les diverses
inflexions qu'on donne à la voix en parlant forment · des
intervalles qui ne sont point harmoniques, *qui ne font pas
partie de nos systèmes de musique*, et qui, par conséquent,
ne pouvant être exprimés en notes, ne sont pas proprement du
chant pour nous. *Le chant ne semble pas naturel à l'homme.*
Quoique les sauvages de l'Amérique chantent, parce qu'ils
parlent, *le vrai sauvage ne chanta jamais.* Les muets ne
chantent point ; ils ne forment que des voix sans permanence,
des mugissements sourds que le besoin leur arrache ; je dou-
terais que le sieur Pereyre, avec tout son talent, pût jamais
tirer d'eux aucun *chant* musical. Les enfants crient, pleurent
et ne chantent point. Les premières expressions de la nature
n'ont rien en eux de mélodieux ni de sonore, et ils apprennent
à chanter, comme à parler, à notre exemple. Le chant mélodieux et appréciable n'est qu'une imitation paisible et artificielle des accents de la voix parlante ou passionnante : *on crie
et l'on se plaint sans chanter ; mais on imite en chantant les
cris et les plaintes ; et comme de toutes les imitations la
plus intéressante est celle de la passion humaine, de toutes
les manières d'imiter, la plus agréable est le chant.* » (Seul
le mot *chant* est souligné par Rousseau.)

On peut analyser sur cet exemple le fonctionnement subtil des
notions de nature et d'imitation. A plusieurs paliers, la nature
est le sol, le degré inférieur : il faut le franchir, l'excéder mais
aussi le rejoindre. Il faut y faire retour mais sans annuler la
différence. Celle-ci doit être *presque nulle :* celle qui sépare l'imitation de ce qu'elle imite. Il faut par la voix transgresser la
nature animale, sauvage, muette, infante ou criante ; par le
chant transgresser ou modifier la voix. Mais le chant doit imiter
les cris et les plaintes. D'où une deuxième détermination polaire
de la nature : celle-ci devient l'unité — comme limite idéale —
de l'imitation et de ce qui est imité, de la voix et du chant. Si
cette unité était accomplie, l'imitation deviendrait inutile : l'unité
de l'unité et de la différence serait vécue dans l'immédiateté.
Telle est la définition archéo-téléologique de la nature selon
Rousseau. *Ailleurs* est le nom et le lieu, le nom du non-lieu
de cette nature. Ailleurs dans le temps, *in illo tempore* ; ailleurs
dans l'espace, *alibi.* L'unité naturelle du cri, de la voix et du

chant, c'est l'expérience de l'archi-Grec ou du Chinois. L'article
Voix analyse et amplifie le même débat autour des thèses de
Dodart et de Duclos (dans l'article « Déclamation des anciens »
de l'*Encyclopédie*). Les différences entre les langues sont
mesurées à la distance qui, dans le système de chaque langue,
sépare la voix de parole de la voix de chant, « car, comme il y
a des langues plus ou moins harmonieuses, dont les accents sont
plus ou moins musicaux, on remarque aussi dans ces langues
que les *voix* de parole et de chant se rapprochent ou s'éloignent
dans la même proportion : ainsi comme la langue italienne
est plus musicale que la française, la parole s'y éloigne moins
du chant ; et il est plus aisé d'y reconnaître au chant l'homme
qu'on a entendu parler. Dans une langue qui serait toute harmonieuse, comme était au commencement la langue grecque, la
différence de la *voix* de parole et de la *voix* de chant serait
nulle ; on n'aurait que la même *voix* pour parler et pour
chanter : peut-être est-ce encore aujourd'hui le cas des Chinois. »
     2. Nous venons de nous rendre à deux évidences : l'unité
de la nature ou l'identité de l'origine sont travaillées par une
étrange différence qui les constitue en les entamant ; il faut
rendre compte de l'origine de la *voix de parole* — donc de la
société — *avant et afin* d'assigner sa possibilité à la musique,
c'est-à-dire à la *voix de chant*. Mais puisque dans le *commen-*
cement de la voix *toute-harmonieuse,* parole et chant s'identi-
fi(ai) ent, *avant* et *afin* ont peut-être un sens juridique ou méthodologique, ils n'ont ni valeur structurale ni valeur génétique. On
aurait pu être tenté d'accorder une valeur structurale à la différence entre parole et chant puisque Rousseau reconnaît que
celui-ci vient « modifier » celle-là. Mais le concept archéo-
téléologique de nature annule aussi le point de vue structural.
Dans le commencement ou dans l'idéal de la voix toute-harmonieuse, la modification se confond avec la substance qu'elle
modifie. (Ce schéma a une valeur générale et commande tous les
discours, dès lors qu'ils font le moindre appel à l'une de ces
notions, quelle qu'elle soit : la nature et son autre, l'archéologie
et l'eschatologie, la substance et le mode, l'origine ou la genèse.)
     Bien entendu, le point de vue méthodologique ou juridique
n'a plus aucune valeur rigoureuse dès qu'on annule la différence de valeur entre le point de vue structural et le point de vue
génétique. Rousseau ne tient pas compte de cette conséquence,
dont il faut bien reconnaître qu'elle ravagerait plus d'un discours.

Nous devons maintenant le suivre. Il s'agit de délivrer, à propos de l'origine du langage et de la société, un certain nombre d'oppositions de concepts indispensables pour comprendre à la fois la possibilité de la parole et celle du chant. Et surtout pour comprendre la tension ou la différence qui, dans le langage comme dans la musique, opère à la fois comme l'ouverture et la menace, le principe de vie et le principe de mort. Puisque *la première* parole doit être *bonne,* puisque l'archéo-téléologie de la nature du langage et du langage de la nature nous dicte, comme le fait la « voix de la nature », que l'essence originelle et idéale de la parole soit le chant lui-même, on ne peut traiter séparément des deux origines. Mais comme la méthode du discours doit rebrousser chemin et tenir compte de la régression ou de la dégradation historique, elle doit séparer provisoirement les deux questions et, d'une certaine manière, commencer par la fin.

Voilà l'histoire. Car l'histoire qui suit l'origine et s'y ajoute n'est que l'histoire de la séparation entre le chant et la parole. Si nous considérons la différence qui écartelait l'origine, il faut bien dire que cette histoire, qui est décadence et dégénérescence de part en part, n'a pas eu de veille. La dégénérescence comme séparation, sevrage de la parole et du chant, a toujours déjà commencé. Tout le texte de Rousseau *décrit*, nous allons le voir, l'origine comme commencement de la fin, comme décadence inaugurale. Et pourtant, malgré cette description, le texte se tord dans une sorte de labeur oblique pour faire *comme si* la dégénérescence n'était pas prescrite dans la genèse et comme si le mal *sur-venait* à la bonne origine. Comme si le chant et la parole, qui ont le même acte et la même passion de naissance, n'avaient pas toujours déjà commencé à se séparer.

On retrouve ici les avantages et les dangers du concept de supplément ; du concept, aussi, de « funeste avantage » et de « supplément dangereux ».

Le devenir de la musique, la séparation désolante du chant et de la parole, a la forme de l'écriture comme « supplément dangereux » : calcul et grammaticalité, *perte d'énergie et substitution*. L'histoire de la musique est parallèle à l'histoire de la langue, son mal est d'essence graphique. Quand il entreprend d'expliquer *comment la musique a dégénéré* (chapitre XIX), Rousseau rappelle la malheureuse histoire de la langue et de son désastreux « perfectionnement » : « A mesure que la langue se perfectionnait, la mélodie, en s'imposant de nouvelles règles, *perdait* insensiblement de son ancienne *énergie,* et le *calcul des intervalles fut substitué à la finesse des inflexions.* »(Nous soulignons.)

La substitution éloigne de la naissance, de l'origine naturelle ou maternelle. L'oubli du commencement est un calcul qui met l'harmonie à la place de la mélodie, la science de l'intervalle au lieu de la chaleur de l'accent. Dans ce sevrage de la voix de parole, un « nouvel objet » vient usurper et suppléer à la fois les « traits maternels ». Ce qui en souffre alors, c'est l' « accent oral ». La musique se trouve ainsi « privée de ses effets » propres, c'est-à-dire naturels et moraux : « La mélodie étant *oubliée,* et l'attention du musicien s'étant tournée entièrement vers l'harmonie, tout se dirigea peu à peu sur ce *nouvel objet* ; les genres, les modes, la gamme, tout reçut des faces nouvelles : ce furent les successions harmoniques qui réglèrent la marche des parties. Cette marche ayant *usurpé le nom* de mélodie, on ne put reconnaître dans cette nouvelle mélodie les *traits de sa mère* ; et notre système musical étant ainsi devenu, *par degrés,* purement harmonique, il n'est pas étonnant que *l'accent oral* en ait *souffert,* et que la musique ait perdu pour nous presque toute son *énergie.*Voilà comment le chant devint, *par degrés,* un art entièrement *séparé* de la parole, dont il tire son origine ; comment les harmoniques des sons firent *oublier* les inflexions de la voix ; et comment enfin, bornée à l'effet purement physique du concours des vibrations, la musique se trouva *privée* des effets moraux qu'elle avait produits quand elle était *doublement la voix de la nature.* » (Nous soulignons.)

Les points de passage soulignés devraient guider une sous-lecture de ce texte et de tant d'autres textes analogues. On y reconnaîtrait chaque fois :

1. Que Rousseau tisse son texte à l'aide de fils hétérogènes : le *déplacement* instantané qui *substitue* un « *nouvel objet* », qui institue un supplément substitutif, doit constituer une histoire, c'est-à-dire un devenir progressif produisant *par degrés* l'*oubli* de la voix de la nature. Le mouvement violent et irruptif qui *usurpe, sépare* et *prive* est simultanément décrit comme implicitation progressive, éloignement gradué de l'origine, accroissement lent d'une maladie de langage. En tissant ensemble les deux significations de la supplémentarité, substitution et

accroissement, Rousseau décrit le remplacement d'un *objet* comme un déficit d'*énergie,* la production d'un tenant-lieu comme l'effacement dans l'oubli.

2. L'adverbe « doublement » rassemble sur sa propre condition de possibilité la métaphore de la voix de la nature : « douce voix », maternelle, chant comme voix originelle, parole chantée conforme aux prescriptions de la loi naturelle. En tous les sens de ce mot, la nature parle. Et pour entendre les lois formées par sa douce voix, à laquelle, on s'en souvient, « nul n'est tenté de désobéir », à laquelle pourtant on a dû être tenté de désobéir, il faut retrouver l' « accent oral » de la parole chantée, reprendre possession de notre propre voix perdue, celle qui proférant et entendant, s'entendant-signifier une loi mélodieuse, « était doublement la voix de la nature ».

L'estampe et les ambiguïtés du formalisme.

En quoi cette substitution supplémentaire était-elle fatale ? En quoi *est*-elle fatale ? En quoi *était-elle à être* — car tel est le temps de sa *quiddité* — ce qu'elle est nécessairement ? Quelle est la fissure qui, dans l'origine même, en destine l'apparition ?

Cette fissure n'est pas une fissure parmi d'autres. Elle est *la* fissure : la nécessité de l'intervalle, la dure loi de l'espacement. Elle n'a pu mettre le chant en péril que pour y être inscrite dès sa naissance et dans son essence. L'espacement n'est pas l'accident du chant. Ou plutôt, en tant qu'accident et accessoire, chute et supplément, il est aussi ce sans quoi, à la lettre, le chant n'aurait pas lieu. L'intervalle fait partie, dans le *Dictionnaire,* de la définition du chant. Il est donc, si l'on veut, un accessoire originaire et un accident essentiel. Comme l'écriture.

Rousseau le dit sans vouloir le dire. Ce qu'il veut dire, c'est l'accessoire accessoire, l'accident accidentel, le dehors extérieur, le mal supplémentaire ou le supplément accessoire. Et l'espace extérieur au temps. L'espacement étranger au temps de la mélodie. Tout en disant, comme nous le verrons, que l'espacement assure la possibilité de la parole et du chant, Rousseau *voudrait* penser l'espace comme un simple dehors par lequel surviennent la maladie et la mort en général, celles de la parole chantée en particulier. Il voudrait faire comme si la « finesse des inflexions » et de l' « accent oral » ne se prêtait pas déjà et depuis toujours à la spatialisation, à la géométrisation, à la grammaticalisation, à la régularisation, à la prescription. A la raison. Comme il voudrait effacer ce *toujours-déjà*, il détermine l'espacement comme un événement et comme un événement catastrophique. Nous aurons à revenir plus d'une fois sur ce concept de catastrophe. Notons ici que cette catastrophe a bien la forme de la raison philosophique. C'est pourquoi la naissance de la philosophie à l'époque de la tragédie grecque constitue le meilleur exemple d'une telle catastrophe :

> « Quand les théâtres eurent pris une forme régulière, on n'y chantait plus que sur des modes prescrits ; et, à mesure qu'on multipliait les règles de l'imitation, la langue imitative s'affaiblissait. L'étude de la philosophie et le progrès du raisonnement, ayant perfectionné la grammaire, ôtèrent à la langue ce ton vif et passionné qui l'avait d'abord rendue si chantante. Dès le temps de Ménalippide et de Philoxène, les symphonistes, qui d'abord étaient aux gages des poètes et n'exécutaient que sous eux, et pour ainsi dire à leur dictée, en devinrent indépendants ; et c'est de cette licence que se plaint si amèrement la Musique dans une comédie de Phérécrate, dont Plutarque nous a conservé le passage. Ainsi la mélodie, commençant à n'être plus si adhérente au discours, prit insensiblement une existence à part, et la musique devint plus indépendante des paroles. Alors aussi cessèrent peu à peu ces prodiges qu'elle avait produits lorsqu'elle n'était que l'accent et l'harmonie de la poésie, et qu'elle lui donnait sur les passions cet empire que la parole n'exerça plus dans la suite que sur la raison. Aussi, dès que la Grèce fut pleine de sophistes et de philosophes, n'y vit-on plus ni poètes ni musiciens célèbres. En cultivant l'art de convaincre on perdit celui d'émouvoir. Platon lui-même, jaloux d'Homère et d'Euripide, décria l'un et ne put imiter l'autre. »

Puis, selon la loi d'accélération supplémentaire que nous reconnaissions plus haut et que nous pourrions appeler loi de *régression géométrique,* une autre catastrophe vient nécessairement s'ajouter à la première. On peut y recenser presque toutes les significations qui définiront constamment la figure du mal et le procès de la dégénérescence : substitution à la fois violente et progressive de la servitude à la liberté politique comme liberté de la parole vive, dissolution de la petite cité démocratique et autarcique, prépondérance de l'articulation sur l'accentuation, de la consonne sur la voyelle, du septentrional sur le méridional, de la capitale sur la province. Allant nécessairement dans le sens de la première catastrophe, la catastrophe supplémentaire en détruit néanmoins les effets positifs ou compensateurs. Soulignons-le :

« Bientôt la *servitude ajouta* son influence à celle de la philosophie. La Grèce aux fers perdit ce feu qui n'échauffe que les âmes libres, et ne trouva plus pour louer ses tyrans le ton dont elle avait chanté ses héros. Le mélange des Romains affaiblit encore ce qui restait au langage d'harmonie et d'accent. Le latin, langue plus *sourde* et moins musicale, fit tort à la musique en l'adoptant. Le chant employé dans la *capitale* altéra peu à peu celui des provinces ; les théâtres de Rome nuisirent à ceux d'Athènes. Quand Néron remportait des prix, la Grèce avait cessé d'en mériter ; et ıa même mélodie partagée à deux langues, convint moins à l'une et à l'autre. Enfin arriva la *catastrophe qui détruisit les progrès de l'esprit humain, sans ôter les vices qui en étaient l'ouvrage*. L'Europe, inondée de *barbares et asservie* par des ignorants, perdit à la fois ses sciences, ses arts, et l'instrument universel des uns et des autres, savoir, *la langue harmonieuse perfectionnée*. Ces hommes grossiers que le *nord* avait engendrés accoutumèrent insensiblement toutes les oreilles à la rudesse de leur organe : leur voix dure et *dénuée d'accent* était bruyante sans être sonore. L'empereur Julien comparait le parler des Gaulois au coassement des grenouilles. Toutes leurs *articulations* étaient aussi âpres que leurs voix étaient nasardes et *sourdes,* ils ne pouvaient donner qu'une sorte d'éclat à leur chant, qui était de renforcer le son des voyelles pour couvrir *l'abondance et la dureté des consonnes* » (ch. XIX).

Outre ce système d'oppositions qui gouverne tout l'*Essai* (servitude/liberté politico-linguistique, Nord/Sud, articulation/accent, consonne/voyelle, capitale/province//cité autarcique et démocratique), nous pouvons ici percevoir l'allure étrange du procès historique selon Rousseau. Elle ne varie jamais : à partir d'une origine ou d'un centre qui se divise et sort de soi, un cercle historique est décrit, qui a le sens d'une dégénérescence mais comporte un progrès et des effets compensateurs. Sur la ligne de ce cercle, de nouvelles origines pour de nouveaux cercles qui accélèrent la dégénérescence en annulant les effets compensateurs du cercle précédent, et d'ailleurs en en faisant alors apparaître la vérité et le bénéfice. C'est ainsi que l'invasion des Barbares septentrionaux entame un nouveau cycle de dégénérescence historique, en détruisant les « progrès de l'esprit humain » que le cycle antérieur avait produits : les effets néfastes et dissolvants de la philosophie avaient en effet été limités par eux-mêmes. Leur système comportait, en quelque sorte, son propre frein. Dans le système ou le cercle suivant, ce frein aura disparu. Il s'ensuivra une accélération du mal, qui trouvera néanmoins une nouvelle régulation interne, un nouvel organe d'équilibre, une nouvelle compensation supplémentaire (qui consistera par exemple à « renforcer le son des voyelles pour couvrir l'abondance et la dureté des consonnes »), et ainsi à l'infini. Encore cet infini n'est-il pas celui d'un horizon ou d'un abîme, d'un progrès ou d'une chute. C'est l'infini d'une répétition suivant un étrange chemin. Car il faut encore compliquer le schéma précédent : chaque nouveau cycle entame une progression-régression qui, détruisant les effets de la précédente, nous reconduit à une nature encore plus enfouie, plus vieille, plus archaïque. Le progrès consiste toujours à nous rapprocher de l'animalité en annulant le progrès par lequel nous avons transgressé l'animalité. Nous le vérifierons souvent. En tout cas, le « ainsi à l'infini » de ce mouvement se laisserait difficilement représenter par le tracé d'une ligne, si compliqué soit-il.

Ce qu'on ne peut pas ainsi représenter par une ligne, c'est le tour du re-tour quand il a l'allure de la re-présentation. Ce qu'on ne peut pas représenter, c'est le rapport de la représentation à la présence dite originaire. La re-présentation est aussi une dé-présentation. Elle est liée à l'œuvre de l'espacement.

L'espacement insinue dans la présence un intervalle qui ne sépare pas seulement les différents temps de la voix et du chant mais aussi le représenté du représentant. Or un tel intervalle est prescrit par l'origine de l'art, telle que Rousseau la détermine. Selon une tradition qui reste ici imperturbable, Rousseau est assuré que l'essence de l'art est la *mimesis*. L'imitation redouble la présence, s'y ajoute en la suppléant. Elle fait donc passer le présent dans son dehors. Dans les arts inanimés, le dehors se dédouble et il est la reproduction du dehors dans le dehors. La présence de la chose même est déjà exposée dans l'extériorité, elle doit donc se déprésenter et se représenter dans un dehors du dehors. Dans les arts vivants, et par excellence dans le chant, le dehors imite le dedans. Il est *expressif*. Il « peint » des passions. La métaphore qui fait du chant une peinture n'est possible, ne peut arracher à soi et traîner au dehors, dans l'espace, l'intimité de sa vertu, que sous l'autorité commune du concept d'imitation. La peinture et le chant sont des reproductions, quelles que soient leurs différences ; le dedans et le dehors les partagent également, l'expression a déjà commencé à faire sortir la passion hors d'elle-même, elle a commencé à l'exposer et à la peindre.

Cela confirme ce que nous avancions plus haut : l'imitation ne peut pas se laisser apprécier par un acte simple. Rousseau a besoin de l'imitation, il l'élève comme la possibilité du chant et la sortie hors de l'animalité, mais il ne l'exalte que comme reproduction s'ajoutant au représenté mais *n'y ajoutant rien,* le suppléant simplement. En ce sens il fait l'éloge de l'art ou de la *mimesis* comme d'un supplément. Mais du même coup l'éloge peut instantanément virer en critique. Puisque la mimétique supplémentaire *n*'ajoute *rien,* n'est-elle pas inutile ? Et si néanmoins, s'ajoutant au représenté, il n'est pas rien, ce supplément imitatif n'est-il pas dangereux pour l'intégrité du représenté ? Pour la pureté originelle de la nature ?

C'est pourquoi, se déplaçant à travers le système de la supplémentarité avec une infaillibilité aveugle, et une sûreté de somnambule, Rousseau doit à la fois dénoncer la *mimesis* et l'art comme suppléments (suppléments qui sont dangereux quand ils ne sont pas inutiles, superflus quand ils ne sont pas néfastes, en vérité l'un et l'autre à la fois) et y reconnaître la chance de l'homme, l'expression de la passion, la sortie hors de l'inanimé.

C'est le statut du *signe* qui se trouve ainsi marqué par la même ambiguïté. Le signifiant imite le signifié. Or l'art est tissé de signes. Dans la mesure où la signification semble n'être, au premier abord en tout cas, qu'un cas de l'imitation, faisons encore un détour par l'*Emile.* L'ambiguïté du traitement réservé à l'imitation nous rendra plus clair tel passage de l'*Essai* sur le signe, l'art et l'imitation.

La pédagogie ne peut pas ne pas rencontrer le problème de l'imitation. Qu'est-ce que l'exemple ? Doit-on enseigner par l'exemple ou par l'explication ? Le maître doit-il se donner en modèle et laisser faire, ou prodiguer les leçons et les exhortations ? Et y a-t-il de la vertu à être vertueux par imitation ? Toutes ces questions sont posées au second livre de l'*Emile.*

Il s'agit d'abord de savoir comment enseigner la générosité, la « libéralité » à l'enfant. Or avant même que le mot et le

thème de l'imitation n'occupent le devant de la scène, le problème du signe est posé. Apprendre la vraie générosité à l'enfant,
c'est s'assurer qu'il ne se contentera pas de l'imiter. Or qu'est-ce
qu'imiter la générosité ? C'est donner les signes au lieu des
choses, les mots à la place des sentiments, l'argent comme substitut des biens réels. Il faudra donc enseigner à l'enfant à ne pas
imiter la libéralité et cet enseignement doit lutter contre une
résistance. L'enfant veut spontanément garder ses biens et
donner le change : « Remarquez qu'on ne fait jamais donner
par l'enfant que des choses dont il ignore la valeur, des pièces de
métal qu'il a dans sa poche, et qui ne lui servent qu'à cela. Un
enfant donnerait plutôt cent louis qu'un gâteau. » Ce que l'on
donne facilement, ce ne sont pas des signifiants inséparables
des signifiés ou des choses, ce sont des signifiants dévalués. L'enfant ne donnerait pas si facilement l'argent s'il pouvait ou savait
en faire quelque chose. « Mais engagez ce prodigue distribu-
teur à donner les choses qui lui sont chères, des jouets, des
bonbons, son goûter, et nous saurons bientôt si vous l'avez
vraiment rendu libéral. » (P. 97-99.)

Non que l'enfant soit naturellement avare. L'enfant désire
naturellement garder ce qu'il désire. C'est normal et naturel. Le
vice ici, ou la perversité, consisterait à ne pas s'attacher aux
choses naturellement désirables mais à leurs signifiants substitutifs. Si un enfant aimait l'argent pour l'argent, il serait pervers ; ce ne serait plus un enfant. *Le concept d'enfance pour
Rousseau a toujours rapport au signe. L'enfance, plus précisément, c'est le non-rapport au signe en tant que tel.* Mais
qu'est-ce qu'un signe en tant que tel ? Il n'y a pas de signe
comme tel. Ou bien le signe est considéré comme une chose,
il n'est pas un signe. Ou bien il est un renvoi, et alors il n'est
pas lui-même. L'enfant selon Rousseau, c'est le nom de ce qui
devrait n'avoir aucun rapport avec un signifiant séparé, aimé
en quelque sorte pour lui-même, tel un fétiche. Or cet usage
pervers du signifiant est en quelque sorte à la fois interdit et
toléré par la structure de l'imitation. Dès qu'un signifiant n'est
plus imitatif, la menace de perversion devient sans doute aiguë
Mais déjà dans l'imitation, le décalage entre la chose même et
son double, voire entre le sens et son image, assure un logement
au mensonge, à la falsification et au vice.

D'où l'hésitation de l'*Emile*. D'une part, tout commence par
l'imitation et l'enfant n'apprend que par l'exemple. Ici l'*imitation*

est bonne, elle est plus humaine, elle n'a rien à faire avec la singerie. Les simagrées seraient plutôt du côté de ceux qui, comme le voudrait Locke, dispensent aux enfants, au lieu d'exemples, des raisonnements sur l'intérêt qu'il y a à être libéral. On ne passera jamais de cette « libéralité usurière » à la vraie générosité qui ne se transmet que par l'exemple et la *bonne imitation :* « Maîtres, laissez les simagrées, soyez vertueux et bons, que vos exemples se gravent dans la mémoire de vos enfants, en attendant qu'ils puissent entrer dans leurs cœurs. »

Mais cette bonne imitation porte déjà en elle-même les prémisses de son altération. Et tout le problème de la pédagogie dans l'*Emile* peut s'y résumer. L'enfant est d'abord passif, l'exemple se grave d'abord dans la mémoire « *en attendant* » d'entrer dans le cœur. Or il peut rester dans la mémoire sans toucher le cœur ; et inversement, la ressemblance entre le cœur et la mémoire fait qu'à son tour l'enfant peut feindre d'agir selon le cœur au moment où il se contente d'imiter selon les signes de la mémoire. Il peut toujours se contenter de *donner des signes.* Dans un premier temps, la bonne imitation peut être impossible, dans un deuxième temps, elle peut être détournée de son bon usage. « Au lieu de me hâter d'exiger du mien des actes de charité, j'aime mieux en faire en sa présence, et lui ôter même le moyen de m'imiter en cela, comme un honneur qui n'est pas de son âge. » « Je sais que toutes ces vertus par imitation sont des vertus de singe, et que nulle bonne action n'est moralement bonne que quand on la fait comme telle, et non parce que d'autres la font. Mais, dans un âge où le cœur ne sent rien encore, il faut bien faire imiter aux enfants les actes dont on veut leur donner l'habitude, en attendant qu'ils les puissent faire par discernement et par amour du bien [35]. »

La possibilité de l'imitation semble donc interrompre la simplicité naturelle. Avec l'imitation, n'est-ce pas la duplicité qui s'in-

---

35. Est-il utile de signaler ici qu'on retrouve la même problématique de l'exemple et une formulation littéralement identique dans la *Critique de la raison pratique,* certes, mais surtout dans les *Eléments métaphysiques de la doctrine de la vertu* (1797) qui distinguent entre l'exemple comme cas d'une règle pratique (*Exempel*) et l'exemple comme cas particulier dans l' « exhibition purement théorique d'un certain concept *(Beispiel)* », (§ 61) et dans les notes sur la *Pédagogie,* publiées en 1803 ?

sinue dans la présence ? Et pourtant, selon un schéma que nous avons déjà reconnu, Rousseau voudrait que la bonne imitation se réglât sur une imitation naturelle. Le goût et le pouvoir de l'imitation sont inscrits dans la nature. Le vice, la duplicité, comme la simagrée, si elle est une altération *de* l'imitation, n'est pas fille de l'imitation mais maladie de l'imitation, non pas son effet naturel mais son anomalie monstrueuse. Le mal tient à une sorte de perversion de l'imitation, de l'imitation dans l'imitation. Et ce mal est d'origine sociale.

> « L'homme est imitateur, l'animal même l'est ; le goût de l'imitation est de la nature bien ordonnée ; mais il dégénère en vice dans la société. Le singe imite l'homme qu'il craint, et n'imite pas les animaux qu'il méprise ; il juge bon ce que fait un être meilleur que lui. Parmi nous, au contraire, nos arlequins de toute espèce imitent le beau pour le dégrader, pour le rendre ridicule ; ils cherchent dans le sentiment de leur bassesse à s'égaler à ce qui vaut mieux qu'eux ; ou, s'ils s'efforcent d'imiter ce qu'ils admirent, on voit dans le choix des objets le faux goût des imitateurs : ils veulent bien plus en imposer aux autres ou faire applaudir leur talent, que se rendre meilleurs ou plus sages. »

Ici les rapports entre l'enfance, l'animalité et l'homme de la société s'ordonnent selon la structure et la problématique que nous avions eu tant de peine à dessiner en analysant la pitié. Et ce n'est pas un hasard : le même paradoxe — celui de l'altération de l'identité et de l'identification à l'autre — y est à l'œuvre. L'imitation et la pitié ont le même fondement : une sorte d'extase métaphorique :

> « Le fondement de l'imitation parmi nous vient du désir de se transporter toujours hors de soi » *(ibid.)*.

Revenons à l'*Essai*. Les ruses de la métaphore apparaissent alors dans la mimétique de tous les arts. Si l'art est imitation, il ne faudra pas oublier que tout en lui est *signifiant*. Dans l'expérience esthétique, nous sommes affectés non par les choses mais par les signes :

> « L'homme est modifié par ses sens, personne n'en doute ; mais, faute de distinguer les modifications, nous en confondons les causes ; nous donnons trop et trop peu d'empire aux sensations ; nous ne voyons pas que souvent elles ne nous affectent pas seulement comme sensations, mais comme signes

ou images, et que leurs effets moraux ont aussi des causes morales. Comme les sentiments qu'excite en nous la peinture ne viennent point des couleurs, l'empire que la musique a sur nos âmes n'est point l'ouvrage des sons. De belles couleurs bien nuancées plaisent à la vue, mais ce plaisir est purement de sensation. C'est le dessin, c'est l'imitation qui donne à ces couleurs de la vie et de l'âme ; ce sont les passions qu'elles expriment qui viennent émouvoir les nôtres ; ce sont les objets qu'elles représentent qui viennent nous affecter. L'intérêt et le sentiment ne tiennent point aux couleurs ; les traits d'un tableau touchant nous touchent encore dans une estampe : ôtez ces traits dans le tableau, les couleurs ne feront plus rien » (ch. XIII).

Si l'opération de l'art passe par le signe et son efficace par l'imitation, il ne peut agir que dans le système d'une culture et la théorie de l'art est une théorie des mœurs. Une impression « morale », par opposition à une « impression « sensible », se reconnaît à ce qu'elle confie sa force à un signe. L'esthétique passe par une sémiologie et même par une ethnologie. Les effets des signes esthétiques ne sont déterminés qu'à l'intérieur d'un système culturel. « Si le plus grand empire qu'ont sur nous nos sensations n'est pas dû à des causes morales, pourquoi donc sommes-nous si sensibles à des impressions qui sont nulles pour des barbares ? Pourquoi nos plus touchantes musiques ne sont-elles qu'un vain bruit à l'oreille d'un Caraïbe ? Ses nerfs sont-ils d'une autre nature que les nôtres ? » (ch. XV).

La médecine elle-même doit tenir compte de la culture sémiologique dans laquelle elle doit guérir. Comme l'art thérapeutique, les effets thérapeutiques de l'art ne sont pas naturels dès lors qu'ils agissent par des signes ; et si la cure est une langue, les remèdes doivent se faire entendre du malade à travers le code de sa culture :

« On cite en preuve du pouvoir physique des sons la guérison des piqûres des tarentules. Cet exemple prouve tout le contraire. Il ne faut ni des sons absolus ni les mêmes airs pour guérir tous ceux qui sont piqués de cet insecte ; il faut à chacun d'eux des airs d'une mélodie qui lui soit connue et des phrases qu'il comprenne. Il faut à l'Italien des airs italiens ; au Turc, il faudrait des airs turcs. Chacun n'est affecté que des accents qui lui sont familiers ; ses nerfs ne s'y prêtent qu'autant que son esprit les y dispose : il faut qu'il entende la langue qu'on lui parle, pour que ce qu'on lui dit puisse le mettre en mouvement. Les cantates de Bernier ont, dit-on, guéri de la fièvre un musicien français ; elles l'auraient donnée à un musicien de toute autre nation » (ch. XV).

Rousseau ne va pas jusqu'à considérer que les symptômes eux-mêmes appartiennent à la culture et que la piqûre des tarentules puisse avoir ici ou là des effets différents. Mais le principe d'une telle conclusion est nettement indiqué dans son explication. Une seule exception, plus qu'étrange, dans cette ethno-sémiotique : la cuisine, ou plutôt le goût. Rousseau tient à condamner sans appel le vice de gourmandise. On pourra se demander pourquoi : « Je ne connais qu'un sens aux affections duquel rien de moral ne se mêle : c'est le goût. Aussi la gourmandise n'est-elle jamais le vice dominant que des gens qui ne sentent rien » *(ibid)*. « Qui ne sentent rien » veut dire ici, bien entendu, « qui ne font que sentir », qui n'ont que des sensations inéduquées, incultes.

Comme la valeur de *virtualité* introduit ici encore un élément de transition et de confusion, de gradualité et de bougé dans la rigueur des distinctions et dans le fonctionnement des concepts — limites d'animalité, d'enfance, de sauvagerie, etc., il faut bien admettre que « l'impression morale » par signes et système de différences s'annonce toujours déjà, quoique confusément, chez l'animal. « On aperçoit quelque chose de cet effet moral jusque dans les animaux. » Nous avions reconnu la nécessité de cette hésitation à propos de la pitié et, à l'instant même, de l'imitation.

> « Tant qu'on ne voudra considérer les sons que par l'ébranlement qu'ils excitent dans nos nerfs, on n'aura point de vrais principes de la musique et de son pouvoir sur les cœurs. Les sons, dans la mélodie, n'agissent pas seulement sur nous comme sons, mais comme signes de nos affections, de nos sentiments ; c'est ainsi qu'il excitent en nous les mouvements qu'ils expriment, et dont nous y reconnaissons l'image. On aperçoit quelque chose de cet effet moral jusques dans les animaux. L'aboiement d'un chien en attire un autre. Si mon chat m'entend imiter un miaulement, à l'instant je le vois attentif, inquiet, agité. S'aperçoit-il que c'est moi qui contrefais la voix de son semblable, il se rassied et reste en repos. Pourquoi cette différence d'impression, puisqu'il n'y en a point dans l'ébranlement des fibres, et que lui-même y a d'abord été trompé ? » *(ibid)*.

De cette irréductibilité de l'ordre sémiotique, Rousseau tire aussi des conclusions contre le sensualisme et le matérialisme de son siècle : « Les couleurs et les sons peuvent beaucoup comme représentations et signes, peu de choses comme simples objets des sens. » L'argument de l'art comme texte signifiant est au service de la métaphysique et de l'éthique spiritualiste : « Je crois qu'en développant mieux ces idées on se fût épargné bien des sots raisonnements sur la musique ancienne. Mais dans ce siècle où l'on s'efforce de matérialiser toutes les opérations de l'âme, et d'ôter toute moralité aux sentiments humains, je suis trompé si la nouvelle philosophie ne devient aussi funeste au bon goût qu'à la vertu. » *(Ibid.)*

Il faut être attentif à la finalité dernière de la considération dont jouit ici le signe. Selon une règle générale qui nous importe ici, l'attention au signifiant a pour effet paradoxal de le réduire. A la différence du concept de supplément qui, bien entendu, ne *signifie* rien, ne remplace qu'un manque, le signifiant, comme cela est indiqué dans la forme grammaticale de ce mot et la forme logique de ce concept, signifie un signifié. On ne peut séparer son efficace du signifié auquel il est lié. Ce n'est pas le corps du signe qui agit car il est toute sensation, mais le signifié qu'il exprime, imite ou transporte. De la critique du sensualisme par Rousseau, on aurait tort de conclure que c'est le signe lui-même qui épuise l'opération de l'art. Nous sommes émus, « excités », par le représenté et non par le représentant, par l'exprimé et non par l'expression, par le dedans qui est exposé et non par les dehors de l'exposition. Même dans la peinture, la représentation n'est vivante et ne nous touche que si elle imite un objet et, mieux, si elle exprime une passion : « C'est le dessin, c'est l'imitation qui donne à ces couleurs de la vie et de l'âme ; ce sont les passions qu'elles expriment qui viennent émouvoir les nôtres... les traits d'un tableau touchant nous touchent encore dans une estampe. »

L'*estampe* : l'art naissant de l'imitation, n'appartient à l'œuvre proprement dite que ce qui peut être retenu dans l'estampe, dans l'impression reproductrice des *traits*. Si le beau ne perd rien à être reproduit, si on le reconnaît dans son signe, dans ce signe du signe qu'est une copie, c'est que dans la « première fois » de sa production il était déjà essence reproductive. L'estampe, qui copie les modèles de l'art, n'en est pas moins le modèle de l'art. Si l'origine de l'art est la possibilité de l'estampe, la mort de l'art et l'art comme mort sont prescrits dès la naissance de l'œuvre. Le principe de vie, une fois de plus, se confond avec le principe de mort. Une fois de plus, Rousseau désire les séparer mais une fois de plus, il fait droit dans sa description et dans son texte à ce qui limite ou contredit son désir.

D'une part, en effet, Rousseau ne doute pas que l'imitation et le trait formel soient le propre de l'art et il hérite, comme s'il allait de soi, du concept traditionnel de la *mimesis* ; concept qui fut d'abord celui des philosophes que Rousseau, on s'en souvient, accusait d'avoir tué le chant. Cette accusation ne pouvait être radicale puisqu'elle se meut à l'intérieur de la conceptualité héritée de cette philosophie et de la conception métaphysique de l'art. Le trait qui se prête à l'estampe, la ligne qui *s'imite* appartient à tous les arts, aux arts de l'espace autant qu'aux arts de la durée, à la musique non moins qu'à la peinture. Dans l'une et l'autre, elle dessine l'espace de l'imitation et l'imitation de l'espace.

> « Comme donc la peinture n'est pas l'art de combiner des couleurs d'une manière agréable à la vue, la musique n'est pas non plus l'art de combiner des sons d'une manière agréable à l'oreille. S'il n'y avait que cela, l'une et l'autre seraient au nombre des sciences naturelles et non pas des beaux-arts. C'est l'imitation seule qui les élève à ce rang. Or, qu'est-ce qui fait de la peinture un art d'imitation ? C'est le dessin. Qu'est-ce qui de la musique en fait un autre ? C'est la mélodie » (ch. XIII).

Or le *trait* (dessin ou ligne mélodique) n'est pas seulement ce qui permet l'imitation et la reconnaissance du représenté dans le représentant. Il est l'élément de la différence formelle qui permet aux contenus (à la substance colorée ou sonore) d'apparaître. Du même coup, il ne peut *donner lieu* à l'art *(technè)* comme *mimesis* sans le constituer aussitôt en *technique d'imitation*. Si l'art vit d'une reproduction originaire, le trait qui permet cette reproduction ouvre du même coup l'espace du calcul, de la grammaticalité, de la science rationnelle des intervalles et de ces « règles de l'imitation » fatales à l'énergie. Rappelons-nous : « A mesure qu'on multipliait les règles de l'imitation, la langue imitative s'affaiblissait. » L'imitation serait donc à la fois la vie et la mort de l'art. L'art et la mort, l'art et sa mort seraient compris dans l'espace d'*altération* de l'*itération* originaire (*iterum*, de nouveau, ne vient-il pas du sanscrit *itara*, autre ?) ; de la répétition, de la reproduction, de la représentation ; ou aussi bien dans l'espace comme possibilité de l'itération et sortie de la vie mise hors d'elle-même.

Car le trait est l'espacement lui-même et marquant les figures, il travaille autant les surfaces de la peinture que le temps de la musique :

> « La mélodie fait précisément dans la musique ce que fait le dessin dans la peinture ; c'est elle qui marque les traits et les figures dont les accords et les sons ne sont que les couleurs. Mais, dira-t-on, la mélodie n'est qu'une succession de sons. Sans doute ; mais le dessin n'est aussi qu'un arrangement de couleurs. Un orateur se sert d'encre pour tracer ses écrits : est-ce à dire que l'encre soit une liqueur fort éloquente ? » (ch. XIII).

Tout en dégageant ainsi un concept de différence formelle, en critiquant avec vigueur une esthétique qu'on pourrait appeler substantialiste plutôt que matérialiste, plus attentive au contenu sensible qu'à la composition formelle, Rousseau ne confie pas moins la charge de l'art — ici de la musique — au *trait*. C'est-à-dire à ce qui peut donner lieu au calcul froid et aux règles de l'imitation. Selon une logique avec laquelle nous sommes maintenant familiarisés, Rousseau va au devant de ce danger *en opposant la bonne forme à la mauvaise forme*, la forme de vie à la forme de mort, la forme *mélodique* à la forme *harmonique*, forme à contenu imitatif et forme sans contenu, forme pleine de sens et abstraction vide. *Rousseau réagit alors contre le formalisme. Celui-ci est aussi à ses yeux un matérialisme et un sensualisme.*

Il est difficile de bien comprendre l'enjeu des chapitres XIII « De la mélodie » et XIV « De l'harmonie » si l'on n'en perçoit pas le contexte immédiat : la polémique avec Rameau. Ces chapitres ne font que rassembler et styliser une discussion développée dans les articles correspondants du *Dictionnaire de musique* et dans l'*Examen de deux principes avancés par M. Rameau dans sa brochure intitulée* « Erreurs sur la musique », *dans l'* « Encyclopédie » (1755). Mais ce contexte ne sert que de révélateur à une nécessité systématique et permanente.

La différence entre la forme mélodique et la forme harmonique a aux yeux de Rousseau une importance décisive. Par tous les caractères qui les distinguent l'une de l'autre, elles s'opposent comme la vie et la mort du chant. Et pourtant, si l'on s'en tenait à l'origine du mot (« originairement un nom propre ») et aux « anciens traités qui nous restent », « l'*harmonie* sera-t-elle fort difficile à distinguer de la mélodie, à moins qu'on n'ajoute à cette dernière les idées de rythme et de mesure, sans lesquelles, en effet, nulle mélodie ne peut avoir un caractère déterminé, au lieu que l'*harmonie* a le sien par elle-même, indépendamment de toute autre quantité ». La différence propre à l'harmonie doit donc se chercher parmi les modernes, selon lesquels elle est « une succession d'accords selon les lois de la modulation ». Les principes de cette harmonie n'ont été assemblés en systèmes que par les modernes. Examinant celui de Rameau, Rousseau lui reproche d'abord de faire passer pour naturel ce qui est purement conventionnel : « Je dois pourtant déclarer que ce système, quelque ingénieux qu'il soit, n'est rien moins que fondé sur la nature, comme il le répète sans cesse ; qu'il n'est établi que sur des analogies et des convenances qu'un homme inventif peut renverser demain par d'autres plus naturelles » *(Dictionnaire)*. La faute de Rameau serait double : une exubérance artificialiste et un recours illusoire ou abusif à la nature, un excès d'arbitraire qui prétend ne s'inspirer que de la physique des sons. Or on ne peut pas déduire une science des enchaînements et des intervalles d'une simple physique ; l'argumentation de Rousseau est à bien des égards remarquable :

« Le principe physique de la résonnance nous offre des accords isolés et solitaires ; il n'en établit pas la succession. Une succession régulière est pourtant nécessaire. Un dictionnaire de mots choisis n'est pas une harangue, ni un recueil de bons accords une pièce de musique : *il faut un sens, il faut de la liaison dans la musique ainsi que dans le langage ; il faut que quelque chose de ce qui précède se transmette à ce qui suit, pour que le tout fasse un ensemble et puisse être appelé véritablement un.* Or la sensation composée qui résulte d'un accord parfait se résout dans la sensation absolue de chacun des sons qui le composent, et dans la sensation comparée de chacun des intervalles que ces mêmes sons forment entre eux ; *il n'y a rien au-delà de sensible dans cet accord ; d'où il suit que ce n'est que par le rapport des sons et par l'analogie des intervalles qu'on peut établir la liaison dont il s'agit, et c'est là le vrai et l'unique principe d'où découlent toutes les lois de l'harmonie et de la modulation.* Si donc

299

toute l'*harmonie* n'était formée que par une succession d'accords parfaits majeurs, il suffirait d'y procéder par intervalles semblables à ceux qui composent un tel accord ; car alors quelque son de l'accord précédent se prolongeant nécessairement dans le suivant, tous les accords se trouveraient suffisamment liés, et l'*harmonie* serait une au moins en ce sens. Mais, outre que de telles successions excluraient toute mélodie en excluant le genre diatonique qui en fait la base, elles n'iraient point au vrai but de l'art, puisque *la musique, étant un discours, doit avoir comme lui ses périodes, ses phrases, ses suspensions, ses repos, sa ponctuation de toute espèce*, et que l'uniformité des marches harmoniques n'offrirait rien de tout cela. Les marches diatoniques exigeaient que les accords majeurs et mineurs fussent entremêlés, et l'on a senti la nécessité des dissonances pour marquer les phrases et les repos. Or la succession liée des accords parfaits majeurs ne donne ni l'accord parfait mineur, ni la dissonance, ni aucune espèce de phrase, et la ponctuation s'y trouve tout-à-fait en défaut. M. Rameau voulant absolument, dans son système, tirer de la nature toute notre *harmonie*, a eu recours pour cet effet à une autre expérience de son invention... » (*Ibid.* L'auteur ne souligne que le mot *harmonie*.)

La faute de Rameau répond au modèle de toutes les fautes et de toutes les perversions historiques telles qu'elles *prennent forme* aux yeux de Rousseau : selon le cercle, l'ellipse ou la figure irreprésentable du mouvement historique, la rationalité abstraite et la froide convention y rejoignent la nature morte, le règne physique, un certain rationalisme se confond avec le matérialisme ou le sensualisme. Ou l'empirisme : faux empirisme, empirisme falsifiant les données immédiates de l'expérience. Et cette falsification qui égare la raison est d'abord une faute du cœur. Si Rameau se trompe [36], ses errements sont des

36. « M. Rameau voulant absolument, dans son système, tirer de la nature toute notre *harmonie*, a eu recours pour cet effet à une autre expérience de son invention... Mais premièrement l'expérience est fausse... Quand on supposerait la vérité de cette expérience, cela ne lèverait pas à beaucoup près les difficultés. Si, comme le prétend M. Rameau, toute *l'harmonie* est dérivée de la résonance du corps sonore, il n'en dérive donc point des seules vibrations du corps sonore qui ne résonne pas. En effet c'est une étrange théorie de tirer de ce qui ne résonne pas les principes de *l'harmonie* ; et c'est une étrange physique de faire vibrer et non résonner le corps sonore, comme si le son lui-même était autre chose que l'air ébranlé par ces vibrations... »

fautes morales avant d'être des erreurs théoriques. On peut lire dans l'*Examen* : « Je ne feindrai pas d'avouer que l'écrit intitulé : *Erreurs sur la musique,* me paraît en effet fourmiller d'erreurs, et que je n'y vois rien de plus juste que le titre. Mais ces erreurs ne sont point dans les lumières de M. Rameau ; elles n'ont leur source que dans son cœur : et quand la passion ne l'aveuglera pas, il jugera mieux que personne des bonnes règles de son art. » L'égarement du cœur qui le conduit à persécuter [37] Rousseau ne peut devenir erreur théorique qu'en l'assourdissant à l'âme de la musique : la mélodie et non l'harmonie ; en assourdissant, accusation plus grave, le musicien autant que le musicographe : « Je remarque dans les *Erreurs sur la musique* deux de ces principes importants. Le premier, qui a guidé M. Rameau dans tous ses écrits, et qui pis est dans toute sa musique, est que l'harmonie est l'unique fondement de l'art, que la mélodie en dérive, et que tous les grands effets de la musique naissent de la seule harmonie » *(ibid).*

L'égarement de Rameau est un symptôme. Il trahit à la fois la maladie de l'histoire occidentale et l'ethnocentrisme européen. Car l'harmonie, selon Rousseau, est une perversion musicale qui ne domine qu'en Europe (en Europe du nord) et l'ethnocentrisme consisterait à la considérer comme un principe naturel et universel de la musique. L'harmonie qui détruit l'*énergie* de la musique et en entrave la force *imitative* — la mélodie — est absente dans les commencements de la musique *(in illo tempore)* et dans les musiques non européennes *(alibi).* On se demandera si Rousseau, conformément à un schéma que nous connaissons bien maintenant, ne critique pas l'ethnocentrisme par un contre-ethnocentrisme symétrique et un ethnocentrisme occidental profond : notamment en revendiquant l'harmonie comme le mal et la science propres à l'Europe [38].

---

37. Cf. par exemple, les *Confessions,* p. 334.

38. « Quand on songe que, de tous les peuples de la terre, qui tous ont une musique et un chant, les Européens sont les seuls qui aient une *harmonie,* des accords, et qui trouvent ce mélange agréable ; quand on songe que le monde a duré tant de siècles, sans que, de toutes les nations qui ont cultivé les beaux-arts, aucune ait connu cette *harmonie ;* qu'aucun animal, qu'aucun oiseau, qu'aucun être dans la nature ne produit d'autre accord que l'unisson. ni d'autre musique que la mélodie ; que les langues orientales, si sonores, si musicales ; que les oreilles grecques, si déli-

La bonne forme de la musique, celle qui, par imitation représentative, produit le sens en excédant les sens, ce serait donc la mélodie. Encore faut-il, selon le même principe dichotomique qui se répète à l'infini, distinguer dans la mélodie elle-même, un principe de vie et un principe de mort ; et les tenir soigneusement écartés l'un de l'autre. De même qu'il y avait une bonne forme musicale (la mélodie) et une mauvaise forme musicale (l'harmonie), il y a une bonne et une mauvaise forme mélodique. Par une opération dichotomique qu'il doit inlassablement recom-

---

cates, si sensibles, exercées avec tant d'art, n'ont jamais guidé ces peuples voluptueux et passionnés vers notre *harmonie* ; que sans elle leur musique avait des effets si prodigieux ; qu'avec elle la nôtre en a de si faibles ; qu'enfin il était réservé à des peuples du Nord, dont les organes durs et grossiers sont plus touchés de l'éclat et du bruit des voix, que de la douceur des accents et de la mélodie des inflexions, de faire cette grande découverte et de la donner pour principe à toutes les règles de l'art ; quand, dis-je, on fait attention à tout cela, il est bien difficile de ne pas soupçonner que toute notre *harmonie* n'est qu'une invention gothique et barbare, dont nous ne nous fussions jamais avisés si nous eussions été plus sensibles aux véritables beautés de l'art et à la musique vraiment naturelle. M. Rameau prétend cependant que *l'harmonie* est la source des plus grandes beautés de la musique ; mais ce sentiment est contredit par les faits et par la raison. Par les faits, puisque tous les grands effets de la musique ont cessé, et qu'elle a perdu son énergie et sa force depuis l'invention du contrepoint ; à quoi j'ajoute que les beautés purement harmoniques sont des beautés savantes qui ne transportent que des gens versés dans l'art ; au lieu que les véritables beautés de la musique étant de la nature, sont et doivent être également sensibles à tous les hommes savants et ignorants :

Par la raison ; puisque *l'harmonie* ne fournit aucun principe d'imitation par lequel la musique, formant des images ou exprimant des sentiments, se puisse élever au genre dramatique ou imitatif, qui est la partie de l'art la plus noble, et la seule énergique, tout ce qui tient au physique des sons étant très-borné dans le plaisir qu'il nous donne, et n'ayant que très-peu de pouvoir sur le cœur humain ». (*Dictionnaire*)

Notons au passage que Rousseau reconnaît deux choses qu'il nie ailleurs : 1. que les beautés de la musique sont de la nature ; 2. qu'il existe un chant animal, chant seulement mélodique, certes, mais par conséquent chant absolument pur. Se confirment ainsi le sens et la fonction de la contradiction dans le maniement des concepts de nature et d'animalité : la musique, par exemple, ne devient ce qu'elle est — humaine — et ne transgresse l'animalité que par ce qui la menace de mort : l'harmonie.

mencer et reporter toujours plus loin, Rousseau s'essouffle à séparer, comme deux forces extérieures et hétérogènes, un principe positif et un principe négatif. Bien entendu, l'élément malin, dans la mélodie, communique avec l'élément malin de la musique en général, c'est-à-dire avec l'harmonie. Cette deuxième dissociation entre bonne et mauvaise forme mélodique remet donc en question la première extériorité : il y a de l'harmonie déjà dans la mélodie :

> « La *mélodie* se rapporte à deux principes différents, selon la manière dont on la considère. Prise par les rapports des sons et par les règles du mode, elle *a son principe dans l'harmonie,* puisque c'est une analyse harmonique qui donne les degrés de la gamme, les cordes du mode, et les lois de la modulation, uniques éléments du chant. Selon ce principe, toute la force de la *mélodie* se borne à flatter l'oreille par des sons agréables, comme on peut flatter la vue par d'agréables accords de couleur ; mais prise pour un art d'imitation par lequel on peut affecter l'esprit de diverses images, émouvoir le cœur de divers sentiments, exciter et calmer les passions, opérer, en un mot, des effets moraux qui passent l'empire immédiat des sens, il lui faut chercher un autre principe : car on ne voit aucune prise par laquelle la seule harmonie, et tout ce qui vient d'elle, puisse nous affecter ainsi. »

Que dire de ce second principe ? Il doit sans doute permettre l'imitation : seule l'imitation peut nous *intéresser* dans l'art, nous concerner en représentant la nature et en exprimant les passions. Mais qu'est-ce qui dans la mélodie imite et exprime ? C'est l'*accent*. Si nous avons séjourné longtemps dans ce débat avec Rameau, c'est aussi pour mieux délimiter cette notion d'accent. Elle nous sera indispensable quand nous en viendrons à la théorie des rapports entre parole et écriture.

> « Quel est ce second principe ? Il est *dans la nature* ainsi que le premier ; [nous soulignons : Rousseau reconnaît que l'harmonie, le principe contre nature, principe de mort et de barbarie, est aussi dans la nature] mais pour l'y découvrir il faut une observation plus fine, quoique plus simple, et plus de sensibilité dans l'observateur. Ce principe est le même qui fait varier le ton de la voix quand on parle, selon les choses qu'on dit et les mouvements qu'on éprouve en les disant. C'est l'*accent* des langues qui détermine la *mélodie*

de chaque nation ; c'est l'*accent* qui fait qu'on parle en chantant, et qu'on parle avec *plus ou moins d'énergie,* selon que la langue a plus ou moins d'accent. Celle dont l'accent est plus marqué doit donner une *mélodie* plus vive et plus passionnée ; celle qui n'a que peu ou point d'accent ne peut avoir qu'une *mélodie* languissante et froide, sans caractère et sans expression. Voilà les vrais principes. » [Nous soulignons.]

L'*Essai*, et notamment les trois chapitres sur l'origine de la musique, sur la mélodie et l'harmonie, qui suivent ainsi l'ordre du devenir, se donnent à lire à travers la même grille. Mais le concept de supplément y est cette fois présent dans le texte, *nommé* même s'il n'est pas — il ne l'est jamais et nulle part — *exposé.* C'est même cette différence entre l'implication, la présence nominale et l'exposition thématique qui nous intéresse ici.

Le chapitre sur la mélodie propose les mêmes définitions mais il n'est pas indifférent que l'argumentation pédagogique qui les introduit soit tout entière empruntée à l'analogie avec un art de l'espace, la peinture. Il s'agit de montrer d'abord par cet exemple que la science des rapports est froide, sans énergie imitative (tel le calcul des intervalles dans l'harmonie) tandis que l'expression imitative du sens (de la passion, de la chose en tant qu'elle nous intéresse) est le vrai contenu vivant de l'œuvre. Ne soyons pas surpris de voir Rousseau ranger alors le dessin du côté de l'art et les couleurs du côté de la science et du calcul des rapports. Le paradoxe est apparent. Par dessin, il faut entendre condition de l'imitation ; par couleur, substance naturelle, dont le jeu est explicable par des causes physiques et peut devenir l'objet d'une science quantitative des rapports, d'une science de l'espace et de la disposition analogique des intervalles. L'analogie entre les deux arts — musique et peinture — apparaît ainsi : *c'est l'analogie elle-même.* Ces deux arts comportent un principe corrupteur, qui étrangement est aussi dans la nature, et dans les deux cas, ce principe corrupteur est lié à l'espacement, à la régularité calculable et analogique des intervalles. Aussi, dans les deux cas, musique ou peinture, qu'il s'agisse de gammes de couleurs ou de gammes musicales, d'harmonie de tons comme nuances visibles ou comme nuances audibles, le calcul rationnel des harmoniques est une *chromatique,* si l'on entend ce mot au sens large, au-delà de ce qu'il spécifie, dans la musique, en fait de gamme et de basse.

Rousseau ne se sert pas du mot dans l'*Essai,* mais l'analogie ne lui échappe pas dans le *Dictionnaire* : « *Chromatique,* adjectif pris quelquefois substantivement. Genre de musique qui procède par plusieurs semi-tons consécutifs. Ce mot vient du grec χρῶμα qui signifie *couleur,* soit parce que les Grecs marquaient ce genre par des caractères rouges ou diversement colorés, soit, disent les auteurs, parce que le genre *chromatique* est moyen entre les deux autres, comme la couleur est moyenne entre le blanc et le noir, ou, selon d'autres, parce que ce genre varie et embellit le diatonique par ses semi-tons, qui font dans la musique le même effet que la variété des couleurs fait dans la peinture. » Le chromatique, la *gamme,* est à l'origine de l'art ce que l'écriture est à la parole. (Et l'on réfléchira sur le fait que *gamme* est aussi le nom d'une lettre grecque introduite dans un système de notation littérale de la musique). Rousseau voudrait restaurer un degré naturel de l'art dans lequel le chromatique, l'harmonique, l'intervalle seraient inconnus. Il voudrait effacer ce qu'il reconnaît d'*ailleurs,* à savoir qu'il y a de l'harmonique dans le mélodique, etc. Mais l'*origine aura (it) dû* (tels sont, ici et ailleurs, la grammaire et le lexique du rapport à l'origine) *être pure* mélodie : « Les premières histoires, les premières harangues, les premières lois, furent en vers : la poésie fut trouvée avant la prose ; cela *devait être,* puisque les passions parlèrent avant la raison. Il en fut de même de la musique : il n'y eut point d'abord d'autre musique que la mélodie, ni d'autre mélodie que le son varié de la parole ; les accents formaient le chant... » (Nous soulignons.)

Mais de même que dans la peinture, l'art du dessin se dégrade quand on y substitue la physique des couleurs [39], de même

---

39. Le chapitre XIII « De la mélodie » est presque entièrement consacré à la peinture. Nous devons citer in extenso cette remarquable page. L'ironie peut s'en laisser commenter aujourd'hui plus que jamais dans bien des sens : « Supposez un pays où l'on n'aurait aucune idée du dessin, mais où beaucoup de gens, passant leur vie à combiner, mêler, nuer des couleurs, croiraient exceller en peinture. Ces gens-là raisonneraient de la nôtre précisément comme nous faisons de la musique des Grecs. Quand on leur parlerait de l'émotion que nous causent de beaux tableaux et du charme de s'attendrir devant un sujet pathétique, leurs savants approfondiraient aussitôt la matière, compareraient leurs couleurs aux nôtres, examineraient si notre vert est plus tendre, ou notre rouge plus éclatant ; ils chercheraient quels accords de couleur

dans le chant, la mélodie est originairement corrompue par l'harmonie. L'harmonie est le supplément originaire de la mélodie. Mais Rousseau ne rend jamais explicite l'originarité du manque qui rend nécessaire l'addition de la suppléance, à savoir la quantité et les différences de quantité qui toujours

———————

peuvent faire pleurer, quels autres peuvent mettre en colère ; les Burettes de ce pays-là rassembleraient sur des guenilles quelques lambeaux défigurés de nos tableaux ; puis on se demanderait avec surprise ce qu'il y a de si merveilleux dans ce coloris.

Que si, dans quelque nation voisine, on commençait à former quelque trait, quelque ébauche de dessin, quelque figure encore imparfaite, tout cela passerait pour du barbouillage, pour une peinture capricieuse et baroque ; et l'on s'en tiendrait, pour conserver le goût, à ce beau simple, qui véritablement n'exprime rien, mais qui fait briller de belles nuances, de grandes plaques bien colorées, de longues dégradations de teintes sans aucun trait.

Enfin, peut-être, à force de progrès, on en viendrait à l'expérience du prisme. Aussitôt quelque artiste célèbre établirait là-dessus un beau système. Messieurs, leur dirait-il, pour bien philosopher, il faut remonter aux causes physiques. Voilà la décomposition de la lumière ; voilà toutes les couleurs primitives ; voilà leurs rapports, leurs proportions, voilà les vrais principes du plaisir que vous fait la peinture. Tous ces mots mystérieux de dessin, de représentation, de figure, sont une pure charlatanerie des peintres français, qui, par leurs imitations, pensent donner je ne sais quels mouvements à l'âme, tandis qu'on sait qu'il n'y a que des sensations. On vous dit des merveilles de leurs tableaux ; mais voyez mes teintes. »

Et Rousseau prolonge encore le discours imaginaire de cet étranger qui n'est en somme que le correspondant — étranger et théoricien de la peinture — d'un musicien et musicographe français, l'analogue de Rameau : « Les peintres français, continuerait-il, ont peut-être observé l'arc-en-ciel ; ils ont pu recevoir de la nature quelque goût de nuance et quelque instinct de coloris. Moi, je vous ai montré les grands, les vrais principes de l'art. Que dis-je de l'art ! de tous les arts, messieurs, de toutes les sciences. L'analyse des couleurs, le calcul des réfractions du prisme vous donnent les seuls rapport exacts qui soient dans la nature, la règle de tous les rapports. Or, tout dans l'univers n'est que rapport. On sait donc tout quand on sait peindre ; on sait tout quand on sait assortir des couleurs.

Que dirions-nous du peintre assez dépourvu de sentiment et de goût pour raisonner de la sorte, et borner stupidement au physique de son art le plaisir que nous fait la peinture ? Que dirions-nous du musicien qui, plein de préjugés semblables, croirait voir dans la seule harmonie la source des grands effets de la musique ? Nous enverrions le premier mettre en couleur des boiseries, et nous condamnerions l'autre à faire des opéras français. »

déjà travaillent la mélodie. Il ne l'explicite pas ou plutôt il la dit sans la dire, de manière oblique et contrebandière. Et le lisant, il faut le surprendre, si l'on peut ainsi dire en collant ici cette phrase des *Confessions*, « à ce travail de contrebande [40] ». La définition de l'origine de la musique, dans le passage de l'*Essai* que nous venons de citer, se poursuivait ainsi, sans que la contradiction ou l'impureté devinssent des thèmes. « ... Les accents formaient le chant, les quantités formaient la mesure, et l'on parlait autant par les sons et par le rythme que par les articulations et les voix. Dire et chanter étaient autrefois la même chose, dit Strabon ; ce qui montre, ajoute-t-il, que la poésie est la source de l'éloquence. *Il fallait dire que l'une et l'autre eurent la même source,* et ne furent d'abord que la même chose. Sur la manière dont se lièrent les premières sociétés, était-il étonnant qu'on mît en vers les premières histoires, et qu'on chantât les premières lois ? Etait-il étonnant que les premiers grammairiens soumissent leur art à la musique, et fussent à la fois professeurs de l'un et de l'autre ? »

Nous aurons à rapprocher ces propositions d'autres propositions analogues, celles de Vico par exemple. Nous nous intéressons pour l'instant à la logique propre du discours de Rousseau : au lieu de conclure de cette simultanéité que le chant s'entamait dans la grammaire, que la différence avait déjà com-

---

40. C'est dans ce passage du premier livre qui explique « comment j'ai appris à convoiter en silence, à me cacher, à dissimuler, à mentir et à dérober, enfin... » (p. 32). Un peu plus haut, le passage suivant, qui nous paraît, pour plusieurs raisons, devoir être ici relu : « Le métier ne me déplaisait pas en lui-même ; j'avais un goût vif pour le dessin ; le jeu du burin m'amusait assez, et comme le talent du graveur pour l'horlogerie est très borné, j'avais l'espoir d'en atteindre la perfection. J'y serais parvenu peut-être si la brutalité de mon maître et la gêne excessive ne m'avaient rebuté du travail. Je lui dérobais mon temps, pour l'employer en occupations du même genre, mais qui avaient pour moi l'attrait de la liberté. Je gravais des espèces de médailles pour nous servir à moi et à mes camarades d'ordre de chevalerie. Mon maître me surprit à ce travail de contrebande, et me roua de coups, disant que je m'exerçais à faire de la fausse monnaie, parce que nos médailles avaient les armes de la République. Je puis bien jurer que je n'avais nulle idée de la fausse monnaie, et très peu de la véritable. Je savais mieux comment se faisaient les As romains que nos pièces de trois sous. »

mencé à corrompre la mélodie, à la rendre possible en même temps que ses règles, Rousseau préfère croire que la grammaire *aura (it) dû* être comprise, au sens de la confusion, dans la mélodie. Il *aura (it) dû* y avoir plénitude et non manque, présence sans différence. Dès lors le supplément dangereux, la gamme ou l'harmonie, *vient de l'extérieur s'ajouter comme le mal et le manque* à l'heureuse et innocente plénitude. Il viendrait du dehors qui serait simplement dehors. Ce qui est conforme à la logique de l'identité et au principe de l'ontologie classique (le dehors est dehors, l'être est, etc.) mais non à la logique de la supplémentarité, qui veut que le dehors soit dedans, que l'autre et le manque viennent s'ajouter comme un plus qui remplace un moins, que ce qui s'ajoute à quelque chose tienne lieu du défaut de cette chose, que le défaut, comme dehors du dedans soit déjà au-dedans du dedans, etc. Ce que décrit Rousseau, c'est que le manque, en s'ajoutant comme un plus à un plus, entame une énergie qui *aura (it) dû* être et rester intacte. Et il l'entame bien comme un supplément dangereux, comme un *substitut* qui *affaiblit, asservit, efface, sépare* et *fausse :* « Quand on calculerait mille ans les rapports des sons et les lois de l'harmonie, comment fera-t-on jamais de cet art un art d'imitation ? Où est le principe de cette imitation prétendue ? De quoi l'harmonie est-elle signe ? Et qu'y a-t-il de commun entre des accords et nos passions ?... en donnant des entraves à la mélodie, elle lui *ôte l'énergie* et l'expression ; elle *efface l'accent passioné* pour y *substituer* l'intervalle harmonique ; elle assujettit à deux seuls modes des chants qui devraient en avoir autant qu'il y a de tons oratoires ; elle *efface* et détruit des multitudes de sons ou d'intervalles qui n'entrent pas dans son système ; en un mot, elle *sépare* tellement le chant de la parole, que ces deux langages se combattent, se contrarient, s'*ôtent mutuellement tout caractère de vérité,* et ne se peuvent réunir sans absurdité dans un sujet pathétique. » (Nous soulignons : en particulier, encore une fois, l'association étrange des valeurs d'effacement et de substitution.)

Qu'est-ce que Rousseau dit sans le dire, voit sans le voir ? Que la suppléance a toujours déjà commencé ; que l'imitation, principe de l'art, a toujours déjà interrompu la plénitude naturelle ; que, devant être un *discours,* elle a toujours déjà entamé la présence dans la différance ; qu'elle est toujours, dans la nature, ce qui supplée un manque dans la nature, une voix qui

308

supplée la voix de la nature. Il le dit pourtant sans en tirer les conséquences :

> « La seule harmonie est même insuffisante pour les expressions qui semblent dépendre uniquement d'elle. Le tonnerre, le murmure des eaux, les vents, les orages, sont mal rendus par de simples accords. Quoi qu'on fasse, le seul bruit ne dit rien à l'esprit ; il faut que les objets parlent pour se faire entendre ; *il faut toujours, dans toute imitation, qu'une espèce de discours supplée à la voix de la nature.* Le musicien qui veut rendre du bruit par du bruit se trompe ; *il ne connaît ni le faible ni le fort de son art ;* il en juge sans goût, sans lumière. Apprenez-lui qu'il doit rendre du bruit par du chant ; que, s'il faisait coasser des grenouilles, il faudrait qu'il les fît chanter : *car il ne suffit pas qu'il imite,* il faut qu'il touche et qu'il plaise ; sans quoi sa maussade imitation n'est rien ; et ne donnant d'intérêt à personne, elle ne fait nulle impression. » [Nous soulignons.]

Le tour d'écriture.

Nous sommes ainsi reconduits au discours comme supplément. Et à la structure de l'*Essai* (origine du langage, origine et dégénérescence de la musique, dégénérescence du langage) qui réfléchit la structure du langage non seulement dans son devenir mais aussi dans son espace, dans sa disposition, dans ce qu'on peut appeler à la lettre sa *géographie*.

Le langage est une *structure* — un système d'oppositions de lieux et de valeurs — et une structure *orientée*. Disons plutôt, en jouant à peine, que *son orientation est une désorientation*. On pourra dire une *polarisation*. L'orientation donne la direction du mouvement en le rapportant à son origine comme à son orient. Et c'est depuis la lumière de l'origine qu'on pense l'occident, la fin et la chute, la cadence ou l'échéance, la mort ou la nuit. Or, selon Rousseau, qui s'approprie ici une opposition fort banale au XVII° siècle [41], le langage *tourne,* si l'on peut dire, comme la terre. On ne privilégie pas ici l'orient et l'occident. Les références sont les deux extrémités de l'axe autour

---

41. La référence la plus proche conduit ici à Condillac. Cf. le chapitre *De l'origine de la poésie* dans l'*Essai sur l'origine des connaissances humaines.*

duquel *tourne* (πόλος, πολεῖν) la terre et qu'on appelle axe *rationnel* : le pôle nord et le pôle sud.

Il n'y aura ni une ligne historique ni un tableau immobile des langues. Il y aura un *tour* de langage. Et ce mouvement de la culture sera à la fois ordonné et rythmé selon le plus naturel de la nature : la terre et la saison. Les langues sont *semées*. Et elles passent elles-mêmes d'une saison à l'autre. La division des langues, le partage, dans la formation des langues, entre les systèmes tournés vers le nord et les systèmes tournés vers le sud, cette limite intérieure sillonne déjà la langue en général et chaque langue en particulier. Telle est du moins notre interprétation. Rousseau *voudrait* que l'opposition du méridional et du septentrional mît une frontière *naturelle* entre plusieurs types de langues. Ce qu'il *décrit* pourtant interdit de le penser. Cette description laisse reconnaître que l'opposition nord/sud étant rationnelle et non naturelle, structurelle et non factuelle, relationnelle et non substantielle, trace un axe de référence *à l'intérieur* de chaque langue. Aucune langue n'est du sud ou du nord, aucun élément réel de la langue n'a de situation absolue mais seulement différentielle. C'est pourquoi l'opposition polaire ne partage pas un ensemble de langues déjà existantes, elle est par Rousseau décrite quoique non déclarée comme l'origine des langues. Nous devons mesurer cet écart entre la description et la déclaration.

Ce que nous appellerons librement la polarisation des langues répète à l'intérieur de chaque système linguistique l'opposition qui a permis de penser l'émergence de la langue à partir de la non-langue : opposition de la passion et du besoin et de toute la série des significations connotatives. Qu'elle soit du nord ou du sud, toute langue en général jaillit lorsque le désir passionné excède le besoin physique, lorsque *s'éveille* l'imagination qui éveille la pitié et donne du mouvement à la chaîne supplémentaire. Mais une fois que les langues sont constituées, la polarité besoin/passion et toute la structure supplémentaire restent à l'œuvre à l'intérieur même de chaque système linguistique : les langues sont plus ou moins proches de la passion pure, c'est-à-dire plus ou moins éloignées du besoin pur, plus ou moins proches de la langue pure ou de la non-langue pure. Et la mesure de cette proximité fournit le principe structurel d'une classification des langues. Ainsi les langues du nord sont *plutôt* des langues du besoin, les langues du sud, auxquelles Rousseau accorde dix fois plus de place dans sa description, sont *plutôt* des langues de la passion. Mais cette *description* n'empêche pas Rousseau de *déclarer* que les unes naissent de la passion, les autres du besoin : les unes expriment *d'abord* la passion, les autres *d'abord* le besoin. Sur les terres méridionales, les premiers discours furent des chants d'amour, sur les terres septentrionales « le premier mot ne fut pas *aimez-moi* mais *aidez-moi* ». Si l'on prenait ces déclarations à la lettre, on devrait les juger contradictoires et avec les descriptions et avec d'autres déclarations : notamment avec celle qui exclut qu'une langue naisse du pur besoin. Mais pour n'être pas simplement apparentes, ces contradictions sont réglées par le désir de considérer l'origine fonctionnelle ou polaire comme origine réelle et naturelle. Ne pouvant simplement se résoudre à ce que le concept d'origine n'occupe qu'une fonction relative dans un système situant en soi une multitude d'origines, chaque origine pouvant être l'effet ou le rejeton d'une autre origine, le nord pouvant devenir le sud pour un site plus nordique, etc., Rousseau voudrait que l'origine absolue soit un midi absolu. C'est à partir de ce schéma qu'il faut poser à nouveau la question du fait et du droit, de l'origine réelle et de l'origine idéale, de la genèse et de la structure dans le discours de Rousseau. Ce schéma est sans doute plus complexe qu'on ne le pense en général.

Il faut rendre compte ici des nécessités suivantes : le midi est le lieu d'origine ou le berceau des langues. Dès lors, les langues méridionales sont plus près de l'enfance, du non-langage et de la nature. Mais en même temps, plus proches de l'origine, ce sont des langues plus pures, plus vivantes, plus animées. En revanche, les langues septentrionales s'éloignent de l'origine, elles sont moins pures, moins vivantes, moins chaudes. On peut suivre en elles le progrès de la mort et du refroidissement. Mais ici encore, l'irreprésentable, c'est que cet éloignement rapproche de l'origine. Les langues du nord reconduisent à ce besoin, à cette physique, à cette nature dont les langues méridionales, qui venaient de la quitter, étaient aussi proches que possible. C'est toujours l'impossible dessin, l'incroyable ligne de la structure supplémentaire. Bien que la différence entre sud et nord, passion et besoin, explique l'origine des langues, elle persiste dans les langues constituées, et à la limite, le nord revient au sud du sud, ce qui met le sud au nord du nord. La passion anime plus ou moins, et du dedans, le besoin.

Le besoin contraint plus ou moins, et du dedans, la passion. Cette différence polaire devrait empêcher en toute rigueur de distinguer deux séries simplement extérieures l'une à l'autre. Mais on sait maintenant pourquoi Rousseau tient à maintenir cette impossible extériorité. Son texte se déplace alors entre ce que nous avons appelé la *description* et la *déclaration,* qui sont elles-mêmes des pôles structuraux plus que des repères naturels et fixes.

Selon la force de pression du besoin persistant dans la passion, nous aurons donc affaire à différents types de passion et donc à différents types de langues. Or la pression du besoin varie selon le lieu. Le lieu, c'est à la fois la situation géographique et la période de la saison. La différence dans la pression des besoins tenant à une différence locale, on ne pourra distinguer la question de classification morphologique des langues, qui tient compte des effets du besoin sur la forme de la langue, et la question du lieu d'origine de la langue, la *typologie* et la *topologie*. On doit considérer d'*ensemble* l'origine des langues et la différence entre les langues. De sorte que, pour continuer à réfléchir sur l'organisation de l'*Essai,* nous voyons Rousseau aborder cette double question comme une seule et même question ; et le faire après avoir traité de la définition de la langue en général ou des langues primitives en général. Le chapitre VIII, « Différence générale et locale dans l'origine des langues », se présente ainsi : « Tout ce que j'ai dit jusqu'ici convient aux langues primitives en général, et aux progrès qui résultent de leur durée, mais n'explique ni leur origine, ni leurs différences. »

En quoi le lieu d'origine d'une langue marque-t-il immédiatement la différence propre de la langue ? Quel est ici le privilège du local ? Le local signifie d'abord la nature du sol et du climat : « La principale cause qui les distingue est locale, elle vient des climats où elles naissent, et de la manière dont elles se forment : c'est à cette cause qu'il faut remonter pour concevoir la différence générale et caractéristique qu'on remarque entre les langues du midi et celles du nord. » Proposition qui se conforme à la promesse qui ouvre l'*Essai :* il faut fournir une explication *naturelle*, non métaphysique, non théologique de l'origine des langues :

> « La parole distingue l'homme entre les animaux : le langage
> distingue les nations entre elles ; on ne connaît d'où est un

homme qu'après qu'il a parlé. L'usage et le besoin font apprendre à chacun la langue de son pays ; mais qu'est-ce qui fait que cette langue est celle de son pays et non pas d'un autre ? Il faut bien remonter, pour le dire, à quelque raison qui tienne au local, et qui soit antérieure aux mœurs mêmes : la parole, étant la première institution sociale, ne doit sa forme qu'à des causes naturelles. »

Revenir à ces causes naturelles, c'est donc éviter l'*usteron proteron* théologico-moral, celui de Condillac par exemple. On sait que dans le second *Discours*, Rousseau, tout en reconnaissant sa dette, lui reproche de se donner des mœurs et une société pour expliquer l'origine des langues, et cela au moment même où Condillac prétend donner une explication purement naturelle de ce qui reste néanmoins à ses yeux un don de Dieu. Rousseau regrette que Condillac suppose ce qu'il faut précisément mettre en question à l'origine, à savoir « une sorte de société déjà établie entre les inventeurs du langage ». C'est « la faute de ceux qui, raisonnant sur l'état de nature, y transportent les idées prises dans la société ». Sur ce point aussi, l'*Essai* est accordé au *Discours*. Il n'y a pas d'institution sociale avant la langue, celle-ci n'est pas un élément de la culture parmi d'autres, elle est l'élément de l'institution en général ; elle comprend et construit toute la structure sociale. Rien ne la précédant dans la société, sa cause ne peut être que pré-culturelle : naturelle. Bien qu'elle soit d'essence passionnelle, sa cause, qui n'est pas son essence, relève donc de la nature, c'est-à-dire du besoin. Et si l'on voulait trouver ici une jointure précise entre le second *Discours* et les quatre chapitres de l'*Essai* traitant de l'origine et des différences des langues, notamment dans ce contenu factuel dont on a tiré argument, il faudrait relire, dans la *Première Partie* du *Discours*, telle page sur les rapports de l'instinct et de la société, de la passion et du besoin, du nord et du midi. On y verrait : 1) que la supplémentarité en est la règle structurale (« L'homme sauvage, livré par la nature au seul instinct, *ou plutôt dédommagé de celui qui lui manque peut-être par des facultés capables d'y suppléer d'abord et de l'élever ensuite fort au-dessus* de celle-là, commencera donc par les fonctions purement animales. » Nous sou¹lignons) ; 2) que malgré l'hétérogénéité essentielle de la passion et du besoin, celle-là s'ajoute à celui-ci comme un effet à une cause, un produit à une origine : « Quoi qu'en disent les moralistes, l'entendement humain doit beaucoup aux passions... Les passions à leur tour tirent leur origine de nos besoins » ; 3) que Rousseau *fait place* alors à l'explication géographique : explication structurelle qu'il dit pouvoir soutenir par les faits ; et que cette explication revient à une différence entre les peuples du nord et ceux du midi, ceux-là recevant un supplément pour répondre à un manque dont ceux-ci ne souffrent pas. Et lorsque le chapitre VIII de l'*Essai* annonce ainsi les considérations sur les différences : « Tâchons de suivre dans nos recherches l'ordre même de la nature. J'entre dans une longue digression sur un sujet si rebattu qu'il en est trivial, mais auquel il faut toujours revenir, malgré qu'on en ait, pour trouver l'origine des institutions humaines », on peut imaginer ici la situation d'une longue note appelée par ce passage du *Discours* (Rousseau vient d'expliquer que « les passions à leur tour tirent leur origine de nos besoins ») :

> « Il me serait aisé, si cela m'était nécessaire, d'appuyer ce sentiment par les faits, et de faire voir, que chez toutes les Nations du monde les progrès de l'Esprit se sont précisément proportionnés aux besoins que les Peuples avaient reçus de la Nature, ou auxquels les circonstances les avaient assujettis, et par conséquent aux passions qui les portaient à pourvoir à ces besoins. Je montrerais en Egypte les arts naissants, et s'étendant avec le débordement du Nil ; je suivrais leurs progrès chez les Grecs, où l'on les vit germer, croître et s'élever jusqu'aux Cieux parmi les Sables et Rochers de l'Attique, sans pouvoir prendre racine sur les Bords fertiles de l'Eurotas ; je remarquerais qu'en général les Peuples du Nord sont plus industrieux que ceux du Midi, parce qu'ils peuvent moins se passer de l'être ; *comme si la Nature voulait ainsi égaliser les choses, en donnant aux Esprits la fertilité qu'elle refuse à la Terre.* » (Pp. 143-144. Nous soulignons.)

Il y a donc une économie de la nature qui veille à régler les facultés sur les besoins et distribue les suppléments et les dédommagements. Cela suppose que la sphère du besoin soit elle-même complexe, hiérarchisée, différenciée. C'est en ce sens qu'il faudrait faire communiquer avec tous ces textes le chapitre VIII du livre III du *Contrat social* ; on y a relevé l'influence de l'*Esprit des lois* ; toute une théorie de l'*excédent* de la production du travail sur les besoins y fait système avec une typologie des formes de gouvernement (selon « la distance du peuple au gouvernement ») et avec une explication par le climat (selon qu'on s'éloigne ou « s'approche de la ligne ») : « Voilà donc dans chaque climat des causes naturelles sur lesquelles on peut assigner la forme de Gouvernement à laquelle la force du climat l'entraîne, et dire même quelle espèce d'habitants il doit avoir ». (T. III, p. 415.)

Mais la théorie des besoins qui sous-tend l'*Essai* est exposée, sans doute mieux qu'ailleurs, dans un fragment de cinq pages, dont l'inspiration est incontestablement celle des chapitres qui nous occupent et sans doute aussi du projet des *Institutions politiques* [42]. Trois sortes de besoins y sont distingués : ceux qui « tiennent à la subsistance » et à la « conservation » (nourriture, sommeil) ; ceux qui tiennent au « bien-être », qui « ne sont proprement que des appétits, mais quelquefois si violents, qu'ils tourmentent plus que les vrais besoins » (« luxe de sensualité, de mollesse, l'union des sexes et tout ce qui flatte nos sens ») : « un troisième ordre de besoins qui, nés après les autres, ne laissent pas de primer enfin sur tous, sont ceux qui viennent de l'opinion. » Il faut que les deux premiers soient satisfaits pour que les derniers apparaissent, note Rousseau, mais on a remarqué que *le besoin second ou secondaire supplante chaque fois, par l'urgence et la force, le besoin premier. Il y a déjà une perversion des besoins, une inversion de leur ordre naturel.* Et nous venons de voir citer au titre des besoins ce qui ailleurs est nommé passion. Le besoin est donc bien présent, en permanence, dans la passion. Mais si l'on veut rendre compte de l'origine première de la passion, de la société et de la langue, il faut revenir à la profondeur des besoins de premier ordre. Notre fragment définit ainsi le programme de l'*Essai,* qu'il commence d'ailleurs à remplir en quelques pages :

> « Ainsi tout se réduit d'abord à la subsistance, et par-là l'homme tient à tout ce qui l'environne. Il dépend de tout, et il devient ce que tout ce dont il dépend le force d'être. Le climat, le sol, l'air, l'eau, les productions de la terre et de la mer, forment son tempérament, son caractère, déter-

---

42. Ce fragment dont le manuscrit est perdu avait été publié en 1861 par Streickeisen-Moultou. Il est repris dans les *Fragments politiques* de l'édition de la Pléiade. (T. III, p. 529) sous le titre *L'influence des climats sur la civilisation.*

minent ses goûts, ses passions, ses travaux, ses actions de toute espèce. » L'explication naturelle ne vaut pas pour des atomes de culture mais pour le fait social total : « Si cela n'est pas exactement vrai des individus, il l'est incontestablement des peuples... Avant donc que d'entamer l'histoire de notre espèce, il faudrait commencer par examiner son séjour et toutes les variétés qui s'y trouvent » (p. 530).

L'explication par le lieu naturel n'est pas une statique. Elle tient compte des révolutions naturelles : des saisons et des migrations. La dynamique de Rousseau est un étrange système dans lequel la critique de l'ethnocentrisme compose organiquement avec l'européocentrisme. On le comprendra mieux en tissant prudemment ensemble un morceau de l'*Emile* et un morceau de l'*Essai*. On verra comment le concept de *culture*, dans un usage alors très rare, unit dans sa vertu métaphorique la nature et la société. Dans l'*Essai* comme dans l'*Emile*, les changements de lieux et de saisons, les déplacements des hommes et les révolutions terrestres sont pris en charge par l'explication naturelle. Mais si cette prise en charge est précédée, dans l'*Essai*, par une protestation contre le préjugé européen, elle est suivie, dans l'*Emile*, par une profession de foi européocentrique. Comme la protestation et la profession de foi n'ont pas la même fonction ni le même niveau, puisqu'elles ne se contredisent pas, nous gagnerons à en recomposer le système. Plaçons d'abord les textes côte à côte :

L'*Essai* :

« Le grand défaut des Européens est de philosopher toujours sur les origines des choses d'après ce qui se passe autour d'eux. Ils ne manquent point de nous montrer les premiers hommes, habitant une terre ingrate et rude, mourant de froid et de faim, empressés à se faire un couvert et des habits ; ils ne voient partout que la neige et les glaces de l'Europe, sans songer que l'espèce humaine, ainsi que toutes les autres, a pris naissance dans les pays chauds, et que sur les deux tiers du globe l'hiver est à peine connu. Quand on veut étudier les hommes, il faut regarder près de soi ; mais, pour étudier l'homme, il faut apprendre à porter sa vue au loin ; il faut d'abord observer les différences, pour découvrir les propriétés. Le genre humain, né dans les pays chauds, s'étend de là dans les pays froids ; c'est dans ceux-ci qu'il se multiplie, et reflue ensuite dans les pays chauds. De cette action et réaction viennent les révolutions de la terre et l'agitation perpétuelle de ses habitants ». (Ch. VIII.)

L'*Emile* :

« Le pays n'est pas indifférent à la *culture* des hommes ; *ils ne sont tout ce qu'ils peuvent être que dans les climats tempérés.* Dans les climats extrêmes le désavantage est visible. *Un homme n'est pas planté comme un arbre dans un pays pour y demeurer toujours* ; et celui qui part d'un des extrêmes pour arriver à l'autre, est forcé de faire le double du chemin que fait pour arriver au même terme celui qui part du terme moyen. ... Un Français vit en Guinée et en Laponie ; mais un Nègre ne vivra pas de même à Tornéa, ni un Samoïède au Benin. Il paraît encore que l'organisation du cerveau est moins parfaite aux deux extrêmes. Les Nègres ni les Lapons n'ont pas le sens des Européens. Si je veux donc que mon élève puisse être habitant de la terre, je le prendrai dans une zone tempérée ; en France, par exemple, plutôt qu'ailleurs.

Dans le nord les hommes consomment beaucoup sur un sol ingrat ; dans le midi ils consomment peu sur un sol fertile : de là naît une nouvelle différence qui rend les uns laborieux et les autres contemplatifs... » (P. 27. Nous soulignons.)

En quoi ces deux textes, apparemment contradictoires, se complètent-ils ? Nous verrons plus loin comment la culture est liée à l'agriculture. Il apparaît ici que l'homme, en tant qu'il dépend d'un sol et d'un climat, *se cultive* : il pousse, il forme une société et « le pays n'est pas indifférent à la culture des hommes ». Mais cette culture est aussi le pouvoir de changer de terrain, de s'ouvrir à une autre culture : l'homme peut regarder au loin, « il n'est pas planté comme un arbre », il est engagé, disent les deux textes, dans des migrations et des révolutions. Dès lors, on peut critiquer l'ethnocentrisme en tant qu'il nous enferme dans une localité et une culture empirique : l'Européen a le tort de ne pas se déplacer, de se tenir pour le centre immobile de la terre, de rester planté comme un arbre dans son pays. Mais cette critique de l'Europe empirique ne doit pas empêcher de reconnaître, semble penser Rousseau, que l'Européen, par sa localité naturelle, tenant le milieu entre les extrêmes, a plus de facilités pour se déplacer, pour s'ouvrir à l'horizon et à la diversité de la culture universelle. Au centre du monde, l'Européen a la chance ou le pouvoir d'être européen et tout autre chose en même temps. (« Ils ne sont [les hommes] tout ce qu'ils peuvent être que dans les climats tempérés. ») Il a simplement tort de ne pas user *en fait* de cette ouverture universelle.

Toute cette argumentation circule entre les deux Europes ; elle est restée ou devenue classique. Nous ne l'examinerons pas ici pour elle-même. Considérons seulement qu'elle est la condition de tout le discours de Rousseau. S'il n'y avait pas, à ses yeux, déverrouillage d'une culture déterminée, ouverture à toute autre culture en général, mobilité et possibilité de variations imaginaires, les questions resteraient enfermées. Mieux, la détermination de la différence serait impossible. Celle-ci n'apparaît que depuis un certain milieu, une certaine ligne médiane, mobile, et tempérée, entre le nord et le sud, le besoin et la passion, la consonne et l'accent, etc. Sous la détermination factuelle de cette zone tempérée (l'Europe, « en France, par exemple, plutôt qu'ailleurs »), lieu de naissance de l'ethnologue et du citoyen du monde, s'abrite une nécessité essentielle : c'est *entre* les différents qu'on peut penser la différence. Mais cette entre-différence peut s'entendre de deux manières : comme une autre différence ou comme accès à la non-différence. Cela ne fait aucun doute pour Rousseau, l'habitant de la zone tempérée *doit* faire de sa différence, en l'effaçant ou en la surmontant, dans une in-différence intéressée, une ouverture à l'humanité de l'homme. La réussite pédagogique et l'humanisme ethnologique auraient la chance de se produire en Europe, « en France, par exemple, plutôt qu'ailleurs », dans cette région heureuse du monde où l'homme n'a ni chaud ni froid.

Depuis ce lieu d'observation privilégié, on dominera mieux le jeu des oppositions, l'ordre et la prédominance des termes extrêmes On comprendra mieux les causes naturelles de la culture. Comme la langue n'est pas un élément mais l'élément de la culture, il faut d'abord repérer, et dans la langue et dans la nature, des oppositions de valeurs correspondantes et l une sur l'autre articulées. Qu'est-ce qui, dans la langue, devra correspondre à la prédominance du besoin, c'est-à-dire du nord ? La consonne ou l'articulation. A la prédominance de la passion, c'est-à-dire du midi ? L'accent ou l'inflexion.

Le jeu des prédominances serait inexplicable si l'on s'en tenait à la simple proposition selon laquelle les langues naissent de la passion (chapitre III). Il faut, pour que le besoin en vienne, au nord, à dominer la passion, qu'une inversion ou une perversion soit déjà possible dans l'ordre du besoin et d'un besoin qui a depuis toujours rapport à la passion, la suscitant, y persévérant, s'y soumettant ou la contrôlant. L'appel au second *Discours* et au *Fragment* sur les climats était donc indispensable. Il nous permet d'expliquer cette affirmation de l'*Essai* : « A la longue tous les hommes deviennent semblables, mais l'ordre de leur progrès est différent. Dans les climats méridionnaux, où la nature est prodigue, les besoins naissent des passions ; dans les pays froids, où elle est avare, les passions naissent des besoins, et les langues, filles tristes de la nécessité, se sentent de leur dure origine » (chap. X).

Or si elle est en fait *graduelle,* la prédominance du pôle nord sur le pôle sud, du besoin sur la passion, de l'articulation sur l'accent, n'en a pas moins le sens de la *substitution.* Comme nous l'avons plusieurs fois relevé, l'effacement progressif est aussi la mise en place d'un substitut supplémentaire. L'homme du nord a *substitué* le aidez-moi au aimez-moi, la clarté à l'énergie, l'articulation à l'accent, la raison au cœur. La substitution formelle traduit sans doute un affaiblissement de l'énergie, de la chaleur, de la vie, de la passion, mais elle reste une transformation, une révolution dans la forme et non seulement une diminution de la force. Cette substitution peut si mal s'expliquer par une simple dégradation, elle implique à ce point un déplacement et une inversion qu'elle renvoie à une tout autre fonction du besoin. Dans l'ordre *normal* de l'origine (au sud), la proposition du chapitre II *(Que la première invention de la parole ne vient pas des besoins, mais des passions* et « l'effet naturel des premiers besoins fut d'écarter les hommes et non de les rapprocher ») a une valeur absolument générale. Mais cet ordre normal de l'origine est renversé au nord. Le nord n'est pas simplement l'autre éloigné du sud, il n'est pas la limite que l'on atteint en partant de l'unique origine méridionale. Rousseau est en quelque sorte contraint de reconnaître que le nord est aussi une *autre origine.* C'est à la mort qu'il accorde alors ce statut, car le nord absolu est la mort. Normalement le besoin écarte les hommes au lieu de les rapprocher ; au nord, il est l'origine de la société :

> « L'oisiveté qui nourrit les passions *fit place au travail qui les réprime* : avant de songer à vivre heureux, il fallait songer à vivre. Le besoin mutuel unissant les hommes bien

mieux que le sentiment n'aurait fait, la société ne se forma que par l'industrie : le continuel danger de périr ne permettait pas de se borner à la langue du geste, et le premier mot ne fut pas chez eux, *aimez-moi*, mais *aidez-moi*.

Ces deux termes, quoique assez semblables, se prononcent d'un ton bien *différent :* on n'avait rien à faire *sentir*, on avait tout à faire *entendre* ; il ne s'agissait donc pas *d'énergie*, mais de *clarté*. A *l'accent* que le cœur ne fournissait pas on *substitua* des *articulations* fortes et sensibles ; et s'il y eut dans la forme du langage quelque impression naturelle, cette impression contribuait encore à sa dureté. » (Nous soulignons.)

Au nord, les passions ne disparaissent pas : il y a substitution et non effacement. Les passions ne sont pas exténuées mais *réprimées* par ce qui prend la place du désir : le travail. Le travail refoule plus qu'il n'amoindrit la force du désir. Il la déplace. C'est pourquoi les « hommes septentrionaux ne sont pas sans passion, mais ils en ont d'une autre espèce » : la colère, l'irritation, la fureur, l'inquiétude sont les déplacements de la passion méridionale. Au midi, celle-ci n'est pas réprimée, d'où une certaine mollesse, une intempérance pour laquelle l'homme des régions tempérées n'est pas d'une indulgence sans réserve :

« Celles [les passions] des pays chauds sont des passions voluptueuses, qui tiennent à l'amour et à la mollesse : la nature fait tant pour les habitants, qu'ils n'ont presque rien à faire ; pourvu qu'un Asiatique ait des femmes et du repos, il est content. Mais dans le nord, où les habitants consomment beaucoup sur un sol ingrat, des hommes soumis à tant de besoins sont faciles à irriter ; tout ce qu'on fait autour d'eux les inquiète : comme ils ne subsistent qu'avec peine, plus ils sont pauvres, plus ils tiennent au peu qu'ils ont ; les approcher, c'est attenter à leur vie. De là leur vient ce tempérament irascible si prompt à se tourner en fureur contre tout ce qui les blesse : ainsi leurs voix les plus naturelles sont celles de la colère et des menaces, et ces voix s'accompagnent toujours d'*articulations fortes* qui les rendent dures et bruyantes... Voilà, selon mon opinion, les causes physiques les plus générales de la différence caractéristique des primitives langues. Celles du midi durent être *vives, sonores, accentuées, éloquentes, obscures à force d'énergie :* celles du nord durent être *sourdes, rudes, articulées, criardes, monotones, claires à force de mots plutôt que par une bonne construction.* Les langues modernes, cent fois mêlées et refondues, gardent encore quelque chose de ces différences... » (Ch. XI. Nous soulignons.)

Le pôle de l'articulation linguistique est au nord. L'articulation (la différence dans le langage) n'est donc pas un simple effacement ; elle n'estompe pas l'énergie du désir ou de l'accent. Elle déplace et réprime le désir par le travail. Elle n'est pas le signe d'un affaiblissement de la force, malgré ce que Rousseau semble ici ou là donner à penser, mais traduit au contraire un conflit de forces antagonistes, une différence dans la force. La force du besoin, son économie propre, celle qui rend le travail nécessaire, travaille, précisément, contre la force du désir et la réprime, en brise le chant dans l'articulation.

Ce conflit de forces répond à une économie qui n'est plus simplement celle du besoin, mais le système des rapports de force entre le désir et le besoin. S'opposent ici deux forces qu'on peut indifféremment considérer comme forces de vie ou forces de mort. En répondant à l'urgence du besoin, l'homme du nord sauve sa vie non seulement contre la pénurie mais contre la mort qui suivrait la libération effrénée du désir méridional. Il se garde contre la menace de la volupté. Mais inversement, il lutte contre cette force de mort par une autre force de mort. De ce point de vue, il apparaît que la vie, l'énergie, le désir, etc., sont au sud. Le langage septentrional est moins vif, moins animé, moins chantant, plus froid. Pour lutter contre la mort, l'homme du nord meurt un peu plus tôt et « le peuple sait... que les hommes du nord, non plus que les cygnes, ne meurent pas en chantant ». (Ch. XIV.)

Or l'écriture est au nord : froide, besogneuse, raisonneuse, tournée vers la mort, certes, mais par ce *tour de force*, ce détour de la force qui s'efforce à garder la vie. En effet, plus une langue est articulée, plus l'articulation y étend son domaine, y gagne en rigueur et en vigueur, plus elle se prête à l'écriture, plus elle l'appelle. Telle est la thèse centrale de l'*Essai*. Le progrès historique, la dégradation qui s'y unit selon le graphique étrange de la supplémentarité, va vers le nord et vers la mort : l'histoire efface l'accent vocal, le réprime plutôt, creuse l'articulation, étend les pouvoirs de l'écriture. C'est pourquoi les ravages de l'écriture sont plus sensibles dans les langues modernes :

« Les langues modernes, cent fois mêlées et refondues, gardent encore quelque chose de ces différences : le français, l'anglais, l'allemand, sont le langage privé des hommes qui s'entr'aident, qui raisonnent entre eux de sang-froid, ou de gens emportés qui se fâchent ; mais les ministres des Dieux annonçant les mystères sacrés, les sages donnant des lois au peuple, les chefs entraînant la multitude, doivent parler arabe ou persan [43]. *Nos langues valent mieux écrites que parlées,* et l'on nous lit avec plus de plaisir qu'on ne nous écoute. Au contraire, les langues orientales écrites perdent leur vie et leur chaleur : le sens n'est qu'à moitié dans les mots, toute sa force est dans les accents ; juger du génie des Orientaux par leurs livres, c'est vouloir peindre un homme sur son cadavre. » (Ch. XI. Nous soulignons.)

Le cadavre oriental est dans le livre. Le nôtre est déjà dans notre parole. Notre langue, quand bien même nous nous contenterions de la parler, a déjà substitué trop d'articulations à trop d'accents, elle a perdu vie et chaleur, elle est déjà mangée d'écriture. Ses traits accentués sont rongés par les consonnes.

Bien qu'il ne soit pas pour Rousseau le seul degré de l'articulation, le découpage de la langue en mots avait déjà biffé l'énergie de l'accent (par ce mot — « biffer » — nous laisserons dans leur ambiguïté les valeurs d'effacement et de rature, d'exténuation et de répression, telles que Rousseau les propose simultanément). Les langues du nord sont « claires à force de mots » ; dans les langues du midi, « le sens n'est qu'à moitié dans les mots, toute sa force est dans les accents ».

Biffer revient à produire un supplément. Mais comme toujours, le supplément est incomplet, il ne suffit pas à la tâche, il lui manque quelque chose pour combler le manque, il participe au mal qu'il devrait réparer. La perte de l'accent est mal suppléée par l'articulation : celle-ci est « forte », « dure » et « bruyante », elle ne chante pas. Et lorsque l'écriture tente de suppléer l'accent par les accents, il n'y a là qu'un fard dissimulant le cadavre de l'accent. L'écriture — ici l'inscription de l'accent — ne cache pas seulement la langue sous son artifice, elle masque le corps déjà décomposé de la langue. « Nous n'avons aucune idée [nous, modernes] d'une langue sonore et harmonieuse, qui parle autant par les sons que par les voix. Si l'on croit *suppléer* à l'accent par les accents, on se trompe :

---

43. Rousseau ajoute en note : « Le turc est une langue septentrionale. »

on n'invente les accents, que quand l'accent est déjà perdu [44]. (Ch. VII. Nous soulignons.) Les accents sont, comme la ponctuation, un mal d'écriture : non seulement une invention de *copistes* mais de copistes *étrangers* à la langue qu'ils transcrivaient ; le copiste ou son lecteur sont par essence étrangers à l'usage vivant de la langue. Ils s'affairent toujours, pour la farder, autour d'une parole moribonde : « ... Quand les Romains commencèrent à étudier le grec, les copistes, pour leur en indiquer la prononciation, inventèrent les signes des accents, des esprits, et de la prosodie ; mais il ne s'en suivrait nullement que ces signes fussent en usage parmi les Grecs, qui n'en avaient aucun besoin. » Pour les raisons que l'on sait, le personnage du copiste ne pouvait pas ne pas fasciner Rousseau. En particulier mais non seulement dans l'ordre musical, le moment de la copie est un moment dangereux, comme celui de l'écriture qui d'une certaine manière est déjà une transcription, l'imitation d'autres signes ; reproduisant des signes, produisant des signes de signes, le copiste est toujours tenté d'ajouter des signes *supplémentaires* pour améliorer la restitution de l'original. Le bon copiste doit résister à la tentation du signe supplémentaire. Il doit au contraire, dans l'usage des signes, se montrer économe. Dans l'admirable article « copiste » du *Dictionnaire de musique,* avec la minutie et la volubilité d'un artisan expliquant son métier à l'apprenti, Rousseau conseille de « n'écrire jamais de notes inutiles », « de ne pas inutilement multiplier les signes [45] ».

La ponctuation est le meilleur exemple d'une marque non-phonétique à l'intérieur de l'écriture. Son impuissance à transcrire l'accent et l'inflexion isole ou analyse la misère de l'écriture réduite à ses propres moyens. A la différence de Duclos [46]

---

44. Le mot « suppléer » apparaît aussi dans le texte sur la *Prononciation* à propos de l'accent (p. 1249).

45. Cf. aussi le *Projet concernant de nouveaux signes pour la musique* (1742), la *Dissertation sur la musique moderne* (1743), *Emile,* p. 162 (tout le développement qui commence par « On pense bien qu'étant si peu pressé de lui apprendre à lire l'écriture, je ne le serais pas non plus de lui apprendre à lire la musique »), et J. Starobinski, *La transparence et l'obstacle,* p. 177 sq.

46. A propos de l'accent oratoire qui « modifie la substance même du discours, sans altérer sensiblement l'accent prosodique », Duclos concluait : « Nous marquons dans l'écriture l'interrogation et la surprise ; mais combien avons-nous de mouvements de l'âme,

dont il s'inspire encore, Rousseau accuse ici, plutôt que l'essence de la ponctuation, l'état d'imperfection dans lequel on l'a laissée : il faudrait inventer un point vocatif pour « distinguer par écrit un homme qu'on nomme d'un homme qu'on appelle ». Et même un point d'ironie. Car tout en se méfiant de l'écriture, et dans cette mesure même, Rousseau veut en épuiser toutes les ressources d'univocité, de clarté, de précision. Ces valeurs sont négatives quand elles refroidissent l'expression de la passion ; mais elles sont positives quand elles évitent le trouble, l'équivoque, l'hypocrisie, et la dissimulation de la parole ou du chant originels. Le *Dictionnaire de musique* recommande « l'exactitude des rapports » et la « netteté des signes » (art. *copiste*).

La différence entre l'accent et les accents sépare donc la parole et l'écriture comme la qualité et la quantité, la force et l'espacement. « Nos prétendus accents ne sont que des voyelles, ou des signes de quantité ; ils ne marquent aucune variété de sons. » La quantité est liée à l'articulation. Ici à l'articulation en sons et non, comme tout à l'heure, à l'articulation en mots. Rousseau tient compte de ce que A. Martinet appelle la *double articulation* de la langue : en sons et en mots. L'opposition des « voyelles » ou des « voix » à l'accent ou à la « diversité des sons » suppose évidemment que la voyelle ne soit pas une pure voix mais déjà une voix soumise au travail différentiel de l'articulation. La voix ou la voyelle ne s'opposent pas ici, comme elles le font dans un autre contexte, à la consonne.

Tout le chapitre VII « De la Prosodie moderne », qui critique les grammairiens français et joue un rôle décisif dans l'*Essai,* est fortement inspiré de Duclos. Les emprunts sont déclarés, massifs, déterminants. Etant donné l'importance architectonique de ce chapitre, on a peine à croire que les emprunts à Duclos aient pu s'y insérer après coup.

S'agit-il d'ailleurs d'emprunts ? Rousseau, comme d'habitude, fait jouer les pièces empruntées dans une organisation parfaitement originale. Il cite ou récite sans doute ici ou là, tel passage du « Commentaire » (chapitre IV). Même quand il ne

---

et par conséquent d'inflexions oratoires, qui n'ont point de signes écrits, et que l'intelligence et le sentiment peuvent seuls faire saisir ! Telles sont les inflexions qui marquent la colère, le mépris, l'ironie, etc., etc. » (p. 416).

cite pas, il puise dans des passages comme celui-ci, qui annon-
cerait, avec beaucoup d'autres, tel développement saussurien
(supra, p. 57).

> « La superstition de l'étymologie fait dans son petit domaine
> autant d'inconséquences, que la superstition proprement dite
> en fait en matière plus grave. Notre orthographe est un assem-
> blage de bizarreries et de contradictions... Cependant, quelque
> soin qu'on prît de noter notre prosodie, outre le désagré-
> ment de voir une impression hérissée de signes, je doute fort
> que cela fût d'une grande utilité. Il y a des choses qui ne
> s'apprennent que par l'usage ; elles sont purement organiques,
> et donnent si peu de prise à l'esprit, qu'il serait impossible
> de les saisir par la théorie seule, qui même est fautive dans
> les auteurs qui en ont traité expressément. Je sens même
> que ce que j'écris ici est très difficile à faire entendre, et
> qu'il serait très clair, si je m'exprimais de vive voix ».
> (Pp. 414-415.)

Mais Rousseau surveille ses emprunts, les réinterprète, se
livre aussi à un travail de surenchère dont la signification ne
nous sera pas indifférente. Il tient par exemple à ce que l'accent
soit *biffé* par le signe, et l'usage de la parole par l'artifice
de l'écriture. Biffé par un travail de rature et de remplacement,
oblitéré plutôt qu'oublié, estompé, dévalorisé : « *Tous les signes
prosodiques des anciens,* dit M. Duclos, *ne valaient pas encore
l'usage. Je dirai plus ; ils y furent substitués.* » Et toute l'argumentation de Rousseau suit alors l'histoire de l'accentuation ou
de la ponctuation surajoutée à la langue hébraïque primitive.

Le conflit est donc entre la force d'accentuation et la force
d'articulation. Ce concept d'articulation doit nous retenir ici.
Il nous avait servi à définir l'archi-écriture telle qu'elle est déjà
à l'œuvre dans la parole. Et Saussure, en contradiction avec ses
thèses phonologistes, reconnaissait, on s'en souvient, que seul
le pouvoir d'articulation — et non le langage parlé — était
« naturel à l'homme ». Condition de la parole, l'articulation ne
reste-t-elle pas en elle-même a-phasique ?

Rousseau introduit le concept d'articulation au chapitre IV
« Des caractères distinctifs de la première langue, et des chan-
gements qu'elle dut éprouver ». Les trois premiers chapitres
traitaient de l'origine des langues. Le chapitre V sera intitulé
De l'écriture. L'articulation est le devenir-écriture du langage.
Or Rousseau qui *voudrait dire* que ce devenir-écriture *survient*

à l'origine, fond sur elle, après elle, *décrit en fait* la manière dont ce devenir-écriture *survient à l'origine,* advient dès l'origine. Le devenir-écriture du langage est le devenir-langage du langage. Il *déclare* ce qu'il *veut dire,* à savoir que l'articulation et l'écriture sont une maladie post-originaire de la langue ; il dit ou *décrit* ce qu'il *ne veut pas dire* : l'articulation et par conséquent l'espace de l'écriture opèrent à l'origine du langage.

Comme celles de l'imitation — et pour les mêmes raisons profondes — la valeur et l'opération de l'articulation sont ambiguës : principes de vie *et* principes de mort, donc moteurs de progrès au sens que Rousseau donne à ce mot. Il *voudrait dire* que le progrès, si ambivalent soit-il, se fait *ou bien* vers le pire, *ou bien* vers le meilleur, soit en bien, soit en mal. Le premier chapitre de l'*Essai* montre en effet, selon un concept du langage animal auquel certains tiennent encore aujourd'hui, que les langues *naturelles* des animaux excluent le progrès. « La langue de convention n'appartient qu'à l'homme. Voilà pourquoi l'homme fait des progrès, soit en bien, soit en mal, et pourquoi les animaux n'en font point. »

Mais Rousseau *décrit ce qu'il ne voudrait pas dire* : que le « progrès » se fait *et* vers le pire *et* vers le meilleur. A la fois. Ce qui annule l'eschatologie et la téléologie, de même que la différence — ou articulation originaire — annule l'archéologie.

III. L'ARTICULATION

Tout cela apparaît dans le maniement du concept d'articulation. Il nous faudra faire un long détour pour le montrer. Pour comprendre comment opèrent les « articulations, qui sont de convention » (chap. IV), nous devons traverser une fois de plus le problème du concept de nature. En évitant de nous précipiter directement au centre de la difficulté que tant de commentateurs de Rousseau ont déjà fort bien reconnue, nous essaierons, de manière limitée et liminaire, de la repérer dans l'*Essai*. Elle y est déjà redoutable.

« Ce mouvement de baguette... »

Commençons par quelques certitudes simples et choisissons quelques propositions dont la clarté littérale laisse peu de doute. Nous les lisons dans le premier chapitre.

Première proposition. « La parole distingue l'homme entre les animaux. » Ce sont les premiers mots de l'*Essai*. La parole est aussi « la première institution sociale ». Elle n'est donc pas naturelle. Elle est naturelle à l'homme, elle appartient à sa nature, à son essence qui n'est pas, comme celle des animaux, naturelle.

La parole appartient à l'homme, à l'humanité de l'homme. Mais Rousseau distingue entre la langue et la parole. L'usage de la parole est universellement humain mais les langues sont diverses. « Le langage distingue les nations entre elles ; on ne connaît d'où est un homme qu'après qu'il a parlé. L'usage

et le besoin font apprendre à chacun la langue de son pays ;
mais qu'est-ce qui fait que cette langue est celle de son pays
et non pas d'un autre ? Il faut bien remonter, pour le dire,
à quelque raison qui tienne au local, et qui soit antérieure
aux mœurs mêmes : la parole, étant la première institution
sociale, ne doit sa forme qu'à des causes naturelles. » La causalité naturelle du langage se dédouble donc.

1. La parole, la possibilité du discours en général ne doit
avoir, en tant que première institution, que des causes naturelles *générales* (rapports du besoin et de la passion, etc.).

2. Mais au-delà de l'existence générale de la parole, il faut
rendre compte, par des causes aussi naturelles, de ses *formes*
(« la parole, étant la première institution sociale, ne doit sa
forme qu'à des causes naturelles »). C'est l'explication de la
diversité des langues par la physique, la géographie, le
climat, etc. Cette double explication naturelle annonce la division de l'*Essai* dans sa première partie, celle qui concerne le
langage et les langues. Les sept premiers chapitres expliquent
par des causes naturelles le langage en général (ou la langue
primitive), son origine et sa décadence. A partir du huitième
chapitre, on passe du langage aux langues. On explique les
différences générales et locales par des causes naturelles.

Comment s'analyse cette explication naturelle ?

Deuxième proposition : « Sitôt qu'un homme fut reconnu
par un autre pour un être sentant, pensant et semblable à
lui, le désir ou le besoin de lui communiquer ses sentiments
et ses pensées lui en fit chercher les moyens. » Le désir *ou*
le besoin : le logement des deux origines, méridionale ou septentrionale, est déjà assuré. Et Rousseau refuse, comme il le
fait aussi dans le second *Discours,* de se demander si la langue
a précédé la société comme sa condition, ou inversement. Il
n'aperçoit aucune solution, et sans doute aucun sens, à une
telle question. Dans le second *Discours*, devant l'immense difficulté de la généalogie de la langue, renonçant presque à
l'explication naturelle et purement humaine, Rousseau écrit
ceci, qui est aussi impliqué dans l'*Essai* : « Quant à moi,
effrayé des difficultés qui se multiplient, et convaincu de l'impossibilité presque démontrée que les Langues aient pu naître
et s'établir par des moyens purement humains, je laisse à qui
voudra l'entreprendre, la discussion de ce difficile Problème,
lequel a été le plus nécessaire de la Société déjà liée à l'ins-

titution des Langues, ou des langues déjà inventées, à l'établissement de la Société ». (p. 151).

Même geste dans l'*Essai* : on se donne à la fois la langue et la société au moment où le pur état de nature est franchi, au moment où la dispersion absolue est vaincue pour la première fois. On tente de ressaisir l'origine du langage au moment de ce premier franchissement. Nous pouvons encore assigner, dans le second *Discours,* un appel de note : une place est indiquée pour cette longue digression qu'eût été l'*Essai*. C'est toujours dans la première partie, immédiatement après la critique de Condillac et de ceux qui, « raisonnant sur l'état de nature, y transportent les idées prises dans la société ». Rousseau sait qu'il est bien difficile de trouver dans le pur état de nature et dans la dispersion originelle la ressource d'une explication pour la naissance des langues. Et il propose un saut : « Supposons cette première difficulté vaincue. Franchissons pour un moment l'espace immense qui dut se trouver entre le pur état de Nature et le besoin des Langues ; et cherchons, en les supposant nécessaires, comment elles purent commencer à s'établir. Nouvelle difficulté encore pire que la précédente... » (p. 147).

« Franchissons pour un moment l'espace immense... » Jusqu'à quel point ? Non pas jusqu'à la société constituée mais jusqu'au moment où les conditions de sa naissance sont réunies. Entre le pur état de nature et ce moment, « une multitude de siècles », rythmée par des étapes distinctes [47]. Mais la distinction de ces étapes est difficile. La différence entre tous les textes de Rousseau est sur ce point subtile, peut-être instable, toujours problématique. Aux distinctions déjà repérées, il faut, au risque de compliquer encore le débat, ajouter la précision suivante, qui concerne précisément l'*Essai* dans son rapport au *Discours*. Entre le pur état de nature et la société, Rousseau décrit, et dans le *Discours* et dans l'*Essai*, un âge des cabanes. Et puisque cet âge, dans le chapitre IX de l'*Essai*, est présenté comme celui des « premiers temps », on pourrait être tenté de penser que le pur état de nature n'est radicalement situé que dans le second *Discours* (première partie), l'âge des cabanes de l'*Essai* correspondant alors à celui qui apparaît, après l'état de pure nature, dans la deuxième partie du *Discours*. Bien

---

47. Cf. R. Derathé, *Rousseau et la science politique de son temps,* p. 175.

que cette hypothèse ne semble pas simplement fausse et soit en effet confirmée par plusieurs éléments descriptifs, elle doit être nuancée ou compliquée. Tel qu'il est évoqué dans l'*Essai*, l'âge des cabanes est beaucoup plus proche du pur état de nature. Parlant des « premiers temps », « lorsque les hommes épars sur la face de la terre n'avaient de société que celle de la famille, de lois que celles de la nature, de langue que le geste et quelques sons inarticulés », Rousseau ajoute en note : « J'appelle les premiers temps ceux de la dispersion des hommes, à quelque âge du genre humain qu'on veuille en fixer l'époque. » Et de fait les sociétés familiales n'ont pas ici le même statut que dans la seconde partie du *Discours* [48]. Elles ne s'en rapprochent, semble-t-il, qu'au moment où, après une révolution que nous examinerons plus loin, les liens d'une autre famille se constituent, rendant possibles l'amour, la morale, la parole. C'est seulement la fin du chapitre IX de l'*Essai* qu'on pourrait comparer à la seconde partie du *Discours*.

« Franchissons pour un moment l'espace immense »... et donnons-nous l'hypothèse suivante : à partir de l'état de pure nature, l'homme, grâce à un certain bouleversement dont nous aurons à parler plus loin, rencontre l'homme et le reconnaît. La pitié s'éveille et devient active, il veut communiquer. Mais l'homme vient à l'instant de quitter la nature. C'est encore par des causes naturelles qu'il faut expliquer le moyen de la communication. L'homme ne peut d'abord faire usage que de dispositions ou d' « instruments » naturels : les sens.

Troisième proposition. L'homme doit donc agir par les sens sur les sens d'autrui. « Voilà donc l'institution des signes sensibles pour exprimer la pensée. Les inventeurs du langage ne firent pas ce raisonnement, mais l'instinct leur en suggéra la conséquence. » Nous avons deux moyens pour agir sur les sens de l'autre : le mouvement et la voix. Naturellement, Rousseau ne se demande pas ici ce que veut dire « moyen » ou « instrument », ni, comme il le fait dans l'*Emile* (p. 160), si la voix ne serait pas une sorte de mouvement. « L'action du mouvement est immédiate par le toucher ou médiate

---

48. J. Mosconi montre que l'état de pure nature n'est pas absent de l'*Essai* et que l' « âge des « cabanes » n'a... dans les deux textes, rien de comparable ». « Analyse et genèse : regards sur la théorie du devenir de l'entendement au XVIIIᵉ siècle », in *Cahiers pour l'analyse*, 4, p. 75.

par le geste : la première, ayant pour terme la longueur du bras, ne peut se transmettre à distance : mais l'autre atteint aussi loin que le rayon visuel. Ainsi restent seulement la vue et l'ouïe pour organes passifs du langage entre des hommes *dispersés*. » (Nous soulignons.)

L'analyse des « instruments » du langage est donc commandée par la situation de dispersion pure qui caractérise l'état de nature. Le langage n'a pu surgir qu'à partir de la dispersion. Les « causes naturelles » par lesquelles on l'explique ne sont reconnues comme telles — naturelles — que dans la mesure où elles s'accordent avec l'état de nature, lequel est déterminé par la dispersion. Celle-ci devrait sans doute être vaincue par le langage mais, par cette raison même, elle en détermine la *condition naturelle*.

La condition naturelle : il est remarquable que la dispersion originelle à partir de laquelle a surgi le langage continue d'en marquer le milieu et l'essence. Que le langage doive traverser l'espace, soit tenu de s'espacer, ce n'est pas là un trait accidentel mais le sceau de son origine. En vérité, la dispersion ne sera jamais un passé, une situation pré-linguistique dans laquelle le langage aurait certes pris naissance mais pour rompre avec elle. La dispersion originelle laisse sa marque dans le langage. Nous aurons à le vérifier : l'articulation qui semble introduire la différence comme une institution a pour sol et pour espace la dispersion naturelle : c'est-à-dire l'espace tout court.

A ce point, le concept de nature devient encore plus énigmatique et si l'on veut que Rousseau ne se contredise point, il faut faire de grandes dépenses d'analyse et de sympathie.

Le naturel est d'abord valorisé puis disqualifié : l'originel est aussi l'inférieur retenu dans le supérieur. La langue du geste et la langue de la voix, la vue et l'ouïe sont « également naturelles ». Toutefois l'une est plus naturelle que l'autre et à ce titre elle est première et meilleure. C'est la langue du geste, qui est « plus facile et dépend moins des conventions ». Il peut certes y avoir des conventions de la langue des gestes. Rousseau fait plus loin allusion à un code gestuel. Mais ce code s'éloigne moins de la nature que la langue parlée. Pour cette raison, Rousseau commence par l'éloge de la langue des gestes alors que, plus loin, lorsqu'il voudra démontrer la supériorité de la passion sur le besoin, il placera la parole au-dessus du geste. Cette contradiction est seulement apparente. L'immédiateté naturelle est à la fois origine et fin mais au double sens de chacun de ces mots : naissance et mort, esquisse inachevée et perfection finie. Dès lors, toute valeur est déterminée selon sa proximité par rapport à une nature absolue. Mais comme ce concept est celui d'une structure polaire, la proximité est un éloignement. Toutes les contradictions du discours sont *réglées*, rendues nécessaires et pourtant résolues, par cette structure du concept de nature. *Avant toute détermination d'une loi naturelle, il y a, contraignant efficacement le discours, une loi du concept de nature.*

Une contradiction ainsi réglée apparaît de manière flagrante lorsque, louant la langue du geste, Rousseau parle d'amour. Plus loin, il dira de cette passion qu'elle est à l'origine de la parole chantée ; ici, il fait du dessin son meilleur interprète. S'adresser à la vue pour déclarer l'amour est plus naturel, plus expressif, plus *vif* : à la fois plus immédiat et plus vivant, donc plus énergique, plus actuel, plus libre. *Réglant* ainsi toute la contradiction, la résumant en ses deux pôles, l'*Essai* commence par un éloge et se conclut par une condamnation du signe muet. Le premier chapitre exalte la langue sans voix, celle du regard et du geste (que Rousseau distingue de notre gesticulation) : « Ainsi l'on parle aux yeux bien mieux qu'aux oreilles. » Le dernier chapitre désigne, à l'autre pôle de l'histoire, l'ultime asservissement d'une société organisée par la circulation de signes silencieux : « Les sociétés ont pris leur dernière forme : on n'y change plus rien qu'avec du canon et des écus ; et comme on n'a plus rien à dire au peuple, sinon, *donnez de l'argent*, on le dit avec des placards au coin des rues, ou des soldats dans les maisons. »

Le signe muet est signe de liberté lorsqu'il exprime dans l'immédiateté ; alors ce qu'il exprime et celui qu'il s'exprime à travers lui sont *proprement* présents. Il n'y a ni détour ni anonymat. Le signe muet signifie l'esclavage lorsque la médiateté re-présentative a envahi tout le système de la signification : alors à travers la circulation et les renvois infinis, de signe en signe et de représentant en représentant, le propre de la présence n'a plus lieu : personne n'est là pour personne, pas même pour soi ; on ne peut plus disposer du sens, on ne peut plus l'arrêter, il est emporté dans un mouvement sans fin de signification. Le système du signe n'a pas de dehors. Comme la parole a ouvert cet abîme de la signification, qui risque toujours de la perdre elle-même, il est tentant de revenir à un moment archéologique, à un premier instant du signe sans parole, lorsque la passion, au-delà du besoin mais avant l'articulation et la différence, s'exprime par une voie inouïe : un *signe immédiat* :

> « Quoique la langue du geste et celle de la voix soient également naturelles, toutefois la première est plus facile [49] et dépend moins des conventions : car plus d'objets frappent nos yeux que nos oreilles, et les figures ont plus de variété que les sons ; elles sont aussi plus expressives et disent plus en moins de temps. L'amour, dit-on, fut l'inventeur du dessin ; il put aussi inventer la parole, mais moins heureusement. Peu content d'elle, il la dédaigne : il a des manières plus vives de s'exprimer. Que celle qui traçait avec tant de plaisir l'ombre de son amant lui disait de choses ! Quels sons eût-elle employés pour rendre ce mouvement de baguette ? »

Le mouvement de cette baguette qui trace avec tant de plaisir ne tombe pas hors du corps. A la différence du signe parlé ou écrit, il ne se coupe pas du corps désirant de celui qui trace ou de l'image immédiatement perçue de l'autre. Sans doute est-ce encore une image qui se dessine au bout de la baguette ; mais une image qui elle-même ne s'est pas tout à fait séparée de ce qu'elle représente ; le dessiné du dessin est presque présent, en personne, dans son *ombre*. La distance de l'ombre ou de la baguette n'est presque rien. Celle qui trace, tenant, maintenant, la baguette, est tout près de toucher ce qui est tout près d'être l'autre *lui-même*, à une infime différence près ; cette petite différence — la visibilité, l'espacement, la

---

49. En ses éléments du moins, cette argumentation n'est pas propre à Rousseau. Elle doit en particulier beaucoup à la seconde partie de l'*Essai sur l'origine des connaissances humaines* de Condillac (Section première sur *l'origine et les progrès du langage*). A travers Condillac, nous sommes aussi renvoyés à Warburton (*op. cit.*) Probablement aussi aux *Réflexions critiques sur la poésie et la peinture* de l'abbé Du Bos (1719) (notamment au chapitre XXXV sur l'origine des langues), et à la *Rhétorique* du père Lamy qui est d'ailleurs citée dans l'*Essai*. Sur ces problèmes, nous renvoyons à l'édition du second *Discours* dans la « Pléiade » par J. Starobinski (notamment à la note 1 de la p. 151) et aux belles analyses qu'il consacre au thème du signe dans *La transparence et l'obstacle* (p. 169 sq).

mort — est sans doute l'origine du signe et la rupture de
l'immédiateté ; mais c'est à la réduire le plus possible qu'on
marque les contours de la signification. On pense alors le
signe depuis sa limite, qui n'appartient ni à la nature ni à la
convention. ' Or cette limite — celle d'un signe impossible,
d'un signe donnant le signifié, voire la chose, *en personne,*
immédiatement — est nécessairement plus proche du geste ou
du regard que de la parole. Une certaine idéalité du son se
comporte essentiellement comme une puissance d'abstraction et
de médiation. Le mouvement de la baguette est riche de tous
les discours possibles mais aucun discours ne peut le reproduire
sans l'appauvrir et le déformer. Le signe écrit est absent au
corps mais cette absence s'est déjà annoncée dans l'élément
invisible et éthéré de la parole, impuissante à imiter le contact
et le mouvement des corps. Le geste, celui de la passion plutôt que celui du besoin, considéré dans sa pureté d'origine,
nous garde contre une parole déjà aliénante, parole portant
déjà en soi l'absence et la mort. C'est pourquoi, quand il ne
précède pas la parole, il la supplée, en corrige le défaut et
en comble le manque. Le mouvement de la baguette supplée
tous les discours qui, à une plus grande distance, se substi-
tueraient à elle. Ce rapport de supplémentarité mutuelle et
incessante est l'ordre du langage. C'est l'origine du langage,
telle que la décrit, sans la déclarer, l'*Essai sur l'origine des
langues,* qui s'accorde ici encore au second *Discours* : dans les
deux textes, le geste visible, plus naturel et plus expressif, peut
s'adjoindre comme un supplément à la parole qui est elle-
même un substitut du geste. Ce graphique de la supplémentarité est l'origine des langues ; il sépare le geste et la parole
primitivement unis dans la pureté mythique, absolument immédiate et donc naturelle, du cri :

> « Le premier langage de l'homme, le langage le plus uni-
> versel, le plus énergique, et le seul dont il eut besoin avant qu'il
> fallût persuader des hommes assemblés, est le cri de la
> Nature... Quand les idées des hommes commencèrent à
> s'étendre et à se multiplier, et qu'il s'établit entre eux une
> communication plus étroite, ils cherchèrent des signes plus
> nombreux et un langage plus étendu : *Ils multiplièrent les
> inflexions de la voix, et y joignirent les gestes, qui, par leur
> Nature, sont plus expressifs, et dont le sens dépend moins
> d'une détermination antérieure* ». (P. 148. Nous soulignons.)

Le geste est ici un adjoint de la parole mais cet *adjoint* n'est pas un supplément d'artifice, c'est un re-cours à un signe plus naturel, plus expressif, plus immédiat. Il est plus universel dans la mesure où il dépend moins des conventions [50]. Mais si le geste suppose une distance et un espacement, un milieu de visibilité, il cesse d'être efficace lorsque l'excès de l'éloignement ou des médiations interrompt la visibilité : alors la parole supplée le geste. Tout dans le langage est substitut, et ce concept de substitut précède l'opposition de la nature et de la culture : le supplément peut aussi bien être naturel — le geste — qu'artificiel — la parole.

> « Mais comme le geste n'indique guère que les *objets présents* ou faciles à décrire et les *actions visibles ;* qu'il n'est pas d'un usage universel, puisque l'obscurité, ou l'interposition d'un corps le rendent inutile, *et qu'il exige l'attention plutôt qu'il ne l'excite ;* on s'avisa enfin de lui *substituer* les articulations de la voix, qui, sans avoir le même rapport avec certaines idées, sont plus propres à les représenter toutes, comme signes institués ; *substitution* qui ne put se faire que d'un commun consentement et d'une manière assez difficile à pratiquer pour des hommes dont les organes grossiers n'avaient encore aucun exercice, et plus difficile encore à concevoir en elle-même, puisque cet accord unanime dut être motivé, et que la parole paraît avoir été fort nécessaire pour établir l'usage de la parole. » (Pp. 148-149. Nous soulignons.)

La parole excite l'attention, le visible l'exige : est-ce parce que l'ouïe est toujours ouverte et offerte à la provocation, plus passive que le regard ? On peut *plus naturellement* fermer les yeux ou distraire son regard que s'empêcher d'entendre. Cette situation naturelle est d'abord, ne l'oublions pas, celle du nourrisson.

Cette structure de supplémentarité réfléchie, mutuelle, spéculative, infinie, permet seule d'expliquer que le langage d'espace, le regard et le mutisme (dont Rousseau savait aussi [51]

---

50. A propos de la « langue naturelle » de l'enfant : « Au langage de la voix *se joint* celui du geste, non moins énergique. Ce geste n'est pas dans les faibles mains des enfants, il est sur leurs visages » *(Emile,* p. 45. Nous soulignons.).

51. « La psychanalyse nous le dira : le mutisme dans le rêve est une représentation usuelle de la mort » (Freud, *Le choix des trois coffrets).* Rousseau dit aussi dans les *Rêveries* que le silence « offre une image de la mort » (p. 1047).

qu'ils signifient la mort) tiennent parfois lieu de parole lorsque celle-ci comporte *une plus grande* menace d'absence et entame l'énergie de la vie. Dans ce cas, la langue des gestes visibles est plus vive. L'amour « put aussi inventer la parole, mais moins heureusement. Peu content d'elle, il la dédaigne : il a des manières plus vives de s'exprimer. Que celle qui traçait avec tant de plaisir l'ombre de son amant lui disait de choses ! Quels sons eût-elle employés pour rendre ce mouvement de baguette ? »

C'est donc après l'invention du langage et la naissance de la passion que, pour se ressaisir de la présence, le désir, selon un schéma que nous avons reconnu, revient au mouvement de la baguette, au doigt et à l'œil, au mutisme chargé de discours. Il s'agit d'un retour supplémentaire vers le plus naturel et non d'une origine du langage. Rousseau le précise ensuite en distinguant le geste de la gesticulation : celui-là, qui dessine l'ombre de la présence, manie silencieusement la première métaphore ; celle-ci est un adjoint indiscret et encombrant de la parole. C'est un mauvais supplément. Le langage silencieux de l'amour n'est pas un geste pré-linguistique, c'est une « éloquence muette ».

> « Nos gestes [à nous, Européens] ne signifient rien que notre inquiétude naturelle ; ce n'est pas de ceux-là que je veux parler. Il n'y a que les Européens qui gesticulent en parlant : on dirait que toute la force de leur langue est dans leurs bras ; ils y ajoutent encore celle des poumons, et tout cela ne leur sert guère. Quand un Franc s'est bien démené, s'est bien tourmenté le corps à dire beaucoup de paroles, un Turc ôte un moment la pipe de sa bouche, dit deux mots à demi voix, et l'écrase d'une sentence ». (Ici le Turc n'est plus, comme sa langue, du Nord, mais de l'Orient. Nous sommes à la fois du Nord et de l'Occident.)

La valeur du signe muet est aussi bien celle de la sobriété et de la discrétion *dans la parole* : l'économie de la parole.

> « Depuis que nous avons appris à gesticuler, nous avons oublié l'art des pantomimes, par la même raison qu'avec beaucoup de belles grammaires nous n'entendons plus les symboles des Egyptiens. Ce que les anciens disaient le plus vivement, ils ne l'exprimaient pas par des mots, mais par des signes ; ils ne le disaient pas, ils le montraient. »

Ce qu'ils montraient, entendons-le bien, ce n'était pas la chose mais sa métaphore hiéroglyphique, le signe visible. Cet éloge de la symbolique égyptienne pourrait surprendre : c'est un éloge de l'écriture et un éloge de la sauvagerie, plus précisément de cette écriture dont il nous est dit plus loin qu'elle convient aux peuples sauvages. La sauvagerie ne caractérise pas l'état primitif de l'homme, l'état de pure nature, mais l'état de la société naissante, du premier langage et des premières passions. Etat structurellement antérieur à l'état barbare, lui-même antérieur à la société civile. En effet, dans le chapitre « De l'écriture » (V), les hiéroglyphes égyptiens sont définis l'écriture la plus grossière et la plus antique. Elle conviendrait aux peuples rassemblés en nation sous la forme de la sauvagerie :

> « Plus l'écriture est grossière, plus la langue est antique. La première manière d'écrire n'est pas de peindre les sons, mais les objets mêmes, soit directement, comme faisaient les Mexicains, soit par des figures allégoriques, comme firent autrefois les Egyptiens. Cet état répond à la langue passionnée, et suppose déjà quelque société et des besoins que les passions ont fait naître. » ...« La peinture des objets convient aux peuples sauvages. »

La langue hiéroglyphique est une langue passionnée. La sauvagerie se tient au plus près de cette origine passionnelle de la langue. Le paradoxe, c'est qu'elle se tienne ainsi plus près de l'écriture que de la parole. Car le geste, qui ailleurs exprime le besoin, représente ici la passion. Il est écriture non seulement parce qu'il trace, comme le mouvement de la baguette, un dessin dans l'espace, mais parce que le signifiant signifie d'abord un signifiant, et non la chose même ni un signifié directement présenté. Le graphe hiéroglyphique est déjà allégorique. Le geste qui dit la parole avant les mots et qui « argumente aux yeux », tel est le moment de l'écriture sauvage.

> « Ouvrez l'histoire ancienne ; vous la trouverez pleine de ces manières d'argumenter aux yeux, et jamais elles ne manquent d'offrir un effet plus assuré que tous les discours qu'on aurait pu *mettre à la place*. L'objet offert avant de parler, ébranle l'imagination, excite la curiosité, tient l'esprit en suspens et dans l'attente de ce qu'on va dire. J'ai remarqué que les Italiens et les Provençaux, chez qui pour l'ordinaire le geste précède le discours, trouvent ainsi le moyen de se

337

faire mieux écouter, et même avec plus de plaisir. *Mais le langage le plus énergique est celui où le signe a tout dit avant qu'on parle.* Tarquin, Thrasybule abattant les têtes des pavots, Alexandre appliquant son cachet sur la bouche de son favori, Diogène se promenant devant Zenon, ne parlaient-ils pas mieux qu'avec des mots ? Quel circuit de paroles eût aussi bien exprimé les mêmes idées [52] ? » (Nous soulignons.)

Comment la langue du geste ou du regard peut-elle exprimer ici la passion, et ailleurs le besoin ? La « contradiction » entre ces différents textes répond à l'unité d'une intention et à la nécessité d'une contrainte.

1. Rousseau dit le désir de la présence immédiate. Quand celle-ci est *mieux représentée* par la portée de voix et réduit la dispersion, il fait l'éloge de la parole vive, qui est alors la langue des passions. Quand l'immédiateté de la présence est *mieux représentée* par la proximité et la rapidité du geste et du regard, il fait l'éloge de l'écriture la plus sauvage, celle qui ne représente pas le représentant oral : le hiéroglyphe.

2. Ce concept d'écriture désigne le lieu du malaise, de l'incohérence réglée dans la conceptualité, et bien au-delà de l'*Essai*, et bien au-delà de Rousseau. Cette incohérence tiendrait à ce que l'unité du besoin et de la passion (avec tout le système des significations associées) vient sans cesse effacer la limite que Rousseau obstinément dessine et rappelle. Cette nervure centrale, sans laquelle tout l'organisme conceptuel s'effondrerait, Rousseau la *déclare* et *veut la penser* comme une distinction, il la *décrit* comme une différance supplémentaire. Celle-ci contraint en son graphique l'étrange unité de la passion et du besoin.

En quoi l'écriture la révèle-t-elle ? En quoi l'écriture est-elle, comme la pitié, par exemple, dans la nature et hors de la nature ? Et que signifie ici, comme naguère celui de l'imagi-

---

52. On retrouve tous ces exemples, dans des termes voisins, au livre IV de l'*Emile*. Il s'agit de louer, dans l'éloquence antique, l'économie de la parole : « Ce qu'on disait le plus vivement ne s'exprimait pas par des mots, mais par des signes ; on ne le disait pas, on le montrait. L'objet qu'on expose aux yeux ébranle l'imagination, excite la curiosité, tient l'esprit dans l'attente de ce qu'on va dire : et souvent cet objet seul a tout dit. Thrasybule et Tarquin coupant des têtes de pavots, Alexandre appliquant son sceau... etc... Quel circuit de paroles eût aussi bien rendu les mêmes idées ? » (p. 400).

nation, l'éveil de l'écriture, si celle-ci n'appartient ni à la nature ni à son autre ?

L'écriture précède et suit la parole, elle la comprend. Cela est déjà vrai du seul point de vue qui nous occupe en ce moment : celui de la structure de l'*Essai*. D'une part en effet la théorie de l'écriture suit la généalogie de la parole et se propose comme une sorte d'appendice supplémentaire. Une fois que l'on a décrit l'origine passionnelle de la parole, on peut accessoirement considérer cet accessoire qu'est l'écriture pour en tirer quelque information supplémentaire quant à l'état des langues. Tout le chapitre « De l'écriture » est ouvert et commandé par ce projet déclaré. Après avoir résumé le progrès des langues et le mouvement de supplémentarité et de substitution qui le tient sous sa loi (« on supplée » aux accents qui s'effacent par de nouvelles articulations, on « substitue aux sentiments les idées », etc.), Rousseau introduit un nouveau développement : « Un autre moyen de comparer les langues et de juger de leur ancienneté se tire de l'écriture, et cela en raison inverse de la perfection de cet art. »

Et pourtant l'écriture avait dû apparaître avant même qu'il ne fût question de la parole et de son origine passionnelle. Le mouvement de la baguette et le hiéroglyphe exprimaient une passion avant la passion qui arrache « les premières voix » ; et comme l'écriture sera aussi reconnue comme le langage du besoin, elle aura dit le besoin avant le besoin. La première allusion à l'écriture se tient hors de prise pour toute *distinction,* sinon pour toute différance du besoin à la passion. L'*intérêt* d'écrire réclame une conceptualité nouvelle.

C'est que l'origine métaphorique de la parole ouvre un œil, pourrait-on dire, au centre de la langue. Et la passion qui arrache les premières voix a rapport à l'image. La visibilité inscrite sur l'acte de naissance de la voix n'est pas purement perceptive, elle est signifiante. L'écriture est la veille de la parole. Cela apparaît aussi dès le premier chapitre.

> « Darius, engagé dans la Scythie avec son armée, reçoit de la part du roi des Scythes une grenouille, un oiseau, une souris, et cinq flèches : le héraut remet son présent en silence et part. Cette terrible harangue fut entendue, et Darius n'eut plus grande hâte que de regagner son pays comme il put. *Substituez une lettre* [c'est-à-dire une écriture phonétique] à ces signes : plus elle sera menaçante, moins elle effraiera ;

ce ne sera plus qu'une gasconnade dont Darius n'aurait fait que rire [53]. » Et après une autre série d'exemples bibliques ou grecs, « *Ainsi l'on parle aux yeux bien mieux qu'aux oreilles. Il n'y a personne qui ne sente la vérité du jugement d'Horace à cet égard. On voit même que les discours les plus éloquents sont ceux où l'on enchâsse le plus d'images ; et les sons n'ont jamais plus d'énergie que quand ils font l'effet des couleurs* ». (Nous soulignons.)

Conséquence décisive : l'éloquence tient à l'image. Ce qui s'annonce déjà, c'est « Que le premier langage dut être figuré » (titre du chapitre III). La métaphore dans le langage parlé tire son *énergie* du visible et d'une sorte de picto-hiéroglyphie orale. Or si l'on considère que Rousseau associe ailleurs la visibilité, l'espace, la peinture, l'écriture, etc., à la perte d'énergie passionnelle, au besoin et parfois à la mort, il faut bien conclure à l'unité, dans l'*intérêt d'écrire,* de valeurs hétérogènes ou déclarées telles. Mais cette unité de l'intérêt d'écrire, Rousseau ne peut pas la déclarer. Il ne peut que la décrire en contrebande en jouant sur les lieux différents de son discours. Quitte à se contredire, il met l'écriture du côté du besoin et

---

53. Ce récit, que rappellent tous les grands ouvrages consacrés à l'histoire de l'écriture, nous vient de Clément d'Alexandrie et d'Hérodote. Rousseau l'a peut-être lu dans l'*Essai sur les hiéroglyphes* de Warburton : « Clément d'Alexandrie nous rapporte cette histoire en ces termes : « Suivant que Pherecydes Syrus l'a raconté, on dit qu'Idanthura, roi des Scythes, étant prêt à combattre Darius, qui avait passé l'Ister, au lieu de lui envoyer une lettre, lui envoya, par forme de symbole, une souris, une grenouille, un oiseau, un dard, et une charrue. » Ce message devant suppléer à la parole et à l'écriture, nous en voyons la signification exprimée par un mélange d'action et de peinture. » Warburton rappelle en note l'interprétation d'Hérodote (I. IV) : « Darius crut que les Scythes voulaient lui dire par cette énigme, qu'ils lui présentaient la terre et l'eau, et se soumettaient à lui. La souris, à ce qu'il prétendait, signifiait la terre ; la grenouille signifiait l'eau ; l'oiseau pouvait être comparé au cheval ; et, par les flèches, ils marquaient qu'ils se dépouillaient de leur puissance. Mais Gobrias, l'un de ceux qui avaient détruit les Mages, donna une autre interprétation. « Si au lieu de fuir, dit-il, comme des oiseaux, vous vous cachez dans la terre, ou dans l'eau, comme les souris et les grenouilles, vous périrez par *ces* flèches. » Car Hérodote, au lieu d'un dard, compte cinq flèches, et ne dit rien de la charrue, etc... J'ai cru faire plaisir au Lecteur d'ajouter ce Commentaire d'Hérodote au Texte de Pherecydes » (pp. 63-65).

la parole du côté de la passion. Dans le passage que nous citions à l'instant, il est clair qu'il s'agit de signes passionnels. Cela sera plus loin confirmé lorsque l'écriture hiéroglyphique sera définie une « langue passionnée ». Et pourtant, si « les sons n'ont jamais plus d'énergie que quand ils font l'effet des couleurs », ce n'est pas la couleur ou l'espace en eux qui s'adresse à la passion. Rousseau renverse alors brusquement l'ordre de la démonstration : seule la parole a pouvoir d'exprimer ou d'exciter la passion.

> « Mais lorsqu'il est question d'émouvoir le cœur et d'enflammer les passions, c'est tout autre chose. L'impression successive du discours, qui frappe à coups redoublés, vous donne bien une *autre émotion que la présence de l'objet même*, où d'un coup d'œil vous avez tout vu. Supposez une situation de douleur parfaitement connue ; en voyant la personne affligée vous serez difficilement ému jusqu'à pleurer : mais laissez-lui le temps de vous dire tout ce qu'elle sent, et bientôt vous allez fondre en larmes. Ce n'est qu'ainsi que les scènes de tragédie font leur effet *. La seule pantomime sans discours vous laissera presque tranquille ; le discours sans geste vous arrachera des pleurs. *Les passions ont leur gestes mais elles ont aussi leurs accents : et ces accents qui nous font tressaillir, ces accents auxquels on ne peut dérober son organe, pénètrent par lui jusqu'au fond du cœur, y portent malgré nous les mouvements qui les arrachent, et nous font sentir ce que nous entendons. Concluons que les signes visibles rendent l'imitation plus exacte, mais que l'intérêt s'excite mieux par les sons.*
>
> * J'ai dit ailleurs pourquoi *les malheurs feints nous touchent bien plus que les véritables.* Tel sanglote à la tragédie, qui n'eut de ses jours pitié d'aucun malheureux. L'invention du théâtre est admirable pour enorgueillir notre amour-propre de toutes les vertus que nous n'avons point. »

Dans cet enchaînement nous avons pu souligner deux lignes maîtresses.

Tout d'abord le son nous touche, nous intéresse, nous passionne davantage parce qu'*il nous pénètre*. Il est l'élément de l'intériorité parce que son essence, son énergie propre implique que la réception en soit obligée. Comme nous le notions plus haut, je peux fermer les yeux, je peux éviter d'être touché par ce que je vois et qui se perçoit à distance. Mais ma passivité et ma passion sont tout offertes aux « accents auxquels on ne peut dérober son organe », qui « pénètrent par lui jusqu'au fond du cœur, y portent malgré nous les mouvements qui les arrachent ». La voix pénètre violemment en moi, elle est la voie privilégiée pour l'effraction et l'intériorisation, dont la réciprocité se produit dans le « s'entendre-parler », dans la structure de la voix et de l'interlocution [54].

Cette violence oblige Rousseau à tempérer l'éloge de la passion et à suspecter cette complicité de la voix et du cœur. Mais une autre violence complique encore davantage ce schéma. Dans la voix, la présence de l'objet disparaît déjà. La présence à soi de la voix et du s'entendre-parler dérobe la chose même que l'espace visible laissait être devant nous. La chose disparaissant, la voix y substitue un signe sonore qui peut, à la place de l'objet dérobé, pénétrer profondément en moi, s'y loger « jusqu'au fond du cœur ». C'est la seule manière d'intérioriser le phénomène : en le transformant en akoumène. Ce qui suppose une synergie et une synesthésie originaires ; mais aussi que le dérobement de la présence dans la forme de l'objet, de l'être-devant-les-yeux ou sous-la-main, installe une sorte de fiction, sinon de mensonge, à l'origine même de la parole. La parole ne donne jamais la chose même, mais un simulacre qui nous touche plus profondément que la vérité, nous « frappe » plus efficacement. Autre ambiguïté dans l'appréciation de la parole. Ce n'est pas la présence même de l'objet qui nous émeut mais son signe phonique : « L'impression successive du discours qui frappe à coups redoublés, vous donne bien une autre émotion que la présence de l'objet même... J'ai dit ailleurs pourquoi les malheurs feints nous touchent bien plus que les véritables... » Si le théâtre est condamné, ce n'est donc pas parce qu'il est, comme son nom l'indique, un lieu de spectacle : c'est parce qu'il donne à entendre.

Ainsi s'explique la nostalgie d'une société du besoin que Rousseau disqualifie si durement ailleurs. Rêve d'une société muette, d'une société avant l'origine des langues, c'est-à-dire, en toute rigueur, avant la société.

> « Ceci me fait penser que si nous n'avions jamais eu que des besoins physiques, nous aurions fort bien pu ne parler jamais, et nous entendre parfaitement par la seule langue du geste. Nous aurions pu établir des sociétés peu différentes de

---

54. Cf. *La voix et le phénomène.*

ce qu'elles sont aujourd'hui, ou qui même auraient mieux marché à leur but. Nous aurions pu instituer des lois, choisir des chefs, inventer des arts, établir le commerce, et faire, en un mot, presque autant de choses que nous en faisons par le secours de la parole. La langue épistolaire des salams transmet, sans crainte des jaloux, les secrets de la galanterie orientale à travers les harems les mieux gardés. Les muets du Grand-Seigneur s'entendent entre eux, et entendent tout ce qu'on leur dit par signes, tout aussi bien qu'on peut le dire par le discours. »

Au regard de cette société d'écriture muette, l'avènement de la parole ressemble à une catastrophe, à une malchance imprévisible. Rien ne la rendait nécessaire. A la fin de l'*Essai*, ce schéma est exactement inversé.

Les choses se compliquent encore si l'on considère que la langue des besoins est une langue naturelle et qu'il serait alors difficile de trouver un critère sûr pour distinguer entre cette société muette et la société animale. On s'aperçoit alors que la seule différence entre ce que Rousseau voudrait considérer comme la fixité du langage animal et le progrès des langues humaines ne tient à aucun organe, à aucun sens, n'est à chercher ni dans l'ordre du visible ni dans l'ordre de l'audible. C'est une fois de plus le *pouvoir de substituer un organe à l'autre, d'articuler l'espace et le temps*, la vue et la voix, la main et l'esprit, c'est *cette faculté de supplémentarité* qui est la véritable « origine », — ou non-origine — des langues : l'articulation en général, comme articulation de la nature et de la convention, de la nature et de tous ses autres. C'est ce qu'il faut souligner dès la fin du chapitre I :

« Il paraît encore par les mêmes observations que l'invention de l'art de communiquer nos idées dépend moins des organes qui nous servent à cette communication, que d'une faculté propre à l'homme, qui lui fait employer ses organes à cet usage, et qui, *si ceux-là lui manquaient, lui en ferait employer d'autres à la même fin*. Donnez à l'homme une organisation tout aussi grossière qu'il vous plaira : sans doute il acquerra moins d'idées ; mais pourvu seulement qu'il y ait entre lui et ses semblables quelque moyen de communication par lequel l'un puisse agir et l'autre sentir, ils parviendront à se communiquer enfin tout autant d'idées qu'ils en auront. Les animaux ont pour cette communication une organisation plus que suffisante, et jamais aucun d'eux n'en a

fait cet usage. Voilà, ce me semble, une différence bien caractéristique. Ceux d'entre eux qui *travaillent et vivent en commun, les castors, les fourmis, les abeilles, ont quelque langue
naturelle pour s'entre-communiquer, je n'en fais aucun doute.*
Il y a même lieu de croire que la langue des castors et celle
des fourmis sont *dans le geste et parlent seulement aux yeux.*
Quoi qu'il en soit, par cela même que les unes et les autres de
ces langues sont naturelles, elles ne sont pas acquises ; les
animaux qui les parlent les ont en naissant : ils les ont tous
et partout la même ; ils n'en changent point, ils n'y font pas
le moindre progrès. La langue de convention n'appartient
qu'à l'homme. »

La langue animale — et l'animalité en général — représentent ici le mythe encore vivace de la fixité, de l'incapacité
symbolique, de la non-supplémentarité. Si nous considérons
le *concept* d'animalité non pas dans son contenu de connaissance ou de méconnaissance mais dans la *fonction* qui lui est
réservée, nous voyons qu'il doit repérer un moment de la *vie*
qui ignore encore tout ce dont on veut décrire ici l'apparition
et le jeu : le symbole, la substitution, le manque et l'addition
supplémentaire, etc. Une vie qui n'ait pas encore entamé le
jeu de la supplémentarité et qui du même coup ne se soit
pas encore laissée entamer par lui : une vie sans différance et
sans articulation.

L'inscription de l'origine.

Ce détour était nécessaire pour ressaisir la fonction du
concept d'*articulation*. Celle-ci entame le langage : elle ouvre
la parole comme institution née de la passion mais elle menace
le chant comme parole originelle. Elle le tire du côté du besoin
et de la raison — qui sont complices — et par conséquent
se prête mieux à l'écriture. Plus une langue est articulée, moins
elle est accentuée, plus elle est rationnelle, moins elle est musicale, moins elle perd dès lors à être écrite, mieux elle exprime
le besoin. Elle devient nordique.

Ce mouvement, Rousseau voudrait le donner à penser comme
un accident. Il le décrit pourtant dans sa nécessité originaire.
Cet accident malheureux est aussi un « progrès naturel ». Il
ne survient pas à un chant constitué, il ne surprend pas une

discours de Freud, la veille et le rêve),* il faudrait donc définir un espace dans lequel cette « contradiction » réglée a été possible et peut être décrite. Ce qu'on appelle « histoire des idées » devrait commencer par dégager cet espace avant d'articuler son champ sur d'autres champs. Ce sont là, bien entendu, des questions que nous pouvons seulement poser.

Quelles sont les deux possibilités contradictoires que Rousseau veut sauver simultanément ? Et comment s'y prend-il ? Il veut d'une part *affirmer*, lui accordant une valeur positive, tout ce dont l'articulation est le principe ou tout ce avec quoi elle fait système (la passion, la langue, la société, l'homme, etc.). Mais il entend affirmer simultanément tout ce qui est biffé par l'articulation (l'accent, la vie, l'énergie, encore la passion, etc.). Le supplément étant la structure articulée de ces deux possibilités, Rousseau ne peut alors que le décomposer et le dissocier en deux simples, logiquement contradictoires mais laissant au négatif et au positif une pureté inentamée. Et pourtant Rousseau, pris, comme la logique de l'identité, *dans* le graphique de la supplémentarité, dit ce qu'il ne veut pas dire, décrit ce qu'il ne veut pas conclure : que le positif (est) le négatif, la vie (est) la mort, la présence (est) l'absence et que cette supplémentarité répétitive n'est comprise en aucune dialectique, si du moins ce concept est commandé, comme il l'a toujours été, par un horizon de présence. Aussi Rousseau n'est-il pas le seul à être pris dans le graphique de la supplémentarité. Tout sens et par suite tout discours y est pris. En particulier, et par un tour singulier, le discours de la métaphysique à l'intérieur de laquelle se déplacent les concepts de Rousseau. Et lorsque Hegel dira l'unité de l'absence et de la présence, du non-être et de l'être, la dialectique ou l'histoire continueront d'être, du moins dans cette couche du discours que nous appelions le vouloir-dire de Rousseau, un mouvement de médiation entre deux présences pleines. La parousie eschatologique est aussi présence de la parole pleine, résumant toutes ses différences et ses articulations dans la conscience (de) soi du logos. Par conséquent, avant de poser les questions nécessaires sur la situation historique du texte de Rousseau, il faut repérer tous les traits de son appartenance à la métaphysique de la présence, de Platon à Hegel, rythmée par l'articulation de la présence en présence à soi. L'unité de cette tradition métaphysique doit être respectée dans sa permanence générale à travers tous les traits d'appartenance, les séquences généalogiques, les circuits plus étroits de causalité qui enchaînent le texte de Rousseau. Il faut reconnaître, préalablement et prudemment, ce qui revient à cette historicité ; faute de quoi, ce qu'on inscrirait dans une structure plus étroite ne serait pas un texte et surtout pas le texte de Rousseau. Il ne suffit pas de comprendre le texte de Rousseau à l'intérieur de cette implication des époques de la métaphysique ou de l'Occident — ce que nous ne faisons ici qu'esquisser très timidement. Il faut aussi savoir que cette histoire de la métaphysique, à laquelle revient le concept d'histoire lui-même, appartient à un ensemble auquel le nom d'histoire ne convient sans doute plus. Tout ce jeu d'implications est si complexe qu'il y aurait plus que de l'imprudence à vouloir s'assurer de ce qui revient en propre à un texte, par exemple à celui de Rousseau. Cela n'est pas seulement difficile, voire impossible en fait : la question à laquelle on prétendrait ainsi répondre n'a sans doute aucun sens hors de la métaphysique de la présence, du propre et du sujet. Il n'y a pas, à rigoureusement parler, de texte dont l'auteur ou le sujet soit Jean-Jacques Rousseau. De cette proposition principale, il reste à tirer les conséquences rigoureuses, sans brouiller toutes les propositions subordonnées sous prétexte que leur sens et leurs limites sont déjà contestées en leur racine première.

La neume.

On cherchera donc comment opère Rousseau, par exemple, lorsqu'il tente de définir la limite de possibilité de ce dont il décrit l'impossibilité : la voix naturelle ou la langue inarticulée. Non plus le cri animal, avant la naissance du langage ; mais pas encore la langue articulée, déjà travaillée par l'absence et la mort. Entre le pré-linguistique et le linguistique, entre le cri et la parole, l'animal et l'homme, la nature et la société, Rousseau cherche une limite « naissante » et il lui donne plusieurs déterminations. Il y en a au moins deux qui ont la même fonction. Elles ont rapport à l'enfance et à Dieu. Chaque fois, deux prédicats contradictoires sont réunis : il s'agit d'une langue pure de toute supplémentarité.

Le modèle de cette impossible « voix naturelle », c'est d'abord celle de l'enfance. Décrite au conditionnel dans l'*Essai*

— rappelons-nous l'analyse des « voix naturelles » qui « sont inarticulées » — la voici dans l'*Emile*. L'*alibi* et le *in illo tempore* ne sont plus le Chinois ou le Grec, mais l'enfant :

> « *Toutes nos langues sont des ouvrages de l'art.* On a longtemps cherché s'il y avait une *langue naturelle* et commune à tous les hommes ; sans doute il y en a une ; *et c'est celle que les enfants parlent avant de savoir parler. Cette langue n'est pas articulée, mais elle est accentuée, sonore, intelligible. L'usage des nôtres nous l'a fait négliger au point de l'oublier tout à fait. Etudions les enfants, et bientôt nous la rapprendrons auprès d'eux. Les nourrices sont nos maîtres dans cette langue ; elles entendent tout ce que disent leurs nourrissons ; elles leur répondent, elles ont avec eux des dialogues très bien suivis ; et quoiqu'elles prononcent des mots, ces mots sont parfaitement inutiles ; ce n'est point le sens des mots qu'ils entendent, mais l'accent dont il est accompagné.* » (P. 45. Nous soulignons.)

Parler avant de savoir parler, telle est la limite vers laquelle obstinément Rousseau conduit sa répétition d'origine. Cette limite est bien celle de la non-supplémentarité mais comme il doit déjà y avoir langage, il faut que le supplément soit annoncé sans s'être produit, que le manque et l'absence aient commencé sans commencer. Sans l'appel du supplément, l'enfant ne parlerait pas du tout : s'il ne souffrait pas, s'il ne lui manquait rien, il n'appellerait pas, il ne parlerait pas. Mais si la supplémentarité s'était simplement produite, si elle avait vraiment commencé, l'enfant parlerait en sachant parler. Or *l'enfant parle avant de savoir parler.* Il a le langage, mais ce qui manque à son langage, c'est de pouvoir *se remplacer lui-même,* de pouvoir substituer un signe à un autre, un organe d'expression à un autre ; ce qui lui manque, c'est, comme le disait l'*Essai*, nous nous en souvenons, « une faculté propre à l'homme, qui lui fait employer ses organes à cet usage, et qui, si ceux-là lui manquaient, lui en ferait employer d'autres à la même fin ». L'enfant — le concept d'enfant — est ici le concept de ce qui n'a qu'un seul langage parce qu'il n'a qu'un seul organe. Et cela signifie que son manque, son mal-être lui-même est unique et uniforme, ne se prêtant à aucune substitution, à aucune opération de suppléance. Tel est l'enfant de Rousseau. Il n'a pas le langage parce qu'il n'en a qu'un :

> « Il n'a qu'un langage, parce qu'il n'a, pour ainsi dire,

qu'une sorte de mal-être : dans l'imperfection de ses organes, il ne distingue point leurs impressions diverses ; tous les maux ne forment pour lui qu'une sensation de douleur. » (P. 46.)

L'enfant saura parler lorsque les formes de son mal-être pourront se substituer les unes aux autres ; alors il pourra glisser d'un langage à un autre, glisser un signe sous un autre, jouer avec les substances signifiantes : il entrera dans l'ordre du supplément, ici déterminé comme ordre humain : il ne pleurera plus, il saura dire « j'ai mal ».

« Quand les enfants commencent à parler, ils pleurent moins. Ce progrès est naturel : un langage est substitué à l'autre... Dès qu'une fois *Emile* aura dit : *j'ai mal,* il faudra des douleurs bien vives pour le forcer de pleurer » (p. 59).

Parler avant de savoir parler : l'enfance est le bien parce que la parole est le bien, le propre de l'homme. Or l'enfant parle. L'enfance est le bien parce que le savoir-parler ne va pas sans le mal d'articulation. Or l'enfant ne sait pas parler. Mais l'enfance n'est pas le bien puisque déjà elle parle ; et elle n'est pas le bien parce qu'elle n'a pas le propre et le bien de l'homme : le savoir-parler. D'où l'instabilité réglée des jugements sur l'enfance : pour le meilleur et pour le pire, celle-ci est tantôt du côté de l'animalité, tantôt du côté de l'humanité. Que l'enfant parle sans savoir parler, cela peut être mis à son crédit ; mais il parle aussi sans savoir chanter : en quoi il n'est plus l'animal qui ne parle ni ne chante, mais pas encore l'homme qui parle et chante :

« L'homme a trois sortes de voix, savoir, la voix parlante ou articulée, la voix chantante ou mélodieuse, et la voix pathétique ou accentuée, qui sert de langage aux passions, et qui anime le chant et la parole. L'enfant a ces trois sortes de voix ainsi que l'homme, sans les savoir allier de même ; il a comme nous le rire, les cris, les plaintes, l'exclamation, les gémissements, mais il ne sait pas en mêler les inflexions aux deux autres voix. Une musique parfaite est celle qui réunit le mieux ces trois voix. Les enfants sont incapables de cette musique-là, et leur chant n'a jamais d'âme. De même, dans la voix parlante, leur langage n'a point d'accent ; ils crient, mais ils n'accentuent pas ; et comme dans leur discours, il y a peu d'accent, il y a peu d'énergie dans leur voix. » *(Emile,* p. 161-162.)

L'articulation est bien, où qu'on la prenne, l'articulation : celle des membres et des organes, la différance (dans le) corps (propre). Or ce qui semble le plus propre à effacer cette diffé-rance dans l'expression naturelle, n'est-ce pas le souffle ? Un souffle parlant, chantant, souffle de langage mais souffle inarticulé.

Un tel souffle ne peut avoir une origine et une destination humaines. Il n'est plus en voie d'humanité comme la langue de l'enfant, mais de surhumanité. Son principe et sa fin sont théologiques, comme la voix et la providence de la nature. C'est sur ce modèle onto-théologique que Rousseau règle ses répétitions d'origine. Ce modèle exemplaire d'un souffle (pneuma) pur et d'une vie inentamée, d'un chant et d'un langage inarticulés, d'une parole sans espacement, nous en avons, bien qu'il soit utopique et atopique, un paradigme à notre mesure. Nous pouvons le nommer et le définir. C'est la *neume* : pure vocalisation, forme d'un chant inarticulé, sans parole, dont le nom veut dire souffle, qui nous est inspirée par Dieu et ne peut s'adresser qu'à lui. Telle la définit le *Dictionnaire de musique* :

> « NEUME, s. f. Terme de plain-chant. La *neume* est une espèce de courte récapitulation du chant d'un mode, laquelle se fait à la fin d'une antienne par une simple variété de sons et sans y joindre aucunes paroles. Les catholiques autorisent ce singulier usage sur un passage de saint Augustin, qui dit que, ne pouvant trouver des paroles dignes de plaire à Dieu, l'on fait bien de lui adresser des chants confus de jubilation : « Car à qui convient une telle jubilation sans paroles, si ce n'est à l'être ineffable, *lorsqu'on ne peut ni se taire, ni rien trouver dans ses transports qui les exprime, si ce n'est des sons inarticulés ?* » (Nous soulignons.)

Parler avant de savoir parler, ne pouvoir ni se taire ni parler, cette limite de l'origine est bien celle d'une présence pure, assez présente pour être vivante, sentie dans une jouissance, mais assez pure pour rester inentamée par le travail de la différence, assez inarticulée pour que la jouissance de soi ne soit pas altérée par l'intervalle, la discontinuité, l'altérité. Cette expérience de la présence continue à soi, Rousseau pense bien qu'elle n'est *accordée* qu'à Dieu : donnée à Dieu ou à ceux dont le cœur s'accorde à celui de Dieu. C'est bien cet accord, cette ressemblance du divin et de l'humain qui l'inspire lorsqu'il rêve, dans les *Rêveries*, de cette expérience d'un temps réduit à la présence, « *où le présent dure toujours sans néanmoins marquer sa durée et sans aucune trace de succession* ».

Qu'on relise toutes ces pages : elles disent le malheur du temps déchiré en sa présence par le rappel et l'anticipation. La jouissance d'un présent continu et inarticulé est une expérience *presque* impossible : « A peine est-il dans nos plus vives jouissances un instant où le cœur puisse véritablement nous dire : *Je voudrais que cet instant durât toujours.* » Le cœur n'est pas un organe parce qu'il n'est pas inscrit dans un système de différences et d'articulations. Il n'est pas un organe parce qu'il est l'organe de la présence pure. De cet état presque impossible, Rousseau a fait l'expérience à l'Isle de Saint-Pierre. On a beaucoup écrit [55] de cette description, sur les thèmes de la nature, de l'eau, de l'écoulement, etc. La comparant à la pure vocalisation, aux pures voyelles de la langue naturelle et de la neume, nous y découperons seulement le système de quatre significations.

La jouissance de la présence à soi, l'auto-affection pure, inaltérée par aucun dehors, est *accordée* à Dieu :

> « De quoi jouit-on dans une pareille situation ? De rien d'extérieur à soi, de rien sinon de soi-même et de sa propre existence, tant que cet état dure on se suffit à soi-même comme Dieu. »

Il doit y avoir *mouvement*, vie, jouissance du temps, présence à soi. Mais ce mouvement doit être *sans intervalles,* sans différence, sans discontinuité :

> « Il n'y faut ni un repos absolu ni trop d'agitation, mais un mouvement uniforme et modéré qui n'ait ni secousses ni intervalles. Sans mouvement la vie n'est qu'une léthargie. Si le mouvement est inégal ou trop fort il réveille... Le mouvement qui ne vient pas du dehors se fait alors au dedans de nous. »

Ce mouvement est une *parole inarticulée*, une parole d'avant les mots, assez vivante pour parler, assez pure, intérieure et homogène pour ne se rapporter à aucun objet, pour n'accueillir

---

55. Nous nous contenterons de renvoyer aux notes et à la bibliographie données par les éditeurs des *Rêveries* dans la « Pléiade » (p. 1045 sq).

en soi aucune différence mortelle, aucune négativité ; c'est un charme et donc un chant :

> « Si le mouvement est inégal ou trop fort, il réveille ; en nous rappelant aux objets environnants, il détruit le charme de la rêverie, et nous arrache d'au dedans de nous pour nous remettre à l'instant sous le joug de la fortune et des hommes et nous rendre au sentiment de nos malheurs. Un silence absolu porte à la tristesse. Il offre une image de la mort. »

Et pourtant cette expérience presque impossible, presque étrangère aux contraintes de la supplémentarité, nous la vivons, si notre cœur est assez pur pour cela, déjà comme un supplément, comme un *dédommagement*. Et c'est la différence entre notre expérience et celle de Dieu lui-même :

> « Mais un infortuné qu'on a retranché de la société humaine et qui ne peut plus rien faire ici bas d'utile et de bon pour autrui ni pour soi, peut trouver dans cet état à toutes les félicités humaines des dédommagements que la fortune et les hommes ne lui sauraient ôter. Il est vrai que ces dédommagements ne peuvent être sentis par toutes les âmes ni dans toutes les situations. Il faut que le cœur soit en paix et qu'aucune passion n'en vienne troubler le calme. »

La différence entre Dieu et nous, c'est que Dieu distribue et que nous recevons les dédommagements. Toute la théologie morale de Rousseau implique, le *Vicaire* utilise souvent ce mot, que la sollicitude divine puisse toujours procurer de justes *dédommagements*. Dieu seul est dispensé du supplément qu'il dispense. Il est la dispense du supplément.

La neume, le charme de la présence à soi, l'expérience inarticulée du temps, autant dire l'*utopie*. Un tel langage — puisqu'il doit s'agir d'un langage — n'a proprement pas lieu. Il ignore l'articulation qui ne va pas sans espacement et sans organisation des lieux. Il n'y a pas de langage avant la différence locale.

Or les quatre chapitres sur la « Différence générale et locale dans l'origine des langues » (VIII), la « Formation des langues méridionales » (IX), la « Formation des langues du nord » (X) et les « Réflexions sur ces différences » (XI) démentent par leur description ce qui semble requis par l'organisation déclarée de l'*Essai*. Ce qu'ils décrivent, c'est qu'il n'y a rien qu'on puisse appeler langage avant l'articulation, c'est-à-dire la différence locale. Car nous verrons que les différences locales entre les deux pôles des langues reviennent toujours à un jeu articulatoire. On ne peut donc décrire la structure ou l'essence générale de la langue sans tenir compte de la topographie. C'est pourtant ce qu'a voulu faire Rousseau en traitant de la langue en général avant d'aborder le chapitre de la différence générale et locale dans l'origine des langues. Ce faisant, il a cru pouvoir dissocier la structure de l'origine ou encore l'origine structurelle de l'origine locale : « Tout ce que j'ai dit jusqu'ici convient aux langues primitives en général, et aux progrès qui résultent de leur durée mais n'explique ni leur origine ni leur différence. » Ainsi s'ouvre le huitième chapitre.

S'il est vrai que l'articulation mesure désormais la différence locale et que rien ne la précède dans le langage, peut-on en conclure que dans la classification des langues, dans leur distribution locale — géographique —, dans la structure de leur devenir, il n'y ait qu'un jeu de rapports, de situations, de relations ? Peut-on en conclure qu'il n'y ait aucun centre absolu, immobile et naturel ? Là encore, il nous faut distinguer entre la description et la déclaration.

Rousseau *déclare* le centre : il y a une seule origine, un seul point-zéro de l'histoire des langues. C'est le sud, la chaleur de la vie, l'énergie de la passion. Malgré la symétrie apparente des deux chapitres, malgré cette *description* d'une double origine dont nous avons parlé plus haut, Rousseau *ne veut pas* parler de deux pôles de formation : seulement d'une formation et d'une déformation. La langue ne se forme vraiment qu'au midi. Le centre originaire du langage est bien réfléchi au centre de l'*Essai,* dans ce chapitre IX qui est de loin le plus long et le plus riche de tous.

Malgré l'apparence, et contrairement à ce qu'on a pu penser, Rousseau ne cesse pas ici simplement d'écarter tous les faits. Sans doute le contenu factuel est-il plus riche que dans le second *Discours*. Mais il fonctionne au titre d'index structural, avec cette « conscience d'exemple » qui règle l'intuition phénoménologique de l'essence. Les premières lignes, la première note autorisent déjà cette interprétation :

> « Dans les premiers temps *, les hommes épars sur la face de la terre n'avaient de société que celle de la famille, de lois que celles de la nature, de langue que le geste et quelques sons inarticulés.

> * *J'appelle les premiers temps ceux de la dispersion des hommes, à quelque âge du genre humain qu'on veuille en fixer l'époque.* »

L'expression « les premiers temps », et tous les indices dont on se servira pour les décrire, ne font donc référence à aucune date, à aucun événement, aucune chronologie. On peut faire varier les faits sans modifier l'invariant structurel. Il s'agit d'un temps avant le temps. Dans toute structure historique possible, il y aurait une strate pré-historique et pré-sociale, pré-linguistique aussi, qu'on devrait toujours pouvoir mettre à nu. La dispersion, la solitude absolue, le mutisme, l'expérience vouée à la sensation pré-réflexive, à l'instant, sans mémoire, sans anticipation, sans imagination, sans pouvoir de raison ni de comparaison, tel serait le sol vierge de toute aventure sociale, historique, linguistique. Le recours à l'illustration factuelle, et même à des événements éloignés de l'origine, est purement fictif. Rousseau, lui, n'en doute pas. Et quand on lui oppose — ou quand il feint de s'opposer — des objections historiques au nom de la vraisemblance ou de la compossibilité des faits, il pirouette, rappelle qu'il se moque bien des faits quand il décrit l'origine et qu'il a donné une définition des « premiers temps ».

> « On me dira que Caïn fut laboureur, et que Noé planta la vigne. Pourquoi non ? Ils étaient seuls ; qu'avaient-ils à craindre ? D'ailleurs ceci ne fait rien contre moi ; j'ai dit ci-devant ce que j'entendais par les premiers temps. »

Nous avons ici une autre entrée dans le problème des rapports entre l'*Essai* et le second *Discours* du point de vue de l'état de pure nature. Il n'y a rien avant les « premiers temps » et donc aucun décalage rigoureusement déterminable entre les deux textes. Nous l'avions suggéré plus haut à propos de l'âge des cabanes. C'est ici le lieu de préciser.

A la première lecture, le décalage paraît incontestable. L' « homme sauvage » du *Discours* erre dans les forêts « sans industrie, sans parole, sans domicile ». Le barbare de l'*Essai* a une famille, une cabane et une langue, même si elle se réduit au « geste et à quelques sons inarticulés ».

Mais ces discordances ne semblent pas pertinentes du point de vue qui nous intéresse. Rousseau ne décrit pas deux états différents et successifs. La famille, dans l'*Essai,* n'est pas une société. Elle ne limite pas la dispersion primitive. « Dans les premiers temps, les hommes *épars* sur la face de la terre n'avaient de société que celle de la famille... » Ce qui signifie que cette famille n'était pas une société. Elle était, comme l'a rappelé J. Mosconi (cf. *supra*), un phénomène pré-institutionnel, purement naturel et biologique. Elle était la condition indispensable de ce processus des générations que reconnaît aussi le *Discours* (« les générations se multipliaient inutilement »). Ce milieu naturel ne comportant aucune institution, il n'a pas de *véritable langue.* Et après lui avoir attribué pour langue « le geste et quelques sons inarticulés », Rousseau précise en note :

> « Les véritables langues n'ont point une origine domestique, il n'y a qu'une convention plus générale et plus durable qui les puisse établir. Les sauvages de l'Amérique ne parlent presque jamais que hors de chez eux ; chacun garde le silence dans sa cabane, il parle par signes à sa famille ; et ces signes sont peu fréquents, parce qu'un sauvage est moins inquiet, moins impatient, qu'un Européen, qu'il n'a pas tant de besoins, et qu'il prend soin d'y pourvoir lui-même. »

Mais à effacer la contradiction ou le décalage rigoureux entre les deux textes, on ne les réduit pas à se répéter ou à se recouvrir. De l'un à l'autre, un accent est déplacé, un glissement continu est opéré. Ou plutôt, sans y mettre aucun ordre de succession, on peut dire que du *Discours* à l'*Essai* le glissement se fait vers la continuité. Le *Discours* veut *marquer le commencement :* il aiguise donc et radicalise les traits de virginité dans l'état de pure nature. L'*Essai* veut faire *sentir les commencements,* le mouvement par lequel « les hommes épars sur la face de la terre », s'arrachent continûment, dans la société *naissante,* à l'état de pure nature. Il saisit l'homme dans le *passage* de la naissance, dans cette subtile transition de l'origine à la genèse. Ces deux projets ne se contredisent pas, il n'y a même pas de priorité de l'un à l'autre, et, nous l'avions noté plus haut, la description de la pure nature, dans le *Discours,* faisait place en elle à un tel franchissement.

Comme toujours, c'est la limite insaisissable du *presque.* Ni nature ni société, mais *presque* société. Société en train de naître. Moment où l'homme, n'appartenant plus à l'état de pure nature (qui, dit bien le *Discours,* « n'existe plus, qui n'a peut-être point existé, qui probablement n'existera jamais, et dont il est pourtant nécessaire d'avoir des notions justes, pour bien juger de notre état présent » « Préface »), ou presque, se tient encore en-deçà de la société, ou presque. Seul moyen de restaurer le devenir-culture de la nature. La famille, dont Hegel dira aussi qu'elle est pré-historique, la cabane, la langue des gestes et des sons inarticulés sont les indices de ce *presque*. La vie « sauvage » des chasseurs, la vie « barbare » et pré-agricole des pasteurs correspondent à cet état de presque-société. Comme dans le *Discours*, l'*Essai* fait dépendre la société de l'agriculture et l'agriculture de la métallurgie [56].

Rousseau rencontre ici le problème des références à l'Ecriture biblique. On peut en effet lui objecter qu' « on trouve l'agriculture en grand dès le temps des patriarches ». La réponse éclaire encore le statut de l'histoire factuelle. Les faits rapportés par l'Ecriture ne concernent point l'état de pure nature. Mais au lieu de distinguer brutalement entre l'origine structurelle et l'origine empirique, Rousseau s'abrite, en conciliateur, derrière l'autorité biblique qui lui fournit un schème structural en admettant que l'âge patriarcal est fort éloigné des origines :

> « Tout cela est vrai ; mais ne confondons point les temps. L'âge patriarcal que nous connaissons est bien loin du premier âge. L'Ecriture compte dix générations de l'un à l'autre dans ces siècles où les hommes vivaient longtemps. Qu'ont-ils fait durant ces dix générations ? Nous n'en savons rien. *Vivant épars et presque sans société, à peine parlaient-ils : comment pouvaient-ils écrire ?* et, dans l'uniformité de leur vie isolée, quels événements nous auraient-ils transmis ? » (Nous soulignons.)

A cette ressource biblique, Rousseau en ajoute une autre : la décadence ou la retombée en barbarie après le passage par l'agriculture. Grâce à un événement catastrophique annulant le progrès et contraignant à la répétition, l'analyse structurale peut repartir à zéro. Ce qui confirme que le récit structurel ne suit pas une genèse unilinéaire mais repère des possibilités permanentes qui peuvent à tout moment réapparaître au cours d'un

---

56. *Discours* : « L'invention des autres arts fut donc nécessaire pour forcer le Genre-humain de s'appliquer à celui de l'agriculture » (p. 173). *Essai* : « Les premiers hommes furent chasseurs ou bergers, et non pas laboureurs ; les premiers biens furent des troupeaux, et non pas des champs. Avant que la propriété de la terre fût partagée, nul ne pensait à la cultiver. L'agriculture est un art qui demande des instruments ». (Ch. IX.)

cycle. L'état presque-social de la barbarie peut *en fait* exister avant ou après, voire pendant et sous l'état de société.

> « Adam parlait, Noé parlait, soit. Adam avait été instruit par Dieu même. En se divisant, les enfants de Noé abandonnèrent l'agriculture, et la langue commune périt avec la première société. Cela serait arrivé quand il n'y aurait jamais eu de tour de Babel. »

Parce que la dispersion peut toujours ressurgir, parce que sa menace appartient à l'essence de la société, l'analyse de l'état de pure nature est toujours possible, et le recours à l'explication naturelle. Sur ce point la démarche de Rousseau rappelle celle de Condillac : qui, tout en admettant que le langage a été donné tout fait par Dieu à Adam et Eve, « suppose que, quelque temps après le déluge, deux enfants, de l'un et de l'autre sexe, aient été égarés dans des déserts, avant qu'ils connussent l'usage d'aucun signe... ». « Qu'on me permette d'en faire la supposition ; la question est de savoir comment cette nation naissante s'est fait une langue [57]. » « Ce discours, ce détour, était déjà pratiqué par Warburton — Condillac s'en réclame — et celui qu'empruntera Kant dans *La religion dans les limites de la simple raison* sera au moins analogue.

S'il y avait donc un léger déplacement du *Discours* à l'*Essai*, il tiendrait à ce glissement continu, à cette transition lente de la pure nature à la société naissante. Encore cette évidence n'est-elle pas aussi simple. Car aucune continuité n'est possible de l'inarticulé à l'articulé, de la pure nature à la culture, de la plénitude au jeu de la supplémentarité. L'*Essai* devant décrire la *naissance,* l'être-naissant du supplément, doit concilier les deux temps. *La sortie hors de la nature est à la fois progressive et brutale, instantanée et interminable.* La césure structurelle est tranchante mais la séparation historique est lente, laborieuse, progressive, insensible. Sur cette double temporalité, l'*Essai* s'accorde encore au *Discours* [58].

---

57. *Essai sur l'origine des connaissances humaines* (II, I. « De l'origine et des progrès du langage », Ed. A Colin, p. 111.)

58. Bien qu'il aiguise davantage la césure entre l'état de pure nature et l'état de la société naissante, le *Discours* n'en multiplie pas moins les allusions « aux peines inconcevables et au temps infini qu'a dû coûter la première invention des Langues » (p. 146), au « temps qui s'écoule », au « progrès presque insensible des com-

Ce « simple mouvement de doigt ». L'écriture et la prohibition de l'inceste.

La société naissante est en effet soumise, selon l'*Essai,* à une sorte de loi des trois états. Mais, parmi les « trois états de l'homme considéré par rapport à la société » (ch. IX) ou les « trois divers états sous lesquels on peut considérer les hommes rassemblés en nation » (ch. V), le dernier seul marque l'accès de l'homme à lui-même dans la société. C'est celui de l'homme civil et laboureur. Les deux états précédents (sauvage chasseur et barbare pasteur) appartiennent encore à une sorte de préhistoire. Ce qui intéresse Rousseau au premier chef, c'est donc le passage du deuxième au troisième état.

Ce passage fut en fait extrêmement lent, incertain, précaire, mais comme rien dans l'état précédent ne contenait structurellement de quoi produire l'état suivant, la généalogie doit décrire une rupture ou un renversement, une révolution ou une catastrophe.

Le second *Discours* parle souvent de révolution. Si le mot de catastrophe n'est prononcé qu'une fois dans l'*Essai,* le concept y est rigoureusement présent. Et il n'est pas, comme on a pu le dire, une faiblesse du système, il est prescrit par la chaîne de tous les autres concepts.

Pourquoi l'origine de l'homme civil, l'origine des langues, etc., l'origine, en un mot, de la structure supplémentaire, l'origine de l'écriture aussi, nous le verrons, est-elle catastrophique ? Pourquoi suit-elle un bouleversement dans la forme du renversement, du retour, de la révolution, du mouvement progressif sous l'espèce de la régression ?

Si nous suivons le thème anthropo-géographique et le schème de l'explication naturelle qui orientent les chapitres sur la formation des langues, il faut bien qu'une telle catastrophe y apparaisse d'abord comme une révolution terrestre. Sans elle, l'homme ne serait jamais sorti du « siècle d'or » de la « barbarie ». Rien à l'intérieur du système de la barbarie ne pou-

---

mencements » ; « car plus les événements étaient lents à se succéder, plus ils sont prompts à décrire ». (p. 167. Remarque que Voltaire avait jugée « ridicule ». Voir la note de l'éditeur dans la « Pléiade ».)

vait produire une force de rupture ou une raison d'en sortir. La causalité de la rupture devait donc être à la fois naturelle et extérieure au système de l'état pré-civil. La révolution terrestre répond à ces deux exigences. Elle est évoquée en un point qui est rigoureusement le centre de l'*Essai* :

> « Les climats doux, les pays gras et fertiles, ont été les premiers peuplés et les derniers où les nations se sont formées, parce que les hommes s'y pouvaient passer plus aisément les uns des autres, et que les besoins qui font naître la société s'y sont fait sentir plus tard.
>
> Supposez un printemps perpétuel sur la terre ; supposez partout de l'eau, du bétail, des pâturages ; supposez les hommes, sortant des mains de la nature, une fois dispersés parmi tout cela : je n'imagine pas comment ils auraient jamais renoncé à leur liberté primitive et quitté la vie isolée et pastorale, si convenable à leur indolence naturelle [59], pour s'imposer sans nécessité l'esclavage, les travaux, les misères inséparables de l'état social.
>
> Celui qui voulut que l'homme fût sociable toucha du doigt l'axe du globe et l'inclina sur l'axe de l'univers. A ce *léger mouvement*, je vois changer la face de la terre et décider la vocation du genre humain : j'entends au loin les cris de joie d'une multitude insensée ; je vois édifier les palais et les villes ; je vois naître les arts, les lois, le commerce ; je vois les peuples se former, s'étendre, se dissoudre, se succéder comme les flots de la mer ; je vois les hommes, rassemblés sur quelques points de leur demeure pour s'y développer mutuellement, faire un affreux désert du reste du monde, digne monument de l'union sociale et de l'utilité des arts ». (Nous soulignons.)

L'indolence naturelle de l'homme barbare n'est pas un caractère empirique parmi d'autres. C'est une détermination originaire

---

59. Rousseau précise en note : « Il est inconcevable à quel point l'homme est naturellement paresseux. On dirait qu'il ne vit que pour dormir, végéter, rester immobile ; à peine peut-il se résoudre à se donner les mouvements nécessaires pour s'empêcher de mourir de faim. Rien ne maintient tant les sauvages dans l'amour de leur état que cette délicieuse indolence. Les passions qui rendent l'homme inquiet, prévoyant, actif, ne naissent que dans la société. Ne rien faire est la première et plus forte passion de l'homme après celle de se conserver. Si l'on y regardait bien, l'on verrait que, même parmi nous, c'est pour parvenir au repos que chacun travaille, c'est encore la paresse qui nous rend laborieux. »

indispensable au système naturel. Elle explique que l'homme n'a
pu sortir spontanément de la barbarie et de son siècle d'or ; il
n'avait pas en lui-même de mouvement pour aller plus loin.
Le repos est naturel. L'origine et la fin sont l'inertie. L'inquiétude ne pouvant naître du repos, elle né survient à l'état de
l'homme et à l'état terrestre correspondant, au barbare et au
printemps perpetuel, que par catastrophe : effet d'une force
rigoureusement imprévisible dans le système de la terre. C'est
pourquoi l'attribut anthropologique de la paresse doit correspondre à l'attribut géo-logique de l'inertie.

Comme la catastrophe de l'inquiétude et de la différenciation
des saisons n'a pu être logiquement produite depuis le dedans
du système inerte, il faut imaginer l'inimaginable : une chiquenaude parfaitement extérieure à la nature. Cette explication
d'apparence « arbitraire » [60] répond à une nécessité profonde et
elle concilie ainsi bien des exigences. La négativité, l'origine du
mal, la société, l'articulation viennent *du dehors*. La présence
est surprise par ce qui la menace. Il est d'autre part indispensable que cette extériorité du mal ne soit rien ou presque rien.
Or la chiquenaude, le « léger mouvement » produit une révolution à partir de rien. Il suffit que la force de celui qui toucha
du doigt l'axe du globe soit extérieure au globe. Une force presque nulle est une force presque infinie dès lors qu'elle est rigoureusement étrangère au système qu'elle met en mouvement.
Celui-ci ne lui oppose aucune résistance, les forces antagonistes
ne jouent qu'à l'intérieur d'un globe. La chiquenaude est toute-
puissante parce qu'elle déplace le globe dans le vide. L'origine
du mal ou de l'histoire est donc le rien ou le presque rien. On
s'explique ainsi l'anonymat de Celui qui inclina du doigt l'axe
du monde. Ce *n'est peut-être pas Dieu*, puisque la Providence
divine, dont Rousseau parle si souvent, ne peut avoir voulu la
catastrophe et n'eut pas besoin du hasard et du vide pour
agir. Mais *c'est peut-être Dieu* dans la mesure où la force de
mal ne fut rien, ne suppose aucune efficience réelle. *C'est probablement* Dieu puisque son éloquence et sa puissance sont en
même temps infinies et ne rencontrent aucune résistance à leur
mesure. Puissance infinie : le doigt qui incline un monde. Elo-
quence infinie parce que silencieuse : un mouvement du doigt

---

60. C'est ainsi que l'a qualifiée R. Derathé (*Rousseau et la
science...* p. 180).

suffit à Dieu pour émouvoir le monde. L'action divine se conforme au modèle du signe le plus éloquent, tel qu'il obsède par exemple les *Confessions* et l'*Essai*. Dans l'un et dans l'autre texte, l'exemple du signe muet est le « simple mouvement de doigt » le « petit signe du doigt [61] », un « mouvement de baguette ».

Le doigt ou la baguette sont ici des métaphores. Non qu'elles désignent autre chose. Il s'agit de Dieu. Dieu n'a pas de main, il n'a besoin d'aucun organe. La différenciation organique est le propre et le mal de l'homme. Ici le mouvement silencieux ne remplace même pas une élocution. Dieu n'a pas besoin de bouche pour parler, ni d'articuler des voix. Le *Fragment* sur les climats est ici plus aigu que l'*Essai* :

> « Si l'écliptique se fût confondu avec l'équateur, peut-être n'y eût-il jamais eu d'émigration de peuple, et chacun, faute de pouvoir supporter un autre climat que celui où il était né, n'en serait jamais sorti. Incliner du doigt l'axe du monde ou dire à l'homme : Couvre la terre et sois sociable, ce fut la même chose pour Celui qui n'a besoin ni de main pour agir ni de voix pour parler » (p. 531).

Il *s'agit certainement de Dieu* car la généalogie du mal est en même temps une théodicée. L'origine catastrophique des sociétés et des langues a en même temps permis d'actualiser les facultés virtuelles qui dormaient en l'homme. Seule une cause fortuite pouvait faire passer à l'acte des puissances naturelles qui ne comportaient en elles-mêmes aucune motivation suffisante pour s'éveiller à leur propre finalité. La téléologie est en quelque sorte externe, c'est ce que signifie la forme catastrophique de l'archéologie. Si bien qu'entre ce doigt donnant le mouvement à partir de rien et cette auto-affection de l'imagination qui, nous l'avons vu, *s'éveille* elle-même à partir de rien et donne ensuite l'éveil à toutes les autres virtualités, l'affinité est essentielle. L'imagination est dans la nature et pourtant rien dans la nature ne peut expliquer son éveil. Le supplément à la nature est dans la nature comme son jeu. Qui dira jamais si le manque dans la nature est *dans* la nature, si la catastrophe par laquelle la nature *s'écarte d'elle-même* est encore naturelle ? Une catastrophe naturelle se conforme aux lois pour bouleverser la loi.

---

61. Cf. J. Starobinski, *La transparence et l'obstacle*, pp. 190-191.

Qu'il y ait quelque chose de catastrophique dans le mouvement qui fait sortir de l'état de nature et dans l'éveil de l'imagination qui actualise les facultés naturelles — et essentiellement la perfectibilité — c'est une proposition de l'*Essai* dont on trouve le logement ou le dessin philosophique à la fin de la première partie du *Discours* :

> « Après avoir prouvé que l'Inégalité est à peine sensible dans l'état de Nature, et que son influence y est presque nulle, il me reste à montrer son origine et ses progrès dans les développements successifs de l'Esprit humain. Après avoir montré que la *perfectibilité*, les vertus sociales, et les autres facultés que l'homme Naturel avait reçues en puissance, ne pouvaient jamais se développer d'elles-mêmes, qu'elles avaient besoin pour cela du concours fortuit de plusieurs causes étrangères, qui pouvaient ne jamais naître, et sans lesquelles il fût demeuré éternellement dans sa condition primitive ; il me reste à considérer et à rapprocher les différents hasards qui ont pu perfectionner la raison humaine, en détériorant l'espèce, rendre un être méchant en le rendant sociable, et d'un terme si éloigné, amener enfin l'homme et le monde au point où nous le voyons » (p. 162).

Ce que nous appelons ici téléologie externe permet de fixer une sorte de discours de la méthode : la question d'origine n'est ni événementielle ni structurelle ; elle échappe à l'alternative simple du fait et du droit, de l'histoire et de l'essence. Le passage d'une structure à l'autre — par exemple de l'état de nature à l'état de société — ne peut être expliqué par aucune analyse structurelle : un factum extérieur, irrationnel, catastrophique doit faire irruption. Le hasard ne fait pas partie du système. Et quand l'histoire est incapable de déterminer ce fait ou les faits de cet ordre, la philosophie doit, par une sorte d'invention libre et mythique, produire des hypothèses factuelles jouant le même rôle, expliquant le surgissement d'une nouvelle structure. Il serait donc abusif de réserver les faits à l'histoire et le droit ou la structure à la philosophie. Le simplisme de cette dichotomie est intolérable à une forme de question d'origine qui requiert l'intervention de « causes très légères » dont la « puissance » est « surprenante ».

> « Ceci me dispensera d'étendre mes réflexions sur la manière dont le laps de temps compense le peu de vraisemblance des événements ; sur la puissance surprenante des

causes très légères, lorsqu'elles agissent sans relâche ; sur l'impossibilité où l'on est d'un côté de détruire certaines hypothèses, si de l'autre on se trouve hors d'état de leur donner le degré de certitude des faits ; sur ce que deux faits étant donnés comme réels à lier par une suite de faits intermédiaires, inconnus ou regardés comme tels, c'est à l'histoire, quand on l'a, de donner les faits qui les lient ; c'est à la Philosophie à son défaut, de déterminer les faits semblables qui peuvent les lier ; Enfin sur ce qu'en matière d'événements la similitude réduit les faits à un beaucoup plus petit nombre de classes différentes qu'on ne se l'imagine. Il me suffit d'offrir ces objets à la considération de mes Juges : il me suffit d'avoir fait en sorte que les Lecteurs vulgaires n'eussent pas besoin de les considérer » (pp. 162-163).

Le passage de l'état de nature à l'état de langage et de société, l'avènement de la supplémentarité, se tient donc hors de prise pour la simple alternative de la genèse et de la structure, du fait et du droit, de la raison historique et de la raison philosophique. Rousseau explique le supplément à partir d'une négativité parfaitement extérieure au système qu'elle vient bouleverser, y intervenant donc à la manière d'un factum imprévisible, d'une force nulle et infinie, d'une catastrophe naturelle qui n'est ni dans la nature ni hors de la nature et reste non-rationnelle comme doit l'être l'origine de la raison (et non simplement irrationnelle comme une opacité dans le système de la rationalité). Le graphique de la supplémentarité est irréductible à la logique, et d'abord parce qu'il la comprend comme un de ses *cas* et peut seul en produire l'origine. C'est pourquoi la catastrophe de la supplémentarité, comme celle qui procura à Jean-Jacques le « dangereux supplément » et le « funeste avantage » est bien — c'était, on s'en souvient, le mot des *Confessions* — « inconcevable à la raison ». La possibilité de la raison, du langage, de la société, la *possibilité supplémentaire est inconcevable à la raison*. La révolution qui lui donna naissance ne peut être comprise selon les schèmes de la nécessité rationnelle. Le second *Discours* parle de « funeste hasard » ; Rousseau est en train d'évoquer la société naissante — barbare — entre l'état de nature et l'état social. C'est le moment du « printemps perpétuel » de l'*Essai,* l' « époque la plus heureuse et la plus durable » selon le *Discours* :

« Plus on y réfléchit, plus on trouve que cet état était le moins sujet aux révolutions, le meilleur à l'homme, et qu'il

n'en a dû sortir que par quelque funeste hasard qui pour
l'utilité commune eût dû ne jamais arriver » (p. 171).

Il a dû arriver ce qui n'eût dû jamais arriver. Entre ces
deux modalités s'inscrit donc la nécessité de la non-nécessité,
la fatalité d'un jeu cruel. Le supplément ne peut répondre qu'à
la logique non logique d'un jeu. Ce jeu est le jeu du monde.
Le monde a dû pouvoir jouer sur son axe pour qu'un simple
mouvement du doigt le fasse tourner sur lui-même. C'est parce
qu'il y avait du jeu dans le mouvement du monde qu'une force
presque nulle a pu, *d'un coup,* d'un geste silencieux, donner sa
chance ou sa malchance à la société, à l'histoire, au langage,
au temps, au rapport à l'autre, à la mort, etc. La chance et le
mal d'écriture qui s'ensuivront auront le sens du jeu. Mais Rousseau ne l'*affirme* pas. Il s'y résigne, il en retient les symptômes
dans les contradictions réglées de son discours, il l'accepte et le
refuse mais il ne l'affirme pas. Celui qui inclina l'axe du globe
aurait pu être un Dieu joueur, risquant à la fois le meilleur
et le pire, sans savoir. Mais il est partout ailleurs déterminé
comme providence. Par ce dernier geste et par tout ce qui
s'ordonne à lui dans la pensée de Rousseau, le sens est mis
hors jeu. Comme dans toute la métaphysique onto-théologique,
comme chez Platon déjà. Et la condamnation de l'art, chaque
fois qu'elle est univoque, en témoigne clairement.

Si les sociétés sont nées de la catastrophe, c'est qu'elles sont
nées par accident. Rousseau naturalise l'accident biblique : il
fait de la chute un accident de la nature. Mais du même coup,
il transforme le coup de dés, la chance ou l'échéance d'un Dieu
joueur, en une chute coupable. Entre les accidents de la nature
et le mal social, il y a une complicité qui manifeste d'ailleurs
la Providence divine. La société ne se crée que pour réparer les
accidents de la nature. Les déluges, les tremblements de terre,
les éruptions de volcans, les incendies ont sans doute effrayé les
sauvages mais les ont ensuite rassemblés « pour réparer en
commun les pertes communes ». Voilà « de quels instruments
se servit la Providence pour forcer les humains à se rapprocher ». La formation des sociétés a joué un rôle compensateur
dans l'économie générale du monde. Née de la catastrophe, la
société apaise la nature déchaînée. Il faut qu'elle ait à son tour
ce rôle régulateur sans quoi la catastrophe eût été mortelle.
La catastrophe elle-même obéit à une économie. Elle est
contenue. « Depuis que les sociétés sont établies, ces grands

accidents ont cessé et sont devenus plus rares : il semble que cela doit encore être ; les mêmes malheurs qui rassemblèrent les hommes épars disperseraient ceux qui sont réunis » [62]. (Ch. IX.)

La guerre des hommes a pour effet de réduire la guerre des éléments naturels. Cette économie marque bien que la dégradation issue de la catastrophe doit être, comme nous l'avions vérifié ailleurs, compensée, limitée, régularisée, par une opération supplémentaire dont nous avions relevé le schéma. « Sans cela je ne vois pas comment le système eût pu subsister, et l'équilibre se maintenir. Dans les deux règnes organisés, les grandes espèces eussent, à la longue, absorbé les petites : toute la terre n'eût bientôt été couverte que d'arbres et de bêtes féroces ; à la fin tout eût péri. » Suit une admirable description du travail de l'homme dont « la main » retient la dégradation de la nature et « retarde ce progrès ».

La catastrophe ouvre le jeu du supplément parce qu'elle inscrit la différence locale. A l'unité du « printemps perpétuel », elle fait succéder la dualité des principes, la polarité et l'opposition des lieux (le nord et le sud), la révolution des saisons qui répète régulièrement la catastrophe [63] ; elle fait en quelque sorte changer de lieu et de climat sur place, produit l'alternance enfin du chaud et du froid, de l'eau et du feu.

Langue et société s'instituent suivant le rapport supplémen-

---

62. Si la force de dispersion peut apparaître avant et après la catastrophe, si la catastrophe réunit les hommes lors de son apparition mais les disperse à nouveau par sa persistance, on s'explique alors la cohérence de la théorie du besoin, sous les contradictions apparentes. Avant la catastrophe, le besoin tient les hommes épars ; lors de la catastrophe, il les rassemble. « La terre nourrit les hommes ; mais quand les premiers besoins les ont dispersés, d'autres besoins les rassemblent, et c'est alors seulement qu'ils parlent et font parler d'eux. Pour ne pas me trouver en contradiction avec moi-même, il faut me laisser le temps de m'expliquer. »

63. *Essai* : « Les révolutions des saisons sont une autre cause plus générale et plus permanente, qui dut produire le même effet dans les climats exposés à cette variété. » *Fragment* sur les climats : « Une autre diversité qui multiplie et combine la précédente est celle des saisons. Leur succession, portant alternativement plusieurs climats en un seul, accoutume les hommes qui l'habitent à leurs impressions diverses, et les rend capables de passer et de vivre dans tous les pays dont la température se fait sentir dans le leur », (p. 531).

taire des deux principes ou des deux séries de significations (nord/hiver/froid/besoin/articulation ; midi/été/chaleur/ passion/accentuation).

Au nord, en hiver, quand il fait froid, le besoin crée la convention.

> « Forcés de s'approvisionner pour l'hiver, voilà les habitants dans le cas de s'entraider, les voilà contraints d'établir entre eux quelque sorte de convention. Quand les courses deviennent impossibles et que la rigueur du froid les arrête, l'ennui les lie autant que le besoin : les Lapons, ensevelis dans leurs glaces, les Esquimaux, le plus sauvage de tous les peuples, se rassemblent l'hiver dans leurs cavernes, et l'été ne se connaissent plus. Augmentez d'un degré leur développement et leurs lumières, les voilà réunis pour toujours ».

Le feu supplée la chaleur naturelle, les hommes du nord doivent se rassembler autour d'un foyer. Non seulement pour la cuisson des viandes — et l'homme est aux yeux de Rousseau le seul animal capable à la fois de parler, de vivre en société et de faire cuire ce qu'il mange — mais pour danser et pour s'aimer.

> « L'estomac ni les intestins de l'homme ne sont pas faits pour digérer la chair crue : en général son goût ne la supporte pas. A l'exception peut-être des seuls Esquimaux dont je viens de parler, les sauvages mêmes grillent leurs viandes. A l'usage du feu, nécessaire pour les cuire, se joint le plaisir qu'il donne à la vue, et sa chaleur agréable au corps : l'aspect de la flamme, qui fait fuir les animaux, attire l'homme. On se rassemble autour d'un foyer commun, on y fait des festins, on y danse : les doux liens de l'habitude y rapprochent insensiblement l'homme de ses semblables, et sur ce foyer rustique brûle le feu sacré qui porte au fond des cœurs le premier sentiment de l'humanité. »

Au sud, le mouvement est inverse, il conduit non plus du besoin à la passion mais de la passion au besoin. Et le supplément n'est pas la chaleur du foyer mais la fraîcheur du point d'eau :

> « Dans les pays chauds, les sources et les rivières, inégalement dispersées, sont d'autres points de réunion, d'autant plus nécessaires que les hommes peuvent moins se passer d'eau que de feu : les barbares surtout, qui vivent de leurs troupeaux, ont besoin d'abreuvoirs communs... La facilité

des eaux peut retarder la société des habitants dans les lieux bien arrosés. »

Ce mouvement est sans doute l'inverse du précédent, mais on aurait tort de conclure à quelque symétrie. Le privilège du midi est déclaré. A la structure de réversibilité que nous venons de décrire, Rousseau tient à assigner un commencement absolu et fixe : « le genre humain, né dans les pays chauds ». La réversibilité s'est surimposée à la simplicité de l'origine. Les pays chauds sont plus près du « printemps perpétuel » de l'âge d'or. Ils sont plus accordés à son initiale inertie. La passion y est plus près de l'origine, l'eau a plus de rapport que le feu et avec le premier besoin et avec la première passion.

Avec le premier besoin car « les hommes peuvent moins se passer d'eau que de feu ». Avec la première passion, c'est-à-dire avec l'amour dont « les premiers feux » sortirent du « pur cristal des fontaines ». Aussi la langue et la société originelles, telles qu'elles ont surgi dans les pays chauds, sont-elles absolument pures. Elles sont décrites au plus près de cette limite insaisissable où la société s'est formée sans avoir commencé à se dégrader ; où la langue est instituée mais reste encore un chant pur, une langue de pure accentuation, une sorte de neume. Elle n'est plus animale puisqu'elle exprime la passion, mais elle n'est pas tout à fait conventionnelle puisqu'elle se dérobe à l'articulation. L'origine de cette société n'est pas un contrat, elle ne passe pas par des traités, des conventions, des lois, des diplomates et des *représentants*. C'est une *fête*. Elle se consume dans la *présence*. Il y a certes une expérience du temps, mais d'un temps de présence pure, ne donnant lieu ni au calcul, ni à la réflexion, ni à la comparaison : « âge heureux où rien ne marquait les heures [64] ». C'est le temps des *Rêveries*. Temps sans différance aussi : il ne laisse aucun inter-

---

64. On comparera cette description de la fête à celle de la *Lettre à d'Alembert* et, plus précisément en ce qui touche au temps, à celle de l'*Emile*. « Nous serions nos valets pour être nos maîtres, chacun serait servi par tous ; le temps passerait sans le compter » (p. 440). Un très court chemin nous mènerait à comprendre que ces deux notations ne sont pas juxtaposées : la possibilité de la « comparaison », au sens que Rousseau donne à ce concept, est la racine commune de la différence temporelle (qui permet de mesurer le temps et nous jette hors du présent) et de la différence ou de la dissymétrie entre le maître et le valet.

valle, n'autorise aucun détour entre le désir et le plaisir : « Le plaisir et le désir confondus ensemble, se faisaient sentir à la fois. »

Lisons cette page, sans doute la plus belle de l'*Essai*. Elle n'est jamais citée mais elle mériterait de l'être chaque fois qu'on évoque le thème de l'eau ou « la transparence du cristal » [65].

> « ... dans les lieux arides où l'on ne pouvait avoir de l'eau que par des puits, il fallut bien se réunir pour les creuser, ou du moins s'accorder pour leur usage. Telle dut être l'origine des sociétés et des langues dans les pays chauds.
>
> Là se formèrent les premiers liens des familles, là furent les premiers rendez-vous des deux sexes. Les jeunes filles venaient chercher de l'eau pour le ménage, les jeunes hommes venaient abreuver leurs troupeaux. Là, des yeux accoutumés aux mêmes objets dès l'enfance commencèrent d'en voir de plus doux. Le cœur s'émut à ces nouveaux objets, un attrait inconnu le rendit moins sauvage, il sentit le plaisir de n'être pas seul. L'eau devint insensiblement plus nécessaire, le bétail eut soif plus souvent : on arrivait en hâte, et l'on partait à regret. Dans cet âge heureux où rien ne marquait les heures, rien n'obligeait à les compter : le temps n'avait d'autre mesure que l'amusement et l'ennui. Sous' de vieux chênes, vainqueurs des ans, une ardente jeunesse oubliait par degrés sa férocité : on s'apprivoisait peu à peu les uns avec les autres ; en s'efforçant de se faire entendre, on apprit à s'expliquer. Là, se firent les premières fêtes : les pieds bondissaient de joie, le geste empressé ne suffisait plus, la voix l'accompagnait d'accents passionnés ; le plaisir et le désir, confondus ensemble, se faisaient sentir à la fois : là fut enfin le vrai berceau des peuples ; et du pur cristal des fontaines sortirent les premiers feux de l'amour. »

Ne l'oublions pas : ce que Rousseau décrit ici, ce n'est ni la veille de la société ni la société formée mais le mouvement d'une naissance, l'avènement continu de la *présence*. Il faut donner un sens actif et dynamique à ce mot. C'est la présence à l'œuvre, en train de se présenter elle-même. Cette présence n'est pas un état mais le devenir-présent de la présence. Aucune des oppositions de prédicats déterminés ne peut s'appliquer clairement à

---

65. Cf. M. Raymond, *Introduction aux Rêveries* et le chapitre que J. Starobinski consacre à « La transparence du cristal » dans *La transparence et l'obstacle*, p. 317. Rousseau n'est jamais cité dans *L'eau et les rêves* de Bachelard.

ce qui, entre l'état de nature et l'état de société n'est pas un état mais un passage qui aurait dû se continuer, durer comme le présent des *Rêveries*. C'est déjà la société, la passion, le langage, le temps mais ce n'est pas encore l'asservissement, la préférence, l'articulation, la mesure et l'intervalle. La supplémentarité est possible mais rien n'a encore joué. La fête selon Rousseau exclut le jeu. Le moment de la fête est le moment de cette continuité pure, de l'in-différance entre le temps du désir et le temps du plaisir. Avant la fête, il n'y a pas, dans l'état de pure nature, d'*expérience* du continu ; après la fête commence l'expérience du *discontinu ;* la fête est le modèle de l'expérience continue. Tout ce que nous pouvons fixer dans des oppositions de concepts, c'est donc la société formée au lendemain de la fête. Et ces oppositions supposeront d'abord l'opposition fondamentale du continu au discontinu, de la fête originelle à l'organisation de la société, de la danse à la loi.

Qu'est-ce qui suit cette fête ? L'âge du supplément, de l'articulation, des signes, des représentants. Or cet âge est celui de la prohibition de l'inceste. Avant la fête, il n'y avait pas d'inceste parce qu'il n'y avait pas de prohibition de l'inceste et pas de société. Après la fête il n'y a plus d'inceste parce qu'il est interdit. Cela, Rousseau le déclare, nous allons le lire. Mais comme il ne dit pas ce qui se passe à cet endroit pendant la fête, ni en quoi consiste l'in-différance du désir au plaisir, on pourra, si du moins on le veut, compléter cette description des « premières fêtes » et lever l'interdit qui pèse encore sur elle.

Avant la fête :

« Quoi donc ! avant ce temps les hommes naissaient-ils de la terre ? les générations se succédaient-elles sans que les deux sexes fussent unis, et sans que personne s'entendît ? Non : il y avait des familles, mais il n'y avait point de nations ; il y avait des langues domestiques, mais il n'y avait point de langues populaires ; il y avait des mariages, mais il n'y avait point d'amour. Chaque famille se suffisait à elle-même et se perpétuait par son seul sang : les enfants, nés des mêmes parents, croissaient ensemble, et trouvaient peu à peu des manières de s'expliquer entre eux : les sexes se distinguaient avec l'âge ; le penchant naturel suffisait pour les unir, l'instinct tenait lieu de passion, l'habitude tenait lieu de préférence, on devenait mari et femme sans avoir cessé d'être frère et sœur. »

Cette non-prohibition s'interrompt *après la fête*. On sera d'autant moins surpris par l'omission de l'inceste dans l'évocation de la fête qu'on aura prêté attention à une autre lacune, si courante il est vrai : décrivant la non-prohibition, Rousseau ne fait aucune mention de la mère, seulement de la sœur [66]. Et dans une note appelée par le mot « sœur » Rousseau explique avec quelque embarras que la prohibition de l'inceste a dû suivre la fête, naître de l'acte de naissance de la société humaine, le sceller d'une loi *sacrée* :

> « Il fallut bien que les premiers hommes épousassent leurs sœurs. Dans la simplicité des premières mœurs, cet usage se perpétua sans inconvénient tant que les familles restèrent isolées, *et même après la réunion des plus anciens peuples* ; *mais la loi qui l'abolit n'en est pas moins sacrée pour être d'institution humaine.* Ceux qui ne la regardent que par la liaison qu'elle forme entre les familles n'en voient pas le côté le plus important. Dans la familiarité que le commerce domestique établit nécessairement entre les deux sexes, du moment qu'une si *sainte loi cesserait de parler au cœur* et d'en imposer aux sens, il n'y aurait plus d'honnêteté parmi les hommes, et les plus effroyables mœurs causeraient bientôt la destruction du genre humain ». (Nous soulignons.)

En général, Rousseau n'accorde le caractère du sacré, de la sainteté, qu'à la voix naturelle qui parle au cœur, à la loi naturelle qui seule s'inscrit dans le cœur. Il n'est de sacré à ses yeux qu'*une seule* institution, *une seule* convention fondamentale : c'est, nous dit le *Contrat social*, l'ordre social lui-même, le droit du droit, la convention qui sert de fondement à toutes les conventions : « L'ordre social est un droit sacré qui sert de base à tous les autres. Cependant, ce droit ne

---

66. Tant que l'inceste est permis, il n'y a pas d'inceste, bien sûr, mais il n'y a pas davantage de passion amoureuse. Les rapports sexuels se limitent aux besoins de la reproduction ; ou bien ils n'existent pas du tout : c'est la situation de l'enfant selon l'*Emile*. Mais Rousseau dirait-il des rapports de l'enfant avec sa mère ce qu'il dit ici de ses rapports avec sa sœur ? Il est vrai que la mère est bien absente de l'*Emile*. « L'enfant élevé selon son âge est seul. Il ne connaît d'attachements que ceux de l'habitude ; il aime sa sœur comme sa montre, et son ami comme son chien. Il ne se sent d'aucun sexe, d'aucune espèce : l'homme et la femme lui sont également étrangers. » (p. 256).

vient point de la nature ; il est donc fondé sur des conventions »
(L. I, ch. I, p. 352).

Ne peut-on s'en autoriser pour mettre la prohibition de l'inceste, loi sacrée entre toutes, au niveau de cette institution fondamentale, de cet ordre social qui supporte et légitime toutes les
autres ? La fonction de la prohibition de l'inceste n'est ni
nommée ni exposée dans le *Contrat social* mais elle y a son lieu
marqué en blanc. Reconnaissant la famille pour la seule société
« naturelle », Rousseau précise qu'elle ne peut se maintenir,
au-delà des urgences biologiques, que « par convention ».
Or entre la famille comme société naturelle et l'organisation de
la société civile, il y a des rapports d'analogie et d'image : « Le
chef est l'image du père, le peuple est l'image des enfants ;
et tous, étant égaux et libres, n'aliènent leur liberté que pour
leur utilité. » Un seul élément rompt ce rapport d'analogie : le
père politique n'aime plus ses enfants, l'élément de la loi le
sépare. La première convention, celle qui a transformé la famille
biologique en société d'institution, a donc déplacé la figure du
père. Mais comme le père politique doit, malgré sa séparation et
malgré l'abstraction de la loi qu'il incarne, se donner du plaisir,
un nouvel investissement est nécessaire. Il aura la forme du supplément : « Toute la différence est que, dans la famille, l'amour
du père pour ses enfants le paye des soins qu'il leur rend ; et que,
dans l'Etat, le plaisir de commander supplée à cet amour que
le chef n'a pas pour ses peuples. » (P. 352.)

On peut donc difficilement séparer la prohibition de l'inceste
(loi sacrée, dit l'*Essai*) de l' « ordre social », « droit sacré qui
sert de base à tous les autres ». Si cette sainte loi appartient à
l'ordre même du contrat social, pourquoi n'est-elle pas *nommée*
dans l'*exposé* du *Contrat social* ? Pourquoi n'apparaît-elle que
dans une note en bas de page, dans un *Essai* inédit ?

Tout permet en effet de respecter la cohérence du discours
théorique de Rousseau en réinscrivant la prohibition de l'inceste
à cette place. Si elle est dite sacrée quoique instituée, c'est qu'elle
est, quoique instituée, universelle. C'est l'ordre universel de la
culture. Et Rousseau ne *consacre* la convention qu'à une condition : qu'on puisse l'universaliser et la considérer, fût-elle l'artifice des artifices, comme une loi quasi naturelle, conforme à
la nature. C'est bien le cas de cet interdit. Il est aussi de l'ordre
de cette première et *unique* convention, de cette première unanimité à laquelle le *Contrat social* nous dit qu'il « faut toujours

remonter » (p. 359) pour comprendre la possibilité de la loi. Une loi doit être l'origine des lois.

Dans la note de l'*Essai,* cette loi n'est évidemment pas justifiée. Elle ne doit pas s'expliquer par la circulation sociale et l'économie des lois de parenté, par « la liaison qu'elle forme entre les familles » : tout cela suppose l'interdit mais n'en rend pas compte. Ce qui doit nous détourner de l'inceste est alors décrit dans des termes où se mêlent et se brouillent la morale (« effroyables mœurs ») et une sorte d'économie biologique de l'espèce (« la destruction du genre humain »). Outre que ces deux arguments sont hétérogènes sinon contradictoires (c'est l'argument du chaudron que rappelle Freud dans la *Traumdeutung),* aucun des deux n'est pertinent à l'intérieur même de l'argumentation : la morale qui condamne l'inceste est constituée à partir de l'interdit, elle a en lui son origine ; et l'argument biologique ou naturel est ipso facto annulé par ce qui nous est dit de l'âge qui a précédé l'interdit : les générations succédaient aux générations. « Même après la réunion des plus anciens peuples », « cet usage se perpétua sans inconvénient » : ce fait qui devrait limiter l'universalité de la sainte loi n'arrête pas Rousseau.

La société, la langue, l'histoire, l'articulation, en un mot la supplémentarité naissent donc en même temps que la prohibition de l'inceste. Celle-ci est la brisure entre la nature et la culture. Cet énoncé ne nomme pas la mère dans le texte de Rousseau. Mais il n'en montre que mieux la place. L'âge des signes d'institution, l'époque du rapport conventionnel entre le représentant et son représenté appartient au temps de cet interdit.

Si l'on considère maintenant que la femme naturelle (la nature, la mère ou si l'on veut la sœur) est un représenté ou un signifié remplacé, suppléé, dans le désir, c'est-à-dire dans la passion sociale, au-delà du besoin, nous avons là le seul représenté, l'unique signifié que Rousseau, exaltant la sainteté de l'interdit, prescrive de remplacer par son signifiant. Non seulement il accepte mais il commande que, *pour une fois,* l'on fasse droit à l'obligation sacrée du signe, à la sainte nécessité du représentant. « En général, lit-on dans l'*Emile,* ne substituez jamais le signe à la chose que quand il vous est *impossible de la montrer* ; car le signe absorbe l'attention de l'enfant et lui fait oublier la chose représentée » (pp. 189-190. Nous soulignons).

Il y a donc ici une impossibilité de montrer la chose, mais

cette impossibilité n'est pas naturelle, Rousseau le dit lui-même ; elle n'est pas davantage un élément de la culture parmi d'autres, puisqu'elle est un interdit sacré et universel. C'est l'élément de la culture elle-même, l'origine non déclarée de la passion, de la société, des langues : la première supplémentarité qui permet en général la substitution du signifiant au signifié, des signifiants à d'autres signifiants, ce qui ultérieurement donne lieu à un discours sur la différence entre les mots et les choses. Supplémentarité si dangereuse qu'on ne la montre qu'indirectement, sur l'exemple de certains de ses effets dérivés. On ne peut ni la montrer, ni la nommer elle-même, mais seulement l'indiquer, d'un mouvement silencieux du doigt.

Le déplacement du rapport à la mère, à la nature, à l'être comme au signifié fondamental, telle est certes l'origine de la société et des langues. Mais peut-on désormais parler d'origine ? Le concept d'origine, ou de signifié fondamental, est-il autre chose qu'une fonction, indispensable mais située, inscrite, dans le système de signification inauguré par l'interdit ? Dans le jeu de la supplémentarité, on pourra toujours rapporter des substituts à leur signifié, ce dernier sera encore un signifiant. Jamais le signifié fondamental, le sens de l'être représenté, encore moins la chose même, ne nous seront donnés en personne, hors signe ou hors jeu. Même ce que nous disons, nommons, décrivons sous le nom de prohibition de l'inceste n'échappe pas au jeu. Il y a un point dans le système où le signifiant ne peut plus être remplacé par son signifié, ce qui a pour conséquence qu'aucun signifiant ne puisse l'être, purement et simplement. Car le point de non-remplacement est aussi le point d'orientation de tout le système de signification, le point où le signifié fondamental se promet comme le terme de tous les renvois et se dérobe comme ce qui détruirait du même coup tout le système des signes. Il est à la fois dit et interdit par tous les signes. Le langage n'est ni la prohibition ni la transgression, il accouple sans fin l'une à l'autre. Ce point n'existe pas, il est toujours dérobé ou, ce qui revient au même, toujours déjà inscrit dans ce à quoi il devrait ou aurait dû, suivant notre indestructible et mortel désir, échapper. Ce point se réfléchit dans la fête, dans le point d'eau autour duquel « les pieds bondissaient de joie », lorsque « le plaisir et le désir, confondus ensemble, se faisaient sentir à la fois. » La fête serait *elle-même* l'inceste *lui-même* si quelque chose de tel —

lui-même — pouvait *avoir lieu* ; si ayant lieu, l'inceste ne devait confirmer l'interdit : avant l'interdit, il n'est pas l'inceste ; interdit, il ne peut devenir inceste qu'à reconnaître l'interdit. On est toujours en-deçà ou au-delà de la limite, de la fête, de l'origine de la société, de ce présent dans lequel simultanément l'interdit se donne(rait) avec la transgression : ce qui (se) passe toujours et (pourtant) n'a *proprement* jamais lieu. C'est toujours *comme si* j'avais commis un inceste.

Cette *naissance de la société* n'est donc pas un passage, c'est bien un point, une limite pure, fictive et instable, insaisissable. On la franchit en l'atteignant. En elle la société s'entame et se diffère. En commençant, elle commence à se dégrader. Le midi passe aussitôt au nord de lui-même. Transcendant le besoin, la passion engendre de nouveaux besoins qui la corrompent à leur tour. La dégradation post-originaire est analogue à la répétition pré-originaire. L'articulation, se substituant à la passion, restaure l'ordre du besoin. Le traité tient lieu d'amour. A peine essayée, la danse dégénère. La fête aussitôt devient la guerre. Et déjà au point d'eau :

> « Les barbares surtout, qui vivent de leurs troupeaux, ont besoin d'abreuvoirs communs, et l'histoire des plus anciens temps nous apprend qu'en effet c'est là que commencèrent et leurs traités et leurs querelles *.
>
> * Voyez l'exemple de l'un et de l'autre au chap. XXI de la Genèse entre Abraham et Abimelec, au sujet du puits du serment. »

C'est que le point d'eau est à la frontière de la passion et du besoin, de la culture et de la terre. La pureté de l'eau réfléchit les feux de l'amour ; c'est « le pur cristal des fontaines » ; mais l'eau n'est pas seulement la transparence du cœur, elle est aussi la fraîcheur : le corps en a *besoin* dans sa sécheresse, le corps de la nature, celui des troupeaux et celui du berger barbare : « Les hommes peuvent moins se passer d'eau que de feu. »

Si la culture s'entame ainsi dans son point d'origine, aucun ordre linéaire ne se laisse reconnaître, qu'il soit logique ou chronologique. Dans cette entame, ce qui s'initie s'est déjà altéré, faisant ainsi retour en-deçà de l'origine. La parole ne se laisse entendre au midi qu'en s'articulant, en se refroidissant à exprimer de nouveau le besoin. Elle revient alors au nord ou, ce qui revient au même, au midi du midi. Le lendemain de la fête ressemble immanquablement à la veille de la fête et le point de danse n'est que la limite insaisissable de leur différence. Le sud et le nord ne sont pas des territoires mais des lieux abstraits qui n'apparaissent qu'à se rapporter à eux-mêmes à partir de l'autre. La langue, la passion, la société ne sont ni du nord ni du sud. Elles sont le mouvement de supplémentarité par lequel les pôles se substituent *tour à tour* l'un à l'autre : par lequel l'accent s'entame dans l'articulation, se diffère en s'espaçant. La différence locale n'est que la différance entre le désir et le plaisir. Elle ne concerne donc pas seulement la diversité des langues, elle n'est pas seulement un critère de la classification linguistique, elle est l'origine des langues. Rousseau ne le déclare pas, mais nous avons vu qu'il le décrit.

Que l'écriture soit l'autre nom de cette différance, nous ne cesserons maintenant de le vérifier.

chapitre 4
du supplément à la source : la théorie
de l'écriture

Fermons l'angle et pénétrons dans le texte au lieu où l'écriture est nommée, analysée pour elle-même, inscrite dans la théorie et mise en perspective historique. Les chapitres V « De l'écriture » et VI « S'il est probable qu'Homère ait su écrire », peut-être un peu artificiellement séparés, sont parmi les plus longs de l'*Essai*, les plus longs en tout cas après le chapitre sur la formation des langues méridionales. Nous avons déjà évoqué les remaniements du chapitre sur Homère : il s'agit alors de reconstituer ou de maintenir la cohérence de la théorie contre un fait qui semble la menacer. Si le chant, le poème, l'épos sont incompatibles avec l'écriture, s'ils y risquent la mort, comment expliquer la coexistence des deux âges ? Et qu'Homère ait su écrire, qu'il ait connu en tout cas l'écriture, comme en témoigne l'épisode de Bellérophon [1] dans l'*Iliade* ? Rousseau

---

1. « Il m'est venu bien souvent dans l'esprit de douter, non seulement qu'Homère sût écrire, mais même qu'on écrivît de son temps. J'ai grand regret que ce doute soit si formellement démenti par l'histoire de Bellérophon dans l'*Iliade*. » Occupé ensuite à dénier la portée, voire l'authenticité de l'épisode de Bellérophon, Rousseau ne prête aucune attention à son sens : que le seul trait d'écriture fût chez Homère une lettre de mort. Bellérophon porte sur lui, sans le savoir, l'inscription de son arrêt de mort. Dans une chaîne sans fin de représentations, le désir porte la mort par le détour de l'écriture. « La femme de Proetos, la divine Antée, avait conçu un désir furieux de s'unir à lui [Bellérophon, fils de Glaucus] dans des amours furtives. » N'y parvenant point, elle menace son mari : « Je te voue à la mort, Proetos, si tu ne tues Bellérophon, qui voulait s'unir d'amour à moi, malgré moi. » Le roi, représentant le désir d'Antée, n'ose tuer de sa main. Il ose écrire et diffé-

379

tient compte du fait mais, « obstiné dans [mes] paradoxes »,
il se dit tenté d'accuser les « compilateurs d'Homère ». N'ont-ils
pas écrit cette histoire d'écriture après coup, l'introduisant violemment dans des « poèmes qui restèrent longtemps écrits
seulement dans la mémoire des hommes ? ». « Non seulement
dans le reste de l'*Iliade*, on voit peu de traces de cet art ;
mais j'ose avancer que toute l'*Odyssée* n'est qu'un tissu de
bêtises et d'inepties qu'une lettre ou deux eussent réduit en
fumée, au lieu qu'on rend ce poème raisonnable et même assez
bien conduit, en supposant que ces héros aient ignoré l'écriture. Si l'*Iliade* eût été écrite, elle eût été beaucoup moins
chantée. »

Il faut donc à tout prix sauver une thèse sans laquelle toute
la théorie du langage s'effondrerait. Le signe d'obstination que
nous venons de relever nous le montre bien : ces chapitres
sur l'écriture sont un moment décisif de l'*Essai*. Ils abordent
de surcroît l'un des rares thèmes qui, traités dans l'*Essai*, soient
absents du second *Discours* ; absents même, en tant que thèmes
articulés dans une théorie organisée, de tout autre texte.

Pourquoi Rousseau n'a-t-il jamais achevé ni publié une
théorie de l'écriture ? Parce qu'il se jugeait mauvais linguiste, comme il le dit dans son projet de préface ? Parce que
la théorie de l'écriture est rigoureusement dépendante de la
théorie du langage développée dans l'*Essai* ? Et s'il n'en était
pas ainsi, cet argument, raisonnablement présumé, n'en serait-il
pas d'autant plus significatif ? Ou encore, est-ce parce que
l'*Essai* devait être un appendice du second *Discours* ? Ou parce
que Rousseau, il le dit dans l'*Emile*, a « honte » de parler
de cette niaiserie qu'est l'écriture ? Pourquoi de la honte ici ?
Que doit-on avoir investi dans la signification de l'écriture

---

rant le meurtre, il trace de sa main, « sur des tablettes repliées en
elles-mêmes » des « traits meurtriers » (θυμοφθόρα). Il envoie Bellérophon en Lycie, lui confiant ces « signes funestes » (σήματα
λυγρά). A la lecture de ce message, illisible pour Bellérophon, le
beau-père de Proetos, régnant sur la Lycie, devra comprendre
qu'il s'agit de mettre à mort le porteur des « traits ». A son tour,
il diffère le meurtre, envoie Bellérophon s'exposer à la mort en
tuant la Chimère invincible ou les fameux Solymes, il lui tend des
embuscades. Rien n'y fait. Il finit par lui donner sa fille. Plus tard,
Bellérophon cesse d'être aimé des dieux et il va seul, « errant par
la plaine Akéienne, rongeant son cœur et fuyant la route des
hommes ».

pour avoir honte d'en parler ? d'en écrire ? de l'écrire ? Et pourquoi une niaiserie, cette opération à laquelle on reconnaît en même temps, notamment dans l'*Essai*, de si dangereux et mortels pouvoirs ?

En tout cas l'importance de ces deux chapitres, l'effort obstiné pour consolider une théorie, la ruse laborieuse pour disqualifier l'intérêt porté à l'écriture, ce sont là des signes qu'on ne peut négliger. Telle est la situation de l'écriture dans l'histoire de la métaphysique : thème abaissé, latéralisé, réprimé, déplacé, mais exerçant une pression permanente et obsédante depuis le lieu où il reste contenu. Il s'agit de biffer une écriture redoutée parce qu'elle rature elle-même la présence du propre dans la parole.

La métaphore originaire.

Cette situation est réfléchie par la place du chapitre *De l'écriture* dans l'*Essai*. Comment Rousseau en vient-il en effet à construire cette théorie de l'écriture à l'aide d'éléments empruntés ? Il le fait après avoir décrit l'origine des langues. Il s'agit d'un supplément à l'origine des langues. Ce supplément expose bien une suppléance additive, un supplément de la parole. Il s'insère au point où le langage commence à s'articuler, c'est-à-dire naît de se manquer à lui-même, lorsque son accent, marque en lui de l'origine et de la passion, s'efface sous cette *autre* marque d'origine qu'est l'articulation. Selon Rousseau, l'histoire de l'écriture est bien celle de l'articulation. Le devenir-langage du cri est le mouvement par lequel la plénitude parlée commence à devenir ce qu'elle est en se perdant, en se creusant, en se brisant, en s'articulant. Le cri se vocalise en commençant à effacer la parole voyelle. Or c'est bien au moment où il s'agit d'expliquer cet effacement originaire de ce qui constitue pourtant à *proprement* parler, le parlé du parler, à savoir l'accent vocal, que Rousseau introduit son chapitre sur l'écriture. Il faut traiter à la fois de la consonne — qui est du nord — et de l'écriture. Le chapitre *De l'écriture* doit d'abord — c'est son premier paragraphe — évoquer l'*oblitération* de l'accent par l'articulation consonantique : *effacement* et *substitution* à la fois. Nous devons relire ici cette introduction :

« Quiconque étudiera l'histoire et le progrès des langues

verra que plus les voix deviennent monotones, plus les consonnes se multiplient, et qu'aux accents qui s'effacent, aux quantités qui s'égalisent, on supplée par des combinaisons grammaticales et par de nouvelles articulations : mais ce n'est qu'à force de temps que se font ces changements. A mesure que les besoins croissent, que les affaires s'embrouillent, que les lumières s'étendent, le langage change de caractère ; il devient plus juste et moins passionné ; il substitue aux sentiments les idées ; il ne parle plus au cœur, mais à la raison. Par là même l'accent s'éteint, l'articulation s'étend ; la langue devient plus exacte, plus claire, mais plus traînante, plus sourde et plus froide. Ce progrès me paraît tout à fait naturel. Un autre moyen de comparer les langues et de juger de leur ancienneté se tire de l'écriture, et cela en raison inverse de la perfection de cet art. Plus l'écriture est grossière, plus la langue est antique. »

Le progrès de l'écriture est donc un progrès naturel. Et c'est un progrès de la raison. Le progrès comme régression est le devenir de la raison comme écriture. Pourquoi ce dangereux progrès est-il *naturel* ? Sans doute parce qu'il est *nécessaire*. Mais aussi parce que la nécessité opère, à l'intérieur de la langue et de la société, selon des voies et des forces qui appartiennent à l'état de pure *nature*. Schéma que nous avons déjà éprouvé : c'est le besoin et non la passion qui substitue la lumière à la chaleur, la clarté au désir, la justesse à la force, les idées au sentiment, la raison au cœur, l'articulation à l'accent. Le naturel, ce qui était inférieur et antérieur au langage, agit *après coup* dans le langage, y opère après l'origine et y provoque la décadence ou la régression. Il devient alors l'ultérieur happant le supérieur et l'entraînant vers l'inférieur. Tel serait le temps étrange, l'indescriptible tracé de l'écriture, le mouvement irreprésentable de ses forces et de ses menaces.

Or en quoi consistent la *justesse* et l'*exactitude* du langage, ce logement de l'écriture ? Avant tout dans la *propriété*. Un langage juste et exact devrait être absolument univoque et propre : non-métaphorique. La langue s'écrit, pro-régresse à mesure qu'elle maîtrise ou efface en soi la figure.

C'est-à-dire son origine. Car le langage est originairement métaphorique. Il tient cela, selon Rousseau, de sa mère, la passion. La métaphore est le trait qui rapporte la langue à son origine. L'écriture serait alors l'oblitération de ce trait. Des « traits maternels » (cf. plus haut, p. 285). C'est donc ici qu'il faut parler de ce « Que le premier langage dut être figuré » (chap. III), proposition qui n'est explicite que dans l'*Essai* :

> « Comme les premiers motifs qui firent parler l'homme furent des passions, ses premières expressions furent des tropes. Le langage figuré fut le premier à naître, le sens propre fut trouvé le dernier. On n'appela les choses de leur vrai nom que quand on les vit sous leur véritable forme. D'abord on ne parla qu'en poésie ; on ne s'avisa de raisonner que longtemps après. »

Epique ou lyrique, récit ou chant, la parole archaïque est nécessairement poétique. La poésie, première forme de la littérature, est d'essence métaphorique. Rousseau appartient donc, il ne pouvait en être autrement et la constatation en est plus que banale, à la tradition qui détermine l'écriture littéraire à partir de la parole présente dans le récit ou dans le chant ; la littéralité littéraire serait un accessoire supplémentaire fixant ou figeant le poème, représentant la métaphore. Le littéraire n'aurait aucune spécificité ; tout au plus celle d'un malheureux négatif du poétique. Malgré ce que nous avons dit de l'urgence littéraire telle qu'il l'a vécue, Rousseau est à son aise dans cette tradition. Tout ce qu'on pourrait appeler la modernité littéraire tient au contraire à marquer la spécificité littéraire contre l'assujettissement au poétique, c'est-à-dire au métaphorique, à ce que Rousseau analyse lui-même comme le langage spontané. S'il y a une originalité littéraire, ce qui n'est sans doute pas simplement sûr, elle doit s'émanciper sinon de la métaphore, que la tradition a aussi jugée réductible, du moins de la spontanéité sauvage de la figure telle qu'elle apparaît dans le langage non-littéraire. Cette protestation moderne peut être triomphante ou, à la manière de Kafka, dépouillée de toute illusion, désespérée et sans doute plus lucide : la littérature qui vit d'être hors d'elle-même, dans les figures d'un langage qui d'abord n'est pas le sien, mourrait aussi bien de rentrer en soi dans la non-métaphore. « D'une lettre : « C'est à ce feu que je me chauffe pendant cè triste hiver. » Les métaphores sont l'une des choses qui me font désespérer de l'écriture » (Schreiben). L'écriture manque d'indépendance, elle dépend de la bonne qui fait du feu, du chat qui se chauffe près du poêle, même de ce pauvre bonhomme qui se réchauffe. Tout cela répond à des fonctions autonomes ayant leurs lois propres, seule l'écriture ne puise en elle-même aucun secours, ne loge pas en elle-même, est à la fois jeu et désespoir. » (Kafka, *Journal*, 6 décembre 1921.)

« Que le premier langage dut être figuré » : bien que cette proposition ne soit pas propre à Rousseau, bien qu'il ait pu la rencontrer chez Vico [2], bien qu'il l'ait non seulement mais sûrement lue chez Condillac qui l'avait non seulement mais sûrement prise à Warburton, il nous faut souligner ici l'originalité de l'*Essai*.

« Je suis le premier, peut-être qui ait vu sa portée » dit Rousseau de Condillac, rappelant leurs « tête-à-tête en picnic » au moment où celui-ci « travaillait à l'*Essai sur l'origine*

---

2. Vico dit avoir compris l'origine des langues au moment où après bien des difficultés, il lui est apparu que les premières nations « avaient été des nations de poètes ; dans ces mêmes principes, nous reconnûmes alors la véritable origine des langues » (*Scienza nuova*, 1, p. 174). La distinction de trois langues correspondrait, *mutatis mutandis*, au schéma de Rousseau ; la seconde langue, qui marque l'apparition et de la parole et de la métaphore serait le moment de l'origine proprement dite, lorsque le chant poétique ne s'est pas encore brisé dans l'articulation et la convention. On comparera : « Trois espèces de langues furent successivement parlées : a) la première, au temps de la vie familiale : les hommes, groupés seulement en famille, étaient depuis peu revenus à l'humanité. Cette première langue fut une langue muette, au moyen de signes et par le choix de certaines positions du corps pouvant présenter des rapports avec les idées qu'elles veulent signifier ; b) la seconde, composée d'emblèmes héroïques : ce fut une langue basée sur des ressemblances, langue symbolique formée de comparaisons, d'images très vives, de métaphores, de descriptions naturelles ; ces images sont le corps principal de cette langue héroïque, qui fut parlée alors que régnaient les héros ; c) la troisième fut la langue humaine composée de vocables établis par les peuples, de mots dont ils peuvent fixer le sens à leur gré. » (3, 1, p. 32). Ailleurs : « Cette première langue ne fut point fondée sur la nature même des choses ; ce fut une langue toute en images, en images divines pour la plupart, qui transformait en êtres animés les choses inanimées » (3, 1, p. 163). « Or si nous cherchons le principe d'une telle origine des langues et des lettres, nous le rencontrons dans ce fait : les premiers peuples des nations païennes, par une nécessité qui tenait à leur nature, furent des poètes ; ils s'exprimèrent au moyen de caractères poétiques. Cette découverte est la clé maîtresse de notre *Science nouvelle* ; elle nous a coûté de longues recherches qui ont rempli toute notre vie de lettré. » (3, *Idea del l'Opera*, I, pp. 28-29). « Les hommes se libèrent de leurs grandes passions en chantant... ils ne durent de devenir capables de former,

des connaissances humaines » *(Confessions,* p. 347). Rousseau est plus proche de Condillac que de Warburton. L'*Essai sur les hiéroglyphes* est certes commandé par le thème d'un langage originairement figuré et il a inspiré, entre autres articles de l'*Encyclopédie,* celui sur la métaphore, l'un des plus riches. Mais à la différence de Vico, de Condillac [3] et de Rousseau, Warburton pense que la métaphore originaire « ne vient point, comme on le suppose ordinairement, du feu d'une imagination poétique ». « La métaphore est due évidemment à la grossièreté de la conception [4]. » Si la première métaphore n'est pas

---

en chantant, les premières langues qu'à l'aiguillon de très violentes passions. » (3, 1, p. 95, trad. Chaix-Ruy). « Nous croyons avoir victorieusement réfuté l'erreur commune des grammairiens qui prétendent que *la prose précéda les vers,* et après avoir montré dans *l'origine de la poésie,* telle que nous l'avons découverte, *l'origine des langues* et celle *des lettres.* » (Livre II, *De la sagesse poétique,* chap. V, § 5, trad. Michelet, p. 430). Pour Vico, comme pour Rousseau, les progrès de la langue suivent les progrès de l'articulation. La langue déchoit ainsi, elle s'humanise en perdant sa poésie et son caractère divin : « La langue des dieux fut une langue muette, à peine articulée ; la langue héroïque fut, en partie articulée, en partie muette ; la langue humaine fut, pour ainsi dire, entièrement articulée, formée à la fois de signes et de gestes » (3, 1, p. 178, tr. Chaix-Ruy).

3. Condillac reconnaît, plutôt que sa dette, la convergence de sa pensée avec celle de Warburton. Encore cette convergence, nous le verrons à l'instant, n'est-elle pas entière : « Cette section était presque achevée quand l'*Essai sur les Hiéroglyphes,* traduit de l'anglais de M. Warburton, me tomba entre les mains : ouvrage où l'esprit philosophique et l'érudition règnent également. Je vis avec plaisir que j'avais pensé, comme son auteur, que le langage a dû, dès les commencements, être fort figuré et fort métaphorique. Mes propres réflexions m'avaient aussi conduit à remarquer que l'écriture n'avait d'abord été qu'une simple peinture ; mais je n'avais point encore tenté de découvrir par quels progrès on était arrivé à l'invention des lettres, et il me paraissait difficile d'y réussir. La chose a été parfaitement exécutée par M. Warburton ; j'ai extrait de son ouvrage tout ce que j'en dis, ou à peu près. » (Ch. XIII *De l'écriture,* § 127, p. 177).

4. P. 195, « On peut dire que la similitude répond aux marques ou caractères de l'écriture chinoise ; et que, comme ces marques ont produit la méthode abrégée des lettres alphabétiques, de même aussi pour rendre le discours plus coulant, et plus élégant, la similitude a produit la métaphore, qui n'est autre qu'une similitude en petit. Car les hommes étant aussi habitués qu'ils le sont aux objets matériels, ont toujours eu besoin d'images sensibles, pour com-

poétique, c'est qu'elle n'est pas chantée mais agie. Selon Warburton, on passe par une transition continue du langage d'action au langage de parole. Ce sera aussi la thèse de Condillac. Rousseau est donc le seul à marquer une rupture absolue entre la langue d'action ou langue du besoin et la parole ou langue de la passion. Sans le critiquer directement sur ce point, il s'oppose de la sorte à Condillac. Pour celui-ci, « la parole, en succédant au langage d'action, en conserva le caractère. Cette nouvelle manière de communiquer nos pensées ne pouvait être imaginée que sur le modèle de la première. Ainsi, pour tenir la place des mouvements violents du corps, la voix s'éleva et s'abaissa par des intervalles fort sensibles » (II, I, 11, § 13). Cette analogie et cette continuité sont incompatibles avec les thèses de Rousseau quant à la formation des langues et quant aux différences locales. Et pour Condillac et pour Rousseau le nord incite sans doute à la précision, à l'exactitude et à la rationalité. Mais pour des raisons inverses : l'éloignement de l'origine accroît l'influence du langage d'action pour Rousseau, il la réduit pour Condillac, puisque tout commence selon lui par le langage d'action continué dans la parole : « La précision du style fut connue beaucoup plus tôt chez les peuples du nord. Par un effet de leur tempérament froid et flegmatique, ils abandonnèrent plus facilement tout ce qui se ressentait du langage d'action. Ailleurs, les influences de cette manière de communiquer ses pensées se conservèrent longtemps. Aujourd'hui même, dans les parties méridionales de l'Asie, le pléonasme est regardé comme une élégance du discours. § 67. Le style, dans son origine, a été poétique... » (p. 149).

La position de Condillac est plus difficile à tenir. Elle doit concilier l'origine poétique (Rousseau) et l'origine pratique

_____

muniquer leurs idées abstraites. » (*Essai sur les hiéroglyphes*, T. I, pp. 85-86.) « Telle est l'origine véritable de l'expression figurée, et elle ne vient point, comme on le suppose ordinairement, du feu d'une imagination poétique. Le style des Barbares de l'Amérique, quoiqu'ils soient d'une complexion très froide et très flegmatique, le démontre encore aujourd'hui... Leur phlegme a bien pu rendre leur style concis, mais il n'a pu en retrancher les figures. Ainsi l'union de ces caractères différents montre clairement que la métaphore est due à la nécessité et non au choix... La conduite de l'homme, comme nous voyons, a toujours été, soit dans le discours et dans l'écriture, soit dans le vêtement et le logement, de changer ses besoins et ses nécessités en parade et en ornement » (pp. 195-197).

(Warburton). Sur la trame de ces difficultés et de ces différences, l'intention de Rousseau se précise. L'histoire va vers le nord en s'éloignant de l'origine. Mais alors que pour Condillac, cet éloignement suit une ligne simple, droite et continue, elle reconduit pour lui en-deçà de l'origine, vers le non-métaphorique, la langue des besoins et le langage d'action.

Malgré tous les emprunts, toutes les convergences, le système de l'*Essai* reste donc original. En dépit de toutes les difficultés, la césure y est maintenue entre le geste et la parole, le besoin et la passion :

> « Il est donc à croire que les besoins dictèrent les premiers gestes, et que les passions arrachèrent les premières voix. En suivant avec ces distinctions la trace des faits, peut-être faudrait-il raisonner sur l'origine des langues tout autrement qu'on n'a fait jusqu'ici. Le génie des langues orientales, les plus anciennes qui nous soient connues, dément absolument la marche didactique qu'on imagine dans leur composition. Ces langues n'ont rien de méthodique et de raisonné ; elles sont vives et figurées. On nous fait du langage des premiers hommes des langues de géomètres, et nous voyons que ce furent des langues de poètes. »

La distinction entre le besoin et la passion ne se justifie en dernière instance que par le concept de « pure nature ». La nécessité fonctionnelle de ce concept-limite et de cette fiction juridique apparaît aussi de ce point de vue. Car le prédicat essentiel de l'état de pure nature est la *dispersion* ; et la culture est toujours l'effet du rapprochement, de la proximité, de la présence propre. Or le besoin, qu'il se manifeste *en fait avant ou après la passion*, maintient, prolonge ou répète la dispersion originelle. Il est, en tant que tel, et dans la mesure où il ne naît pas d'une passion antérieure qui le modifie, pure force de dispersion.

> « Cela dût être. On ne commença pas par raisonner, mais par sentir. On prétend que les hommes inventèrent la parole pour exprimer leurs besoins ; cette opinion me paraît insoutenable. L'effet naturel des premiers besoins fut d'écarter les hommes et non de les rapprocher. Il le fallait ainsi pour que l'espèce vînt à s'étendre, et que la terre se peuplât promptement ; sans quoi le genre humain se fût entassé dans

un coin du monde, et tout le reste fût demeuré désert. »

Si « tout ceci n'est pas vrai sans distinction », c'est que le besoin, structurellement antérieur à la passion, peut toujours en fait lui succéder. Mais s'agit-il seulement d'un fait, d'une éventualité empirique ? Si le principe de dispersion reste à l'œuvre, est-ce un accident ou un résidu ? En vérité le besoin est nécessaire pour expliquer la veille de la société, ce qui précède sa *constitution*, mais il est indispensable pour rendre compte de l'*extension* de la société. Sans besoin, la force de présence et d'attraction jouerait librement, la constitution serait une concentration absolue. On comprendrait comment la société résiste à la dispersion, on ne s'expliquerait plus qu'elle se distribue et se différencie dans l'espace. L'extension de la société, qui peut en effet aboutir à la dislocation du « peuple assemblé », n'en contribue pas moins à l'*organisation*, à la différenciation et à la division organiques du corps social. Dans le *Contrat social*, les dimensions idéales de la cité, qui ne doit être ni trop petite ni trop grande, requièrent une certaine extension et une certaine distance entre les citoyens. La dispersion, comme loi de l'espacement, est donc à la fois la pure nature, le principe de vie et le principe de mort de la société. Aussi, bien que l'origine métaphorique du langage s'analyse comme la transcendance du besoin par la passion, le principe de dispersion n'y est pas étranger.

Rousseau ne peut en effet, comme le font Warburton et Condillac, alléguer la continuité du langage de sons et du langage d'action qui nous retenait dans des « conceptions grossières ». Il doit tout expliquer par la structure de la passion et de l'affectivité. Il se tire laborieusement d'embarras dans un raccourci très dense et très complexe sous son apparence. Quel est son point de départ dans ce second paragraphe du troisième chapitre ?

Non pas la difficulté de rendre compte de la métaphore par la passion ; la chose à ses yeux va de soi. Mais la difficulté de faire accepter l'idée en effet surprenante d'un langage primitivement figuré. Car le *bon* sens et la bonne *rhétorique*, qui s'accordent à considérer la métaphore comme un déplacement de style, ne requièrent-ils pas que l'on procède du sens propre pour constituer et pour définir la figure ? Celle-ci n'est-elle pas un transfert du sens propre ? un transport ? N'est-ce pas ainsi que la définissaient les théoriciens de la rhétorique connus de Rousseau ? N'est-ce pas la définition qu'en donnait l'*Encyclopédie* [5] ?

Or pour répéter le jaillissement premier de la métaphore, Rousseau ne part ni du bon sens ni de la rhétorique. Il ne se donne pas la disposition du sens propre. Et il doit, s'installant en un lieu antérieur à la théorie et au sens commun qui se donnent la possibilité constituée de ce qu'ils veulent déduire, nous montrer comment sont possibles et le sens commun et la science stylistique. Tel est du moins son projet et la visée originale de sa psycho-linguistique des passions. Mais malgré son intention et bien des apparences, il *part* aussi, nous allons le voir, *du sens propre*. Et *il y vient car le propre doit être et à l'origine et à la fin*. Et un mot, il rend à l'*expression des émotions* une propriété qu'il accepte de perdre, dès l'origine, dans la *désignation des objets*.

Voici la difficulté et le principe de la solution :

> « Or, je sens bien qu'ici le lecteur m'arrête, et me demande comment une expression peut être figurée avant d'avoir un sens propre, puisque ce n'est que dans la translation du sens que consiste la figure. Je conviens de cela ; mais pour m'entendre il faut substituer l'idée que la passion nous présente au mot que nous transposons ; car on ne transpose les mots que parce qu'on transpose aussi les idées : autrement le langage figuré ne signifierait rien. »

La métaphore doit donc s'entendre comme processus de l'idée

---

5. MÉTAPHORE, S.F. (gram.) « C'est, dit M. du Marsais, une figure par laquelle on transporte, pour ainsi dire, la signification propre d'un nom (j'aimerais mieux dire d'*un mot*) à une autre signification qui ne lui convient qu'en vertu d'une comparaison qui est dans l'esprit. Un mot pris dans un sens *métaphorique* perd sa signification propre, et en prend une nouvelle qui ne se présente à l'esprit que par la comparaison que l'on fait entre le sens propre de ce mot, et ce qu'on lui compare : par exemple, quand on dit que le mensonge se pare souvent des couleurs de la vérité... » Et après de larges citations de Marsais : « J'ai quelquefois ouï reprocher à M. de Marsais d'être un peu prolixe ; et j'avoue qu'il était possible, par exemple, de donner moins d'exemples de la *métaphore,* et de les développer avec moins d'étendue : mais qui est-ce qui ne porte point envie à une si heureuse prolixité ? L'auteur d'un dictionnaire de langue ne peut pas lire cet article de la métaphore sans être frappé de l'exactitude étonnante de notre grammairien, à distinguer le sens propre du sens figuré, et à assigner dans l'un le fondement de l'autre... »

ou du sens (du signifié, si l'on veut) avant de l'être comme jeu de signifiants. L'idée est le sens signifié, ce que le mot exprime. Mais c'est aussi un signe de la chose, une représentation de l'objet dans mon esprit. Enfin cette représentation de l'objet, signifiant l'objet et signifiée par le mot ou par le signifiant linguistique en général, peut aussi indirectement signifier un affect ou une passion. C'est dans ce jeu de l'idée représentative (qui est signifiant ou signifié selon tel ou tel rapport) que Rousseau loge son explication. Avant de se laisser prendre dans des signes verbaux, la métaphore est le rapport de signifiant à signifié dans l'ordre des idées et des choses, selon ce qui relie l'idée à ce dont elle est l'idée, c'est-à-dire déjà le signe représentatif. Alors le sens propre sera le rapport de l'idée à l'affect qu'elle *exprime*. Et c'est l'*inadéquation de la désignation* (la métaphore) qui *exprime proprement* la passion. Si la peur me fait voir des géants où il n'y a que des hommes, le signifiant — comme idée de l'objet — sera métaphorique, mais le signifiant de ma passion sera propre. Et si je dis alors « je vois des géants », cette fausse désignation sera une expression propre de ma peur. Car je vois en effet des géants et il y a là une vérité certaine, celle d'un cogito sensible, analogue à celle que Descartes analyse dans les *Regulae* : phénoménologiquement, la proposition « je vois jaune » est irrécusable, l'erreur ne devient possible que dans le jugement « le monde est jaune [6] ».

Néanmoins, ce que nous interprétons comme expression propre dans la perception et la désignation des géants reste une métaphore que rien n'a précédée ni dans l'expérience ni dans le langage. La parole ne se passant pas de référence à un objet, que « géant » soit propre comme signe de la peur

---

6. Sur ce point, la doctrine de Rousseau est très cartésienne. Elle s'interprète elle-même comme une justification de la nature. Les sens, qui sont naturels, ne nous trompent jamais. C'est notre jugement qui, au contraire, nous égare et trompe la nature. « Jamais la nature ne nous trompe ; c'est toujours nous qui nous trompons. » Passage de l'*Emile* (p. 237) que le manuscrit autographe avait remplacé par celui-ci : « Je dis qu'il est impossible que nos sens nous trompent car il est toujours vrai que nous sentons ce que nous sentons. » Les Epicuriens sont loués de l'avoir reconnu mais critiqués d'avoir prétendu que « les jugements que nous faisions sur nos sensations n'étaient jamais faux ». « Nous sentons nos sensations, mais nous ne sentons pas nos jugements. »

n'empêche pas, implique au contraire qu'il soit impropre ou métaphorique comme signe de l'objet. Il ne peut être l'idée-signe de la passion qu'en se donnant comme idée-signe de la cause présumée de cette passion, en ouvrant un œil sur le dehors. Cette ouverture laisse le passage à une métaphore sauvage. Aucun sens propre ne la précède. Aucun rhéteur ne la surveille.

Il faut donc revenir à l'affect subjectif, substituer l'ordre phénoménologique des passions à l'ordre objectif des désignations, l'expression à l'indication, pour comprendre le jaillissement de la métaphore et la possibilité sauvage de la translation. A l'objection de la priorité du sens propre, Rousseau répond ainsi par un exemple :

> « Un homme sauvage en rencontrant d'autres se sera d'abord effrayé. Sa frayeur lui aura fait voir ces hommes plus grands et plus forts que lui-même ; il leur aura donné le nom de *géants*. Après beaucoup d'expériences, il aura reconnu que ces prétendus géants n'étant ni plus grands ni plus forts que lui, leur stature ne convenait point à l'idée qu'il avait d'abord attachée au mot de géant. Il inventera donc un autre nom commun à eux et à lui, tel par exemple que le nom d'*homme,* et laissera celui de *géant* à l'objet faux qui l'avait frappé durant son illusion. Voilà comment le mot figuré naît avant le mot propre, lorsque la passion nous fascine les yeux, et que la première idée qu'elle nous offre n'est pas celle de la vérité. Ce que j'ai dit des mots et des noms est sans difficulté pour les tours de phrases. L'image illusoire offerte par la passion se montrant la première, le langage qui lui répondait fut aussi le premier inventé ; il devint ensuite métaphorique, quand l'esprit éclairé, reconnaissant sa première erreur, n'en employa les expressions que dans les mêmes passions qui l'avaient produite. »

1. L'*Essai* décrit ainsi à la fois l'avènement de la métaphore et sa reprise « à froid » dans la rhétorique. On ne peut donc parler de la métaphore comme figure de style, comme technique ou procédé de langage, que par une sorte d'analogie, de retour et de répétition du discours ; on parcourt alors par décision le déplacement initial, celui qui exprima proprement la passion. Ou plutôt le représentant de la passion : ce n'est pas l'effroi lui-même que le mot *géant* exprime proprement — et une nouvelle distinction est nécessaire qui entamerait jusqu'au propre de l'expression — mais bien « l'idée que la passion

391

nous présente ». L'idée « géant » est à la fois le signe propre du représentant de la passion, le signe métaphorique de l'objet (homme) et le signe métaphorique de l'affect (effroi). Ce signe est métaphorique parce que *faux* en ce qui regarde l'objet ; il est métaphorique parce qu'il est *indirect* en ce qui regarde l'affect : il est signe de signe, il n'exprime l'émotion qu'à travers un autre signe, à travers le représentant de l'effroi, à savoir le signe *faux*. Il ne représente proprement l'affect qu'en représentant un faux représentant.

Ensuite le rhéteur ou l'écrivain peuvent reproduire et calculer cette opération. L'intervalle de cette répétition sépare la sauvagerie de la civilité ; il les sépare dans l'histoire de la métaphore. Naturellement, cette sauvagerie et cette civilité sont en relation à l'intérieur de l'état de société ouvert par la passion et les premières figures. L' « esprit éclairé », c'est-à-dire la clarté sans chaleur de la raison, tournée vers le nord et traînant le cadavre de l'origine, peut alors, ayant reconnu « sa première erreur », manier les métaphores comme telles, par référence à ce qu'il sait être son sens propre et vrai. Au midi du langage, l'esprit passionné était pris dans la métaphore : poète n'ayant rapport au monde que dans le style de l'impropriété. Le raisonneur, l'écrivain calculateur, le grammairien organisent savamment, froidement, les effets de l'impropriété du style. Mais il faut aussi retourner ces rapports : le poète a un rapport de vérité et de propriété à ce qu'il exprime, il se tient au plus proche de sa passion. En manquant la vérité de l'objet, il se dit pleinement et rapporte authentiquement l'origine de sa parole. Le rhéteur accède à la vérité objective, dénonce l'erreur, traite les passions mais pour avoir perdu la vérité vivante de l'origine.

Ainsi, tout en affirmant en apparence que le premier langage fut figuré, Rousseau maintient le propre : comme archie et comme telos. A l'origine, puisque l'idée première de la passion, son premier représentant, est proprement exprimée. A la fin, parce que l'esprit éclairé fixe le sens propre. Il le fait alors par un processus de connaissance et *en termes de vérité*. On aura remarqué qu'en dernière analyse, c'est aussi dans ces termes que Rousseau traite le problème. Il y est tenu par toute une philosophie naïve de l'idée-signe.

2. L'exemple de l'effroi vient-il par hasard ? L'origine métaphorique du langage ne nous ramène-t-elle pas nécessairement à

une situation de menace, de détresse et de déréliction, à une solitude archaïque, à l'angoise de la dispersion ? La peur absolue serait alors la première rencontre de l'autre comme *autre* : comme autre que moi et comme autre que soi-même. Je ne peux répondre à la menace de l'autre comme autre (que moi) qu'en le transformant en autre (que soi-même), en l'altérant dans mon imagination, ma peur ou mon désir. « Un homme sauvage en rencontrant d'autres se sera *d'abord* effrayé. » L'effroi serait donc la première passion, la face d'erreur de la pitié dont nous parlions plus haut. La pitié est la force de rapprochement et de présence. L'effroi serait encore tourné vers la situation immédiatement antérieure de la pure nature comme dispersion ; l'autre est *d'abord* rencontré à distance, il faut vaincre la séparation et la peur pour l'aborder comme un prochain. De loin, il est immensément grand, comme un maître et une force menaçante. C'est l'expérience de l'homme petit et infans. Il ne commence à parler que depuis ces perceptions déformantes et naturellement agrandissantes [7]. Et comme la force de dispersion n'est jamais réduite, la source d'effroi compose toujours avec son contraire.

L'influence reconnue de Condillac donne aussi à penser que l'exemple de l'effroi n'est pas fortuit. Angoisse et répétition,

---

7. On rappellera ici encore un texte de Vico : « Les caractères poétiques qui constituent l'essence même des fables, dérivent par un lien nécessaire de la nature même des premiers hommes, incapables d'abstraire les formes et les propriétés des sujets ; ils durent être une façon de penser commune à tous les individus de peuples entiers, à l'époque où ces peuples étaient engagés dans la plus grande barbarie. Parmi ces caractères, nous pouvons mentionner une disposition à agrandir démesurément, en toutes circonstances, les images des objets particuliers. C'est ce que remarque Aristote : l'esprit humain, que sa nature porte à l'infini, se voit gêné, étouffé par la vigueur des sens ; un seul moyen lui est laissé de montrer tout ce qu'il doit à sa nature quasi divine : se servir de l'imagination pour agrandir les images particulières. C'est pourquoi, sans doute, chez les poètes grecs, — et aussi chez les poètes latins —, les images qui représentent les dieux et les héros sont toujours plus grandes que celles qui représentent les hommes. Et quand revinrent les temps barbares et que recommença le cours de l'histoire, les fresques et les tableaux où sont peints le Père Eternel, Jésus-Christ et la Vierge Marie nous présentent des Etres divins démesurément agrandis. » (*Scienza nuova,* 3, II, p. 18, trad. Chaix-Ruy.)

telle est la double racine du langage selon l'*Essai sur l'origine des connaissances humaines*.

Mais du langage d'action. Que le langage ait été donné aux hommes par Dieu, cela n'interdit pas d'en interroger l'origine naturelle par une fiction philosophique qui renseigne sur l'essence de ce qui fut ainsi reçu. Il ne suffit pas à « un philosophe de dire qu'une chose a été faite par des voies extraordinaires ». Il est « de son devoir d'expliquer comment elle aurait pu se faire par des moyens naturels ». C'est alors l'hypothèse des deux enfants égarés dans le désert après le déluge, « sans qu'ils connussent l'usage d'aucun signe [8] ». Or ces deux enfants n'ont commencé à parler qu'au moment de l'effroi : pour demander secours. Mais le langage ne commence pas à l'angoisse pure ou plutôt l'angoisse ne se signifie que dans la répétition.

Qui s'appelle ici imitation et se tient entre la perception et la réflexion. Soulignons-le :

> « Ainsi, par le seul instinct, ces hommes se demandaient et se prêtaient secours. Je dis *par le seul instinct*, car la réflexion n'y pouvait encore avoir part. L'un ne disait pas : *il faut m'agiter de telle manière pour lui faire connaître ce qui m'est nécessaire, et pour l'engager à me secourir* ; ni l'autre : *je vois à ses mouvements qu'il veut telle chose, je vais lui en donner la jouissance* ; mais tous deux agissaient en conséquence du besoin qui les pressait davantage... Celui,

---

8. II, I, p. 111-112. Cette démarche est aussi celle de Warburton dans les remarquables paragraphes qu'il consacre aux *Origine et progrès du langage* (T. I. p. 48 sq.). Ainsi : « A juger seulement par la nature des choses, et indépendamment de la révélation, qui est un guide plus sûr, l'on serait porté à admettre l'opinion de Diodore de Sicile et de Vitruve, que les premiers hommes ont vécu pendant un temps dans les cavernes et les forêts, à la manière des bêtes, n'articulant que des sons confus et indéterminés, jusqu'à ce que, s'étant associés pour se secourir mutuellement, ils soient arrivés par degrés à en former de distincts, par le moyen de signes ou de marques arbitraires convenues entre eux, afin que celui qui parlait, pût exprimer les idées qu'il avait besoin de communiquer aux autres. C'est ce qui a donné lieu aux différentes langues ; car tout le monde convient que le langage n'est point inné. » Et pourtant, « rien de plus évident par l'Ecriture sainte que le langage a une origine différente. Elle nous apprend que Dieu enseigna la Religion au premier homme ; ce qui ne nous permet pas de douter qu'il ne lui ait enseigné en même temps à parler. »

par exemple, qui voyait un lieu où il avait été *effrayé, imitait* les cris et les mouvements qui étaient les signes de la frayeur, pour avertir l'autre de ne pas s'exposer au danger qu'il avait couru [9]. »

3. Le travail qui produit le nom commun suppose, comme tout travail, le *refroidissement* et le *déplacement* de la passion. On ne peut substituer le nom commun adéquat *(homme)* au nom de *géant* qu'après l'apaisement de la frayeur et la reconnaissance de l'erreur. Avec ce travail s'accroissent le nombre et l'extension des noms communs. Par là l'*Essai* communique étroitement avec le second *Discours* : les premiers substantifs n'ont pas été des noms communs mais des noms propres. Le propre absolu est bien à l'origine : un signe par chose, un représentant par passion. C'est le moment où le lexique est d'autant plus étendu que les connaissances sont limitées [10]. Mais cela n'est vrai que des catégorèmes, ce qui devrait faire surgir plus d'une difficulté logique et linguistique. Car le substantif comme nom propre n'est pas le tout premier état de la langue. Il n'est pas seul dans la langue. Il représente déjà une articulation et une « division du discours ». Non que, à la manière de Vico, Rousseau fasse naître le nom presque en dernier, après les onomatopées, les interjections, les prénoms, les pronoms, les articles, mais avant les verbes. Le nom ne peut apparaître

---

9. II, I. § 2, 3, p. 113. Nous n'avons souligné que les mots « effrayé » et « imitait ». Le même exemple est repris dans le chapitre sur *L'origine de la poésie* : « Par exemple, dans le langage d'action, pour donner à quelqu'un l'idée d'un homme effrayé, on n'avait d'autre moyen que d'imiter les cris et les mouvements de la frayeur. » (§ 66, p. 148).

10. « Chaque objet reçut d'abord un nom particulier, sans égard aux genres et aux Espèces, que les premiers Instituteurs n'étaient pas en état de distinguer... de sorte que plus les connaissances étaient bornées, et plus le Dictionnaire devint étendu... D'ailleurs les idées générales ne peuvent s'introduire dans l'Esprit qu'à l'aide des mots, et l'entendement ne les saisit que par des propositions. C'est une des raisons pourquoi les animaux ne sauraient se former de telles idées ni jamais acquérir la perfectibilité qui en dépend... Il faut donc parler pour avoir des idées générales : car sitôt que l'imagination s'arrête, l'esprit ne marche plus qu'à l'aide du discours. Si donc les premiers Inventeurs n'ont pu donner des noms qu'aux idées qu'ils avaient déjà, il s'ensuit que les premiers substantifs n'ont jamais pu être que des noms propres. » (Pp. 149-150. Voir aussi les notes de l'éditeur.)

sans le verbe. Après une première étape, au cours de laquelle le discours est indivis, chaque mot ayant « le sens d'une proposition entière », le nom surgit en même temps que le verbe. C'est la première scission interne de la proposition qui ouvre le discours. Il n'est alors de nom que propre, de mode verbal qu'infinitif, de temps que présent : « Quand ils commencèrent à distinguer le sujet d'avec l'attribut, et le verbe d'avec le nom, ce qui ne fut pas un médiocre effort de génie, les substantifs ne furent d'abord qu'autant de noms propres, l'infinitif [11] fut le seul temps des verbes et à l'égard des adjectifs la notion ne s'en dut développer que fort difficilement, parce que tout adjectif est un mot abstrait, et que les abstractions sont des Opérations pénibles et peu naturelles » (p. 149).

Cette corrélation du nom propre et de l'infinitif présent nous importe. On quitte donc le présent et le propre dans le même mouvement : celui qui, discernant le sujet d'avec son verbe — et plus tard d'avec son attribut — supplée le nom propre par le nom commun et par le pronom — personnel ou relatif — instruit la classification dans un système de différences et substitue les temps au présent impersonnel de l'infinitif.

Avant cette différenciation, le moment des langues « ignorant la division du discours » correspond à cette époque suspendue entre l'état de nature et l'état de société : époque des langues naturelles, de la neume, du temps de l'Isle de Saint-Pierre, de la fête autour du point d'eau. Entre le pré-langage et la catastrophe linguistique instaurant la division du discours, Rousseau tente de ressaisir une sorte de pause heureuse, l'instantané d'un langage plein, l'image fixant ce qui ne fut qu'un point de pur passage : un langage sans discours, une parole sans phrase, sans syntaxe, sans parties, sans grammaire, une langue de pure effusion, au-delà du cri, mais en deçà de la brisure qui articule et du même coup désarticule l'unité immédiate du sens, dans laquelle l'être du sujet ne se distingue ni de son acte ni de ses attributs. C'est le moment où il y a des mots (« les premiers mots ») qui ne fonctionnent pas encore comme ils le font « dans les langues déjà formées » et où les hommes « donnèrent d'abord à chaque mot le sens d'une proposition entière ». Mais le langage ne naît vraiment que par la disruption et la fracture de cette heureuse plénitude,

---

11. « Le présent de l'infinitif » (édition 1782).

à l'instant où cet instantané est arraché à son immédiateté fictive et remis dans le mouvement. Il sert alors de repère absolu pour qui veut mesurer et décrire la différence dans le discours. On ne peut le faire qu'en se référant à la limite toujours déjà franchie d'un langage indivis, où le propre-infinitif-présent est à ce point soudé à lui-même qu'il ne peut même pas s'apparaître dans l'opposition du nom propre et du verbe au présent de l'infinitif.

Tout le langage s'enfonce ensuite dans cette brèche entre le nom propre et le nom commun (donnant lieu au pronom et à l'adjectif), entre le présent de l'infinitif et la multiplicité des modes et des temps. Tout le langage se substituera à cette vivante présence à soi du propre, qui en tant que langage suppléait déjà les choses mêmes. Le langage *s'ajoute* à la présence et la supplée, la diffère dans le désir indestructible de la rejoindre.

L'articulation est le supplément dangereux de l'instantané fictif et de la bonne parole : de la jouissance pleine car la présence est toujours déterminée comme jouissance par Rousseau. Le présent est toujours le présent d'une jouissance ; et la jouissance est toujours l'accueil de la présence. Ce qui disloque la présence introduit la différance et le délai, l'espacement entre le désir et le plaisir. Le langage articulé, la connaissance et le travail, la recherche inquiète du savoir ne sont que l'espacement entre deux jouissances. « Nous ne cherchons à connaître, que parce que nous désirons de jouir. » (Second *Discours,* p. 143.) Et dans l'*Art de jouir,* cet aphorisme qui dit la restitution symbolique de la présence suppléée dans le passé du verbe : « En me disant, j'ai joüi, je joüis encore [12]. » La grande affaire des *Confessions*, n'était-ce pas aussi de « jouir derechef quand je veux. » (p. 585) ?

Histoire et système des écritures.

Le verbe « *suppléer* » définit bien l'acte d'écrire. C'est le premier et le dernier mot du chapitre *De l'écriture.* Nous en avions lu le paragraphe d'ouverture. En voici les dernières lignes :

« On écrit les voix et non pas les sons ; or, dans une

---

12. T. I. p. 1174.

langue accentuée, ce sont les sons, les accents, les inflexions de toute espèce, qui font la plus grande énergie du langage, et rendent une phrase, d'ailleurs commune, *propre seulement au lieu où elle est*. Les moyens qu'on prend pour *suppléer* à celui-là étendent, allongent la langue écrite, et, passant des livres dans le discours, énervent la parole même. En disant tout comme on l'écrirait, on ne fait plus que lire en parlant ». (Nous soulignons.)

Si la supplémentarité est un procès nécessairement indéfini, l'écriture est le supplément par excellence puisqu'elle marque le point où le supplément se donne comme supplément de supplément, signe de signe, *tenant lieu* d'une parole déjà signifiante : elle déplace le *lieu propre* de la phrase, l'unique fois de la phrase prononcée *hic et nunc* par un sujet irremplaçable, et en retour énerve la voix. Elle marque le lieu du redoublement initial.

Entre ces deux paragraphes : 1°) une analyse très brève des diverses structures et du devenir général de l'écriture ; 2°) à partir des prémisses de cette typologie et de cette histoire, une longue réflexion sur l'écriture alphabétique et une appréciation du sens et de la valeur de l'écriture en général.

Ici encore, malgré des emprunts massifs, l'histoire et la typologie restent très singulières.

Warburton et Condillac proposent le schéma d'une rationalité économique, technique et purement objective. L'impératif économique doit ici s'entendre au sens restrictif de l'économie *à faire* : de l'*abréviation*. L'écriture *réduit* les dimensions de la présence dans son signe. La *miniature* n'est pas réservée aux lettres rouges, elle est, entendue en son sens dérivé, la forme même de l'écriture. L'histoire de l'écriture suivrait alors le progrès continu et linéaire des techniques d'abréviation. Les systèmes d'écriture dériveraient les uns des autres sans modification essentielle de la structure fondamentale et selon un processus homogène et monogénétique. Les écritures ne se remplacent les unes les autres que dans la mesure où elles font gagner plus d'espace et plus de temps. A en croire le projet d'*histoire générale de l'écriture* proposé par Condillac [13], l'écriture n'a pas d'autre origine que la parole : le besoin

---

13. Voir le chapitre XIII (*De l'écriture*) et notamment le § 134 de l'*Essai*.

et la distance. Elle continue ainsi le langage d'action. Mais c'est au moment où la *distance* sociale qui avait conduit le geste à la parole, s'accroît jusqu'à devenir *absence*, que l'écriture devient nécessaire. (Ce devenir-absence de la distance n'est pas interprété comme une rupture par Condillac mais décrit comme la conséquence d'un accroissement continu). L'écriture a dès lors pour fonction d'atteindre des *sujets* qui ne sont pas seulement éloignés mais hors de tout champ de vision et au-delà de toute portée de voix.

Pourquoi des *sujets* ? Pourquoi l'écriture serait-elle un autre nom de la constitution des *sujets* et, pourrait-on dire, de la *constitution* tout court ? d'un sujet, c'est-à-dire d'un individu tenu de répondre (de) soi devant une loi et du même coup soumis à cette loi ?

Sous le nom d'écriture, Condillac pense bien à la possibilité d'un tel sujet. Et à la loi maîtrisant son absence. Quand le champ de la société s'étend au point de l'absence, de l'invisible, de l'inaudible, de l'immémorable, quand la communauté locale est disloquée au point que les individus ne s'apparaissent plus les uns aux autres, deviennent sujets d'être imperceptibles, l'âge de l'écriture commence.

> « ... Les faits, les lois et toutes les choses, dont il fallait que les hommes eussent connaissance, se multiplièrent si fort, que la mémoire était trop faible pour un pareil fardeau ; les sociétés s'agrandirent au point que la promulgation des lois ne pouvait parvenir que difficilement à tous les citoyens. Il fallut donc, pour instruire le peuple, avoir recours à quelque nouvelle voie. C'est alors qu'on imagina l'écriture : j'exposerai plus bas quels en furent les progrès... » (II, 1, § 73). « Les hommes, en état de se communiquer leurs pensées par des sons, sentirent la nécessité d'imaginer de nouveaux signes propres à les perpétuer et à les faire connaître à des personnes absentes »(§ 127).

L'opération de l'écriture reproduisant ici celle de la parole, la première graphie reflétera la première parole : la figure et l'image. Elle sera pictographique. Paraphrase encore de Warburton :

> « Alors l'imagination ne leur représenta que les mêmes images qu'ils avaient déjà exprimées par des actions et par des mots, et qui avaient, dès les commencements, rendu le langage figuré et métaphorique. Le moyen le plus naturel fut

> donc de dessiner les images des choses. Pour exprimer l'idée d'un homme ou d'un cheval, on représenta la forme de l'un ou de l'autre, et le premier essai de l'écriture ne fut qu'une simple peinture [14]. »

Comme le premier mot, le premier pictogramme est donc une image, à la fois au sens de représentation imitative et de déplacement métaphorique. L'intervalle entre la chose même et sa reproduction, si fidèle soit-elle, n'est parcouru que par une translation. Le premier signe est déterminé comme image. L'idée a un rapport essentiel avec le signe, substitut représentatif de la sensation. L'imagination supplée l'attention qui supplée la perception. L'attention peut avoir pour « premier effet » « de faire subsister dans l'esprit, en l'absence des objets, les perceptions qu'ils ont occasionnées » (I, 11 § 17). L'imagination, elle, permet « la représentation d'un objet à partir d'un signe, par exemple, de son simple nom ». La théorie de l'origine sensible des idées en général, la théorie des signes et du langage métaphorique qui commande presque toute la pensée du XVIIIe siècle, découpe ici sa critique du rationalisme de type cartésien sur un fond théologique et métaphysique inentamé. C'est le péché originel, fonctionnant comme plus haut le déluge, qui rend possible et nécessaire la critique sensualiste des idées innées, le recours à la connaissance par signes ou métaphores, parole ou écriture, le système des signes (accidentels, naturels, arbitraires). « Ainsi quand je dirai *que nous n'avons point d'idées qui ne nous viennent des sens*, il faut bien se souvenir que je ne parle que de l'état où nous sommes depuis le péché. Cette proposition, appliquée à l'âme dans l'état d'innocence, ou après sa séparation du corps, serait tout à fait fausse... Je me borne donc, encore un coup, à l'état présent » (I, 1, 8, p. 10).

C'est donc, comme chez Malebranche, par exemple, le concept même d'expérience qui reste sous la dépendance de l'idée de péché originel. Il y a là une loi : la notion d'expérience, alors même qu'on voudrait l'employer à détruire la métaphysique ou

---

14. II, I, ch. XIII. Voir les passages correspondants de Warburton (T. I, p. 5) qui tient compte, ce que ne fait pas Condillac, de l' « influence réciproque » qu'exercent l'une sur l'autre la parole et l'écriture. « Il faudrait un volume tout entier pour bien développer cette influence réciproque » (p. 202). (Sur l'impossibilité d'une écriture purement figurative, cf. Duclos *op. cit.* p. 421).

la spéculation, continue d'être, en un point ou un autre de son fonctionnement, fondamentalement inscrite dans l'onto-théologie : au moins par la valeur de *présence* dont elle ne pourra jamais en elle-même réduire l'implication. L'expérience est toujours le rapport à une plénitude, qu'elle soit la simplicité sensible ou la présence infinie de Dieu. Jusque chez Hegel et Husserl, on pourrait faire apparaître, pour cette raison même, la complicité d'un certain sensualisme et d'une certaine théologie. L'idée onto-théologique de sensibilité ou d'expérience, l'opposition de la passivité et de l'activité constituent l'homogénéité profonde, cachée sous la diversité des systèmes métaphysiques. Toujours l'absence et le signe viennent y faire une entaille apparente, provisoire, dérivée, dans le système de la présence première et dernière. Ils sont pensés comme les accidents et non comme la condition de la présence désirée. Le signe est toujours le signe de la chute. L'absence a toujours rapport à l'éloignement de Dieu.

Il ne suffit pas, pour échapper à la clôture de ce système, de se débarrasser de l'hypothèse ou de l'hypothèque « théologique ». S'il se prive des facilités théologiques de Condillac en cherchant l'origine naturelle de la société, de la parole et de l'écriture, Rousseau fait jouer aux concepts substitutifs de nature ou d'origine un rôle analogue. Et comment croire que le thème de la chute soit absent de ce discours ? Comment le croire à voir apparaître le doigt disparaissant de Dieu au moment de la catastrophe dite naturelle ? Les différences entre Rousseau et Condillac seront toujours contenues dans la même clôture. On ne pourra poser le problème du modèle de la chute (platonicien ou judéo-chrétien) qu'à l'intérieur de cette clôture commune [15].

La première écriture est donc une image peinte. Non que la peinture ait servi à l'écriture, à la miniature. L'une et l'autre se sont d'abord confondues : système fermé et muet dans lequel la parole n'avait encore aucun droit d'entrée et qui était soustrait à tout autre investissement symbolique. Il n'y avait là qu'un pur reflet de l'objet ou de l'action. « C'est vraisemblablement à

---

15. H. Gouhier l'aborde systématiquement et en son fond (*Nature et Histoire dans la pensée de Jean-Jacques Rousseau. Annales J.-J. Rousseau, T. XXXIII, 1953-1955*) — « Oui et non », répond-il à la question du modèle judéo-chrétien (p. 30).

la nécessité de tracer ainsi nos pensées que la peinture doit son origine, et cette nécessité a sans doute concouru à conserver le langage d'action, comme celui qui pouvait se peindre le plus aisément. » (§ 128.)

Cette écriture naturelle est donc la seule écriture universelle. La diversité des écritures apparaît dès qu'on franchit le seuil de la pictographie pure. Celle-ci serait donc une origine simple. Condillac, suivant en cela Warburton, engendre ou plutôt déduit, depuis ce système naturel, tous les autres types et toutes les autres étapes de l'écriture [16]. Le progrès linéaire sera toujours de condensation. Et de condensation purement quantitative. Plus précisément, elle concernera une quantité objective : volume et espace naturel. C'est à cette loi profonde que sont soumis tous les déplacement et toutes les condensations graphiques qui ne s'y soustraient qu'en apparence.

De ce point de vue, la pictographie, méthode primaire qui utilise un signe par chose, est la moins économique. Ce gaspillage des signes est américain : « Malgré les inconvénients qui naissaient de cette méthode, les peuples les plus polis de l'Amérique n'en avaient pas su inventer de meilleure. Les sauvages du Canada n'en ont pas d'autre. » (§ 129.) La supériorité de l'écriture hiéroglyphique « peinture et caractère » tient à ce qu'on n'emploie « qu'une seule figure pour être le signe de plusieurs choses ». Ce qui suppose qu'il puisse y avoir — c'est la fonction de la limite pictographique — quelque chose comme un signe unique d'une chose unique. Ce qui est contradictoire avec le concept même et l'opération du signe. Déterminer ainsi le premier signe, fonder ou déduire tout le système des signes par référence à un signe qui n'en est pas un, c'est bien réduire la signification à la présence. Le signe n'est dès lors qu'un aménagement des présences dans la bibliothèque. L'intérêt des hiéroglyphes — un signe pour plusieurs choses —

---

16. Quant à ce monogénétisme et à la rationalité économique de cette généalogie, la prudence de Condillac a des limites, bien qu'elle se manifeste dans le *Traité des systèmes* (1749) (ch. XVII) : « Si tous les caractères qui ont été en usage depuis l'origine de l'histoire avaient pu venir jusqu'à nous avec une clef qui en donnât l'explication, nous démêlerions ce progrès d'une manière bien sensible. Cependant nous pouvons, avec ce qui nous en reste, développer ce système, sinon dans tout son détail, du moins suffisamment pour nous assurer de la génération des différentes sortes d'écriture. L'ouvrage de M. Warburton en est la preuve. » (Cf. DE, p. 101.)

se réduit à l'économie des bibliothèques. C'est ce qu'ont compris les Egyptiens, « plus ingénieux ». Ils « ont été les premiers à se servir d'une voie plus abrégée à laquelle on a donné le nom d'Hiéroglyphes ». « L'embarras que causait l'énorme grosseur des volumes engagea à n'employer qu'une seule figure pour être le signe de plusieurs choses. » Les formes de déplacement et de condensation qui différencient le système égyptien sont comprises sous ce concept économique et sont conformes à la « nature de la chose » (à la nature des choses) qu'il suffit donc de « consulter ». Trois degrés ou trois moments : la partie pour le tout (deux mains, un bouclier et un arc pour une bataille dans les hiéroglyphes curiologiques ; l'instrument — réel ou métaphorique — pour la chose (un œil pour la science de Dieu, une épée pour le tyran) ; enfin une chose analogue, en sa totalité, à la chose même (un serpent et la bigarrure de ses taches pour l'univers étoilé) dans les hiéroglyphes tropiques.

C'était déjà par raison d'économie que, selon Warburton, on avait substitué l'hiéroglyphie cursive ou démotique à l'hiéroglyphie proprement dite ou écriture sacrée. La *philosophie* est le nom de ce qui précipite ce mouvement : altération économique qui désacralise en abrégeant et en effaçant le signifiant au profit du signifié :

> « Mais il est temps de parler d'une altération, que ce changement de sujet, et cette manière de l'exprimer, introduisirent dans les traits des figures Hiéroglyphiques. L'animal, ou la chose, qui servait à représenter, avaient été jusque-là dessinés au naturel. Mais, lorsque l'étude de la Philosophie, qui avait occasionné l'écriture symbolique, eut porté les Savants d'Egypte à écrire beaucoup, et sur divers sujets, ce dessin exact multipliant trop les volumes, leur parut ennuyeux. Ils se servirent donc par degrés d'un *autre caractère,* que nous pouvons appeler, l'*écriture courante* des hiéroglyphes. Il ressemblait aux caractères des Chinois, et, après avoir d'abord été formé du seul contour de chaque figure, il devint à la longue une sorte de *marques.* Je ne dois pas omettre ici de parler d'un effet naturel que ce caractère de l'écriture courante produisit avec le temps. Je veux dire, que son usage diminua beaucoup de l'attention que l'on donnait au symbole, et la fixa à la chose signifiée. Par ce moyen l'étude de l'écriture symbolique se trouva fort abrégée ; n'y ayant alors presque autre chose à faire qu'à se rappeler le *pouvoir* de la marque symbolique, au lieu qu'auparavant il fallait être instruit des

propriétés de la chose, ou de l'animal, qui était employé comme symbole. En un mot, cela réduisit cette sorte d'écriture à l'état où est présentement celle des Chinois » (T. I, pp. 139-140). Cet effacement du signifiant conduisit par degrés à l'alphabet (cf. p. 148). C'est aussi la conclusion de Condillac (§ 134).

C'est donc l'histoire du savoir — de la philosophie — qui, tendant à multiplier les volumes, pousse à la formalisation, à l'abréviation, à l'algèbre. Du même coup, en s'écartant de l'origine, on creuse et désacralise le signifiant, on le « démotise » et on l'universalise. L'histoire de l'écriture, comme histoire de la science, circulerait entre les deux époques de l'écriture universelle, entre deux simplicités, entre deux formes de transparence et d'univocité : une pictographie absolue redoublant la totalité de l'étant naturel dans une consommation effrénée de signifiants, et une graphie absolument formelle réduisant à presque rien la dépense signifiante. Il n'y aurait d'histoire de l'écriture et d'histoire du savoir — on pourrait dire d'histoire tout court — qu'entre ces deux pôles. Et si l'histoire n'est pensable qu'entre ces deux limites, on ne peut disqualifier les mythologies de l'écriture universelle — pictographie ou algèbre — sans suspecter le concept d'histoire lui-même. Si on a toujours pensé le contraire, opposant l'histoire à la transparence du langage vrai, ce fut sans doute par aveuglement aux limites à partir desquelles, archéologique ou eschatologique, on a formé le concept d'histoire.

La science — ce que Warburton et Condillac appellent ici la philosophie —, l'*épistémè* et éventuellement le savoir de soi, la conscience, seraient donc le mouvement de l'idéalisation : formalisation algébrisante, dé-poétisante, dont l'opération consiste à refouler, pour mieux le maîtriser, le signifiant chargé, l'hiéroglyphe lié. Que ce mouvement rende nécessaire le passage par l'étape logocentrique, ce n'est là qu'un paradoxe apparent : le privilège du logos est celui de l'écriture phonétique, d'une écriture provisoirement plus économique, plus algébrique, en raison d'un certain état du savoir. L'époque du logocentrisme est un moment de l'effacement mondial du signifiant : on croit alors protéger et exalter la parole, on est seulement fasciné par une figure de la *technè*. On méprise du même coup l'écriture (phonétique) parce qu'elle a l'avantage d'assurer une plus grande maîtrise en s'effaçant : en traduisant le mieux possible un signifiant (oral) pour un temps plus universel et plus commode ; l'auto-affection phonique, se passant de tout recours « extérieur », permet à une certaine époque de l'histoire du monde et de ce qu'on appelle alors l'homme, la plus grande maîtrise possible, la plus grande présence à soi de la vie, la plus grande liberté. C'est cette histoire (comme époque : époque non pas de l'histoire mais comme histoire) qui se clôt en même temps que la forme d'être au monde qu'on appelle savoir. Le concept d'histoire est donc le concept de la philosophie et de l'*épistémè*. Même s'il ne s'est imposé que tardivement dans ce qu'on appelle l'histoire de la philosophie, il y était appelé depuis le commencement de cette aventure. C'est en un sens jusqu'ici inouï — et qui n'a rien à voir avec les niaiseries idéalistes ou conventionnellement hegeliennes d'apparence analogue — que l'histoire est l'histoire de la philosophie Ou si l'on préfère, il faut prendre ici à la lettre la formule de Hegel : l'histoire n'est que l'histoire de la philosophie, le savoir absolu est accompli. Ce qui excède alors cette clôture *n'est rien* : ni la présence de l'être, ni le sens, ni l'histoire ni la philosophie ; mais autre chose qui n'a pas de nom, qui s'annonce dans la pensée de cette clôture et conduit ici notre écriture. Ecriture dans laquelle la philosophie est inscrite comme une place dans un texte qu'elle ne commande pas. La philosophie n'est, dans l'écriture, que ce mouvement de l'écriture comme effacement du signifiant et désir de la présence restituée, de l'être signifié dans sa brillance et son éclat. L'évolution et l'économie proprement philosophiques de l'écriture vont donc dans le sens de l'effacement du signifiant, qu'il prenne la forme de l'oubli ou du refoulement. Ces deux derniers concepts sont également insuffisants, qu'on les oppose ou qu'on les associe. L'oubli est en tout cas, si on l'entend comme effacement par *finitude* du pouvoir de rétention, la possibilité même du refoulement. Et le refoulement, ce sans quoi la dissimulation n'aurait aucun *sens*. Le concept de refoulement est donc, au moins autant que celui d'oubli, le produit d'une philosophie (du sens).

Quoi qu'il en soit, le mouvement de retrait du signifiant, le perfectionnement de l'écriture libérerait l'attention et la conscience (le savoir et le savoir de soi comme idéalisation de l'objet maîtrisé) pour la présence du signifié. Celui-ci est d'autant plus disponible qu'il est idéal. Et la valeur de vérité en général, qui implique toujours la *présence* du signifié (aletheia ou adequatio), loin de commander ce mouvement et de le donner à penser, n'en est qu'une époque, quel qu'en soit le privilège. Epoque européenne à l'intérieur du devenir du signe ; et même, disons-le ici avec Nietzsche qui arrache la proposition de Warburton à son environnement et à sa sécurité métaphysiques, de *l'abréviation des signes*. (Si bien, soit dit entre parenthèses, qu'à vouloir restaurer une *vérité* et une *ontologie* originaire ou fondamentale dans la pensée de Nietzsche, on risque de méconnaître, peut-être à défaut de tout le reste, l'intention axiale de son concept d'interprétation.)

En répétant hors de sa clôture l'énoncé de Warburton et de Condillac, on peut dire que l'histoire de la philosophie est l'histoire de la prose ; ou plutôt du devenir-prose du monde. La philosophie est l'invention de la prose. Le philosophe parle en prose. Moins en excluant le poète de la cité qu'en écrivant. En écrivant nécessairement cette philosophie dont le philosophe a longtemps cru, ne sachant pas ce qu'il faisait et qu'une écriture bien commode le lui permettait, qu'il pouvait en droit se contenter de la parler.

Dans son chapitre sur *l'Origine de la poésie*, Condillac le rappelle comme un *fait :* « Enfin un Philosophe, ne pouvant se plier aux règles de la poésie, hasarda le premier d'écrire en prose » (§ 67). Il s'agit de « Phérécyde de l'île de Scyros..., le premier qu'on sache avoir écrit en prose ». L'écriture au sens courant est d'elle-même prosaïque. Elle est la prose. (Sur ce point aussi Rousseau se sépare de Condillac). Quand l'écriture apparaît, on n'a plus besoin du rythme et de la *rime* qui ont pour fonction, selon Condillac, de graver le sens dans la mémoire *(ibid)*. Avant l'écriture, le vers serait en quelque sorte une gravure spontanée, une écriture avant la lettre. Intolérant à la poésie, le philosophe aurait pris l'écriture à la lettre.

Il est difficile *d'apprécier* ce qui sépare ici Rousseau de Warburton et de Condillac, d'en déterminer la *valeur de rupture*. *D'un côté*, Rousseau semble affiner les modèles qu'il emprunte : la dérivation génétique n'est plus linéaire ni causale. Il est plus attentif aux *structures* des systèmes d'écriture dans leurs rapports avec les systèmes sociaux ou économiques et avec les figures de la passion. L'apparition des formes de l'écriture est relativement indépendante des rythmes de l'histoire des langues. Les modèles d'explication sont d'apparence moins théologique. L'économie de l'écriture se réfère à d'autres motivations que celles du besoin et de l'action, entendues en un sens homogène, simpliste et objectiviste. Mais d'*un autre côté*, il neutralise ce qui s'annonçait comme irréductiblement *économique* dans le système de Warburton et de Condillac. Et nous savons comment procèdent dans son discours les ruses de la raison théologique.

Approchons-nous de son texte. Aux impératifs techniques et économiques de l'espace objectif, l'explication de Rousseau ne fait qu'une concession. Encore est-ce sans doute pour rectifier discrètement le simplisme de Warburton et de Condillac.

Il s'agit de l'*écriture par sillons*. Le sillon, c'est la ligne, telle que la trace le laboureur : la route — *via rupta* — fendue par le soc de la charrue. Le sillon de l'agriculture, nous nous en souvenons, ouvre la nature à la culture. Et l'on sait aussi que l'écriture naît avec l'agriculture qui ne va pas sans la sédentarisation.

Or comment procède le laboureur ?

Economiquement. Parvenu au bout du sillon, il ne revient pas au point de départ. Il retourne la charrue et le bœuf. Puis repart en sens inverse. Bénéfice de temps, d'espace et d'énergie. Amélioration du rendement et diminution du temps de travail. L'écriture *à retour de bœuf — boustrophédon —*, l'écriture par sillons a été un moment de l'écriture linéaire et phonographique [17]. Au bout de la ligne parcourue de gauche à droite, on repart de droite à gauche et inversement. Pourquoi a-t-elle été abandonnée à un moment donné par les Grecs, par exemple ? Pourquoi l'économie du scripteur a-t-elle rompu avec celle du laboureur ? Pourquoi l'espace de l'un n'est-il pas l'espace de l'autre ? Si l'espace était « objectif », géométrique, idéal, aucune différence d'économie ne serait possible entre les deux systèmes d'incision.

Mais l'espace de l'objectivité géométrique est un objet ou un signifié idéal produit à un moment de l'écriture. Avant lui, il n'y a pas d'espace homogène, soumis à un seul et même type de technique et d'économie. Avant lui, l'espace s'ordonne tout entier à l'habitation et à l'inscription en lui du corps « propre ».

---

17. Sur le problème de l'écriture boustrophédon, cf. J. Février et M. Cohen, *op. cit.* Et sur les rapports entre l'écriture, la *via rupta* et l'inceste, cf. *Freud et la scène de l'écriture* in *L'écriture et la différence*.

Encore y a-t-il, à l'intérieur d'un espace auquel se rapporte un seul et même corps « propre », des facteurs d'hétérogénéité et par conséquent des impératifs économiques différents, voire incompatibles, entre lesquels il faut choisir et parmi lesquels des sacrifices sont nécessaires, et une organisation des hiérarchies. Ainsi, par exemple, la surface de la page, l'étendue du parchemin ou de toute autre substance réceptrice se distribue différemment selon qu'il s'agit d'écriture ou de lecture. Une économie originale est chaque fois prescrite. Dans le premier cas, et pendant toute une époque de la technique, elle devait s'ordonner au système de la main. Dans le second cas, et pendant la même époque, au système de l'œil. Dans les deux cas, il s'agit d'un parcours linéaire et orienté, dont l'orientation n'est pas indifférente et réversible dans un milieu homogène. En un mot, il est plus commode de lire mais non d'écrire par sillons. L'économie visuelle de la lecture obéit à une loi analogue à celle de l'agriculture. Il n'en va pas de même pour l'économie manuelle de l'écriture et celle-ci a dominé dans une aire et une période déterminées de la grande époque phonographique-linéaire. Sa vague survit aux conditions de sa nécessité : elle continue à l'âge de l'imprimerie. Notre écriture et notre lecture sont encore massivement déterminées par le mouvement de la main. La machine à imprimerie n'a pas encore libéré l'organisation de la surface de son asservissement immédiat au geste manuel, à l'outil d'écriture.

Rousseau, donc, s'étonnait déjà :

> « D'abord les Grecs n'adoptèrent pas seulement les caractères des Phéniciens, mais même la direction de leurs lignes de droite à gauche. Ensuite ils s'avisèrent d'écrire par sillons, c'est-à-dire, en retournant de la gauche à la droite, puis de la droite à la gauche, alternativement. Enfin, ils écrivirent, comme nous faisons aujourd'hui, en recommençant toutes les lignes de gauche à droite. Ce progrès n'a rien que de naturel : l'écriture par sillons est, sans contredit, la plus commode à lire. Je suis même étonné qu'elle ne se soit pas établie avec l'impression ; mais étant difficile à écrire à la main, elle dut s'abolir quand les manuscrits se multiplièrent. »

L'espace de l'écriture n'est donc pas un espace originairement *intelligible*. Il commence toutefois à le *devenir* dès l'origine, c'est-à-dire dès que l'écriture, comme toute œuvre de signes, y produit la répétition et donc l'idéalité. Si l'on appelle

lecture ce moment qui vient aussitôt doubler l'écriture originaire, on peut dire que l'espace de la pure lecture est toujours
déjà *intelligible*, celui de la pure écriture toujours encore *sensible*.
Nous entendons provisoirement ces mots à l'intérieur de la
métaphysique. Mais l'impossibilité de séparer purement et simplement l'écriture et la lecture disqualifie d'entrée de jeu cette
opposition. En la maintenant par commodité, disons néanmoins
que l'espace de l'écriture est purement sensible, au sens où
l'entendait Kant : espace irréductiblement orienté dans lequel
la gauche ne recouvre pas la droite. Encore faut-il aussi tenir
compte de la prévalence d'une direction sur l'autre dans le
mouvement. Car il s'agit ici d'une opération et non seulement
d'une perception. Or les deux côtés ne sont jamais symétriques
du point de vue de l'aptitude ou simplement de l'activité du
corps propre.

Ainsi le « retour de bœuf » convient mieux à la lecture qu'à
l'écriture. Entre ces deux prescriptions économiques, la solution sera un compromis labile qui laissera des résidus, entraînera
des inégalités de développement et des dépenses inutiles. Compromis, si l'on veut, entre l'œil et la main. Dans l'époque de cette
transaction, on n'écrit pas seulement, on lit un peu en aveugle,
guidé par l'ordre de la main.

Est-il encore utile de rappeler tout ce qu'une telle nécessité
économique a rendu possible ?

Or ce compromis est déjà fort dérivé, bien tard venu, si l'on
songe qu'il ne prévaut qu'au moment où un certain type d'écriture, lui-même chargé d'histoire, était déjà pratiqué : la phonographie linéaire. Le système de la parole, le s'entendre-parler,
l'auto-affection qui semble suspendre tout emprunt de signifiants
au monde et se rendre ainsi universelle et transparente au
signifié, la *phonè* qui semble commander la main n'a jamais pu
en précéder le système ni lui être, dans son essence même, étrangère. Elle n'a jamais pu se représenter comme ordre et prédominance d'une linéarité temporelle qu'en se *voyant* et plutôt se
maniant dans sa propre lecture de soi. *Il ne suffit pas de dire que
l'œil ou les mains parlent. Déjà, dans sa propre représentation, la voix se voit et se maintient.* Le concept de temporalité linéaire n'est qu'une *manière* de la parole. Cette forme de
successivité s'est imposée en retour à la *phonè*, à la conscience
et à la préconscience depuis un certain espace déterminé de son
inscription. Car la voix a toujours déjà été investie, sollicitée,

requise, marquée dans son essence par une certaine spatialité [18].

Quand nous disons qu'une forme s'est *imposée,* nous ne pensons, comme il va de soi, à aucun modèle de causalité classique. La question, si souvent posée, de savoir si l'on écrit comme on parle ou si l'on parle comme on écrit, si on lit comme on écrit ou inversement, renvoie de sa banalité à une profondeur historique ou pré-historique bien plus enfouie qu'on ne le soupçonne en général. Si l'on songe enfin que l'espace scriptural est lié, comme Rousseau en eut l'intuition, à la nature de l'espace social, à l'organisation perceptive et dynamique de l'espace technique, religieux, économique, etc., on mesure la difficulté d'une question transcendantale sur l'espace. Une nouvelle esthétique transcendantale devrait se laisser guider non seulement par les idéalités mathématiques mais par la possibilité de l'inscription en général, ne survenant pas comme un accident contingent à un espace déjà constitué mais produisant la spatialité de l'espace. Nous disons bien de l'inscription *en général,* pour bien marquer qu'il ne s'agit pas seulement de la notation d'une parole prête, se représentant elle-même, mais l'inscription dans la parole et l'inscription comme *habitation* toujours déjà située. Un tel questionnement, malgré sa référence à une forme de passivité fondamentale, ne devrait sans doute plus s'appeler *esthétique* transcendantale, ni au sens kantien, ni au sens husserlien de ces mots. Une question transcendantale sur l'espace concerne la couche pré-historique et pré-culturelle de l'expérience spatio-temporelle qui fournit un sol unitaire et universel à toute subjectivité, à toute culture, en-deçà de la diversité empirique, des orientations propres de leurs espaces et de leurs temps. Or si l'on se laisse guider par l'inscription comme habitation en général, la radicalisation husserlienne de la question kantienne est indispensable mais insuffisante. On sait que Husserl reprochait à Kant de s'être laissé conduire dans sa question par des objets idéaux déjà constitués dans une science (géométrie ou mécanique). A un espace idéal constitué correspondait nécessairement une subjectivité constituée (en facultés). Et du point de vue qui est ici le nôtre, il y aurait beaucoup à dire sur le concept de *ligne* qui intervient si souvent dans la critique kantienne. (Le temps, forme de tous les phénomènes

---

18. Sur ces questions et le développement qui suit, nous nous permettons de renvoyer encore à *La voix et le phénomène.*

sensibles, internes *et* externes, semble dominer l'espace, forme des phénomènes sensibles externes ; mais c'est un temps qu'on peut toujours représenter par une ligne et la « réfutation de l'idéalisme » renversera cet ordre). Le projet husserlien ne met pas seulement entre parenthèses l'espace objectif de la science, il devait articuler l'esthétique sur une kinesthétique transcendantale. Toutefois, malgré la révolution kantienne et la découverte de la sensibilité *pure* (pure de toute référence à la sensation), tant que le concept de sensibilité (comme pure passivité) et son contraire continueront de commander ces questions, celles-ci resteront prisonnières de la métaphysique. Si l'espace-temps que nous habitons est *a priori* espace-temps de la trace, il n'y a ni activité ni passivité pures. Ce couple de concepts — et l'on sait que Husserl les raturait sans cesse l'un par l'autre — appartient au mythe d'origine d'un monde inhabité, d'un monde étranger à la trace : présence pure du présent pur, qu'on peut appeler indifféremment pureté de la vie ou pureté de la mort : détermination de l'être qui a toujours surveillé non seulement les questions théologiques et métaphysiques mais aussi les questions transcendantales, qu'on les pense en termes de théologie scolastique ou au sens kantien et post-kantien. Le projet husserlien d'une esthétique transcendantale, d'une restauration du « logos du monde esthétique » *(Logique formelle et logique transcendantale)* reste soumis, comme à la forme universelle et absolue de l'expérience, à l'instance du *présent vivant.* C'est par ce qui complique ce privilège et y échappe qu'on s'ouvre à l'espace de l'inscription.

En rompant avec la genèse linéaire et en décrivant des corrélations entre des systèmes d'écriture, des structures sociales et des figures de la passion, Rousseau ouvre ses questions dans la direction que nous venons d'indiquer.

Trois états de l'homme en société : trois systèmes d'écriture, trois formes d'organisation sociale, trois types de passion. « Ces trois manières d'écrire répondent assez exactement aux trois divers états sous lesquels on peut considérer les hommes rassemblés en nation. » Entre ces trois manières, il y a sans doute des différences de « grossièreté » et d' « antiquité ». Mais en tant qu'elles pourraient assurer un repérage chronologique et linéaire, elles intéressent peu Rousseau. Divers systèmes peuvent coexister, un système plus grossier peut apparaître après un système plus raffiné.

Tout commence ici aussi par la peinture. C'est-à-dire par la sauvagerie : « La première manière d'écrire n'est pas de peindre les sons, mais les objets mêmes... » Cette peinture se contente-t-elle de reproduire la chose ? Correspond-elle à cette proto-écriture, universelle de redoubler la nature sans aucun déplacement ? Ici s'introduit la première complication. Rousseau distingue en effet entre deux pictographies. L'une procéderait *directement* et l'autre *allégoriquement*, « soit directement comme faisaient les Mexicains, soit par des figures allégoriques, comme firent autrefois les Egyptiens. » Et lorsqu'il enchaîne ainsi : « Cet état répond à la langue passionnée, et suppose déjà quelque société et des besoins que les passions ont fait naître », il ne désigne vraisemblablement pas le seul état « égyptien » ou « allégorique ». Sans quoi il faudrait en conclure qu'une écriture — la pictographie directe — a pu exister dans une société sans passion, ce qui est contraire aux prémisses de l'*Essai*. En revanche, comment imaginer une peinture directe, propre, sans allégorie, dans un état de passion ? C'est aussi contraire aux prémisses.

On ne peut surmonter cette alternative qu'en restituant un non-dit : la représentation pure, sans déplacement métaphorique, la peinture purement réfléchissante est la première figure. En elle la chose la plus fidèlement représentée n'est déjà plus présente en propre. Le projet de répéter la chose correspond déjà à une passion sociale et comporte donc une métaphoricité, une translation élémentaire. On transporte la chose dans son double (c'est-à-dire déjà dans une idéalité) pour un autre et la représentation parfaite est toujours déjà autre que ce qu'elle double et re-présente. L'allégorie commence là. La peinture « directe » est déjà allégorique et passionnée. C'est pourquoi il n'y a pas d'écriture *vraie*. La duplication de la chose dans la peinture, et déjà dans l'éclat du phénomène où elle est présente, gardée et regardée, maintenue si peu que ce soit en regard et sous le regard, ouvre l'apparaître comme absence de la chose à son propre et à sa vérité. Il n'y a jamais de peinture de la chose même et d'abord parce qu'il n'y a pas de chose même. A supposer qu'elle ait un stade primitif et pictural, l'écriture accuse cette absence, ce mal ou cette ressource qui depuis toujours travaille la vérité du phénomène : la produit et bien sûr la supplée. La possibilité originelle de l'image est le supplément : qui s'ajoute sans rien ajouter pour combler un vide qui dans le plein demande à se laisser remplacer. L'écriture comme peinture est donc à la fois le *mal* et le *remède* dans le *phainesthai* ou dans l'*eidos*. Platon disait déjà que l'art ou la technique *(technè)* de l'écriture était un *pharmakon* (drogue ou teinture, salutaire ou malfaisante). Et l'inquiétant de l'écriture était déjà éprouvé depuis sa ressemblance à la peinture. L'écriture est *comme* la peinture, comme le *zoographème*, qui est lui-même déterminé (cf. le *Cratyle*, 430-432) dans une problématique de la *mimesis* ; la ressemblance est inquiétante : « Ce qu'il y a de terrible en effet, je pense, dans l'écriture, c'est aussi, *Phèdre*, qu'elle ait véritablement tant de ressemblance avec la peinture » (ζωγραφία) (275 d). Ici la peinture, la zoographie, trahit l'être et la parole, les mots et les choses mêmes parce qu'elle les fige. Ses rejetons font figure de vivants mais quand on les interroge, ils ne répondent plus. La zoographie a porté la mort. Il en va de même pour l'écriture. Personne, et surtout pas le père, n'est là pour répondre quand on l'interroge. Rousseau approuverait sans réserve. L'écriture porte la mort. On pourrait jouer : l'écriture comme peinture du vivant, fixant l'animalité, la zoographie, est selon Rousseau l'écriture des sauvages. Qui ne sont aussi, nous le savons, que chasseurs : hommes de la *zoogreia,* de la capture du vivant. L'écriture serait bien représensation picturale de la bête chassée : capture et meurtre magiques.

Autre difficulté dans ce concept de proto-écriture : aucun recours à la convention n'y est relevé. Celle-ci n'apparaît que dans la « seconde manière » : moment de la barbarie et de l'idéographie. Le chasseur peint les êtres, le berger inscrit déjà la langue : « La seconde manière est de représenter les mots et les propositions par des caractères conventionnels ; ce qui ne peut se faire que quand la langue est tout à fait formée et qu'un peuple entier est uni par des lois communes, car il y a déjà ici double convention : telle est l'écriture des Chinois ; c'est là véritablement peindre les sons et parler aux yeux. »

On peut donc en conclure que, dans le premier état, la métaphore ne donnait lieu à aucune convention. L'allégorie était encore une production sauvage. Point n'était besoin d'institution pour représenter les êtres mêmes et la métaphore était bien ici transition entre la nature et l'institution. Puis la proto-écriture qui ne peignait pas le langage mais les choses pouvait s'accommoder d'une langue, donc d'une société qui ne fût point « tout à fait formée ». Ce premier stade est toujours cette limite instable de la naissance : on a quitté la « pure nature » mais on n'a pas tout à fait atteint l'état de société. Les Mexicains et les Egyptiens n'auraient eu droit, selon Rousseau, qu'à « quelque société ».

La seconde manière peint les sons mais sans décomposer les mots et les propositions. Elle serait donc idéo-phonographique. Chaque signifiant renvoie à une totalité phonique et à une synthèse conceptuelle, à une unité complexe et globale du sens et du son. On n'a pas encore atteint l'écriture purement phonographique (de type alphabétique par exemple) dans laquelle le signifiant visible renvoie à une unité phonique qui en elle-même n'a aucun sens.

C'est peut-être pour cette raison que l'idéo-phonogramme suppose une « double convention » : celle qui lie le graphème à son signifié phonématique et celle qui lie ce signifié phonématique, en tant que signifiant, à son sens signifié, si l'on veut à son concept. Mais dans ce contexte, « double convention » peut aussi vouloir dire, — c'est moins probable — autre chose : convention linguistique *et* convention sociale. (« Ce qui ne peut se faire que quand la langue est tout à fait formée et qu'un peuple est uni par des lois communes. ») On n'a pas besoin de lois instituées pour s'entendre sur la peinture des choses et des êtres naturels, mais il en faut bien pour fixer les règles de la peinture des sons et de l'unité des mots et des idées.

Rousseau appelle pourtant « barbares » les nations capables de ces « lois communes » et de cette « double convention ». L'usage du concept de barbarie est fort déconcertant dans l'*Essai*. A plusieurs reprises (dans les chapitres IV et IX), Rousseau le fait fonctionner de manière parfaitement délibérée, rigoureuse et systématique : trois états de société, trois langues, trois écritures (sauvage/barbare/civil ; chasseur/berger/laboureur ; pictographie/idéo-phonographie/phonographie analytique). Et pourtant, ailleurs, un usage apparemment plus lâche du mot (du mot « barbarie », certes, plutôt que du mot « barbare ») désigne encore l'état de dispersion, qu'elle soit de pure nature ou de structure domestique. La note 2 du chapitre IX appelle « sauvages » ceux dont on décrit ensuite la barbarie : « Appliquez ces idées aux premiers hommes, vous verrez la raison de leur barbarie... Ces temps de barbarie étaient le siècle d'or, non parce que les hommes étaient unis, mais parce qu'ils étaient séparés... Epars dans ce vaste désert du monde, les hommes retombèrent dans la stupide barbarie où ils se seraient trouvés s'ils étaient nés de la terre. » Or la société domestique-barbare n'a pas de langue. L'idiome familial n'est pas une langue. « Vivant épars et presque sans société, à peine parlaient-ils : comment pouvaient-ils écrire ? » Cette phrase n'est-elle pas en contradiction flagrante avec l'attribution, au chapitre IV, d'une écriture et même d'une double convention aux barbares ?

Aucun commentaire ne peut, semble-t-il, effacer cette contradiction. Une interprétation peut le tenter. Elle consisterait, rejoignant un niveau profond de la littéralité, en neutralisant un autre, plus superficiel, à chercher ensuite dans le texte de Rousseau le droit d'isoler relativement la structure du système graphique de la structure du système social. Bien que les types sociaux et graphiques se correspondent idéalement et analogiquement, une société de type civil peut avoir *en fait* une écriture de type barbare. Bien que les barbares parlent à peine et n'écrivent pas, on relève dans la barbarie les traits d'une certaine écriture. En disant ainsi que « la peinture des objets convient aux peuples sauvages ; les signes des mots et des propositions, aux peuples barbares ; et l'alphabet aux peuples policés », on ne manque pas au principe structural, on le confirme au contraire. Dans notre société, où le type civil est apparu, les éléments d'écriture pictographique seraient sauvages, les éléments idéo-phonographiques seraient barbares. Et qui nierait la présence de tous ces éléments dans notre pratique de l'écriture ?

Car tout en maintenant le principe de l'analogie structurale, Rousseau n'en tient pas moins à préserver l'indépendance relative des structures sociales, linguistiques et graphiques. Il le dira plus loin : « L'art d'écrire ne tient point à celui de parler. Il tient à des besoins d'une autre nature, qui naissent plus tôt ou plus tard, selon des circonstances tout à fait indépendantes de la durée des peuples, et qui pourraient n'avoir jamais eu lieu chez des nations très anciennes. »

Le *fait* de l'apparition de l'écriture n'est donc pas nécessaire. Et c'est cette contingence empirique qui permet la mise entre parenthèses du fait dans l'analyse structurale ou eidétique. Qu'une structure dont nous connaissons l'organisation interne et la nécessité essentielle apparaisse en fait ici ou là, plus tôt ou plus tard, c'est là, nous l'avons noté ailleurs, la condition et la limite d'une analyse structurale en tant que telle et dans son moment propre. Dans son instance propre, l'attention à la spécificité interne de l'organisation abandonne toujours au hasard le passage d'une structure à l'autre. Ce hasard peut être pensé, comme c'est ici le cas, négativement comme catastrophe ou affirmativement comme jeu. Cette limite et ce pouvoir structuralistes ont une commodité ethico-métaphysique. L'écriture en général, comme l'émergence d'un nouveau système d'inscription, est un supplément dont on ne veut connaître que la face *additive* (il est *sur-venu d'un coup*, par-dessus le marché) et l'influence *nocive* (il est *mal-venu, en plus,* de l'extérieur, quand rien ne le rendait nécessaire dans les conditions de son passé). N'attribuer aucune nécessité à son apparition historique, c'est à la fois ignorer l'appel de suppléance et penser le mal comme une addition surprenante, extérieure, irrationnelle, accidentelle : donc effaçable.

L'alphabet et la représentation absolue.

Le graphique et le politique renvoient donc l'un à l'autre selon des lois complexes. Ils doivent ainsi revêtir, l'un et l'autre, la forme de la raison comme processus de dégradation qui, entre deux universalités et de catastrophe en catastrophe, *devrait* revenir à une réappropriation totale de la présence. *Devrait :* c'est le mode et le temps d'une anticipation téléologique et eschatologique qui surveille tout le discours de Rousseau. En pensant la différance et la supplémentarité sous ce mode et sous ce temps, Rousseau voudrait les annoncer depuis l'horizon de leur effacement final.

En ce sens, dans l'ordre de l'écriture comme dans l'ordre de la cité, tant que la réappropriation absolue de l'homme [19] dans sa présence n'est pas accomplie, le pire est simultanément

---

19. Cette réappropriation finale de la présence est le plus souvent appelée par Rousseau comme un telos anthropologique : « Que l'homme s'approprie tout ; mais ce qui lui importe de s'approprier, c'est l'homme même » (Manuscrit de l'*Emile*). Mais comme toujours cet anthropologisme compose essentiellement avec une théologie.

le meilleur. Le plus loin dans le temps de la présence perdue est le plus près du temps retrouvé de la présence.

Ainsi le troisième état : l'homme civil et l'écriture alphabétique. C'est ici que, de la manière la plus voyante et la plus grave, la loi supplée la nature et l'écriture la parole. Dans un cas comme dans l'autre, le supplément est la représentation. On se rappelle le fragment sur la *Prononciation* :

> « Les langues sont faites pour être parlées, l'écriture ne sert que de *supplément* à la parole... L'analyse de la pensée se fait par la parole, et l'analyse de la parole par l'écriture ; la parole *représente* la pensée par des signes conventionnels, et l'écriture *représente* de même la parole ; ainsi l'art d'écrire n'est qu'une *représentation* médiate de la pensée, au moins quant aux langues vocales, les seules qui soient en usage parmi nous. »

Le mouvement de la représentation supplémentaire se rapproche de l'origine en s'en éloignant. L'aliénation totale est la réappropriation totale de la présence à soi. L'écriture alphabétique, représentant un représentant, supplément de supplément, aggrave la *puissance* de la représentation. En perdant un peu plus la présence, elle la restitue un peu mieux. Plus purement phonographique que l'écriture du deuxième état, elle est plus apte à s'effacer devant la voix, à la laisser être. Dans l'ordre politique, l'aliénation totale, celle qui se fait, dit le *Contrat social,* « sans réserve », « fait gagner l'équivalent de ce qu'on perd, et plus de force pour conserver ce qu'on a » (L. I, p. 361). A condition, bien entendu, que la sortie hors de l'état antérieur — à la limite, de l'état de pure nature — ne le fasse pas retomber, ce qui est toujours possible, en deçà de l'origine, et par conséquent « si les abus de cette nouvelle condition ne le dégradaient souvent au-dessous de celle dont il est sorti » (p. 364).

L'aliénation sans réserve est donc la représentation sans réserve. Elle arrache absolument la présence à soi et absolument à soi la re-présente. Le mal ayant toujours la forme de l'aliénation représentative, de la représentation dans sa face dépossédante, toute la pensée de Rousseau est en un sens une critique de la représentation, tant au sens linguistique qu'au sens politique. Mais en même temps, — et ici se réfléchit toute l'histoire de la métaphysique — cette critique vit dans la naïveté de la représentation. Elle suppose à la fois que la représentation suit une présence première et restitue une présence finale. On ne se demande pas ce qu'il en est de la présence et de la représentation dans la présence. En critiquant la représentation comme perte de la présence, en attendant d'elle une réappropriation de la présence, en en faisant un accident ou un moyen, on s'installe dans l'évidence de la distinction entre présentation et représentation, dans l'*effet* de cette scission. On critique le signe en s'installant dans l'évidence et l'effet de la différence entre signifié et signifiant. C'est-à-dire sans penser (ce que ne font pas davantage les critiques plus tardives qui, à l'intérieur du même *effet*, renversent ce schéma et opposent une logique du représentant à une logique du représenté) le mouvement producteur de l'effet de différence : l'étrange graphique de la différance.

Il n'y a donc rien d'étonnant à ce que le troisième état (société civile et alphabet) soit décrit selon des schémas qui sont aussi bien ceux du *Contrat social* que ceux de la *Lettre à d'Alembert*.

L'éloge du « peuple assemblé » dans la fête ou sur le forum politique est toujours une critique de la représentation. L'instance légitimante, dans la cité comme dans le langage — parole ou écriture — et dans les arts, c'est le représenté présent en personne : source de légitimité et origine sacrée. La perversité consiste précisément à sacraliser le représentant ou le signifiant. La souveraineté est la présence, et la jouissance de la présence. « A l'instant que le Peuple est légitimement assemblé en corps souverain, toute juridiction du Gouvernement cesse, la puissance exécutive est suspendue, et la personne du dernier Citoyen est aussi sacrée et inviolable que celle du premier Magistrat, parce qu'où se trouve le Représenté, il n'y a plus de Représentant. » *(Contrat social,* pp. 427-428.)

Dans tous les ordres, la possibilité du représentant survient à la présence représentée comme le mal au bien, l'histoire à l'origine. Le signifiant-représentant est la catastrophe. Aussi est-il toujours « nouveau » en soi, à quelque époque qu'il apparaisse. Il est l'essence de la modernité. « L'idée des Représentants est moderne », c'est une proposition qu'il faut étendre au-delà des limites que lui assigne Rousseau (p. 430). La liberté politique n'est pleine qu'au moment où la puissance du représentant est suspendue et rendue au représenté : « Quoi qu'il en soit, à l'instant qu'un Peuple se donne des Représentants, il n'est plus libre ; il n'est plus » (p. 431).

Il faudrait donc atteindre à ce point où la source se retient en soi, revient ou remonte vers soi dans l'immédiateté inaliénable de la jouissance de soi, dans le moment de l'impossible représentation, dans sa souveraineté. Dans l'ordre politique, cette source est déterminée comme volonté : « La Souveraineté ne peut être représentée, par la même raison qu'elle ne peut être aliénée ; elle consiste essentiellement dans la volonté générale, et la volonté ne se représente point : elle est la même ou elle est autre ; il n'y a point de milieu. » (p. 429.) « ... Le souverain, qui n'est qu'un être collectif, ne peut être représenté que par lui-même ; le pouvoir peut bien se transmettre, mais non pas la volonté. » (p. 368.)

En tant que principe corrupteur, le représentant n'est pas le représenté mais il n'est que le représentant du représenté ; il n'est pas le même que lui-même. En tant que représentant, il n'est pas simplement l'autre du représenté. Le mal du représentant ou du supplément de la présence n'est ni le même ni l'autre. Il intervient au moment de la différance, lorsque la volonté souveraine se délègue et que, par conséquent, la loi s'écrit. Alors la volonté générale risque de devenir pouvoir transmis, volonté particulière, préférence, inégalité. A la loi peut se substituer le décret, c'est-à-dire l'écriture : dans les décrets représentant des volontés particulières, « la volonté générale devient muette » *(Contrat social*, p. 438). Le système du contrat social, qui se fonde sur l'existence d'un moment antérieur à l'écriture et à la représentation, ne peut pourtant pas éviter de se laisser menacer par la lettre. C'est pourquoi, obligé de recourir à la représentation, « le corps politique, aussi bien que le corps de l'homme, commence à mourir dès sa naissance, et porte en lui les causes de sa destruction » (p. 424. Le chapitre XI du livre III, « De la mort du corps politique » ouvre tous les développements sur la représentation). L'écriture est l'origine de l'inégalité [20]. C'est le moment où la *volonté générale*

_____

20. Autres exemples de la méfiance qu'inspirait à Rousseau tout ce qui dans la vie sociale et politique se traite par écrit : 1 — A Venise : « Ici on traite avec un gouvernement invisible et toujours par écrit, ce qui oblige à une grande circonspection. » 2 — « Quand on veut renvoyer au pays des chimères, on nomme l'institution de Platon : si Lycurgue n'eût mis la sienne que par écrit, je la trou-

qui en elle-même ne peut errer, laisse la place au *jugement* qui peut l'entraîner dans « les séductions des volontés particulières » (p. 380). Il faudra donc bien séparer la souveraineté législative du pouvoir de *rédiger* les lois. « Quand Lycurgue donna des lois à sa patrie, il commença par abdiquer la Royauté... » « Celui qui rédige les lois n'a donc ou ne doit avoir aucun droit législatif, et le peuple même ne peut, quand il le voudrait, se dépouiller de ce droit incommunicable. » (Pp. 382-383.) Il est donc absolument nécessaire que la volonté générale s'exprime par des *voix* sans procuration. Elle « fait loi » lorsqu'elle se *déclare* dans la voix du « corps du peuple » où elle est indivisible ; autrement elle se divise en volontés particulières, en actes de magistrature, en décrets (p. 369).

Mais la catastrophe qui a interrompu l'état de nature ouvre le mouvement de l'éloignement qui rapproche : la représentation parfaite devrait re-présenter parfaitement. Elle restaure la présence et s'efface comme représentation absolue. Ce mouvement est nécessaire [21]. Le telos de l'image est sa propre imperceptibilité. Lorsqu'elle cesse, image parfaite, d'être autre que

---

verais bien plus chimérique. » (*Emile* p. 10). 3 — « Je ne sais comment cela se fait, mais je sais bien que les opérations dont l'on tient le plus de registres et de livres de comptes sont précisément celles où l'on friponne le plus. » J. de Maistre dira : « Ce qu'il y a de plus essentiel n'est jamais écrit et même ne le saurait être sans exposer l'état. »

21. C'est pourquoi Rousseau admet la nécessité des représentants tout en la déplorant. Voir les *Considérations sur le Gouvernement de Pologne* : il y propose un renouvellement très rapide des représentants pour rendre leur « séduction plus coûteuse et plus difficile », ce qui est à rapprocher de la règle formulée par le *Contrat*, selon laquelle « le Souverain doit se montrer fréquemment » (p. 426) ; cf. aussi Derathé, *Rousseau et la science politique de son temps* (p. 277 sq).

A quelle logique Rousseau obéit-il en justifiant ainsi la nécessité d'une représentation qu'il condamne simultanément ? A la logique, précisément, de la représentation ; à mesure qu'elle aggrave son mal, qu'elle devient plus représentative, la représentation restitue ce qu'elle dérobe : la présence du représenté. Logique selon laquelle il faut s'efforcer de « tirer du mal même le remède qui doit le guérir » (Fragment sur *L'état de nature* p. 479) et selon laquelle, au terme de son mouvement, la convention rejoint la nature, l'asservissement la liberté, etc. (« Quoi ! La liberté ne se maintient qu'à l'appui de la servitude ? Peut-être. Les deux excès se touchent. » *Contrat social*, p. 431.)

la chose, elle en respecte et restitue la présence originaire. Cycle indéfini : la source — représentée — de la représentation, l'origine de l'image peut à son tour représenter ses représentants, remplacer ses substituts, suppléer ses suppléments. Pliée, revenant à elle-même, se représentant elle-même, souveraine, la présence n'est alors — et encore — qu'un supplément de supplément. C'est ainsi que le *Discours sur l'économie politique,* définit « la volonté générale, *source et supplément* de toutes les lois, et qui doit toujours être consultée à leur défaut » (p. 250. Nous soulignons). L'ordre de la loi pure, qui rend au peuple sa liberté et à la présence sa souveraineté, n'est-ce pas toujours le supplément d'un ordre naturel quelque part déficient ? Quand le supplément accomplit son office et comble le défaut, il n'y a pas de mal. L'abîme, c'est le creux qui peut rester ouvert entre la défaillance de la nature et le *retard du supplément* : « Le temps des plus honteux dérèglements et des plus grandes misères de l'homme fut celui où de nouvelles passions ayant étouffé les sentiments naturels, l'entendement humain n'avait pas fait encore assez de progrès pour suppléer par les maximes de la sagesse aux mouvements de la nature [22]. » Le jeu du supplément est indéfini. Les renvois renvoient aux renvois. La volonté générale, cette « voix céleste » *(Discours sur l'économie politique,* p. 248) est donc le supplément de la nature. Mais lorsque, par un retour de catastrophe, la société se dégrade, la nature peut se substituer à son supplément. C'est alors une mauvaise nature, « c'est alors qu'à la voix du devoir qui ne parle plus dans les cœurs, les chefs sont forcés de *substituer le cri* de la terreur ou le leurre d'un *intérêt* apparent » (p. 253. Nous soulignons).

Ce jeu du supplément, c'est-à-dire la possibilité toujours ouverte de la régression catastrophique et de l'annulation du progrès, ne fait pas seulement penser aux *ricorsi* de Vico. Conjugué avec ce que nous avons appelé la régression géométrique, il fait échapper l'histoire a une téléologie infinie de type hegelien. D'une certaine manière, en considérant que l'histoire peut toujours interrompre son progrès, (et doit même progresser dans la régression), (re)venir en arrière d'elle-même, Rousseau ne fait pas servir le « travail de la mort », le jeu de la différence et l'opération de la négativité à l'accomplissement dialectique de la vérité dans l'horizon de la parousie. Mais

---

22. *De l'état de nature,* p. 478. Cf. aussi *Emile,* p. 70.

toutes ces propositions peuvent s'inverser. Ce finitisme de Rousseau s'enlève aussi sur le fond d'une théologie providentialiste. S'interprétant, il s'efface lui-même, à un autre niveau, en réduisant l'historique et le négatif à l'accidentel. Il se pense aussi dans l'horizon d'une restitution infinie de la présence, etc. Dans le champ clos de la métaphysique, ce que nous esquissons ici comme un échange indéfini des places « rousseauiste » et « hegelienne » (on pourrait prendre tant d'autres exemples) obéit à des lois inscrites dans tous les concepts que nous venons de rappeler. Une formalisation de ces lois est possible et elle se fait.

Ce que nous venons de marquer dans l'ordre politique, vaut dans l'ordre graphique.

L'accès à l'écriture phonétique constitue à la fois un degré supplémentaire de la représentativité et une révolution totale dans la structure de la représentation. La pictographie directe — ou hiéroglyphique — représente la chose — ou le signifié. L'idéo-phonogramme représente déjà un mixte de signifiant et de signifié. Il peint déjà la langue. C'est le moment repéré par tous les historiens de l'écriture comme la naissance de la phonétisation, par exemple par le procédé du rebus à transfert [23] : un signe représentant une chose nommée dans son concept cesse de renvoyer au concept et ne garde que la valeur d'un signifiant phonique. Son signifié n'est plus qu'un phonème dépourvu par lui-même de tout sens. Mais avant cette décomposition et malgré la « double convention », la représentation est reproduction : elle répète en bloc, sans les analyser, masse signifiante et masse signifiée. Ce caractère synthétique de la représentation est le résidu pictographique de l'idéo-phonogramme qui « peint les voix ». C'est à le réduire que travaille l'écriture phonétique. Au lieu de se servir de signifiants qui ont un rapport immédiat avec

---

23. Sur le rebus, cf. *Supra*, p. 136. Vico, qui distingue aussi trois états ou étapes de l'écriture, donne pour exemple, parmi d'autres, de la première écriture (idéographique ou hiéroglyphique, « née spontanément » et qui « ne tire nullement son origine de conventions ») le « rebus de Picardie ». « La seconde forme d'écriture est également toute spontanée : c'est l'écriture symbolique ou par emblèmes héroïques » (armoiries, blasons, « ressemblances muettes qu'Homère appelle σημχτα, signes dont se servent, pour écrire, les héros »). « Troisième forme d'écriture : l'écriture alphabétique. » (*Science nouvelle*, 3, 1, pp. 61-62, 181-182, 194, trad. Chaix-Ruy.)

un signifié conceptuel, elle utilise, par analyse des sons, des signifiants en quelque sorte insignifiants. Les lettres qui par elles-mêmes n'ont aucun sens, ne signifient que des signifiants phoniques élémentaires qui ne font sens qu'à s'assembler selon certaines règles.

L'analyse suppléant la peinture et poussée jusqu'à l'insignifiance, telle est la rationalité propre à l'alphabet et à la société civile. Anonymat absolu du représentant et perte absolue du propre. La culture de l'alphabet et l'apparition de l'homme policé correspondent à l'âge du laboureur. Et l'agriculture, ne l'oublions pas, suppose l'industrie. Comment dès lors expliquer l'allusion au commerçant qui n'est pourtant jamais nommé dans la classification des trois états et semble ainsi n'avoir aucun âge propre ?

> « La troisième [manière d'écrire] est de décomposer la voix parlante à un certain nombre de parties élémentaires, soit vocales, soit articulées [voyelles ou consonnes], avec lesquelles on puisse former tous les mots et toutes les syllabes imaginables. Cette manière d'écrire, qui est la nôtre, a dû être imaginée par des peuples commerçants, qui, voyageant en plusieurs pays et ayant à parler plusieurs langues, furent forcés d'inventer des caractères qui pussent être communs à toutes. Ce n'est pas précisément peindre la parole, c'est l'analyser. »

Le commerçant invente un système de signes graphiques qui, dans son principe, n'est plus attaché à aucune langue particulière. Cette écriture peut en principe transcrire toute langue en général. Elle gagne en universalité, elle favorise donc le commerce et rend la « communication plus facile avec d'autres peuples parlant d'autres langues ». Mais elle est parfaitement asservie à la langue en général au moment où elle se libère de chaque langue particulière. Elle est, dans son principe, une écriture phonétique universelle. Sa transparence neutre laisse à chaque langue sa forme propre et sa liberté. L'écriture alphabétique n'a affaire qu'à de purs représentants. C'est un système de signifiants dont les signifiés sont des signifiants : les phonèmes. La circulation des signes s'en trouve infiniment facilitée. L'écriture alphabétique est la plus muette qui soit, puisqu'elle ne dit immédiatement aucune langue. Mais étrangère à la voix, elle lui est plus fidèle, elle la représente mieux. Cette indépendance à l'égard de la diversité empirique des

langues orales confirme une certaine autonomie du devenir de
l'écriture. Celle-ci peut non seulement naître plus tôt ou plus
tard, indépendamment de la « durée des peuples », lentement
ou tout d'un coup [24] ; elle n'implique de surcroît aucune dérivation linguistique. Cela est plus vrai de l'alphabet, de toute
langue délié, que des autres systèmes. On peut donc emprunter
les signes graphiques, les faire émigrer sans dommage hors de
leur culture et de leur langue d'origine. « ... Bien que l'alphabet
grec vienne de l'alphabet phénicien, il ne s'ensuit point que la
langue grecque vienne de la phénicienne. »

Ce mouvement d'abstraction analytique dans la circulation des
signes arbitraires est bien parallèle à celui dans lequel se constitue la monnaie. L'argent remplace les choses par leurs signes.
Non seulement à l'intérieur d'une société mais d'une culture à
l'autre, ou d'une organisation économique à l'autre. C'est pourquoi l'alphabet est commerçant. Il doit être compris dans le
moment monétaire de la rationalité économique. La description
critique de l'argent est la réflexion fidèle du discours sur l'écriture. Dans les deux cas on substitue un supplément anonyme
à la chose. De même que le concept ne retient que le comparable des choses diverses, de même que la monnaie donne
« mesure commune [25] » à des objets incommensurables pour
les constituer en marchandises, de même l'écriture alphabétique

24. C'est la thèse de Duclos : « L'écriture (je parle de celle
des sons) n'est pas née, comme le langage, par une progression
lente et insensible : elle a été bien des siècles avant de naître ;
mais elle est née tout à coup, comme la lumière. » Après
avoir retracé l'histoire des écritures pré-alphabétiques, Duclos en
appelle au « coup de génie » : « Telle est aujourd'hui l'écriture des
Chinois, qui répond aux idées et non pas aux sons : tels sont parmi
nous les signes algébriques et les chiffres arabes. L'écriture était
dans cet état, et n'avait pas le moindre rapport avec l'écriture
actuelle, lorsqu'un génie heureux et profond sentit que le discours,
quelque varié et quelque étendu qu'il puisse être pour les idées,
n'est pourtant composé que d'un assez petit nombre de sons, et qu'il
ne s'agissait que de leur donner à chacun un caractère représentatif.
Si l'on y réfléchit, on verra que cet art, ayant une fois été conçu,
dut être formé presque en même temps ; et c'est ce qui relève la
gloire de l'inventeur... Il était bien plus facile de compter tous
les sons d'une langue, que de découvrir qu'ils pouvaient se compter.
L'un est un coup de génie, l'autre un simple effet de l'attention. »
Op. cit., pp. 421-423.)

25. *Emile*, p. 218. Rousseau y présente une théorie de l'origine
de la monnaie, de sa nécessité et de son danger.

transcrit dans un système de signifiants arbitraires et communs des signifiés hétérogènes : les langues vivantes. Elle ouvre ainsi une agression contre la vie qu'elle fait circuler. Si « les signes font négliger les choses », comme le dit l'*Emile* [26] parlant de la monnaie, alors l'oubli des choses est le plus grand dans l'usage de ces signes parfaitement abstraits et arbitraires que sont l'argent et l'écriture phonétique.

Suivant le même graphique, l'alphabet introduit donc un degré supplémentaire de représentativité qui marque le progrès de la rationalité analytique. Cette fois l'élément mis à jour est un signifiant pur (purement arbitraire) et en lui-même insignifiant. Cette insignifiance est la face négative, abstraite, formelle de l'universalité ou de la rationalité. La valeur d'une telle écriture est donc ambiguë. Il y avait une universalité naturelle, en quelque sorte, au degré le plus archaïque de l'écriture : la peinture, pas plus que l'alphabet, n'est liée à aucune langue déterminée. Capable de reproduire tout être sensible, elle est une sorte d'écriture universelle. Mais sa liberté à l'égard des langues tient non pas à la distance qui sépare la peinture de son modèle mais à la proximité imitative qui l'y enchaîne. Sous une apparence universelle, la peinture serait ainsi parfaitement empirique, multiple et changeante comme les individus sensibles qu'elle représente hors de tout code. Au contraire, l'universalité idéale de l'écriture phonétique tient à sa distance infinie à l'égard du son (le premier signifié de cette écriture qui le marque arbitrairement) et du sens signifié par la parole. Entre ces deux pôles, l'universalité est perdue. Nous disons bien entre ces deux pôles puisque, nous l'avons vérifié, la pictogra-

---

26. *Ibid.* On lira aussi, dans les *Fragments politiques* : « L'or et l'argent, n'étant que les signes représentatifs des matières contre lesquelles ils sont échangés, n'ont proprement aucune valeur absolue... » « Quoique l'argent n'ait par lui-même aucune valeur réelle, il en prend une, par convention tacite, dans chaque pays où il est en usage... » (p. 520) et dans les *Considérations sur le gouvernement de Pologne* : « Au fond l'argent n'est pas la richesse, il n'en est que le signe ; ce n'est pas le signe qu'il faut multiplier, mais la chose représentée. » (p. 1008). C'est précisément au début du chapitre XV sur les *députés ou représentants* que le *Contrat social* (L. III) condamne l'argent comme pouvoir d'asservissement : « Donnez de l'argent et bientôt vous aurez des fers. »
Cf. aussi J. Starobinski, *La transparence et l'obstacle*, p. 129 sq. et la note 3 des éditeurs à la p. 37 des *Confessions* (Pléiade I).

phie pure et la phonographie pure sont deux idées de la raison. Idées de la présence pure : dans le premier cas, présence de la chose représentée à son imitation parfaite, dans le second cas, présence à soi de la parole même. Chaque fois le signifiant tendrait à s'effacer devant la présence du signifié.

Cette ambiguïté marque l'appréciation que toute la métaphysique a portée sur sa propre écriture depuis Platon. Et le texte de Rousseau appartient à cette histoire, y articulant une époque remarquable. Plus rationnelle, plus exacte, plus précise, plus claire, l'écriture de la voix correspond à une meilleure police. Mais dans la mesure où elle s'efface mieux qu'une autre devant la présence possible de la voix, elle la représente mieux et lui permet de s'absenter aux moindres dommages. Servante fidèle de la voix, on la préfère aux écritures en usage dans d'autres sociétés, mais comme on préfère un esclave à un barbare, et en la redoutant simultanément comme une machine de mort.

Car sa rationalité l'éloigne de la passion et du chant, c'est-à-dire de l'origine vivante du langage. Elle progresse avec la consonne. Correspondant à une meilleure organisation des institutions sociales, elle donne aussi le moyen de se passer plus facilement de la présence souveraine du peuple assemblé. Elle tend donc à restituer la dispersion naturelle. L'écriture naturalise la culture. Elle est cette force pré-culturelle à l'œuvre comme articulation dans la culture, s'employant à y effacer une différence qu'elle a ouverte. La rationalité politique — la rationalité de fait, et non celle dont le *Contrat social* décrit le droit — favorise à la fois, dans le même mouvement, l'écriture et la dispersion.

La propagation de l'écriture, l'enseignement de ses règles, la production de ses instruments et de ses objets, Rousseau les pense comme une entreprise politique d'asservissement. C'est ce qu'on lira aussi dans les *Tristes tropiques*. Certains gouvernements ont intérêt à ce que la langue s'assourdisse, à ce qu'on ne puisse parler directement au peuple souverain. L'abus de l'écriture est un abus politique. Celui-ci est plutôt la « raison » de celui-là :

> « ... la langue en se perfectionnant dans les livres s'altère dans le discours. Elle est plus claire quand on écrit, plus sourde quand on parle, la syntaxe s'épure et l'harmonie se perd, la langue française devient de jour en jour plus philo-

sophique et moins éloquente, bientôt elle ne sera plus bonne qu'à lire et tout son prix sera dans les bibliothèques.

La raison de cet abus est comme je l'ai dit ailleurs [dans le dernier chapitre de l'*Essai*], dans la forme qu'ont prise les gouvernements et qui fait qu'on n'a plus rien à dire au peuple que les choses du monde qui le touchent le moins et qu'il se soucie le moins d'entendre, des sermons, des discours académiques » (Fragment sur la *Prononciation*, pp. 1249-1250).

La décentralisation politique, la dispersion et le décentrement de la souveraineté appellent, paradoxalement, l'existence d'une capitale, d'un centre d'usurpation et de substitution. Par opposition aux cités autarciques de l'Antiquité, qui étaient à elles-mêmes leur propre centre et s'entretenaient de vive voix, la capitale moderne est toujours monopole d'écriture. Elle commande par les lois écrites, les décrets et la littérature. Tel est le rôle que Rousseau reconnaît à Paris dans le texte sur la *Prononciation*. N'oublions pas que le *Contrat social* jugeait incompatibles l'exercice de la souveraineté du peuple et l'existence de la capitale. Et comme dans le cas des représentants, s'il était indispensable d'y recourir, du moins fallait-il remédier au mal en en changeant souvent. Ce qui revient à recharger l'écriture de vive voix : « Toutefois, si l'on ne peut réduire l'Etat à de justes bornes, il reste encore une ressource ; c'est de n'y point souffrir de capitale, de faire siéger le Gouvernement alternativement dans chaque ville, et d'y rassembler aussi tour à tour les états du pays [27] » (p. 427). L'instance de l'écriture doit à ce point s'effacer que le peuple souverain *ne doit même pas s'écrire à lui-même*, son assemblée doit se réunir spontanément, sans « autre convocation formelle ». Ce qui implique, et c'est là une écriture que Rousseau ne veut pas lire, qu'il y avait pour cela des assemblées « fixes et périodiques » que « rien ne puisse abolir ni proroger », et donc un « jour marqué ». Cette marque devrait se faire oralement car dès que la possibilité de l'écriture s'introduirait dans l'opération, elle insinuerait l'usurpation dans le corps social. Mais une marque, où qu'elle se produise, n'est-elle pas la possibilité de l'écriture ?

---

27. Cf. aussi le *Projet de constitution pour la Corse*, pp. 911-912.

Le théorème et le théâtre.

L'histoire de la voix et de son écriture serait comprise entre deux écritures muettes, entre deux pôles d'universalité se rapportant l'un à l'autre comme le naturel et l'artificiel : le pictogramme et l'algèbre. Le rapport du naturel à l'artificiel ou à l'arbitraire serait lui-même soumis à la loi des « excès » qui « se touchent ». Et si Rousseau suspecte l'écriture alphabétique sans la condamner absolument, c'est qu'il y a pire. Elle n'est, structurellement, que l'avant-dernière étape de cette histoire. Son artifice a une limite. Déliée de toute langue particulière, elle renvoie encore à la *phonè* ou à la langue en général. Elle garde, en tant qu'écriture phonétique, un rapport essentiel à la présence d'un sujet parlant *en général*, d'un locuteur transcendantal, à la voix comme présence à soi d'une vie qui s'entend parler. En ce sens l'écriture phonétique n'est pas le mal absolu. Elle n'est pas la lettre de mort. Elle l'annonce toutefois. Dans la mesure où cette écriture progresse avec le refroidissement consonantique, elle permet d'anticiper le gel, le degré zéro de la parole : la disparition de la voyelle, l'écriture d'une langue morte. La consonne, qui s'écrit mieux que la voyelle, amorce cette fin de la voix dans l'écriture universelle, dans l'algèbre :

> « Il serait aisé de faire avec les seules consonnes une langue fort claire par écrit, mais qu'on ne saurait parler. L'algèbre a quelque chose de cette langue-là. Quand une langue est plus claire par son orthographe que par sa prononciation, c'est un signe qu'elle est plus écrite que parlée : telle pouvait être la langue savante des Egyptiens ; telles sont pour nous les langues mortes. Dans celles qu'on charge des consonnes inutiles, l'écriture semble même avoir précédé la parole : et qui ne croirait la polonaise dans ce cas-là ? » (Ch. VII.)

La caractéristique universelle, l'écriture devenue purement conventionnelle d'avoir rompu tout lien avec la langue parlée, tel serait donc le mal absolu. Avec la *Logique de Port-Royal*, l'*Essai* de Locke, Malebranche et Descartes, Leibniz fut une des premières lectures philosophiques de Rousseau [28]. Il n'est pas cité dans l'*Essai* mais dans le fragment sur la *Prononciation*.

---

28. *Confessions*, p. 237.

Avec autant de méfiance que l' « art de Raymond Lulle » dans l'*Emile* (p. 575).

> « Les langues sont faites pour être parlées, l'écriture ne sert que de supplément à la parole ; s'il y a quelques langues qui ne soient qu'écrites et qu'on ne puisse parler, propres seulement aux sciences, elle ne sont d'aucun usage dans la vie civile. Telle est l'algèbre, telle eût été sans doute la langue universelle que cherchait Leibnitz. Elle eût probablement été plus commode à un Métaphysicien qu'à un Artisan » (p. 1249).

L'écriture universelle de la science serait donc l'aliénation absolue. L'autonomie du représentant devient absurde : elle a atteint sa limite et rompu avec tout représenté, avec toute origine vivante, avec tout présent vivant. En elle s'accomplit — c'est-à-dire se vide — la supplémentarité. Le supplément, qui n'est simplement ni le signifiant ni le représentant, ne prend pas la place d'un signifié ou d'un représenté, comme cela est prescrit par les concepts de signification et de représentation ou par la syntaxe des mots « signifiant » ou « représentant ». Le supplément vient à la place d'une défaillance, d'un non-signifié ou d'un non-représenté, d'une non-présence. Il n'y a aucun présent avant lui, il n'est donc précédé que par lui-même, c'est-à-dire par un autre supplément. Le supplément est toujours le supplément d'un supplément. On veut remonter *du supplément à la source* : on doit reconnaître qu'il y a *du supplément à la source*.

Aussi est-il toujours déjà algébrique. En lui l'écriture, le signifiant visible, a toujours déjà commencé à se séparer de la voix et à la supplanter. L'écriture non-phonétique et universelle de la science est aussi en ce sens un *théorème*. Il suffit de regarder pour calculer. Comme disait Leibniz, « *ad vocem referri non est necesse* ».

Par ce regard silencieux et mortel s'échangent les complicités de la science et de la politique : plus précisément de la science politique moderne. « La lettre tue » *(Emile*, p. 226).

Où chercher, dans la cité, cette unité perdue du regard et de la voix ? Dans quel *espace* pourra-t-on encore *s'entendre* ? Est-ce que le théâtre, qui unit le spectacle au discours, ne pourrait prendre le relais de l'assemblée unanime ? « Depuis longtemps on ne parle plus au public que par des livres, et si on lui dit encore de vive voix quelque chose qui l'intéresse, c'est au théâtre » *(Prononciation,* p. 1250).

Mais le théâtre lui-même est travaillé par le mal profond de la représentation. Il est cette corruption elle-même. Car la scène n'est pas menacée par autre chose que par elle-même. La représentation théâtrale, au sens de l'exposition, de la mise en scène, de ce qui est mis là devant (ce que traduit la *Darstellung* allemande) est contaminée par la re-présentation supplémentaire. Celle-ci est inscrite dans la structure de la représentation, dans l'espace de la scène. Ce que Rousseau critique en dernière instance, ne nous y trompons pas, ce n'est pas le contenu du spectacle, le sens par lui *représenté,* quoiqu'il le critique *aussi :* c'est la re-présentation elle-même. Tout comme dans l'ordre politique, la menace a la forme du représentant.

En effet, après avoir évoqué les méfaits du théâtre considéré dans le contenu de ce qu'il met en scène, dans son *représenté,* la *Lettre à d'Alembert* incrimine la représentation et le *représentant :* « Outre ces effets du théâtre relatifs aux choses *représentées,* il y en a d'autres *non moins nécessaires,* qui se rapportent directement à la *scène* et aux personnages *représentants ;* et c'est à ceux-là que les Genevois déjà cités attribuent le goût de luxe, de parure et de dissipation, dont ils craignent avec raison l'introduction parmi nous [29] ». L'immoralité s'attache donc au statut même de représentant. Le vice est sa pente naturelle. Il est normal que celui qui fait métier de représentant ait du goût pour les signifiants extérieurs et artificiels, pour l'usage pervers des signes. Le luxe, la parure et la dissipation ne sont pas des signifiants survenant ici ou là, ce sont les méfaits du signifiant ou du représentant lui-même.

Double conséquence :

1. Il y a deux sortes de personnages publics, deux hommes de spectacle : l'orateur ou le prédicateur d'une part, le comédien d'autre part. Ceux-là se représentent eux-mêmes, en eux le représentant et le représenté ne font qu'un. En revanche, le comédien naît de la scission entre le représentant et le représenté. Comme le signifiant alphabétique, comme la lettre, le comédien lui-même n'est inspiré, animé par aucune langue particulière. Il ne signifie rien. Il vit à peine, il prête sa voix. C'est un porte-parole. Bien entendu, la différence entre l'orateur ou le prédicateur et le comédien suppose que les premiers fassent leur devoir, disent ce qu'ils doivent dire. S'ils n'assument pas la

---

29. Ed. Garnier, p. 168. Nous soulignons.

responsabilité éthique de leur parole, ils redeviennent des comédiens, à peine des comédiens car ceux-ci se font un devoir de dire ce qu'ils ne pensent pas.

« L'orateur, le prédicateur, pourra-t-on me dire encore, payent de leur personne ainsi que le comédien. La différence est très grande. Quand l'orateur se montre, c'est pour parler, et non pour se donner en spectacle : il ne *représente que lui-même*, il ne fait que son propre rôle, ne parle qu'en son propre nom, ne dit ou ne doit dire que ce qu'il pense : *l'homme et le personnage étant le même être*, il est *à sa place* ; il est dans le cas de tout autre citoyen qui remplit les fonctions de son état. Mais un comédien sur la scène, étalant d'autres sentiments que les siens, ne disant que ce qu'on lui fait dire, *représentant souvent un être chimérique*, s'anéantit, pour ainsi dire, s'annule avec son héros ; et, dans cet oubli de l'homme, s'il en reste quelque chose, c'est pour être le jouet des spectateurs. » (P. 187. Nous soulignons.)

C'est le meilleur des cas : le comédien accepte le rôle et aime ce qu'il incarne. La situation peut être encore pire. « Que dirai-je de ceux qui semblent avoir peur de valoir trop par eux-mêmes et se dégradent jusqu'à représenter des personnages auxquels ils seraient bien fâchés de ressembler ? »
L'identité du représentant et du représenté peut s'accomplir selon deux voies. La meilleure : par l'effacement du représentant et la présence en personne du représenté (l'orateur, le prédicateur) ; ou la pire : elle n'est pas illustrée par le simple comédien (représentant vidé de son représenté) mais par une certaine société, celle des gens du monde parisien qui s'est aliéné, pour s'y retrouver, dans un certain théâtre, théâtre sur le théâtre, comédie représentant la comédie de cette société. « C'est pour eux uniquement que sont faits les spectacles. Ils s'y montrent à la fois comme représentés au milieu du théâtre et comme représentants aux deux côtés ; ils sont personnages sur la scène et comédiens sur les bancs. » (La *Nouvelle Héloïse*, p. 252.) Cette aliénation totale du représenté dans le représentant est donc la face négative du pacte social. Dans les deux cas, le représenté se réapproprie quand il se perd sans réserve dans sa représentation. En quels termes définir formellement l'insaisissable différence qui sépare la face positive de la face négative, le pacte social authentique d'un théâtre à jamais perverti ? d'une société *théâtrale* ?

2. Le signifiant est la mort de la fête. L'innocence du spectacle public, la bonne fête, la danse autour du point d'eau, si
l'on veut, ouvriraient un théâtre sans représentation. Ou plutôt
une scène sans spectacle : sans *théâtre,* sans rien à voir. La visibilité — tout à l'heure le théorème, ici le théâtre — est toujours
ce qui, la séparant d'elle-même, entame la voix vivante.

Mais qu'est-ce qu'une scène ne donnant rien à voir ? C'est le
lieu où le spectateur, se donnant lui-même en spectacle, ne sera
plus voyant ni voyeur, effacera en lui la différence entre le
comédien et le spectateur, le représenté et le représentant, l'objet
regardé et le sujet regardant. Avec cette différence, toute une
série d'oppositions se déconstitueront en chaîne. La présence
sera pleine mais non pas à la manière d'un objet, *présent*
d'être vu, de se donner à l'intuition comme un individu empirique ou comme un *eidos* se tenant *devant* ou *tout contre* ;
mais comme l'intimité d'une présence à soi, comme conscience
ou sentiment de la proximité à soi, de la propriété. Cette fête
publique aura donc une forme analogue à celle des comices
politiques du peuple assemblé, libre et légiférant : la différance
représentative sera effacée dans la présence à soi de la souveraineté. « L'exaltation de la fête collective a la même structure
que la volonté générale du *Contrat social.* La description de la
joie publique nous offre l'aspect lyrique de la volonté générale :
c'est l'aspect qu'elle prend en habits du dimanche [30]. » On
connaît bien ce texte. Il rappelle l'évocation de la fête dans
l'*Essai.* Relisons-le pour y reconnaître le désir de faire disparaître la *représentation,* avec tous les sens qui se nouent dans
ce mot : le délai et la délégation, la répétition d'un présent dans
son signe ou son concept, la proposition ou l'opposition d'un
spectacle, d'un objet à voir :

> « Quoi ! ne faut-il donc aucun spectacle dans une répu-
> blique ? Au contraire, il en faut beaucoup. C'est dans les
> républiques qu'ils sont nés, c'est dans leur sein qu'on les
> voit briller avec un véritable air de fête. »

Ces innocents spectacles auront lieu en plein air et ils n'auront
rien d' « efféminé » ni de « mercenaire ». Le signe, la monnaie,

---

30. J. Starobinski, *La transparence,* p. 119. Nous renvoyons
aussi à tout le chapitre consacré à *La fête* (p.114) que Starobinski oppose au théâtre comme un « *monde de transparence* »
à un « *monde d'opacité* ».

la ruse, la passivité, la servilité en seront exclus. Personne ne se servira de personne, personne ne sera objet pour personne. Il n'y aura, d'une certaine manière, plus rien à voir :

> « Mais quels seront enfin les objets de ce spectacle ? qu'y montrera-t-on ? Rien, si l'on veut. Avec la liberté, partout où règne l'affluence, le bien-être y règne aussi. Plantez au milieu d'une place un piquet couronné de fleurs, rassemblez-y le peuple, et vous aurez une fête. Faites mieux encore : donnez les spectateurs en spectacle ; rendez-les acteurs eux-mêmes ; faites que chacun se voie et s'aime dans les autres, afin que tous en soient mieux unis. » *Lettre à M. d'Alembert*, pp. 224-225.)

Cette fête sans objet est aussi, il faut bien le marquer, une fête sans sacrifice, sans dépense et sans jeu. Sans masques surtout [31]. Elle n'a pas de dehors bien qu'elle se produise en plein air. Elle se maintient dans un rapport purement intérieur à elle-même. « Que chacun se voie et s'aime dans les autres. » D'une certaine manière, elle est confinée et abritée, alors que la salle de théâtre, arrachée à soi par le jeu et les détours de la représentation, divertie de soi et déchirée par la différance, multiplie en soi le dehors. Il y a bien des *jeux* dans la fête publique mais point de *jeu*, si l'on entend sous ce singulier la substitution des contenus, l'échange des présences et des absences, le hasard et le risque absolu. Cette fête réprime le rapport à la mort ; ce qui n'était pas nécessairement impliqué dans la description du théâtre clos. Ces analyses peuvent virer dans les deux sens.

Le jeu en tout cas est à ce point absent de la fête que la danse y est admise comme initiation au mariage et comprise dans la clôture du bal. Telle est du moins l'interprétation à laquelle Rousseau soumet, pour le fixer prudemment, le sens de son texte sur la fête. On pourrait lui faire dire bien autre chose. Et il faut sans cesse considérer le texte de Rousseau comme une structure complexe et étagée : certaines propositions peuvent y être lues comme des interprétations d'autres

---

31. On sait que Rousseau a inlassablement dénoncé le *masque*, de la *Lettre à d'Alembert* à la *Nouvelle Héloïse*. Une des tâches de la pédagogie consiste même à neutraliser l'effet des masques sur les enfants. Car ne l'oublions pas, « tous les enfants ont peur des masques ». (*Emile*, p. 43.) La condamnation de l'écriture est aussi, comme il va de soi, une condamnation ambiguë du masque.

propositions que nous sommes, jusqu'à un certain point et avec certaines précautions, libres de lire autrement. Rousseau dit A, puis il interprète, pour des raisons que nous devons déterminer, A en B. A qui était déjà une interprétation, est réinterprété en B. Après en avoir pris acte, nous pouvons, sans sortir du texte de Rousseau, isoler A de son interprétation en B et y découvrir des possibilités, des ressources de sens qui appartiennent bien au texte de Rousseau mais n'ont pas été produites ou exploitées par lui, auxquelles, pour des motifs eux aussi lisibles, il a, par un geste qui n'est ni conscient ni inconscient, *préféré couper court*. Par exemple, il y a, dans sa description de la fête, des propositions qui auraient fort bien pu être interprétées dans le sens du théâtre de la cruauté d'Antonin Artaud [32] ou de la fête et de la souveraineté dont G. Bataille a proposé les concepts. Mais ces propositions sont autrement interprétées par Rousseau lui-même, qui transforme donc le jeu en jeux et la danse en bal, la dépense en présence.

De quel bal s'agit-il ici ? Pour le comprendre, il faut d'abord entendre cet éloge du plein air. Le plein air, c'est sans doute la nature et dans cette mesure il devait de mille façons conduire la pensée de Rousseau, à travers tous les thèmes de la pédagogie, de la promenade, de la botanique, etc. Mais, plus précisément, le plein air est l'élément de la voix, la liberté d'un souffle que rien ne hache. Une voix qui peut se faire entendre en plein air est une voix libre, une voix claire que le principe septentrional n'a pas encore assourdie de consonnes, brisée, articulée, cloisonnée, et qui peut atteindre immédiatement l'interlocuteur. Le plein air, c'est le franc parler, l'absence de détours, de médiations représentatives entre des paroles vivantes. C'est l'élément de la cité grecque dont la « grande affaire était sa liberté ». Or le nord limite les possibilités du plein air : « Vos climats plus durs vous donnent plus de besoins, six mois de l'année la place publique n'est pas

---

32. Entre autres analogies, par cette méfiance à l'égard du texte parlé, de Corneille et de Racine qui ne sont que des « parleurs », alors qu'il faudrait, « à l'imitation des Anglais » oser « mettre quelquefois la scène en représentation » (La *Nouvelle Héloïse*, p. 253). Mais ces rapprochements, on s'en doute, doivent s'opérer avec la plus grande prudence. Le contexte met parfois une distance infinie entre deux propositions identiques.

tenable ; *vos langues sourdes ne peuvent se faire entendre en plein air* ; vous donnez plus à votre gain qu'à votre liberté, et vous craignez bien moins l'esclavage que la misère » *(Contrat social,* p. 431). Une fois de plus l'influence du nord est néfaste. Mais un homme du nord doit vivre comme un homme du nord. Adopter ou adapter les mœurs méridionales au nord, c'est pure folie et pire servitude *(ibid.).* Il faut donc trouver, au nord ou en hiver, des substituts. Ce supplément hivernal de la fête, c'est, chez nous, le bal pour jeunes filles à marier. Rousseau en recommande la pratique : sans équivoque et, il le dit lui-même, sans scrupule ; et ce qu'il dit de l'hiver éclaire d'un certain jour ce qu'il a pu penser de l'été.

> « L'hiver, temps consacré au commerce privé des amis, convient moins aux fêtes publiques. Il en est pourtant une espèce dont je voudrais bien qu'on se fît moins de scrupules ; savoir, les bals entre de jeunes personnes à marier. Je n'ai jamais bien conçu pourquoi l'on s'effarouche si fort de la danse et des assemblées qu'elle occasionne : comme s'il y avait plus de mal à danser qu'à chanter ; que l'un et l'autre de ces amusements ne fût pas également une inspiration de la nature ; et que ce fût un crime à ceux qui sont destinés à s'unir de s'égayer en commun par une honnête récréation ! L'homme et la femme ont été formés l'un pour l'autre. Dieu veut qu'ils suivent leur destination ; et certainement le premier et le plus saint de tous les liens de la société est le mariage [33]. »

Il faudrait commenter mot à mot l'édifiant et long discours qui suit. Une charnière articule toute l'argumentation : le plein jour de la présence évite le supplément dangereux. Il faut permettre les plaisirs à une « jeunesse enjouée et folâtre » pour éviter qu' « elle en substitue de plus dangereux » et que « les tête-à-tête adroitement concertés prennent la place des assemblées publiques »... « L'innocente joie aime à s'évaporer au grand jour, mais le vice est ami des ténèbres. » *(Lettre à M. d'Alembert,* p. 227.) D'autre part, la nudité qui présente le corps lui-même est moins dangereuse que le recours au

---

33. P. 226. On en rapprochera ce passage de l'*Emile* : « ... le printemps venu, la neige fond et le mariage reste ; il y faut penser pour toutes les saisons. » (p. 570).

signifiant vestimentaire, au supplément nordique, à « l'adroite parure » : celle-ci n'a pas « moins son danger qu'une nudité absolue, dont l'habitude tournerait bientôt les premiers effets en indifférence, et peut-être en dégoût ». « Ne sait-on pas que les statues et les tableaux n'offensent les yeux que quand un mélange de vêtements rend les nudités obscènes ? Le pouvoir immédiat des sens est faible et borné : c'est par l'entremise de l'imagination qu'ils font leurs plus grands ravages ; c'est elle qui prend soin d'irriter les désirs. » (P. 232.) On aura remarqué que la représentation — le tableau — est choisie, plutôt que la perception, pour illustrer le danger du supplément dont l'efficience est d'imagination. Et l'on remarquera ensuite que dans une note insérée au cœur de cet éloge du mariage, prévenant les erreurs de la postérité, Rousseau ne fait qu'une exception à ses démentis :

> « Il me paraît plaisant d'imaginer quelquefois les jugements que plusieurs porteront de mes goûts, sur mes écrits. Sur celui-ci l'on ne manquera pas de dire : « Cet homme est fou de la danse. » Je m'ennuie à danser. « Il ne peut souffrir la comédie. » J'aime la comédie à la passion. « Il a de l'aversion pour les femmes. » Je ne serai que trop bien justifié là-dessus. » (P. 229.)

Ainsi, le nord, l'hiver, la mort, l'imagination, le représentant, l'irritation des désirs, toute cette série de significations supplémentaires ne désignent pas un lieu naturel ou des termes fixes : plutôt une périodicité. Des saisons. Dans l'ordre du temps, ou plutôt comme le temps lui-même, elles disent le mouvement par lequel la présence du présent se sépare d'elle-même, se supplée elle-même, se remplace en s'absentant, se produit dans la substitution à soi. C'est ce que voudrait effacer la métaphysique de la présence comme proximité à soi en privilégiant une sorte de maintenant absolu, la *vie* du présent, le présent vivant. Or la froideur de la représentation ne rompt pas seulement la présence à soi mais l'originarité du présent en tant que forme absolue de la temporalité.

Cette métaphysique de la présence se reprend et se résume sans cesse dans le texte de Rousseau chaque fois que la fatalité du supplément semble la limiter. Il faut toujours ajouter un supplément de présence à la présence dérobée. « Le grand remède aux misères de ce monde », c'est « l'absorption dans l'instant présent », dit Rousseau dans *Les solitaires*. Le présent est originaire, cela veut dire que la détermination de l'origine a toujours la forme de la présence. La naissance est la naissance (de la) présence. Avant elle, il n'y a pas de présence ; et dès que la présence, se retenant ou s'annonçant à elle-même, fissure sa plénitude et enchaîne son histoire, le travail de la mort est commencé. La naissance en général s'écrit comme Rousseau décrit la sienne : « Je coûtai la vie à ma mère ; et ma naissance fut le premier de mes malheurs » (Confessions p. 7). Chaque fois que Rousseau tente de ressaisir une essence (sous la forme d'une origine, d'un droit, d'une limite idéale), il nous reconduit toujours à un point de présence pleine. Il s'intéresse moins au présent, à l'étant-présent, qu'à la présence du présent, à son essence telle qu'elle s'apparaît et se retient en soi. L'essence est la présence. Comme vie, c'est-à-dire comme présence à soi, elle est naissance. Et comme le présent ne sort de lui-même que pour y rentrer, une re-naissance est possible qui permet seule, d'ailleurs, toutes les répétitions d'origine. Le discours et les questions de Rousseau ne sont possibles qu'à anticiper une re-naissance ou une réactivation de l'origine. La re-naissance, la résurrection ou le réveil se réapproprient toujours, dans leur fugitive instance, la plénitude de la présence revenant à soi.

Ce retour à la présence de l'origine se produit après chaque catastrophe, dans la mesure du moins où elle renverse l'ordre de la vie sans le détruire. Après qu'un doigt divin eut renversé l'ordre du monde en inclinant l'axe du globe sur l'axe de l'univers et eut ainsi voulu que « l'homme fût sociable », la fête autour du point d'eau est possible et le plaisir est immédiatement présent au désir. Après qu'un « gros chien danois » eut renversé Jean-Jacques, dans la deuxième Promenade ; lorsque après « la chute » qui l'avait précipité (« ma tête avait donné plus bas que mes pieds »), il faut d'abord lui réciter l' « accident » qu'il n'a pas pu vivre ; lorsqu'il nous explique ce qui se passe au moment où, dit-il par deux fois, « je revins à moi », « je repris connaissance », c'est bien l'éveil comme réveil à la pure présence qu'il décrit, toujours selon le même modèle : ni anticipation, ni souvenir, ni comparaison, ni distinction, ni articulation, ni situation. L'imagination, la mémoire et les signes sont effacés. Dans le paysage, physique ou psychique, tous les repères sont naturels

437

« L'état auquel je me trouvai dans cet instant est trop singulier pour n'en pas faire ici la description.

La nuit s'avançait. J'aperçus le ciel, quelques étoiles, et un peu de verdure. Cette première sensation fut un moment délicieux. Je ne me sentais encore que par là. Je naissais dans cet instant à la vie, et il me semblait que je remplissais de ma légère existence tous les objets que j'apercevais. Tout entier au moment présent, je ne me souvenais de rien ; je n'avais nulle notion distincte de mon individu, pas la moindre idée de ce qui venait de m'arriver ; je ne savais ni qui j'étais ni où j'étais ; je ne sentais ni mal, ni crainte, ni inquiétude. »

Et comme autour du point d'eau, et comme dans l'Isle de Saint-Pierre, la jouissance de la présence pure est celle d'un certain écoulement. Présence naissante. Origine de la vie, ressemblance du sang à l'eau. Rousseau poursuit :

« Je voyais couler mon sang comme j'aurais vu couler un ruisseau, sans songer seulement que ce sang m'appartînt en aucune sorte. Je sentais dans tout mon être un calme ravissant auquel chaque fois que je me le rappelle je ne trouve rien de comparable dans l'activité des plaisirs connus. » (P. 1005.)

En est-il d'autre en effet, et de plus archétypique ? Ce plaisir, qui est le seul plaisir, est en même temps proprement *inimaginable*. Tel est le paradoxe de l'imagination : elle seule éveille ou irrite le désir mais seule, et pour la même raison, dans le même mouvement, elle déborde ou divise la présence. Rousseau voudrait séparer l'éveil à la présence et l'opération de l'imagination, il s'efforce toujours vers cette limite impossible. Car l'éveil de la présence nous projette ou nous rejette immédiatement hors de la présence où nous sommes « conduits... par ce vif intérêt, prévoyant et pourvoyant qui... jette toujours loin du présent, et qui n'est rien pour l'homme de la nature » (*Dialogues* [34]). Fonction de la représentation, l'imagination est bien aussi la fonction temporalisante, l'excès du présent et l'économie des excédents de présence. Il n'y a de présent unique et plein (mais y a-t-il alors présence ?) que dans le sommeil de l'imagination : « L'imagination endormie ne sait point étendre son être sur deux temps différents » (*Emile*, p. 69).

---

34. Cf. aussi *Emile*, p. 66-69.

Quand elle apparaît, surgissent les signes, les valeurs fiduciaires et les lettres, pires que la mort.

> « Que de marchands il suffit de toucher aux Indes, pour les faire crier à Paris !... Je vois un homme frais, gai, vigoureux, bien portant ; sa présence inspire la joie... Vient une lettre de la poste... il tombe en défaillance. Revenu à lui, il semble attaqué d'affreuses convulsions. Insensé ! quel mal t'a donc fait ce papier ? Quel membre t'a-t-il ôté... ? Nous n'existons plus où nous sommes, nous n'existons qu'où nous ne sommes pas. Est-ce la peine d'avoir une si grande peur de la mort, pourvu que ce en quoi nous vivons reste ? »
> (*Emile*, pp. 67-68.)

Rousseau articule lui-même cette chaîne de significations (essence, origine, présence, naissance, renaissance) sur la métaphysique classique de l'étant comme *énergie*, comprenant les rapports entre l'être et le temps à partir du maintenant comme être en acte (*energeia*) :

> « Délivré de l'inquiétude de l'espérance, *et sûr de perdre ainsi peu à peu celle du désir*, en voyant que le passé ne m'était plus rien, je tâchais de me mettre tout à fait dans l'état d'un homme qui commence à vivre. Je me disais qu'en effet *nous ne faisions jamais que commencer, et qu'il n'y a point d'autre liaison dans notre existence qu'une succession de moments présents dont le premier est toujours celui qui est en acte*. Nous naissons et nous mourons à chaque instant de notre vie. »

Il s'ensuit — mais c'est une *liaison* que Rousseau fait tout pour élider — que l'essence même de la présence, si elle doit toujours se répéter dans une autre présence, ouvre originairement, dans la présence même, la structure de la représentation. Et si l'essence *est la* présence, il n'y a pas d'essence de la présence ni de présence de l'essence. Il y a un jeu de la représentation et en élidant cette liaison ou cette conséquence, Rousseau met le jeu hors jeu : il élude, ce qui est une autre façon de jouer ou plutôt, comme disent les dictionnaires, de se jouer (de). Ce qui est ainsi éludé, c'est que la représentation ne survient pas à ·la présence ; elle l'habite comme la condition même de son expérience, du désir et de la jouissance. Le doublement intérieur de la présence, son dédoublement la fait apparaître comme telle, c'est-à-dire, dérobant la jouissance dans la frustration, la fait disparaître comme telle.

En mettant la représentation dehors, ce qui est mettre dehors le dehors, Rousseau voudrait faire du supplément de présence une pure et simple addition, une contingence : désirant ainsi éluder ce qui, dans le dedans de la présence, appelle le suppléant, et ne se constitue que dans cet appel, et dans sa trace.

D'où la lettre. L'écriture est le mal de la répétition représentative, le double ouvrant le désir et re-gardant la jouissance. L'écriture littéraire, les traces des *Confessions* disent ce doublement de la présence. Rousseau condamne le mal d'écriture et cherche un salut dans l'écriture. Celle-ci répète symboliquement la jouissance. Et comme la jouissance n'a jamais été présente que dans une certaine répétition, l'écriture, la rappelant, la donne aussi. Rousseau en élude l'aveu mais non le plaisir. Nous nous rappelons ces textes (« En me disant j'ai joüi, je joüis encore »... « Je joüis encore du plaisir qui n'est plus »... « Sans cesse occupé de mon bonheur passé, je le rappelle et le rumine, pour ainsi dire, au point d'en jouir derechef quand je veux »). L'écriture *représente* (à tous les sens de ce mot) la jouissance. Elle joue la jouissance, la rend absente et présente. Elle est le jeu. Et c'est parce qu'elle est aussi la chance de la jouissance répétée que Rousseau la pratique en la condamnant : « Je fixerai par l'écriture celles [les « contemplations charmantes »] qui pourront me venir encore : chaque fois que je les relirai m'en rendra la jouissance » (*Rêveries*, p. 999).

Tout ce détour pour bien marquer que, sauf à y investir quelque désir à elle extrinsèque, la caractéristique universelle de Leibniz représente bien la mort même de la jouissance. Elle conduit à sa limite l'excès du représentant. L'écriture phonétique, si abstraite et arbitraire fût-elle, gardait quelque rapport à la présence de la voix représentée, à sa présence possible en général et donc à celle de quelque passion. L'écriture qui rompt radicalement avec la *phonè* est peut être la plus rationnelle et la plus efficace des machines scientifiques ; elle ne répond plus à aucun désir ou plutôt *elle signifie sa mort au désir*. Elle était ce qui déjà dans la voix y opérait comme écriture et machine. Elle est le représentant à l'état pur, sans représenté, ou sans ordre de représenté naturellement lié à lui. C'est pourquoi cette pure conventionnalité cesse, étant pure, d'être d'aucun usage dans la « vie civile » qui mêle toujours la nature à la convention. La perfection de la convention touche ici son excès contraire, elle est la mort et l'aliénation parfaite de la police. Le telos de l'aliénation scripturale a bien aux yeux de Rousseau la figure de l'écriture scientifique ou technique, partout où elle peut agir, c'est-à-dire même hors des domaines réservés à la « science » ou à la « technique ». Ce n'est pas un hasard si dans la mythologie, l'égyptienne en particulier, le dieu des sciences et des techniques est aussi le dieu de l'écriture ; et si c'est lui (Thot, Theuth, Teuthus ou son homologue grec Hermès, dieu de la ruse, du commerce et des voleurs) que Rousseau incrimine dans le *Discours sur les sciences et les arts.* (Platon, déjà, dénonçait son invention de l'écriture, à la fin du *Phèdre*) :

> « C'était une ancienne tradition passée de l'Egypte en Grèce, qu'un dieu ennemi du repos des hommes était l'inventeur des sciences *... En effet, soit qu'on feuillette les annales du monde, soit qu'on supplée à des chroniques incertaines par des recherches philosophiques, on ne trouvera pas aux connaissances humaines une origine qui réponde à l'idée qu'on aime à s'en former... Le défaut de leur origine ne nous est que trop retracé dans leurs objets...
>   * On voit aisément l'allégorie de la fable de Prométhée ; et il ne paraît pas que les Grecs qui l'ont cloué sur le Caucase, en pensassent guère plus favorablement que les Egyptiens de leur Dieu Teuthus » (p. 12).

Le supplément d'origine.

Dans les dernières pages du chapitre *De l'écriture*, la critique, la présentation appréciative de l'écriture et de son histoire *déclare* l'extériorité absolue de l'écriture mais *décrit* l'intériorité du principe d'écriture au langage. Le mal du dehors (qui vient du dehors mais aussi qui attire au-dehors, comme on dit également ou inversement, le mal du pays) est au cœur de la parole vivante comme son principe d'effacement et son rapport à sa propre mort. Autrement dit, il ne suffit pas, il ne s'agit pas, au vrai, de montrer l'intériorité de ce que Rousseau aurait cru extérieur ; plutôt de donner à penser la puissance d'extériorité comme constitutive de l'intériorité : de la parole, du sens signifié, du présent comme tel ; au sens où nous disions à l'instant que le mortel redoublement-dédoublement représentatif constituait le présent vivant, sans s'ajouter simplement à

441

lui ; ou plutôt le constituait, paradoxalement, en s'ajoutant à lui. Il s'agit donc d'un supplément originaire, si cette expression absurde peut être risquée, tout irrecevable qu'elle est dans une logique classique. Supplément d'origine plutôt : qui supplée l'origine défaillante et qui pourtant n'est pas dérivé ; ce supplément est, comme on dit d'une pièce, d'origine.

On rend compte ainsi de ce que l'*altérité* absolue de l'écriture puisse néanmoins affecter, du dehors, en son dedans, la parole vive : *l'altérer*. Tout en ayant une histoire indépendante, comme nous l'avons vu, et malgré les inégalités de développement, le jeu des corrélations structurelles, l'écriture marque l'histoire de la parole. Bien qu'elle naisse des « besoins d'une autre nature » et « selon des circonstances tout à fait indépendantes de la durée des peuples », bien que ces besoins eussent pu « n'avoir jamais eu lieu », l'irruption de cette contingence absolue a déterminé le dedans d'une histoire essentielle et affecté l'unité intérieure d'une vie, l'a *littéralement infectée*. Or c'est bien l'essence étrange du supplément que de n'avoir pas d'essentialité : il peut toujours n'avoir pas lieu. A la lettre, il n'a d'ailleurs jamais lieu : il n'est jamais présent, ici, maintenant. S'il l'était, il ne serait pas ce qu'il est, un supplément, tenant le lieu et maintenant la place de l'autre. Ce qui altère le nerf vivant de la langue (« L'écriture, qui semble devoir fixer la langue, est précisément ce qui l'altère ; elle n'en change pas les mots mais le génie ») n'a donc surtout pas lieu. Moins que rien et pourtant, à en juger par ses effets, beaucoup plus que rien. Le supplément n'est ni une présence ni une absence. Aucune ontologie ne peut en penser l'opération.

Comme le fera Saussure, Rousseau veut à la fois maintenir l'extériorité du système de l'écriture et l'efficience maléfique dont on relève les symptômes sur le corps de la langue. Mais disons-nous autre chose ? Oui, dans la mesure où nous montrons l'intériorité de l'extériorité, ce qui revient à annuler la qualification éthique et à penser l'écriture au-delà du bien et du mal ; oui surtout, dans la mesure où nous désignons l'impossibilité de formuler le mouvement de la supplémentarité dans le logos classique, dans la logique de l'identité, dans l'ontologie, dans l'opposition de la présence et de l'absence, du positif et du négatif, et même dans la dialectique, si du moins on la détermine, comme l'a toujours fait la métaphysique, spiritualiste ou matérialiste, dans l'horizon de la présence et de la réappropriation. Bien entendu, la *désignation* de cette impossibilité n'échappe au langage de la métaphysique que par une pointe. Elle doit pour le reste puiser ses ressources dans la logique qu'elle déconstruit. Et par là même y trouver ses prises.

On ne peut plus voir le mal dans la substitution dès lors qu'on sait que le substitut est substitué à un substitut. Or n'est-ce pas ce que *décrit* l'*Essai ?* « L'écriture substitue l'exactitude à l'expression. » L'expression est l'expression de l'affect, de la passion qui est à l'origine du langage, d'une parole qui fut d'abord substituée à un chant, marqué par le *ton* et la *force*. Le ton et la force signifient la *voix présente* : ils sont antérieurs au concept, ils sont singuliers, et ils sont d'autre part attachés aux voyelles, à l'élément vocal et non consonantique de la langue. La force d'expression ne revient qu'au son vocalique, au moment où le sujet est là, en personne, pour proférer sa passion. Quand le sujet n'est plus là, la force, l'intonation, l'accent se perdent dans le concept. Alors on écrit, on « supplée » en vain à l'accent par « les accents », on se soumet à la généralité de la loi : « En écrivant, on est forcé de prendre tous les mots dans l'acception commune ; mais celui qui parle varie les acceptions par les tons, il les détermine comme il lui plaît ; moins gêné pour être clair, il donne plus à la force ; et il n'est pas possible qu'une langue qu'on écrit garde longtemps la vivacité de celle qui n'est que parlée. »

L'écriture est donc toujours atonale. La place du sujet y est prise par un autre, elle est dérobée. La phrase parlée, qui ne vaut qu'une fois et reste « propre seulement au lieu où elle est », perd son lieu et son sens propre dès qu'elle est écrite. « Les moyens qu'on prend pour suppléer à celui-là étendent, allongent la langue écrite, et, passant des livres dans le discours, énervent la parole même. »

Mais si Rousseau a pu dire qu'on « écrit les voix et non les sons », c'est que les voix se distinguent des sons par cela même qui permet l'écriture, à savoir la consonne et l'articulation. Celles-ci ne remplacent qu'elles-mêmes. L'articulation, qui remplace l'accent, est l'origine des langues. L'altération par l'écriture est une extériorité originaire. Elle est l'origine du langage. Rousseau le décrit sans le déclarer. En contrebande.

Une parole sans principe consonantique, c'est-à-dire, selon Rousseau, une parole abritée de toute écriture, ne serait pas une parole [35] : elle se tiendrait à la limite fictive du cri inarticulé et purement naturel. Inversement, une parole qui serait de pure consonne, de pure articulation, deviendrait une pure écriture, algèbre ou langue morte. La mort de la parole est donc l'horizon et l'origine du langage. Mais une origine et un horizon qui ne se tiendraient pas sur ses bordures extérieures. Comme toujours, la mort, qui n'est ni un présent à venir ni un présent passé, travaille le dedans de la parole comme sa trace, sa réserve, sa différance intérieure et extérieure : comme son supplément.

Mais Rousseau ne pouvait pas penser cette écriture qui a lieu *avant* et *dans* la parole. Dans la mesure de son appartenance à la métaphysique de la présence, il *rêvait* de l'extériorité simple de la mort à la vie, du mal au bien, de la représentation à la présence, du signifiant au signifié, du représentant au représenté, du masque au visage, de l'écriture à la parole. Mais toutes ces oppositions sont irréductiblement enracinées dans cette métaphysique. En s'en servant, on ne peut opérer que par renversements, c'est-à-dire par confirmation. Le supplément n'est aucun de ces termes. En particulier, il n'est pas plus un signifiant qu'un signifié, un représentant qu'une présence, une écriture qu'une parole. Aucun des termes de cette série ne peut, y étant compris, dominer l'économie de la différance ou de la supplémentarité. Le *rêve* de Rousseau a consisté à faire entrer de force le supplément dans la métaphysique.

Mais qu'est-ce à dire ? L'opposition du rêve à la vigilance, n'est-ce pas aussi une représentation de la métaphysique ? Et

---

35. Rousseau rêve d'une langue inarticulée mais il décrit l'origine des langues comme passage du cri à l'articulation. La consonne qui pour lui va de pair avec l'articulation, est le devenir-langue du son, le devenir phonétique de la sonorité naturelle. C'est elle qui, pourrait-on dire, inscrivant le son dans une opposition, lui donne la possibilité d'une pertinence linguistique. Jakobson a montré, contre le préjugé courant, que « dans l'acquisition du langage, la première opposition vocalique est postérieure aux premières oppositions consonantiques ; il y a donc un stade où les consonnes remplissent déjà une fonction distinctive, tandis que la voyelle unique ne sert encore que d'appui à la consonne et de matière pour les variations expressives. Donc nous voyons les consonnes prendre la valeur de phonèmes avant les voyelles. » (*Les lois phoniques du langage enfantin et leur place dans la phonologie générale,* in *Selected writings,* I. p. 325.)

que doit être le rêve, que doit être l'écriture si, comme nous le savons maintenant, on peut rêver en écrivant ? Et si la scène du rêve est toujours une scène d'écriture ? Au bas d'une page de l'*Emile,* après nous avoir, une fois de plus, mis en garde contre les livres, l'écriture, les signes (« Que sert d'inscrire dans leur tête un catalogue de signes qui ne représentent rien pour eux ? »), après avoir opposé la « gravure » de ces signes artificiels aux « caractères ineffaçables » du livre de la nature, Rousseau ajoute une note : « ... on nous donne gravement pour de la philosophie les rêves de quelques mauvaises nuits. On me dira que je rêve aussi ; j'en conviens : mais ce que les autres n'ont garde de faire, je donne mes rêves pour des rêves, laissant chercher s'ils ont quelque chose d'utile aux gens éveillés. »

Table des matières

CET OUVRAGE A ÉTÉ ACHEVÉ D'IMPRIMER
LE QUINZE JANVIER MIL NEUF CENT
SOIXANTE-QUATORZE SUR LES PRESSES
DE L'IMPRIMERIE DE LA MANUTENTiON
ET INSCRIT DANS LES REGISTRES DE
L'ÉDITEUR SOUS LE NUMÉRO 1031